Ruth Losch

Die Funktion des wettbewerblichen Dialogs in Deutschland, Polen und Österreich im Lichte des Europäischen Vergaberechtsregimes

PL ACADEMIC RESEARCH

Bibliografische Information der Deutschen Nationalbibliothek
Die Deutsche Nationalbibliothek verzeichnet diese Publikation in der Deutschen Nationalbibliografie; detaillierte bibliografische Daten sind im Internet über http://dnb.d-nb.de abrufbar.

Zugl.: Heidelberg, Univ., Diss., 2017

D 16
ISSN 0531-7312
ISBN 978-3-631-72852-9 (Print)
E-ISBN 978-3-631-72849-9 (E-PDF)
E-ISBN 978-3-631-72850-5 (EPUB)
E-ISBN 978-3-631-72851-2 (MOBI)
DOI 10.3726/b11434

PL Academic Research ist ein Imprint der Peter Lang GmbH.
Peter Lang – Frankfurt am Main · Bern · Bruxelles · New York · Oxford · Warszawa · Wien

Diese Publikation wurde begutachtet.

www.peterlang.com

Die Funktion des wettbewerblichen Dialogs in Deutschland, Polen und Österreich im Lichte des Europäischen Vergaberechtsregimes

Europäische Hochschulschriften

European University Studies

Publications Universitaires Européennes

Reihe II **Rechtswissenschaft**

Series II Law

Série II Droit

Band/Volume **5939**

Vorwort

Diese Arbeit wurde im November 2016 von der Juristischen Fakultät der Ruprecht-Karls-Universität Heidelberg als Dissertation angenommen. Sie berücksichtigt den Stand von Gesetzgebung, Rechtsprechung und Literatur bis November 2015.

Ich danke Herrn Prof. Dr. Dr. h.c. Müller-Graff für die Betreuung der Arbeit. Herrn Prof. Dr. Dr. h.c. Hommelhoff danke ich für die zügige und wohlwollende Erstellung des Zweitgutachtens.

Für die Gewährung eines Promotionsstipendiums durch die Deutsche Forschungsgemeinschaft im Rahmen des Europäischen Graduiertenkollegs „Systemtransformation und Wirtschaftsintegration im zusammenwachsenden Europa" der Ruprechts-Karls-Universität Heidelberg, der Johannes-Guttenberg-Universität Mainz sowie der Jagiellonen Universität Krakau bin ich ebenfalls sehr dankbar.

Diese Arbeit hat mich über geraume Zeit begleitet und entsprechend den fortdauernden Anpassungen der vergaberechtlichen Normen in den untersuchten Rechtsordnungen selbst mehrfache, umfangreiche Änderungen erlebt. Über diesen langen Zeitraum getragen haben mich neben dem fortwährenden Interesse an der Materie die vielfältige Unterstützung, die ich in dieser Zeit durch Freunde, Arbeitgeber und vor allem meine Familie erfahren durfte. Ihnen gilt mein besonderer Dank.

Berlin, April 2017

Inhaltsverzeichnis

Abkürzungsverzeichnis

[...]	Ergänzungen bzw. Auslassungen der Verfasserin in Zitaten
a.A.	Anderer Ansicht
a.F.	Alte Fassung
AT	Österreich
AEUV	Vertrag über die Arbeitsweise der Europäischen Union
BVA	Bundesvergabeamt (Österreich) – seit dem 1. Januar 2014 hat das österreichische Bundesverwaltungsgericht die Aufgaben des BVA übernommen
BVergG	Bundesvergabegesetz (Österreich)
DE	Deutschland
DÖV	Die öffentliche Verwaltung
DVA	Deutscher Vergabe- und Vertragsausschuss für Bauleistungen
DVAL	Deutscher Vergabe- und Vertragsausschuss für Lieferungen und Leistungen
EuGH	Europäischer Gerichtshof
EuR	Zeitschrift Europarecht
GWB	Gesetz gegen Wettbewerbsbeschränkungen (Deutschland)
i.V.m.	in Verbindung mit
KIO	Krajowa Izba Odwoławcza „nationale Beschwerdekammer" (Polen)
Klassische Richtlinien	Richtlinie 92/50/EWG des Rates vom 18. Juni 1992 über die Koordinierung der Verfahren zur Vergabe öffentlicher Dienstleistungsaufträge, Richtlinie 93/36/EWG des Rates vom 14. Juni 1993 über die Koordinierung der Verfahren zur Vergabe öffentlicher Lieferaufträge, Richtlinie 93/37/EWG des Rates vom 14. Juni 1993 zur Koordinierung der Verfahren zur Vergabe öffentlicher Bauaufträge
Klassische Verfahren	Offenes Verfahren, nichtoffenes Verfahren, Verhandlungsverfahren
KMU	Kleine und mittlere Unternehmen
KRL	Richtlinie 2014/23/EU des Europäischen Parlaments und des Rates vom 26. Februar 2014 über die Konzessionsvergabe
m.w.N.	mit weiteren Nachweisen
NZBau	Neue Zeitschrift für Baurecht und Vergaberecht
PPLR	Public Procurement Law Review
PL	Polen
RMR	Richtlinie 2007/66/EG vom 11. Dezember 2007 zur Änderung der Richtlinien 89/665/EWG und 92/13/EWG des

	Rates im Hinblick auf die Verbesserung der Wirksamkeit der Nachprüfungsverfahren bezüglich der Vergabe öffentlicher Aufträge (Rechtsmittelrichtlinie)
Rn.	Randnummer
SKR 2004	Richtlinie 2004/17/EG des Europäischen Parlaments und des Rates vom 31. März 2004 zur Koordinierung der Zuschlagserteilung durch Auftraggeber im Bereich der Wasser-, Energie- und Verkehrsversorgung sowie der Postdienste
SKR 2014	Richtlinie 2014/25/EU des Europäischen Parlaments und des Rates vom 26. Februar 2014 über die Vergabe von Aufträgen durch Auftraggeber im Bereich der Wasser-, Energie- und Verkehrsversorgung sowie der Postdienste und zur Aufhebung der Richtlinie 2004/17/EG
Regelverfahren	Offenes Verfahren und nichtoffenes Verfahren
RL	Richtlinie
TED	Tenders Electronic Daily – Vergabeplattform der EU, auf der alle öffentlichen Aufträge, die die Schwellenwerte überschreiten veröffentlicht werden müssen. Sie ist zugänglich unter www.ted.europa.eu
u. a.	unter anderem
u. U.	unter Umständen
UstKBU	Ustawa o koncesji na roboty budowlane lub usługi – Gesetz über Bau- und Dienstleistungskonzessionen (Polen)
UstPPP	Ustawa o partnerstwie publiczno-prywatnym – Gesetz über öffentlich-private Partnerschaften (Polen)
UstPZP	Ustawa Prawo zamówień publicznych – Gesetz über das Vergaberecht (Polen)
Vergabekoordinierungsrichtlinien	VKR 2004 und VKR 2014
VergR	Zeitschrift für das gesamte Vergaberecht
VfGH	Verfassungsgerichtshof (Österreich)
Vgl.	Vergleiche
VgV	Vergabeverordnung (Deutschland)
VK	Vergabekammer (Deutschland)
VKR 2004	Richtlinie 2004/18/EG des Europäischen Parlaments und des Rates vom 31. März 2004 über die Koordinierung der Verfahren zur Vergabe öffentlicher Bauaufträge, Lieferaufträge und Dienstleistungsaufträge
VKR 2014	Richtlinie 2014/24/EU des Europäischen Parlaments und des Rates vom 26. Februar 2014 über die öffentliche Auftragsvergabe und zur Aufhebung der Richtlinie 2004/18/EG

VOB/A	Vergabe- und Vertragsordnung für Bauleistungen Teil A: Allgemeine Bestimmungen für die Vergabe von Bauleistungen (Deutschland)
VOF	Verordnung für die Vergabe freiberuflicher Leistungen (Deutschland)
VOF	Vergabeordnung für freiberufliche Leistungen (VOF)
VOL/A	Vergabe- und Vertragsordnung für Leistungen Teil A: Allgemeine Bestimmungen für die Vergabe von Leistungen (Deutschland)
VwGH	Verwaltungsgerichtshof (Österreich)
z.B.	zum Beispiel
ZfBR	Zeitschrift für deutsches und internationales Bau- und Vergaberecht

A. Einleitung

Mit der Reform des EU-Vergaberechts im Jahr 2004 wurde in der Vergabekoordinierungsrichtlinie 2004/18/EG[1] (VKR 2004) mit dem wettbewerblichen Dialog ein neues Verfahren für die Vergabe öffentlicher Aufträge eingeführt. Er trat neben die bereits in den zuvor geltenden klassischen Richtlinien[2] vorgesehenen Verfahren offenes Verfahren, nichtoffenes Verfahren und Verhandlungsverfahren.

Während im offenen und nichtoffenen Verfahren die Interaktion zwischen öffentlichem Auftraggeber und den Bietern auf ein Minimum beschränkt wird, eröffnet das Verhandlungsverfahren die Möglichkeit, über die von den Bietern eingereichten Angebote zu verhandeln. Mit der Einführung des wettbewerblichen Dialogs[3] verschiebt die VKR 2004 den Ort möglicher Interaktion zwischen öffentlichem Auftraggeber und den am Auftrag interessierten Wirtschaftsteilnehmern auf die Phase der Leistungsbestimmung: Anstelle einer ausgearbeiteten Leistungsbeschreibung, nach der die Bieter ihre Angebote legen, tritt im wettbewerblichen Dialog eine Beschreibung der Bedürfnisse und Anforderungen, die Grundlage für einen Dialog über mögliche Lösungen zwischen Auftraggeber und den interessierten Wirtschaftsteilnehmern ist. Erst wenn eine solche Lösung gefunden ist, werden die Angebote gelegt.

Bis dahin konnte sich der öffentliche Auftraggeber zwar Unterstützung bei der Erstellung der Leistungsbeschreibung holen, etwa über die Durchführung eines

---

1 Richtlinie 2004/18/EG des Europäischen Parlaments und des Rates vom 31. März 2004 über die Koordinierung der Verfahren zur Vergabe öffentlicher Bauaufträge, Lieferaufträge und Dienstleistungsaufträge.

2 Richtlinie 92/50/EWG des Rates vom 18. Juni 1992 über die Koordinierung der Verfahren zur Vergabe öffentlicher Dienstleistungsaufträge, Richtlinie 93/36/EWG des Rates vom 14. Juni 1993 über die Koordinierung der Verfahren zur Vergabe öffentlicher Lieferaufträge sowie Richtlinie 93/37/EWG des Rates vom 14. Juni 1993 zur Koordinierung der Verfahren zur Vergabe öffentlicher Bauaufträge, nachfolgend zusammengefasst als die *„klassischen Richtlinien"*.

3 Die Einführung des wettbewerblichen Dialogs geht auf das Grünbuch der Kommission *„Das öffentliche Auftragswesen in der europäischen Union: Überlegungen für die Zukunft"* vom 27. November 1996, KOM(96) 583 endg., zurück. Dort schlug die Kommission unter anderem die Einführung eines neuen Verfahrens mit Verhandlungsaspekten vor, welches für Verfahren in besonders komplexen Bereichen einen *„Dialog"* zwischen dem öffentlichen Auftraggeber und möglichen Bietern ermöglichen und dennoch den Wettbewerb und die Gleichbehandlung aller potentiellen Teilnehmer sicherstellen sollte, Grünbuch der Kommission, S. 52. Hier ist noch allgemein von einem fachlichen Dialog zwischen der Vergabestelle und interessierten privaten Unternehmen die Rede. In der Mitteilung der Kommission *„Das öffentliche Auftragswesen in der europäischen Union: Überlegungen für die Zukunft"* vom 11. März 1998, KOM/98/0143 endg., wird dann auf S. 7 die Einführung eines *„wettbewerblichen Dialogs"* vorgeschlagen.

Wettbewerbs[4] bzw. mittels eines sogenannten, in der VKR 2004 nicht näher beschriebenen *„technischen Dialogs"*.[5] Es bestand jedoch keine Möglichkeit, die Ermittlung des Leistungsgegenstands und die Vergabe des anschließenden Auftrags miteinander zu verknüpfen.

Mit der Einführung des wettbewerblichen Dialogs wollte der Unionsgesetzgeber dem öffentlichen Auftraggeber ein flexibles Verfahren an die Hand geben, in dem der Auftraggeber alle Aspekte des Auftrags mit jedem Bewerber erörtern kann, das aber gleichwohl den Wettbewerb zwischen den Wirtschaftsteilnehmern gewährleistet.[6] Dabei sieht die VKR 2004 zur Sicherstellung des Wettbewerbs verschiedene Einschränkungen der Flexibilität sowohl bei der Anwendbarkeit des wettbewerblichen Dialogs als auch bei der Ausgestaltung des Verfahrens vor.

Mit dem Erlass der Vergaberichtlinie 2014/24/EU[7] (VKR 2014) im April 2014 wurde der Anwendungsbereich des wettbewerblichen Dialogs erweitert. Daneben führt die VKR 2014 ein weiteres Verfahren ein, das der Bestimmung des Leistungsgegenstandes dienen kann, die sogenannte *„Innovationspartnerschaft"*.

I. Gegenstand der Untersuchung

Die vorliegende Arbeit untersucht den wettbewerblichen Dialog in ausgewählten Rechtsordnungen im Hinblick auf seine Funktionsfähigkeit: **Kann der wettbewerbliche Dialog dem an ihn gestellten Anspruch gerecht werden, dem öffentlichen Auftraggeber ein flexibles Verfahren an die Hand zu geben, das gleichzeitig den Wettbewerb sicherstellen kann?**

In den Blick genommen werden neben den Unionsvorgaben die Umsetzung des wettbewerblichen Dialogs in Deutschland (DE) und Österreich (AT) sowie dem seit 2004 der EU angehörenden Polen (PL). Diese drei Länder bilden über die gemeinsamen Grenzen zu Deutschland einen zusammenhängenden Markt, in dem im Fall von Deutschland und Österreich überdies dieselbe Sprache gesprochen wird. Polen und Österreich ist gemein, dass sie, anders als Deutschland, die EU-Vorgaben in je einem zusammenhängenden Vergabegesetz umgesetzt haben. Darauf, dass die Umsetzungen von unterschiedlicher Güte sein könnten, deutet die Bewertung der Umsetzungen durch die EU-Kommission hin. Sie stuft die Performance der drei Länder in ihrer EU-weiten Übersicht der „Single Market Performance" im Bereich der öffentlichen Auftragsvergabe als überdurchschnittlich (DE), durchschnittlich

4 Dieser kann unter bestimmten Voraussetzungen mit einem die Ausführung der Planungsleistungen umfassenden Auftrag verbunden werden, siehe dazu unten unter C.II.4 und D.III.2.

5 Erwägungsgrund 8 VKR 2004.

6 Erwägungsgrund 31 VKR 2004.

7 Richtlinie 2014/24/EU des Europäischen Parlaments und des Rates vom 26. Februar 2014 über die öffentliche Auftragsvergabe und zur Aufhebung der Richtlinie 2004/18/EG. Die Richtlinie ist im April 2014 in Kraft getreten und ist von den Mitgliedstaaten im Wesentlichen bis zum 18. April 2016 in nationales Recht umzusetzen.

(AT) bzw. unterdurchschnittlich (PL) ein.[8] Die vorliegende Arbeit wird versuchen, dieses Ergebnis im Hinblick auf die jeweilige textliche Umsetzung und die verfügbare Rechtsprechung nachzuvollziehen, wobei nicht ausgeschlossen werden kann, dass Ursachen bestehen, die außerhalb der konkreten Umsetzung liegen, wie zum Beispiel ungeschriebene Behördenpraktiken. Derartige externe Ursachen sind nicht Gegenstand der vorliegenden Arbeit.

II. Gang der Untersuchung

Die Untersuchung gliedert sich in fünf Teile. Die beiden ersten Teile sind einführender Art und geben einen Überblick über die Vorschriften des Primärrechts, wie sie für die Auslegung des wettbewerblichen Dialogs relevant werden (B), sowie über den sekundärrechtlichen Kontext, in den das Verfahren eingebettet ist (C). Dies geschieht durch einen Überblick über das europäische Vergaberechtsregime (C.I und II) und die anschließende Verortung des wettbewerblichen Dialogs im Verfahrenskanon der Vergabekoordinierungsrichtlinien[9] (C.III).

Der bis zu diesem Punkt vornehmlich darstellenden Beschreibung des Umfelds und der Maßstäbe für eine Untersuchung des wettbewerblichen Dialogs schließt sich die eigentliche Untersuchung des wettbewerblichen Dialogs an, welche sich in einen europäischen (D) und einen nationalen Abschnitt (E) unterteilt.

Die Untersuchung des wettbewerblichen Dialogs nach den Vergabekoordinierungsrichtlinien erfolgt im Wesentlichen unter zwei Gesichtspunkten: der Beantwortung **der Frage, inwieweit der wettbewerbliche Dialog den Maßstäben des Primärrechts entspricht** sowie der Identifizierung der Maßstäbe und Spielräume, die die Vergabekoordinierungsrichtlinien für die Umsetzung durch die Mitgliedsstaaten setzen. Unter diesen Gesichtspunkten werden zunächst der Anwendungsbereich (D.I) und der Verfahrensablauf (D.II) des wettbewerblichen Dialogs nach der VKR 2004 sowie der VKR 2014 untersucht. Anschließend wird der wettbewerbliche Dialog in Beziehung zu den weiteren Verfahren gesetzt, die die Vergabekoordinierungsrichtlinien anbieten, um den öffentlichen Auftraggebern bei der Ermittlung des konkreten Auftragsgegenstands zu unterstützen (D.III): das Verhandlungsverfahren, der Wettbewerb und (nur nach der VKR 2014) die Innovationspartnerschaft. Schließlich werden noch die Arten von öffentlicher Vergabe untersucht, die nicht oder nicht in den Kernbereich der VKR 2004 fallen und insofern einem weniger strengen Vergaberegime unterworfen sind (D.IV). Dies sind Bau- und Dienstleistungskonzessionen,

8 Die nur online verfügbare Übersicht ist im Internet unter http://ec.europa.eu/internal_market /scoreboard/performance_per_policy_area/public_procurement/index_en.htm abrufbar.

9 „Vergabekoordinierungsrichtlinien" wird im Folgenden als Oberbegriff für die VKR 2004 und die VKR 2014 verwendet. Auch wenn die VKR 2014 den Begriff *„Koordinierung"* nicht mehr im Titel trägt, so nennt sie die Koordinierung der Rechts- und Verwaltungsvorschriften zum öffentlichen Auftragswesen in den Mitgliedstaaten nach wie vor als Ziel, Erwägungsgründe 2 und 136 VKR 2014.

besondere Arten von Dienstleistungen sowie Aufträge von Auftraggebern bestimmter Wirtschaftssektoren. Von dem Ergebnis dieser Untersuchung hängt ab, inwiefern die Mitgliedstaaten in der Lage sind, diese Tatbestände in den regulären Anwendungsbereich der öffentlichen Auftragsvergabe einzubeziehen.

Die Umsetzung des wettbewerblichen Dialogs in Deutschland, Polen und Österreich am Maßstab des Primärrechts und der Vergaberichtlinien ist Gegenstand der anschließenden Untersuchung (E). Der Abschnitt beginnt mit einer Untersuchung der Regelungsbereiche, die bereits aufgrund anderer Strukturentscheidungen des jeweiligen nationalen Gesetzgebers den Regelungen zum wettbewerblichen Dialog unterfallen bzw. nicht unterfallen. In dem Fall, dass die nationalen Regelungen Spielräume lassen, wird auch untersucht, inwieweit diese es zulassen, dass der Auftraggeber das Verfahren an den Vorgaben für den wettbewerblichen Dialog ausrichtet (E.I).

Die Bearbeitung der Frage, **inwieweit die Umsetzungen das Konzept der Richtlinie funktionsgemäß verwirklichen können**, erfolgt dann weitgehend integrativ und vergleichend, das heißt bei der Untersuchung des Anwendungsbereichs des wettbewerblichen Dialogs (E.II), der Verfahrensausgestaltung (E.III) und des Verhältnisses des wettbewerblichen Dialogs zum alternativ denkbaren Verhandlungsverfahren (E.IV) werden die jeweiligen nationalen Regelungen unter den einzelnen Unterprüfungspunkten direkt miteinander verglichen, soweit die Verständlichkeit hierunter nicht leidet.

Der letzte Abschnitt (F) fasst die Ergebnisse der vorangegangenen Abschnitte zusammen und schlägt einen Bogen zur Ausgangsfrage.

B. Der primärrechtliche Kontext

Der öffentliche Auftragssektor generiert etwa ein Fünftel des jährlichen EU-weiten Bruttoinlandsprodukts.[10] Dem öffentlichen Auftragswesen kommt damit allein aufgrund der bewegten Werte grundsätzliche Relevanz für die Verwirklichung des Binnenmarkts durch die Sicherstellung der Öffnung der nationalen Märkte für Bieter aus anderen Mitgliedstaaten zu.

Dementsprechend verpflichtet das Primärrecht staatliche Stellen auch ohne sekundärrechtliche Vorgaben, Aufträge, bei denen davon ausgegangen werden kann, dass sie auch für Wirtschaftsteilnehmer aus anderen Mitgliedstaaten interessant sein könnten (sogenannte Aufträge von grenzüberschreitendem Interesse), im Wettbewerb zu vergeben.[11]

Die EU stützt sich dann auch bei der Regulierung des öffentlichen Auftragswesens auf Kompetenzen zur Koordinierung der Rechts- und Verwaltungsvorschriften der Mitgliedstaaten im Bereich der Niederlassungs- und Dienstleistungsfreiheit sowie eines funktionierenden Binnenmarkts[12] und fasst die an die Auftragsvergabe anzulegenden Maßstäbe wie folgt zusammen:

> *„Die Vergabe öffentlicher Aufträge [...] hat im Einklang mit den im Vertrag über die Arbeitsweise der Europäischen Union (AEUV) niedergelegten Grundsätzen zu erfolgen, insbesondere den Grundsätzen des freien Warenverkehrs, der Niederlassungsfreiheit und der Dienstleistungsfreiheit sowie den sich daraus ableitenden Grundsätzen wie Gleichbehandlung, Nichtdiskriminierung, gegenseitige Anerkennung, Verhältnismäßigkeit und Transparenz. Für über einen bestimmten Wert hinausgehende öffentliche Aufträge sollten Vorschriften zur Koordinierung der nationalen Vergabeverfahren festgelegt werden, um zu gewährleisten, dass diese Grundsätze praktische Geltung erlangen und dass das öffentliche Auftragswesen für den Wettbewerb geöffnet wird.“*[13]

---

10 EU-Kommission, Annual Public Procurement Implementation Review 2013 vom 27. August 2014, SWD(2014) 262 final.

11 Ausführlich hierzu die *„Mitteilung der Kommission vom 8. Juni 2006 zu Auslegungsfragen in Bezug auf das Gemeinschaftsrecht, das für die Vergabe öffentlicher Aufträge gilt, die nicht oder nur teilweise unter die Vergaberichtlinien fallen“*, 2006/C 179/02.

12 Art. 47 Abs. 2, Art. 55 sowie Art. 95 EG für die VKR 2004 bzw. Art. 52, Art. 62 und Art. 114 Abs. 1 AEUV für die VKR 2014. Zur Entwicklung der vorhergehenden Vergaberichtlinien und ihrer Ermächtigungsgrundlagen von der Gewährleistung der Warenverkehrsfreiheit zur Errichtung und dem Funktionieren des Binnenmarkts, Trepte, Public procurement in the EU, Rn. 1.59 ff.

13 Erwägungsgrund 1 VKR 2014. Dem entspricht Erwägungsgrund 2 VKR 2004: *„Die Vergabe von Aufträgen in den Mitgliedstaaten [...] ist an die Einhaltung der im Vertrag niedergelegten Grundsätze gebunden, insbesondere des Grundsatzes des freien Warenverkehrs, des Grundsatzes der Niederlassungsfreiheit und des Grundsatzes der Dienstleistungsfreiheit sowie der davon abgeleiteten Grundsätze wie z.B. des Grundsatzes der*

Nachfolgend werden zunächst die Primärrechtsgrundsätze dargestellt, wie sie Relevanz für die Vergabe öffentlicher Aufträge erlangen. Neben den Vergabegrundsätzen der Vergabekoordinierungsrichtlinien[14] entfalten sie zwar nur eingeschränkt originäre Bedeutung, sind aber gleichwohl Maßstab für die Richtlinien selbst.[15]

I. Grundfreiheiten

Für das Vergaberecht sind insbesondere die Warenverkehrsfreiheit und die personenbezogenen Grundfreiheiten von Bedeutung.

1. Warenverkehrsfreiheit

Die Artt. 34, 35 AEUV (vormals Artt. 28 ff. EG) verbieten mengenmäßige Ein- oder Ausfuhrbeschränkungen sowie alle Maßnahmen gleicher Wirkung zwischen den Mitgliedstaaten. Im Bereich des Vergaberechts bilden die Maßnahmen mit gleicher Wirkung wie mengenmäßige Beschränkungen im Sinne der Art. 34 ff. AEUV die häufigste Beschränkung der Warenverkehrsfreiheit.[16] Hierbei handelt es sich um Eingriffe der Mitgliedstaaten, die sich indirekt auf den innergemeinschaftlichen Handel auswirken, indem sie Ein- oder Ausfuhren unmöglich machen, erschweren oder verteuern, ohne sie ausdrücklich zu verbieten oder zu kontingentieren.[17]

Gleichbehandlung, des Grundsatzes der Nichtdiskriminierung, des Grundsatzes der gegenseitigen Anerkennung, des Grundsatzes der Verhältnismäßigkeit und des Grundsatzes der Transparenz. Für öffentliche Aufträge, die einen bestimmten Wert überschreiten, empfiehlt sich indessen die Ausarbeitung von auf diesen Grundsätzen beruhenden Bestimmungen zur gemeinschaftlichen Koordinierung der nationalen Verfahren für die Vergabe solcher Aufträge, um die Wirksamkeit dieser Grundsätze und die Öffnung des öffentlichen Beschaffungswesens für den Wettbewerb zu garantieren. Folglich sollten diese Koordinierungsbestimmungen nach Maßgabe der genannten Regeln und Grundsätze sowie gemäß den anderen Bestimmungen des Vertrags ausgelegt werden.“

14 Hierzu siehe unten unter C.II.

15 Der EuGH hatte insbesondere im Hinblick auf die Vergabe von von den Richtlinien nicht erfassten Teilbereichen des Vergabewesens – wie etwa bei Dienstleistungskonzessionen, für deren Vergabe bis zur EU-Vergaberechtsreform 2014 Regeln nur aus dem Primärrecht abgeleitet werden konnten – Gelegenheit, die Maßstäbe, die das EU-Primärrecht für das öffentliche Vergabewesen setzt, zu präzisieren, vgl. etwa EuGH, Urteil vom 25. April 1996, C-87/94, Wallonische Busse, Rn. 54; EuGH, Urteil vom 7. Dezember 2000, C-324/98, Telaustria, Rn. 62; EuGH C-92/00, Urteil vom 18. Juni 2002, Hospital Ingenieure, Rn. 45; EuGH, Urteil vom 12. Dezember 2002, Universale Bau, Rn. 90 f.; EuGH, Urteil vom 13. Oktober 2005, Parking Brixen, Rn. 49 f.; EuGH, Urteil vom 13. April 2010, C-91/08, Wall, Rn. 36. Siehe hierzu auch unten unter D.IV.1.b.

16 Prieß, Handbuch des europäischen Vergaberechts, S. 11.

17 Borchardt, Die rechtlichen Grundlagen der Europäischen Union, Rn. 905.

Damit wird die Warenverkehrsfreiheit im Bereich der öffentlichen Lieferaufträge zur vorrangig einschlägigen Grundfreiheit. Aber auch bei der Vergabe von Bau- und Dienstleistungsaufträgen können Anforderungen an die Materialien, wenn sie zur Ausführung des Auftrags vom Auftraggeber vorgegeben werden, eine unzulässige Behinderung der Warenverkehrsfreiheit darstellen.

Es sind zum Beispiel nationale Vergaberegelungen wegen des Verstoßes gegen die Warenverkehrsfreiheit für unzulässig erklärt worden, nach denen die bei der Auftragsausführung verwendeten Materialien nationalen Normen entsprechen mussten und die Übereinstimmung vom Bewerber durch eine Bescheinigung nachzuweisen war. Da diese Regelungen ausdrücklich nach einheimischen und eingeführten Waren unterschieden und so die Verwendung eingeführter Waren bei der Auftragsdurchführung erheblich erschwerten, hat der EuGH sie als offen diskriminierende Maßnahmen gleicher Wirkung eingeordnet.[18] Entsprechendes gilt für die Verpflichtung, einen bestimmten Anteil des Materials für den Auftrag aus der Region zu beziehen.[19] Der Notwendigkeit der gegenseitigen Anerkennung ist ab der VKR 2004 dadurch Rechnung getragen worden, dass es dem öffentlichen Auftraggeber verwehrt ist, technische Spezifikationen zu verwenden, die auf andere als europäischen Standards Bezug nehmen ohne den Zusatz *„oder gleichwertig"* ausdrücklich aufzunehmen.[20]

2. Personenbezogene Grundfreiheiten

Die Freiheit des Personen- und Dienstleistungsverkehrs umfasst die Arbeitnehmerfreizügigkeit (Art. 45 ff. AEUV – vormals Art. 39 ff. EG), die Niederlassungsfreiheit (Art. 49 AEUV – vormals Art. 43 ff. EG) und die Regelungen zum freien Dienstleistungsverkehr (Art. 56 ff. AEUV – vormals 49 ff. EG).

Vorbehaltlich gerechtfertigter Beschränkungen aus Gründen der öffentlichen Ordnung, Sicherheit und Gesundheit umfasst die Freizügigkeit der Arbeitnehmer nach Art. 45 Abs. 2 AEUV

> *„die Abschaffung jeder auf der Staatsangehörigkeit beruhenden unterschiedlichen Behandlung der Arbeitnehmer der Mitgliedstaaten in Bezug auf Beschäftigung, Entlohnung und sonstige Arbeitsbedingungen."*

Nach Art. 49 AEUV sind Beschränkungen der freien Niederlassung von Staatsangehörigen eines Mitgliedstaats im Hoheitsgebiet eines anderen Mitgliedstaats verboten. Das gleiche gilt für die Beschränkungen der Gründung von Agenturen, Zweigniederlassungen oder Tochtergesellschaften durch Angehörige eines Mitgliedstaats, die im Hoheitsgebiet eines Mitgliedstaats ansässig sind.

---

18 EuGH, Urteil vom 22. September 1988, 45/87, Kommission/Irland.
19 Prieß, Handbuch des europäischen Vergaberechts, S. 15 m.w.N.
20 Art. 23 Abs. 3 lit. a VKR 2004, Art. 42 Abs. 3 lit. b VKR 2014.

Art. 56 AEUV verbietet Beschränkungen des freien Dienstleistungsverkehrs innerhalb der Union für Angehörige der Mitgliedstaaten, die in einem anderen Staat als demjenigen des Leistungsempfängers ansässig sind. Der Dienstleistungsbegriff des AEUV ist dabei umfassender und nicht deckungsgleich mit dem vergaberechtlichen (Auffang-) Tatbestand der Dienstleistung. Nach Art. 57 AEUV sind Dienstleistungen im Sinne des Vertrages alle Leistungen, die in der Regel gegen Entgelt erbracht werden, soweit sie nicht den Vorschriften über den freien Waren- und Kapitalverkehr und über die Freizügigkeit von Personen unterliegen. Damit gehören zum Dienstleistungsbegriff des EG-Vertrags auch Bauleistungen, die in den EU-Vergaberegeln eine eigenständige Kategorie bilden.[21]

Die personenbezogenen Grundfreiheiten erlauben es Bewerbern und Bietern, die sich um einen öffentlichen Auftrag bemühen, nicht nur, ihre Dienstleistung grenzüberschreitend anbieten zu können, sie dürfen in diesem Zusammenhang auch unbehindert (Zweig-)Niederlassungen gründen bzw. ihre Arbeitnehmer einsetzen. Ihnen müssen daher die gleichen Rechte und die gleichen Chancen wie einheimischen Bietern eingeräumt werden.[22] Auch die personenbezogenen Grundfreiheiten umfassen, wie die Warenverkehrsfreiheit, nicht nur ein Diskriminierungs- sondern auch ein Behinderungsverbot.[23]

Der EuGH hat im Bereich des Vergaberechts verschiedene Urteile erlassen, die Verstöße der ausschreibenden Stelle gegen personenbezogene Grundfreiheiten betreffen.[24] So hat er zum Beispiel einen diskriminierenden Verstoß gegen die Arbeitnehmerfreizügigkeit angenommen, wenn bei der Auftragsausführung in bestimmtem Umfang einheimische Arbeitskräfte eingesetzt werden müssen.[25] Als Maßnahme gleicher Wirkung wurde die Verpflichtung eingeordnet, dass bestimmte Dienstleistungen nur an Unternehmen mit Beteiligung der öffentlichen Hand des

---

21 Art. 1 Abs. 2 lit. b VKR 2004: *„Öffentliche Bauaufträge" sind öffentliche Aufträge über entweder die Ausführung oder gleichzeitig die Planung und die Ausführung von Bauvorhaben […]"*; jetzt Art. 2 Abs. 1 Nr. 6 VKR 2014.

22 Prieß, Handbuch des europäischen Vergaberechts, S. 19.

23 Dies ergibt sich seit den Änderungen durch den Vertrag von Amsterdam auch für Arbeitnehmerfreizügigkeit und Niederlassungsfreiheit direkt aus dem EG-Vertrag und wurde vom AEUV übernommen. Ebenso aber bereits EuGH, Urteil vom 15. Dezember, C-415/93, Bosman (zur Arbeitnehmerfreizügigkeit); EuGH, Urteil vom 30. November 1995, C-55/94, Gebhard (zur Niederlassungsfreiheit). Die Unterscheidung von Diskriminierungs- und Behinderungsverbot ist deshalb relevant, weil sie eine faktische Umkehrung der Beweislast bewirkt, da eine Diskriminierung als Eingriff vom Beschwerdeführer zu beweisen ist, die Rechtfertigung einer Behinderung jedoch vom Mitgliedstaat, der sich auf eine solche berufen möchte, Borchardt, Die rechtlichen Grundlagen der Europäischen Union, Rn. 972.

24 Ausführlich hierzu Prieß, Handbuch des europäischen Vergaberechts, S. 20 f.

25 EuGH, Urteil vom 22. Juni 1993, C-243/89, Kommission/Dänemark. Leider lässt sich dem Urteil nicht entnehmen, warum der Gerichtshof hier einen Verstoß gegen die Arbeitnehmerfreizügigkeit und nicht gegen die Dienstleistungsfreiheit annimmt.

vergebenden Staates zu vergeben seien,[26] bzw. einen Teil der Arbeiten Subunternehmern vorzubehalten, die ihren Sitz in der Region haben, in der die Arbeiten ausgeführt werden.[27]

II. Diskriminierungsverbot

Als Auffangnorm, die überall dort eingreift, wo die spezielleren Diskriminierungs- und Behinderungsverbote der Grundfreiheiten nicht zur Anwendung kommen,[28] bestimmt Art. 18 AEUV (vormals Art. 12 EG), dass

> *„unbeschadet besonderer Bestimmungen der Verträge [...] in ihrem Anwendungsbereich jede Diskriminierung aus Gründen der Staatsangehörigkeit verboten[ist].“*

Art. 18 AEUV verbietet nicht nur offene, sondern auch materielle bzw. mittelbare Diskriminierungen.[29] Nach dem EuGH findet das allgemeine Diskriminierungsverbot vor allem dort Anwendung, wo der Vertrag keine besonderen Bestimmungen vorsieht, die die Gleichbehandlung betreffen.[30]

Die Vergabekoordinierungsrichtlinien benennen das Diskriminierungsverbot unabhängig von dem Anknüpfungspunkt der Staatszugehörigkeit als einen der allgemeinen Vergabegrundsätze[31] und treffen darüber hinaus in den einzelnen Verfahrensschritten mehrfach Sonderregelungen.[32] Damit wird das Diskriminierungsverbot nach Art. 18 AEUV in dem durch die Richtlinien erfassten Bereich des öffentlichen Auftragswesens nicht selbständig relevant,[33] wohl aber unterhalb der Schwellenwerte und außerhalb des sachlichen Anwendungsbereiches der Richtlinien.[34]

---

26 EuGH, Urteil vom 5. Dezember 1989, C-3/88, Kommission/Italien.

27 EuGH, Urteil vom 3. Juni 1992, C-360/89, Kommission/Italien.

28 EuGH, Urteil vom 14. Juli 1994, C-379/92, Peralta.

29 Von Bogdandy in: Grabitz/Hilf/Nettesheim, Das Recht der Europäischen Union, Band I - EUV/AEUV, Art. 18 Rn. 10.

30 EuGH, Urteil vom 28. November 1999, C-55/98, Skateministeriet/Bent Vestergaard.

31 Art. 2 VKR 2004; Art. 18 VKR 2014.

32 Vgl. z.B. Art. 23 Abs. 2 VKR 2004/Art. 42 Abs. 2 VKR 2014; Art. 29 Abs. 3 UAbs. 2 VKR 2004/ Art. 30 Abs. 3 UAbs. 2 VKR 2014; Art. 44 Abs. 1, 3 VKR 2004/Art. 65 VKR 2014.

33 So aber Sołtysińska, Europejskie prawo zamówien publicznych: komentarz, S. 107, nach der Art. 12 EG über Art. 10 EG immer auch bei der Auslegung der VKR 2004 zu beachten ist.

34 Einschränkend Arrowsmith, The Law of Public and Utilities Procurement, 3. Aufl., Rn. 4.74, die darauf verweist, dass der EuGH in diesen Fällen bislang immer auf die Grundfreiheiten zurückgegriffen habe. Die Annahme, dass auch Auftraggeber, die zwar unter die VKR aber nicht unter die Grundfreiheiten fielen, Art. 18 AEUV zu beachten hätten, sei nicht nachvollziehbar.

III. Primärrechtliches Transparenzgebot

Aus den Grundfreiheiten und dem Diskriminierungsverbot hat der EuGH abgeleitet, dass bei der Vergabe von Aufträgen ein Transparenzgebot seitens des Auftraggebers besteht, damit die Einhaltung der Bieterrechte kontrolliert werden kann.[35] Das Transparenzgebot gilt umfassend auch bei Beschaffungsvorgängen außerhalb der Vergaberichtlinien und enthält das Gebot,

> *„zugunsten potentieller Bieter einen angemessenen Grad von Öffentlichkeit sicher[zu] stellen, der den Dienstleistungsmarkt dem Wettbewerb öffnet und die Nachprüfung ermöglicht, ob die Vergabeverfahren unparteiisch durchgeführt wurden."*[36]

Auch ist die Leistung eindeutig und erschöpfend zu beschreiben, so dass alle Bewerber bzw. Bieter sie in gleicher Weise verstehen. Neben diesen recht groben Leitlinien folgen aus dem Transparenzgrundsatz außerhalb der Vergaberichtlinien allerdings keine einheitlichen Anforderungen an die vom Auftraggeber einzuhaltenden Maßnahmen. Vielmehr hat der Auftraggeber bezogen auf den einzelnen Auftrag abzuschätzen, wie hoch dessen wettbewerbliche und vor allem Binnenmarktrelevanz ist.[37] Im Anwendungsbereich der Vergabekoordinierungsrichtlinien wird die Binnenmarktrelevanz der vor ihnen erfassten Aufträge vorausgesetzt. Das allgemeine Transparenzgebot wird hier durch Sondervorschriften zum Beispiel im Hinblick auf Veröffentlichungs- und Mitteilungspflichten ergänzt.[38]

IV. Die Vorschriften über den freien Wettbewerb

Neben den Grundfreiheiten und dem allgemeinen Diskriminierungsverbot müssen die Mitgliedstaaten die Vorschriften der Verträge über die Europäische Union beachten, welche spezifisch den Wettbewerb schützen sollen.

Diese Vorschriften, namentlich betreffend das Verbot wettbewerbsbehindernder Vereinbarungen oder Beschlüsse (Art. 101 AEUV)[39] sowie das Verbot des Missbrauchs einer den Markt beherrschenden Stellung (Art. 102 AEUV)[40], können zwar unter bestimmten Umständen auch für öffentliche Auftraggeber gelten.[41]

---

35 EuGH, Urteil vom 18. Juni 2002, C-92/00, Hospital Ingenieure.

36 EuGH, Urteil vom 7. Dezember 2000, C-324/98, Telaustria. Ebenso EuGH, Urteil vom 25. April 1996, C-87/94, Wallonische Busse, Rn. 54; EuGH, Urteil vom 12. Dezember 2002, C-470/99, Universale Bau, Rn. 90 f.

37 EuGH, Urteil vom 13. Oktober 2005, C-458/03, Parking Brixen, Rn. 50.

38 Allgemein zum Transparenzgebot vgl. Huerkamp, Gleichbehandlung und Transparenz als gemeinschaftsrechtliche Prinzipien der staatlichen Auftragsvergabe, S. 312 ff.

39 Arrowsmith, The Law of Public and Utilities Procurement, 3. Aufl., Rn. 4–114 ff.

40 Arrowsmith, The Law of Public and Utilities Procurement, 3. Aufl., Rn. 4–118 f.

41 Reichweite und genauer Umfang der Geltung der Artt. 101 ff. EG sind im Bereich der öffentlichen Auftragsvergabe umstritten, vgl. Prieß, Handbuch des europäischen

Sie betreffen aber ebenso wie die Kontrolle von Beihilfen (Artt. 107–109 AEUV)[42] nicht in erster Linie die hier zu betrachtende *Verfahrensgestaltung* der Vergabe öffentlicher Aufträge.

Sie werden in der nachfolgenden Untersuchung daher nicht gesondert betrachtet.

Vergaberechts, S. 24 sowie EuGH, Urteil vom 11. Juli 2006, C-205/03, FENIN, Rn. 26; EuGH, Urteil vom 26. März 2009, C-113/07 P, SELEX Sistemi Integrati SpA, Rn. 106.

42 Eine Möglichkeit, den Beihilfetatbestand auszuschließen, kann die Durchführung eines formellen Vergabeverfahrens sein, EuGH, Urteil vom 24. Juli 2003, C-280/00, Altmark Trans. Allgemein zu beihilferelevanten Themen im Vergaberecht siehe Arrowsmith, The Law of Public and Utilities Procurement, 3. Aufl., Rn. 4–75 ff.

C. Der sekundärrechtliche Kontext

Auch wenn das europäische Primärrecht Anforderungen an das Verfahren der Vergabe öffentlicher Aufträge von grenzüberschreitendem Interesse stellt, ist es zu unspezifisch, um mehr als einen äußeren Rahmen abzustecken, innerhalb dessen sehr verschiedene Vorgehensweisen bei der Vergabe öffentlicher Aufträge denkbar sind. Ausgehend davon, dass die Grenzen des Wirtschaftsverkehrs dort am geringsten sind, wo die Marktteilnehmer nicht auf Widerstände durch unterschiedliche Rechtsordnungen stoßen, bedient sich die Union des Instruments der Rechtsangleichung, um die unmittelbar anwendbaren, primärrechtlichen Vorschriften zu konkretisieren.[43]

Die spezifizierte Vorgabe von Adressaten und Verfahren durch das Sekundärrecht gibt den Beteiligten Sicherheit und kann Diskussionen um Reichweite und Umfang des primärrechtlichen Schutzes in den geregelten Bereichen vermeiden helfen. So hat sich der etwa EuGH mehrfach mit der Frage auseinandersetzen müssen, inwiefern sich inländische Interessenten für – bis zur letzten Vergabereform 2014 nicht vom EU-Vergaberegime erfasste – Dienstleistungskonzessionen auf EU-Grundfreiheiten berufen können, während dieser Punkt für klassische öffentliche Aufträge schon seit Erlass der ersten Vergaberichtlinien nicht mehr zur Debatte steht.[44] Auch für die Frage, welche Privatrechtssubjekte genau im Bereich der Vergabe von Aufträgen dem Primärrecht verpflichtet sind, stellen die Vergaberichtlinien für alle Mitgliedstaaten

43 Borchardt, Die rechtlichen Grundlagen der Europäischen Union, Rn. 804 ff. Nach Bovis sind positive Verhaltensaussagen nötig, wenn Unternehmen eine realistische Chance erhalten sollen, sich erfolgreich an Ausschreibungen in anderen Mitgliedstaaten zu beteiligen, Bovis, Public Procurement in the European Union, S. 30.

44 Vgl. EuGH, Urteil vom 13. Oktober 2005, C-458/03, Parking Brixen: „*Nach der Rechtsprechung des Gerichtshofes sind die Artikel 43 EG und 49 EG eine besondere Ausprägung des Gleichbehandlungsgrundsatzes […]. Auch beim Verbot der Diskriminierung aus Gründen der Staatsangehörigkeit handelt es sich um eine spezielle Ausprägung des allgemeinen Gleichbehandlungsgrundsatzes […]. In seinen Urteilen zu den Gemeinschaftsrichtlinien auf dem Gebiet der öffentlichen Aufträge hat der Gerichtshof ausgeführt, dass der Grundsatz der Gleichbehandlung der Bieter bedeutet, dass alle Bieter unabhängig von ihrer Staatsangehörigkeit bei der Aufstellung ihrer Angebote über die gleichen Chancen verfügen müssen […]. Demnach ist der Grundsatz der Gleichbehandlung der Bieter auf öffentliche Dienstleistungskonzessionen auch dann anwendbar, wenn keine Diskriminierung aus Gründen der Staatsangehörigkeit vorliegt.*" Siehe auch EuGH, Urteil vom 14. November 2013, C-221/12, Belgacom. Hierzu näher Gabriel/Voll, Das Ende der Inländerdiskriminierung im Vergabe(primär)recht, NZBau 2014, S. 156 ff. sowie jetzt auch Arrowsmith, The Law of Public and Utilities Procurement, 3. Aufl., Rn. 4.09, die in der Vorauflage noch davon ausging, dass die Grundfreiheiten Fälle der Inländerdiskriminierung grundsätzlich nicht erfassen können; Arrowsmith, The Law of Public and Utilities Procurement, 2. Aufl., Rn. 4.25.

einheitliche Kriterien auf und vermindern so den Auslegungsbedarf.[45] Aicher weist schließlich noch darauf hin, dass die konkreten Handlungsanweisungen für die Durchführung der Vergabeverfahren es den Mitgliedstaaten erschweren, sich den primärrechtlichen Vergabegrundsätzen durch Verweis auf die den Grundfreiheiten immanente Beschränkungsmöglichkeit aus zwingenden Gründen des Allgemeininteresses zu entziehen.[46]

I. Die Vergabekoordinierungsrichtlinien

Die ersten Vergaberichtlinien wurden in den 1970iger Jahren erlassen. Die Richtlinie 71/305/EWG des Rates vom 26. Juli 1971 über die Koordinierung der Verfahren zur Vergabe öffentlicher Bauaufträge (BKR 1971) sollte insbesondere die Niederlassungsfreiheit und den freien Dienstleistungsverkehr durch eine Koordinierung der einzelstaatlichen Verfahren erreichen[47], die sechs Jahre später erlassene Richtlinie 77/62/EWG des Rates vom 21. Dezember 1976 über die Koordinierung der Verfahren zur Vergabe öffentlicher Lieferaufträge (LKR 1977) stellt die Gewährleistung der Warenverkehrsfreiheit in den Vordergrund. Beide Richtlinien fassten die Kernpunkte der Vergabeverfahren in ihren Erwägungsgründen wie folgt zusammen: die technischen Merkmale dürfen nicht so beschrieben werden, dass sie sich diskriminierend auswirken können, die geplante Auftragsvergabe ist ausreichend bekannt zu machen, es sind objektive Teilnahmekriterien festzulegen und insgesamt Verfahren einzuführen, die die Einhaltung der zuvor benannten Grundsätze sicherstellen. Als Vergabeverfahren sahen diese Richtlinien nur das offene und das nichtoffene Verfahren vor.[48] Erst mit den klassischen Richtlinien der 1990iger Jahre, die erstmals auch die Vergabe von Dienstleistungen regelten, wurden Verhandlungen über den Auftragsinhalt möglich.

1. Die Vergaberechtsreform 2004

Der wettbewerbliche Dialog wurde im Rahmen einer größeren Vergaberechtsreform im Jahre 2004 in die VKR 2004 eingefügt. In der VKR 2004 wurden die bis dahin getrennten Richtlinien für die Vergabe von Bau-, Liefer- und Dienstleistungen durch öffentliche Auftraggeber erstmals in einer Richtlinie zusammengeführt. Die VKR 2004

45 Ausführlich zur Bestimmung der dem Primärrecht verpflichteten Auftraggeber unter Berücksichtigung des "Buy Irish"-Falls des EuGH (249/81) Arrowsmith, The Law of Public and Utilities Procurement, 3. Aufl., Rn. 4.57.

46 Aicher in: Müller-Wrede, Kompendium des Vergaberechts, 2. Aufl., S. 367.

47 Vgl. die Erwägungsgründe der BKR 1971.

48 Die Tatbestände, die später die Anwendung des Verhandlungsverfahrens rechtfertigten, waren hier noch nicht vom Anwendungsbereich der Richtlinien umfasst, vgl. Art. 9 BKR 1971, Art. 6 LKR 1977.

sieht einen abschließenden Katalog[49] möglicher Verfahren für die Vergabe öffentlicher Aufträge vor, deren Anwendungsbereich bei Überschreiten der in der Richtlinie vorgesehenen Schwellenwerte eröffnet ist.[50] Seit dem 1. Januar 2014 gilt ein Netto-Auftragswert von 5.186.000,00 Euro für Bauleistungen bzw. von 207.000,00 Euro für Dienst- und Lieferleistungen. Für öffentliche Liefer- und Dienstleistungsaufträge zentraler Regierungsbehörden[51] liegt der Schwellenwert bei 134.000 Euro.[52]

Für Auftraggeber, die im Bereich der Wasser-, Energie- und Verkehrsversorgung oder der Postdienste tätig sind, gilt die Sektorenrichtlinie (SKR 2004)[53]. Dies liegt darin begründet, dass die Mitgliedstaaten die Sektorenauftraggeber sehr uneinheitlich als private oder öffentliche Unternehmen einordnen und auch die staatlichen Einflussmöglichkeiten in diesem Bereich sehr unterschiedlich ausgestattet sind, so dass die SKR 2004 gegenüber der VKR 2004 insgesamt flexibler ausgestaltet wurde.[54] Der wettbewerbliche Dialog hat keinen Eingang in die SKR 2004 gefunden.

2009 wurde schließlich die Richtlinie über die Vergabe in den Bereichen Verteidigung und Sicherheit[55] (VSKR) erlassen. Sie kennt ebenso wie die VKR 2004 den wettbewerblichen Dialog, vgl. Art. 27 VSKR. Sie ist auf die besonderen Merkmale der Ausrüstungen und Märkte im Bereich Verteidigung und Sicherheit zugeschnitten und wird von der vorliegenden Untersuchung nicht im Detail behandelt.

---

49 Art. 28 VKR 2004. Hierzu EuGH, Urteil vom 10. Dezember 2009, C-299/08, Kommission./. Frankreich, Rn. 28.

50 Die Berechnung der Schwellenwerte richtet sich nach Art. 9 VKR 2004.

51 Die Einordnung als *„zentrale Regierungsbehörde"* stellt sich je nach Mitgliedstaat sehr unterschiedlich dar: Während in Deutschland lediglich die Bundesministerien den niedrigeren Schwellenwert berücksichtigen müssen, gelten diese beispielsweise in Frankreich oder dem Vereinigten Königreich auch für eine Vielzahl zentraler Verwaltungseinrichtungen, wie etwa die Universitäten, Museen oder Botanischen Gärten, vgl. Anhang IV VKR 2004, Anhang I VKR 2014.

52 Art. 7 VKR 2004 bzw. Art. 4 VKR 2014, welcher zusätzlich einen Schwellenwert von 715.000,00 Euro für die neue Kategorie der *„sozialen und anderen besonderen Dienstleistungen"* einführt.

53 Richtlinie 2004/17/EG des Europäischen Parlaments und des Rates vom 31. März 2004 zur Koordinierung der Zuschlagserteilung durch Auftraggeber im Bereich der Wasser-, Energie- und Verkehrsversorgung sowie der Postdienste.

54 Erwägungsgründe 2 und 3 SKR 2004; Prieß, Handbuch des europäischen Vergaberechts, S. 86.

55 Richtlinie 2009/81/EG des Europäischen Parlaments und des Rates vom 13. Juli 2009 über die Koordinierung der Verfahren zur Vergabe bestimmter Bau-, Liefer- und Dienstleistungsaufträge in den Bereichen Verteidigung und Sicherheit und zur Änderung der Richtlinien 2004/17/EG und 2004/18/EG.

2. Die Vergaberechtsreform 2014

Am 17. April 2014 ist die neue VKR 2014 in Kraft getreten.[56] Sie ist von den Mitgliedstaaten bis zum 18. April 2016 in innerstaatliches Recht umzusetzen. An diesem Tag tritt auch die VKR 2004 außer Kraft.

Die neue Richtlinie setzt in vielen Bereichen die in den letzten Jahren ergangene Rechtsprechung zum Vergaberecht um, etwa in den Bereichen der vergaberechtsfreien Inhouse-Vergabe[57] oder der interkommunalen Zusammenarbeit[58]. Bei den einzelnen Vergabeverfahren hat der europäische Gesetzgeber insbesondere die Anwendungsbereiche des Verhandlungsverfahrens mit Bekanntmachung und des wettbewerblichen Dialogs erweitert und angeglichen. Des Weiteren wurde die Innovationspartnerschaft als ein neues Vergabeverfahren zur Entwicklung noch nicht am Markt verfügbarer Produkte eingeführt.

Anders als in der VKR 2004 ist die Umsetzung des wettbewerblichen Dialogs in der VKR 2014 für die Mitgliedstaaten nicht mehr fakultativ, sondern (wie auch die Umsetzung der Innovationspartnerschaft) zwingend vorgesehen.[59] Auch findet sich in der VKR 2014 kein Pendant für Erwägungsgrund 3 VKR 2004, wonach die Bestimmungen der Richtlinie *„die in den einzelnen Mitgliedstaaten geltenden Verfahren und Verwaltungspraktiken so weit wie möglich berücksichtigen“* sollten.

Neben der VKR 2014 wurde auch die Sektorenrichtlinie[60] (SKR 2014) – die jetzt ebenfalls die Anwendung des wettbewerblichen Dialogs vorsieht – reformiert und erstmalig eine Richtlinie für die Vergabe von Konzessionen für sowohl Bau- als auch Dienstleistungen[61] (KRL 2014) geschaffen. Die VSKR wurde nicht überarbeitet.

---

56 Einen allgemeinen Überblick gibt Jaeger, Die neue Basisvergaberichtlinie der EU vom 26.2.2014 - ein Überblick, NZBau 5/2014, S. 259ff.

57 EuGH, Urteil vom 29. November 2012, C-182/11, Comune di Varese, m.w.N., Erwägungsgrund 32, Art. 12 Abs. 1 VKR 2014.

58 EuGH, Urteil vom 13. Juni 2013, C-386/11, Piepenbrock, m.w.N., Erwägungsgrund 33, Art. 12 Abs. 3 VKR 2014.

59 Tatsächlich haben aber alle Mitgliedstaaten den wettbewerblichen Dialog eingeführt, vgl. Arrowsmith/Treumer, Competitive dialogue in EU procurement, Fn. 104.

60 Richtlinie 2014/25/EU des Europäischen Parlaments und des Rates vom 26. Februar 2014 über die Vergabe von Aufträgen durch Auftraggeber im Bereich der Wasser-, Energie- und Verkehrsversorgung sowie der Postdienste und zur Aufhebung der Richtlinie 2004/17/EG.

61 Richtlinie 2014/23/EU des Europäischen Parlaments und des Rates vom 26. Februar 2014 über die Konzessionsvergabe.

Erhalten geblieben ist auch die 1989 erlassene Rechtsmittelrichtlinie (RMR)[62], die die Effektivität der Vergaberichtlinien[63] garantieren soll. Nach Art. 1 Abs. 1 UAbs. 3 RMR tragen die Mitgliedstaaten dafür Sorge, dass die Entscheidungen der öffentlichen Auftraggeber wirksam und möglichst rasch auf Verstöße gegen das Gemeinschaftsrecht oder gegen die nationalen Umsetzungsvorschriften nachgeprüft werden können. Sie regelt die Gewährleistung von Rechtsschutz für die Vergabe von Aufträgen und Konzessionen öffentlicher Auftraggeber.

II. Die Vergabegrundsätze

Bei dem Erlass der Vergabekoordinierungsrichtlinien hat der Unionsgesetzgeber die primärrechtlichen Anforderungen an die Vergabe öffentlicher Aufträge aufgegriffen und in den Richtlinien selbst festgeschrieben.

Die Vergabegrundsätze präzisieren die Anforderungen aus dem Primärrecht zum Teil und gehen zum Teil über diese hinaus. Sie stellen den Hintergrund für die Auslegung der konkreten Handlungsanweisungen der Vergabekoordinierungsrichtlinien dar, zum Teil können sich aus ihnen auch über die konkreten Anforderungen der Richtlinien hinausgehende Anforderungen ergeben.[64]

So bestimmt Art. 2 VKR 2004:

> *„Die öffentlichen Auftraggeber behandeln alle Wirtschaftsteilnehmer gleich und nichtdiskriminierend und gehen in transparenter Weise vor."*

Art. 18 Abs. 1 VKR 2014 erweitert diesen Satz um den Auftrag an die Auftraggeber, verhältnismäßig zu handeln. Außerdem nimmt die VKR 2014 anders als die VKR 2004 unter der Überschrift *„Grundsätze der Auftragsvergabe"* ausdrücklich noch ein Umgehungsverbot sowie das Verbot auf, einen Auftrag so zu konzipieren, dass der Wettbewerb künstlich eingeschränkt wird (Abs. 1 UAbs. 2), außerdem die Verpflichtung der Auftraggeber, die Auftragsausführung im Einklang mit geltenden Umwelt- und Sozialstandards sicher zu stellen (Abs. 2). Mit diesen Ergänzungen werden allerdings Selbstverständlichkeiten ausgesprochen, die sich bereits unter der VKR 2004 direkt aus dem Primärrecht ergeben haben.

1. Diskriminierungsverbot und Gleichbehandlungsgebot

Bis zu ihrer Änderung im Jahr 1997 verboten die klassische Bau- sowie die Lieferrichtlinie ausdrücklich lediglich die Diskriminierung aus Gründen der

---

62 Richtlinie 89/665/EWG zur Koordinierung der Rechts- und Verwaltungsvorschriften für die Anwendung der Nachprüfungsverfahren im Rahmen der Vergabe öffentlicher Liefer- und Bauaufträge – entgegen ihres Titels umfasst die Richtlinie auch den Rechtsschutz bei der Vergabe von Dienstleistungsaufträgen.

63 Für die Bereiche Sicherheit und Verteidigung gelten gem. Artt. 55 ff. VSKR eigene, an die RMR angelehnte Regelungen.

64 Arrowsmith, The Law of Public and Utilities Procurement, 3. Aufl., Rn. 7.09.

Staatsangehörigkeit.[65] In der Rechtssache Storebaelt entschied der EuGH dennoch, dass, obschon nicht ausdrücklich erwähnt,

> *„die Pflicht zur Beachtung dieses [Gleichheits-] Grundsatzes gleichwohl dem Wesen dieser Richtlinie selbst entspricht, die [...] namentlich die Entwicklung eines echten Wettbewerbs auf dem Gebiet der öffentlichen Bauaufträge bezweckt und [...] Selektions- und Zuschlagskriterien aufstellt, die einen solchen Wettbewerb gewährleisten sollen."*[66]

Die klassischen Richtlinien für die Vergabe von Dienstleistungen bzw. im Bereich der Sektoren sahen von Anfang an ein allgemeines Diskriminierungsverbot vor, bezogen sich jedoch nicht ausdrücklich auf ein Gleichbehandlungsgebot.[67]

In der Rechtssache Lianakis AE u. a. leitete der EuGH allerdings für die Dienstleistungsrichtlinie aus dem Grundsatz der Nichtdiskriminierung auch ein Gleichbehandlungsgebot ab:

> *„Art. 3 Abs. 2 der Richtlinie 92/50 verpflichtet die öffentlichen Auftraggeber, dafür zu sorgen, dass keine Diskriminierung von Dienstleistungserbringern stattfindet. Der damit bestätigte Grundsatz der Gleichbehandlung schließt auch eine Verpflichtung zur Transparenz ein."*[68]

Seit der VKR 2004 werden sowohl das Diskriminierungsverbot als auch das Gleichbehandlungsgebot ausdrücklich als Vergabegrundsätze genannt:

> *„die öffentlichen Auftraggeber behandeln alle Wirtschaftsteilnehmer gleich und nichtdiskriminierend [...]."*[69]

Das genaue Verhältnis zwischen den beiden Grundsätzen ist nach wie vor nicht geklärt. Zum Teil wird vertreten, das Diskriminierungsverbot beziehe sich auf das Verbot der Diskriminierung aus Gründen der Staatsangehörigkeit nach Art. 12 EG und

---

65 Erst 1997 wurde ein *allgemeines* Diskriminierungsverbot eingeführt, vgl. Art. 5 Abs. 7 RL 93/36/EWG: *„Die öffentlichen Auftraggeber tragen dafür Sorge, daß nicht zwischen den verschiedenen Lieferanten diskriminiert wird"*; bzw. Art. 6 Abs. 6 RL 93/37/EWG: *„zwischen den verschiedenen Unternehmen"*.

66 EuGH, Urteil vom 22. Juni 1993, C-243/89, Storebaelt, Rn. 33. Im konkreten Fall sah der Gerichtshof den Gleichheitsgrundsatz als verletzt an, da der öffentliche Auftraggeber über ein Angebot verhandelte, welches nicht in allen Punkten den Verdingungsunterlagen entsprach, vgl. Rn. 43 des Urteils.

67 Art. 3 Abs. 2 RL 92/50/EWG: *„Die Auftraggeber sorgen dafür, daß keine Diskriminierung von Dienstleistungserbringern stattfindet"*; Art. 4 Abs. 2 RL 93/38/EWG: *„Die Auftraggeber sorgen dafür, daß keine Diskriminierung von Lieferanten, Unternehmen oder Dienstleistungserbringern stattfindet."*

68 EuGH, Urteil vom 24. Januar 2008, C-532/06, Lianakis AE u. a., Rn. 33 f.; vgl. in diesem Sinne in Bezug auf öffentliche Lieferaufträge EuGH, Urteil vom 18. November 1999, C-275/98, Unitron Scandinavia und 3-S, Rn. 31 sowie in Bezug auf öffentliche Bauaufträge EuGH, Urteil vom 18. Oktober 2001, C-19/00, SIAC Construction, Rn. 41.

69 Art. 2 VKR 2004, Art. 18 Abs. 1 UAbs. 1 VKR 2014.

stelle lediglich eine Facette des Gleichbehandlungsgebots dar[70] bzw. dem Diskriminierungsverbot könne gegenüber dem Gleichbehandlungsgebot keine eigenständige Bedeutung mehr zugemessen werden, da der EuGH die Begriffe Gleichheitsgebot und Diskriminierungsverbot uneinheitlich[71] bzw. identisch[72] verwende.

Im Hinblick auf die geschichtliche Entwicklung erscheint es gerechtfertigt, zu sagen, dass das Diskriminierungsverbot gegenüber dem allgemeinen Anspruch auf Gleichbehandlung in vergleichbaren Fällen keinen eigenen Wirkungskreis hat, aus historischen Gründen und Gründen der Klarstellung aber gleichwohl mit erwähnt wird.

Inhaltlich verbietet das Gleichheitsprinzip die Ungleichbehandlung von Wirtschaftsteilnehmern in einer vergleichbaren Wettbewerbssituation. Es dürfen daher keine unterschiedlichen Regeln für Wirtschaftsteilnehmer gelten, die Interesse an der Teilnahme an einem Vergabeverfahren haben oder sich im Vergabeverfahren befinden.[73]

Keine Verletzung des Gleichheitsgrundsatzes hat der EuGH angenommen, wenn Zuschlagskriterien eine bestimmte technische Lösung (hier: gasangetriebene Busse) bevorzugen, die nur von einigen Bietern erfüllt werden kann.[74] Auch in der Berücksichtigung von Angeboten staatlich subventionierter Bieter hat der EuGH keinen Verstoß gegen das Diskriminierungsverbot gesehen.[75] Opitz spricht in diesem Zusammenhang vom Diskriminierungsverbot als einem formellen Gleichbehandlungsgebot, welches bestehende tatsächliche Unterschiede der Anbieter unberührt lasse. Hat der bisherige Auftragnehmer bei einer Neuausschreibung oder sukzessiven Vergabe einen Vorteil, weil er bereits Vorkenntnisse über die Auftragsrisiken hat, im Rahmen der Auftragsausführung bereits Knowhow gewonnen oder nachfragespezifische Vorinvestitionen getätigt hat, wird ihm dieser Vorteil bei der rein formellen Gleichbehandlung nicht genommen.[76]

---

70 Arrowsmith, The Law of Public and Utilities Procurement, 2. Aufl., Rn. 7.11.

71 Sołtysińska, Europejskie prawo zamówien publicznych: komentarz, S. 114.

72 EuGH, Schlussanträge der Generalanwältin Sharpston vom 9. Juli 2009, C-199/07, Kommission/Griechenland, Rn. 82.

73 Siehe auch EuGH, Urteil vom 16. Dezember 2008, C-213/07, Michaniki AE, Rn. 45 m.w.N. sowie Arrowsmith, The Law of Public and Utilities Procurement, 2. Aufl., Rn. 7.7.

74 EuGH, Urteil vom 17. September 2002, C-513/99, Concordia Bus Finland.

75 EuGH, Urteil vom 7. Dezember 2000, C-94/99, ARGE Gewässerschutz.

76 Opitz, Marktmacht und Bieterwettbewerb, S. 75 f.

2. Transparenzgebot

Positivrechtlich wird das Transparenzgebot erstmals in Art. 2 VKR 2014 ausdrücklich erwähnt. Da es jedoch direkt aus den Grundfreiheiten und dem primärrechtlichen Diskriminierungsverbot abgeleitet werden kann, galt es auch für deren Vorläuferrichtlinien.[77]

Das Transparenzgebot ist kein Primärziel öffentlicher Auftragsvergabe, sondern Mittel zur Erreichung anderer Zwecke, wie der Öffnung des Wettbewerbs, dem effektiven Einsatz öffentlicher Mittel sowie der Ermöglichung der Kontrolle von im Vergabeverfahren gefällten Entscheidungen.[78]

Wesentlich für die Öffnung des Wettbewerbs ist die vorherige Bekanntmachung des zu vergebenden Auftrags. Die Bekanntmachung reduziert die Suchkosten für die potentiellen Bieter und verschafft den öffentlichen Auftraggebern unter Umständen erst eine ausreichende Zahl von Interessenten für eine Vergabe im Wettbewerb.[79]

Eine transparente Vergabe eines öffentlichen Auftrags wird des Weiteren dadurch gefördert, dass die Bieter das gewählte Vergabeverfahren kennen.[80] Soweit der Auftrag oberhalb der durch die Vergabekoordinierungsrichtlinien festgesetzten Schwellenwerte liegt, können sich die Bieter/Bewerber somit darauf verlassen, dass ein in der Richtlinie genanntes Verfahren zur Anwendung kommt. Dies erlaubt es ihnen wiederum, die einzelnen Verfahrensschritte vorherzusehen, wodurch willkürliche Entscheidungen des öffentlichen Auftraggebers verhindert werden sollen.

Nach gefällter Vergabeentscheidung bieten die Transparenzvorschriften vor allem den unterlegenen Bewerbern und Bietern die Möglichkeit, die Entscheidungen des Auftraggebers auf seine Rechtmäßigkeit hin zu überprüfen und sind Voraussetzung für die Geltendmachung der Bieterrechte im Nachprüfungsverfahren.

Im Einzelnen präzisieren die Vergabekoordinierungsrichtlinien das Transparenzgebot noch in vielfacher Hinsicht, beispielsweise mit Regelungen

- zu technischen Spezifikation, die allen Bietern gleichermaßen zugänglich sein müssen,[81]
- zu weiteren Bestandteilen, die in Verdingungsunterlagen enthalten sein müssen (Angaben zu Varianten, Unteraufträgen, Bedingungen für die Auftragsausführung usw.),
- zur gleichzeitigen Aufforderung zur Angebotsabgabe bzw. Teilnahme am Dialog,[82]

---

77 EuGH, Urteil vom 24. Januar 2008, C-532/06, Lianakis AE u. a.; EuGH, Urteil vom 27. November 2001, C-285/99 und C-286/99, Impresa Lombardini SpA.

78 Sołtysińska, Europejskie prawo zamówien publicznych: komentarz, Art. 2 Rn. 19.

79 Opitz, Marktmacht und Bieterwettbewerb, S. 80.

80 Hjelmborg et al., Public Procurement Law - the EU directive on public contracts, S. 27.

81 Art. 23 Abs. 2 VKR 2004, Art. 42 Abs. 1 VKR 2014.

82 Art. 40 Abs. 1 VKR 2004, Art. 54 Abs. 1 VKR 2014.

- zur Unterrichtung der Bewerber und Bieter nach Ausscheiden aus dem Verfahren,[83]
- zu Vorschriften über Mitteilungen,[84]
- zum obligatorischen Inhalt der Vergabevermerke.[85]

Des Weiteren hat die deutsche Rechtsprechung aus dem Transparenzgrundsatz die Pflicht der Vergabestelle zu einer laufenden Dokumentation des Vergabeverfahrens und aller wesentlichen (Zwischen-)Entscheidungen abgeleitet,[86] die mit Art. 84 Abs. 2 VKR 2014 jetzt auch auf EU-Ebene festgeschrieben ist.

3. Wettbewerbsziel und Wettbewerbsgebot

Die VKR 2004 formuliert das allgemeine Ziel der Öffnung des Beschaffungswesens für den Wettbewerb lediglich in einem Erwägungsgrund.[87] Aus diesem Umstand ist geschlossen worden, dass die Schaffung von Wettbewerb keinen bei der Auftragsvergabe zu beachtenden Verfahrensgrundsatz darstelle. Die Umsetzung des Wettbewerbsziels sei allein durch die Gewährleistung von Gleichbehandlung, Nichtdiskriminierung und Transparenz im Vergabeverfahren sicherzustellen.[88] Die VKR 2014 nennt nunmehr in den in Art. 18 aufgeführten *„Grundsätzen der Auftragsvergabe“* das Verbot der künstlichen Einschränkung des Wettbewerbs auch ausdrücklich.

Der EuGH folgerte bereits aus der wettbewerblichen Zielsetzung der Baukoordinierungsrichtlinie 93/37/EWG, dass ein öffentlicher Auftraggeber nicht verpflichtet sei, im Rahmen der Ausschreibung eines öffentlichen Auftrags diesen dem einzigen geeigneten Bewerber zu erteilen.[89] Es erscheint daher durchaus sachgerecht, den Wettbewerb auch innerhalb des einzelnen Vergabeverfahrens als zu beachtenden Grundsatz im Sinne einer Zielkontrolle einzuführen.[90]

Die Vergabekoordinierungsrichtlinien berücksichtigen das Wettbewerbsziel unter anderem in folgenden Verfahrensregelungen:

- dem Verbot, technische Spezifikationen so zu formulieren, dass sie den Wettbewerb behindern,[91]

---

83 Art. 41 VKR 2004, Art. 55 VKR 2014.
84 Art. 42 VKR 2004, Art. 23 VKR 2014.
85 Art. 43 VKR 2004, Art. 84 VKR 2014.
86 Opitz, Marktmacht und Bieterwettbewerb, S. 81 m.w.N.
87 Erwägungsgrund 2 VKR 2004, sehr ähnlich: Erwägungsgrund 1 VKR 2014.
88 Ziekow, Die vergaberechtlich zulässige Vertragslaufzeit bei komplexen PPP-Modellen, VergabeR 2006, S. 708.
89 EuGH, Urteil vom 16. September 1999, C-27/98, Metalmeccanica, Rn. 26 ff.
90 So auch bezogen auf das deutsche GWB Burgi, Die Bedeutung der allgemeinen Vergabegrundsätze Wettbewerb, Transparenz und Gleichbehandlung, NZBau 2008, S. 33.
91 Art. 23 Abs. 2 VKR 2004, Art. 42 Abs. 2 VKR 2014.

- der Verpflichtung, in Verfahren mit vorgeschaltetem Teilnahmewettbewerb eine so hohe Anzahl von Bewerbern zum weiteren Verfahren zuzulassen, dass ein echter Wettbewerb gewährleistet ist,[92]
- der Überprüfung von Angeboten zu einem ungewöhnlichen niedrigen Preis.[93]

a. Mittelstandsfreundliche Vergabe

Eine besondere Ausprägung des Wettbewerbsgebots ist der Grundsatz der mittelstandsfreundlichen Vergabe. In ihrem *„Small Business Act"* für Europa vertritt die Kommission die Auffassung, dass der Wohlstand der EU in Zukunft entscheidend davon abhängen wird, ob es gelingt, das Wachstums- und Innovationspotential von kleinen und mittleren Unternehmen (KMU) zu nutzen.[94]

Die VKR 2004 bekennt sich nur indirekt zum Gebot der mittelstandsfreundlichen Vergabe. Nach Erwägungsgrund 32 sollten Bestimmungen über Unteraufträge vorgesehen werden, um den Zugang von kleinen und mittleren Unternehmen zu öffentlichen Aufträgen zu fördern. Art. 4 Abs. 2 VKR 2004 bestimmt, dass Angebote oder Anträge auf Teilnahme auch von Bietergemeinschaften eingereicht werden können. Schließlich trifft Art. 25 VKR 2004 Regelungen bzgl. des Einsatzes von Unterauftragnehmern durch einen Bieter. Der EuGH hat klargestellt, dass Art. 25 VKR 2004 keine Möglichkeit vorsieht, die Vergabe von Unteraufträgen überhaupt zu beschränken. Die Norm beschreibe lediglich die Anforderungen, die der öffentliche Auftraggeber an Bieter stellen könne, die sich eines oder mehrerer Unterauftragnehmer bedienen wollen.[95]

Dementsprechend stellt die Kommission in einem Arbeitsdokument der Kommissionsdienststellen mit dem Titel *„Europäischer Leitfaden für bewährte Verfahren (Code of Best Practice) zur Erleichterung des Zugangs Kleiner und Mittlerer Unternehmen (KMU) zu öffentlichen Aufträgen"*, veröffentlicht am 25. Juni 2008, fest:

> *„Werden KMU stärker an der öffentlichen Beschaffung beteiligt, wird dies zu mehr Wettbewerb um öffentliche Aufträge und somit zu einem besseren Preis-Leistungs-Verhältnis für die öffentlichen Auftraggeber führen. Außerdem werden wettbewerbsorientiertere und transparentere öffentliche Vergabeverfahren den KMU die Möglichkeit geben, ihr*

---

92 Art. 44 Abs. 3 VKR 2004, Art. 65 VKR 2014.

93 Art. 55 VKR 2004, Art. 69 VKR 2014.

94 Mitteilung der Kommission an das Europäische Parlament, den Rat, den Europäischen Wirtschafts- und Sozialausschuss und den Ausschuss der Regionen: Vorfahrt für KMU in Europa: Der „Small Business Act" für Europa vom 25. Juni 2008, KOM(2008) 394 endg.

95 EuGH, Urteil vom 10. Oktober 2013, C-94/12, Swm Costruzioni 2 SpA u a/Provincia di Fermo, Rn. 30.

Wachstum- und innovationspotenzial zu entfalten, was sich wiederum positiv auf die europäische Gesamtwirtschaft auswirken wird.“[96]

In dem Papier greift die Kommission verschiedene – von verschiedenen Mitgliedstaaten bereits unterschiedlich stark genutzte – Möglichkeiten auf, wie KMU der Zugang zu und die erfolgreiche Teilnahme an öffentlichen Ausschreibungen erleichtert werden kann. Als mögliche Maßnahmen erwähnt die Kommission insbesondere

- die Aufteilung von Aufträgen in Lose, die der Größe und Spezialisierung von KMU entsprechen;
- die Zulassung von Bietergemeinschaften, in denen sich die Bieter hinsichtlich technischer Fähigkeiten bzw. ihrer Wirtschafts- und Finanzkraft gegenseitig ergänzen können;
- die Möglichkeit der Vergabe von Unteraufträgen stärker publik zu machen und gleiche Bedingungen für Unterauftragnehmer zu gewährleisten;
- die Festlegung angemessener Qualifikationsniveaus und finanzieller Anforderungen;
- die Ausrichtung der Ausschreibung auf das Preisleistungsverhältnis statt nur auf den Preis.

Die VKR 2014 hat es sich zum Ziel gemacht, die Teilnahme von KMU an öffentlichen Vergabeverfahren zu erleichtern (Erwägungsgrund 2 VKR 2014). Erwägungsgrund 78 VKR 2014 fordert nunmehr, dass die öffentliche Vergabe an die Bedürfnisse von KMU angepasst werden sollte und fordert die Mitgliedstaaten auf, die Auftraggeber auf den eben genannten Code of Best Practice zugunsten der KMU zu verpflichten. Die VKR 2014 stellt sich hier vor allem eine verpflichtende Prüfung durch die Auftraggeber vor, inwieweit das Projekt in Einzellosen vergeben werden kann (Art. 46 Abs. 1 VKR 2014) und überlässt die Einführung strengerer Regelungen den Mitgliedstaaten.

b. Vertraulichkeit und Geheimwettbewerb

Die Vergabekoordinierungsrichtlinien untersagen den öffentlichen Auftraggebern, vertrauliche Informationen unbefugt weiterzugeben.[97] Für den wettbewerblichen Dialog und seit der VKR 2014 auch für das Verhandlungsverfahren stellen die Vergabekoordinierungsrichtlinien klar, dass im Rahmen der Gespräche Vorschläge oder

96 Arbeitsdokument der Kommissionsdienststellen: Europäischer Leitfaden für bewährte Verfahren (Code of Best Practice) zur Erleichterung des Zugangs Kleiner und Mittlerer Unternehmen (KMU) zu öffentlichen Aufträgen SEC(2008) 2193, S. 2.

97 Art. 6 VKR 2004 bestimmt, dass *„unbeschadet der Bestimmungen dieser Richtlinie [...] ein öffentlicher Auftraggeber nach Maßgabe des innerstaatlichen Rechts, dem er unterliegt, keine ihm von den Wirtschaftsteilnehmern übermittelten und von diesen als vertraulich eingestuften Informationen weiter [gibt], wozu insbesondere technische und Betriebsgeheimnisse sowie die vertraulichen Aspekte der Angebote selbst gehören.“*. Vgl. entsprechend Art. 21 VKR 2014.

Verfahren sollte die öffentliche Hand vor der Verschwendung öffentlicher Gelder schützen, nicht aber subjektive Ansprüche der Wirtschaftsteilnehmer begründen.[108]

Die Vergabekoordinierungsrichtlinien kennen einen ausdrücklichen Grundsatz der effizienten Mittelvergabe nicht. Die VKR 2014 erwähnt erstmals, dass die öffentliche Auftragsvergabe *„zur Gewährleistung eines möglichst effizienten Einsatzes öffentlicher Gelder genutzt werden"* soll.[109]

Vielmehr scheinen die Vergabekoordinierungsrichtlinien davon auszugehen, dass der Effekt einer formal korrekt durchgeführten Vergabe der effiziente Einsatz öffentlicher Mittel ist. Dieser gewünschte Effekt soll dadurch erreicht werden, dass der Zuschlag entweder nach dem Kriterium des niedrigsten Preises oder an das wirtschaftlich günstigste Angebot, also an das Angebot mit dem besten Preis-Leistungs-Verhältnis, erfolgen kann.[110]

Die bieterschützenden Vergaberegeln[111] können jedoch dazu führen, dass der Effekt des effizienten Einsatzes öffentlicher Mittel nicht oder nur in vermindertem Umfang eintreten kann. Zum Beispiel darf einem Angebot, das an einem erheblichen Formfehler leidet, der Zuschlag in der Regel nicht erteilt werden, auch wenn es sich um das wirtschaftlich günstigste handelt, um andere Bieter nicht zu diskriminieren.[112]

Das Spannungsfeld zwischen prozeduraler Gleichbehandlung und dem angestrebten Ergebnis, der effizienten Vergabe öffentlicher Mittel, wird insbesondere bei den Themen Transaktionskosten und den sogenannten „vergabefremden Kriterien" sichtbar.

---

108 Schneider in Kapellmann und Messerschmidt, VOB Teile A und B, Einleitung VOB/A, Rn. 5.

109 Erwägungsgrund 2 VKR 2014. Hervorhebung der Verfasserin.

110 Art. 53 Abs. 1 VKR 2004. Art. 67 Abs. 1 VKR 2014 sieht nur noch die Vergabe an das wirtschaftlich günstigste Angebot vor. Die Wahl des Preises bzw. der Kosten als einziges Zuschlagskriterium nach der VKR 2014 sind aber weiterhin möglich, vgl. Art. 67 Abs. 2 UAbs. 3 und Abs. 5 UAbs. 1 VKR 2014.

111 Nach Art. 1 Abs. 1 UAbs. 3 RMR tragen die Mitgliedstaaten dafür Sorge, dass die Entscheidungen der öffentlichen Auftraggeber wirksam und möglichst rasch auf Verstöße gegen das Gemeinschaftsrecht oder gegen die nationalen Umsetzungsvorschriften nachgeprüft werden können.

112 Dass die formalen Anforderungen des Vergaberechts dem freien Wettbewerb unter Umständen hinderlich sein können, hat Kirchner eindringlich beschrieben, der sogar die These aufstellt, die vergaberechtlichen Prinzipien der Transparenz und der Gleichbehandlung widersprächen den Erfordernissen des wirksamen Wettbewerbs auf freien Märkten, Kirchner, Contracting nach deutschem und europäischem Auftragsrecht, S. 177. Auch Bovis nimmt an, dass Wettbewerbsbedingungen in öffentlichen Märkten die Vergaberichtlinien überflüssig machen würden. Ausreichend wäre dann eine Erfassung des Wirtschaftsbereichs mittels kartellrechtlicher Vorschriften, Bovis, Public Procurement in the European Union, S. 237.

- Nach Art. 53 Abs. 1 lit. a VKR 2004 müssen die für die Ermittlung des wirtschaftlichsten Angebots anzulegenden Zuschlagskriterien mit dem Auftragsgegenstand *„zusammenhängen"*. Aus dieser Anforderung ist geschlossen worden, dass Zuschlagskriterien, mit denen der Auftraggeber umweltfreundliche oder sozial handelnde Unternehmen bevorzugen wollte, die aber nicht direkt mit dem Auftragsgegenstand in Verbindung stehen, als sogenannte vergabefremde Zuschlagskriterien unzulässig sind. Dies erschwert es dem Auftraggeber, etwa nach ökologischen Kriterien produzierten Produkten oder Unternehmen mit hohen Sozialstandards besser zu bewerten, obgleich die Förderung von Umweltschutz und sozialem Engagement im allgemeinen öffentlichen Interesse liegen.[113]
  Die VKR 2014 fordert nun nur noch, dass die Zuschlagskriterien mit dem Auftragsgegenstand *„in Verbindung stehen"*[114] müssen und erkennt damit sozial oder ökologisch motivierte Zuschlagskriterien an, auch wenn diese sich, wie etwa ein besonders umweltschonender Produktionsprozess, nicht unmittelbar in dem zu beschaffenden Auftragsgegenstand manifestieren.[115] Die Grenze zieht die VKR 2014 bei Kriterien und Bedingungen, die unabhängig vom Auftragsgegenstand Gegenstand der *„allgemeinen Unternehmenspolitik"* sind[116] – ein pro-bono Programm eines Unternehmens darf also nach wie vor keine positive Berücksichtigung bei einer Auftragsvergabe finden, ebenso wenig wie die Vergabe eines Auftrags an ein ortsansässiges Unternehmen, um eine Insolvenzgefahr abzuwenden und lokale Arbeitsplätze zu sichern.
- Transaktionskosten entstehen für Auftraggeber und Bietern bei der Vorbereitung und Durchführung der Vergabeverfahren. Dies sind auf Bieterseite insbesondere Kosten für die Erstellung der Angebote, die beträchtliche Höhen erreichen können. Alle unterlegenen Bieter erleiden also einen unwiederbringlichen Verlust dadurch, dass sie den Auftrag nicht erhalten. Zum anderen entstehen Kosten

---

113 Vgl. etwa EuGH, Urteil vom 10. Mai. 2012, C-368/10, Kommission./.Niederlande m.w.N.; ausführlich auch Wiedmann, Die Zulässigkeit sozialer Vergabekriterien im Lichte des Gemeinschaftsrechts.

114 Art. 67 Abs. 2 S. 1, Abs. 3 VKR 2014.

115 Auch wenn Umwelt- und Sozialaspekte in der VKR 2004 Erwähnung finden, geschieht dies nur in den Erwägungsgründen (Erwägungsgrund 33 VKR 2004) und deutet auch nur an, dass Umwelt- und Sozialaspekte als Bedingungen für die Auftragsausführung mitaufgenommen werden können, solange keine Diskriminierungsgefahr besteht. Die VKR 2014 akzeptiert darüber hinaus die Einbeziehung von Umwelt- und Sozialanforderungen in die Lebenszyklusbetrachtung, Erwägungsgründe 96 ff., Artt. 42, 47f. VKR 2014. Erwägungsgrund 97 VKR 2014 nennt jetzt u. a. als zulässig, *„dass zur Herstellung der beschafften Waren keine giftigen Chemikalien verwendet wurden oder dass die erworbenen Dienstleistungen unter Zuhilfenahme energieeffizienter Maschinen bereitgestellt wurden [oder] die Lieferung oder die Verwendung von fair gehandelten Waren während der Ausführung des zu vergebenden Auftrags."* Einen Überblick zu den sozialen Aspekten gibt Ziekow, Soziale Aspekte in der Vergabe, DÖV 2015, S. 897 ff.

116 Erwägungsgrund 97 VKR 2014.

auf Auftraggeberseite durch die Erstellung der Verdingungsunterlagen und die Bewertung der Angebote.[117] Diese Transaktionskosten können die durch einen günstigeren Angebotspreis erzeugten Einsparungen übersteigen. Dies gilt erst recht, wenn man die Gesamtkosten aller am Vergabeverfahren Beteiligten zusammenrechnet.

Die VKR 2004 setzt sich Transaktionskosten nur bedingt entgegen, etwa durch die Möglichkeit, ein Verfahren mit vorgeschaltetem Teilnahmewettbewerb zu wählen oder die Anzahl der Bieter bzw. Bewerber im Verhandlungsverfahren oder wettbewerblichen Dialog phasenweise abzuschichten.[118] Auch hier geht die VKR 2014 einen Schritt weiter als die VKR 2004. So nennt die VKR 2014 in Erwägungsgrund 2 erstmals ausdrücklich den *„möglichst effizienten Einsatz öffentlicher Gelder"* als Ziel der öffentlichen Auftragsvergabe und als Grund für die Überarbeitung der VKR 2004, dass die *„Effizienz der öffentlichen Ausgaben gesteigert"* werden soll. Mit der Gleichschaltung der Anwendungsbereiche von Verhandlungsverfahren und wettbewerblichem Dialog gewährt die VKR 2014 dem öffentlichen Auftraggeber größere Freiräume bei der Verfahrenswahl und gibt ihm darüber hinaus mit der Innovationspartnerschaft noch ein weiteres Verfahren mit Verhandlungselementen an die Hand.

Während zu hohe Transaktionskosten somit dazu führen können, dass die öffentlichen Auftraggeber ganz auf die Vergabe eines Auftrags verzichten bzw. Wirtschaftsteilnehmer von einer Teilnahme am Vergabeverfahren absehen, kann die Entkopplung von Vergabekriterien von anderen im öffentlichen Interesse liegenden Zielen dazu führen, dass insgesamt mehr öffentliche Gelder eingesetzt werden müssen, als wenn man die Berücksichtigung solcher Ziele im Vergabeverfahren zulässt.

In beiden Fällen wird der erhoffte Effekt der effizienten Vergabe öffentlicher Mittel konterkariert.

Auch wenn das Primat der Öffnung des Vergabewesens für den Wettbewerb in den Vergabekoordinierungsrichtlinien nicht in Frage steht, wird die weitere Untersuchung insbesondere das Spannungsfeld zwischen formalen Verfahrensanforderungen, die Gleichbehandlung und Transparenz sicherstellen sollen und Effizienz- bzw. Wirtschaftlichkeitsüberlegungen des öffentlichen Auftraggebers immer wieder in den Blick nehmen. Dabei deutet sich schon an dieser Stelle der Untersuchung an, dass die VKR 2014 den öffentlichen Auftraggebern durch das höhere Maß an Flexibilität in der Wahl und Ausgestaltung einen größeren Entscheidungsspielraum gewährt, das konkrete Vergabeverfahren unter Berücksichtigung des Anspruchs der Wirtschaftsteilnehmer auf Gleichbehandlung und Transparenz soweit wie möglich wirtschaftlich zu optimieren.

---

117 Bovis, Public Procurement in the European Union, S. 129.

118 Erwägungsgrund 40, Art. 44 Abs. 3 Satz 1 VKR 2004, Erwägungsgrund 83, Art. 65 VKR 2014 (Begrenzung der Anzahl der Bewerber) und Erwägungsgrund 41, Artt. 29 Abs. 4, 30 Abs. 4 VKR 2004, Artt. 30 Abs. 4, 31 Abs. 4 VKR 2014 (Abwicklung des Verfahrens in sukzessiven Phasen).

III. Die Vergabeverfahren der Vergabekoordinierungsrichtlinien

Das einführende Kapitel soll mit einem kurzen Überblick über den Kontext, in dem sich der wettbewerbliche Dialog innerhalb der VKR 2004 bzw. 2014 bewegt, abgeschlossen werden. Dies sind namentlich die Regelverfahren offenes und nicht offenes Verfahren, das Verhandlungsverfahren, der Wettbewerb und seit Erlass der VKR 2014 die Innovationspartnerschaft.

1. Das offene Verfahren

> *„„Offene Verfahren" sind Verfahren, bei denen alle interessierten Wirtschaftsteilnehmer ein Angebot abgeben können."*[119]

Das offene Verfahren ist mit dem nichtoffenen Verfahren (siehe unten 2.) das älteste auf europäischer Ebene geregelte Vergabeverfahren.[120] Die Vorgaben der Vergabekoordinierungsrichtlinien beziehen sich hinsichtlich der Vergabe öffentlicher Aufträge in erster Linie auf das offene Verfahren, während die übrigen, (jüngeren) Verfahren zum Teil Einschränkungen, zum Teil speziellen Regelungen unterworfen sind. Die Grundzüge des offenen Verfahrens gestalten sich nach den Vergabekoordinierungsrichtlinien wie folgt:

a. Anwendungsvoraussetzungen

Im offenen Verfahren ist die Anzahl der Bieter, die um den Auftrag konkurrieren können nicht beschränkt. Es unterliegt als Regelverfahren keinen besonderen Anwendungsvoraussetzungen.[121]

b. Verfahren

Der öffentliche Auftraggeber ist verpflichtet, die geplante Auftragsvergabe bekannt zu machen.[122] Die Bekanntmachung muss mindestens die in Anhang VII Teil A der

---

119 Art. 1 Abs. 11 lit. a VKR 2004; Art. 27 Abs. 1 VKR 2014.

120 In der ersten Version der Richtlinie zur Koordinierung der Verfahren zur Vergabe öffentlicher Bauaufträge 71/305/EWG bzw. Lieferaufträge 77/62/EWG waren die Tatbestände, die heute das Verhandlungsverfahren rechtfertigen, noch von dem Anwendungsbereich der Richtlinien befreit. Eine Einbeziehung in das Regime der öffentlichen Auftragsvergabe erfolgte erst mit Einführung des Verhandlungsverfahrens durch die so genannten „klassischen" Richtlinien 89/440/EWG (Bau) und 88/295/EWG (Lieferungen). Die erste Richtlinie, die sich auf die Vergabe von Dienstleistungen bezog (92/50/EWG) sah das Verhandlungsverfahren von Anfang vor.

121 Art. 28 VKR 2004, Art. 26 Abs. 2 VKR 2014.

122 Art. 35 Abs. 2 VKR, Art. Art. 49 VKR 2014.

VKR 2004[123] aufgelisteten Angaben enthalten, die es potentiellen Bietern erlauben sollen, zu entscheiden, ob sie grundsätzlich Interesse an dem ausgeschriebenen Auftrag haben. Neben der Nennung des öffentlichen Auftraggebers und dem Gegenstand des Auftrags in der Auftragsbekanntmachung sind dies u. a. das gewählte Vergabeverfahren, Zeit und Ort der Leistung, die Kriterien, die an die Eignung der Bieter gestellt werden, sowie die Angabe, ob der Zuschlag auf das Angebot mit dem niedrigsten Preis oder das wirtschaftlich günstigste Angebot, welches anhand mehrerer Zuschlagskriterien zu ermitteln ist,[124] erteilt werden soll.

Die Verdingungsunterlagen bestehen in der Regel aus einer Leistungsbeschreibung und den allgemeinen und besonderen Vertragsbedingungen. Die Bieter geben ihr Angebot auf Grundlage der in den Verdingungsunterlagen niedergelegten Auftragsspezifikationen und unter Einreichung aller vom öffentlichen Auftraggeber geforderten Nachweise und Erklärungen ab.

Nach Abgabe der Angebote ist im offenen Verfahren grundsätzlich keine Kommunikation zwischen öffentlichem Auftraggeber und Bieter über die Angebote (sogenanntes Nachverhandlungsverbot) vorgesehen.[125] Der öffentliche Auftraggeber vergibt den Auftrag allein auf Grundlage der ihm vorliegenden Angebote und der bekannt gemachten Zuschlagskriterien.

Nach Art. 2a Abs. 2 RMR darf der der Zuschlag erst 15 Kalendertage[126] nach Absendung der Mitteilung über die Zuschlagsentscheidung an die betroffenen Bieter erfolgen. Bei Vertragsschluss vor Ende der Stillhaltefrist muss der betroffene Bieter die Möglichkeit haben, die Erklärung der Unwirksamkeit des so geschlossenen Vertrages vor den Nachprüfungsbehörden zu erwirken.

Anschließend unterrichtet der öffentliche Auftraggeber die Bieter schnellstmöglich von der Erteilung des Zuschlags und teilt den unterlegenen Bietern auf Antrag die Gründe dafür mit, weshalb sie nicht berücksichtigt wurden.[127]

Der Regelungsbereich der Vergabekoordinierungsrichtlinien endet mit dem Zuschlag.

---

123 Anhang V Teil C VKR 2014.

124 Art. 53 VKR 2004, Art. 67 VKR 2014. erfolgt die Zuschlagserteilung auf das Angebot mit dem günstigsten Preis oder auf das wirtschaftlich günstigste Angebot. Wählt der öffentliche Auftraggeber das wirtschaftlich günstigste Angebot, so muss er spätestens in den Verdingungsunterlagen die Zuschlagskriterien angeben und gewichten, nach denen das wirtschaftlich günstigste Angebot ermittelt werden soll.

125 Eine begrenzte Ausnahme macht Art. 51 VKR 2004, wonach der *„öffentliche Auftraggeber […] Wirtschaftsteilnehmer auffordern kann, die in Anwendung der Artikel 45 bis 50 vorgelegten Bescheinigungen und Dokumente zu vervollständigen oder zu erläutern.“* Art. 56 Abs. 3 VKR 2014 gestattet nun grundsätzlich die Nachforderung von Unterlagen.

126 Bzw. 10 Kalendertage gerechnet ab Zugang beim betroffenen Bieter sowie bei Benachrichtigung per Fax oder auf elektronischem Weg.

127 Art. 41 VKR 2004, Art. 55 VKR 2014.

2. Das nichtoffene Verfahren

„„Nichtoffene Verfahren" sind Verfahren, bei denen sich alle Wirtschaftsteilnehmer um die Teilnahme bewerben können und bei denen nur die vom öffentlichen Auftraggeber aufgeforderten Wirtschaftsteilnehmer ein Angebot abgeben können."[128]

Wie im offenen Verfahren werden im nichtoffenen Verfahren zunächst die Eignung der Bewerber und erst anschließend die Angebote geprüft. Der Unterschied zum offenen Verfahren besteht darin, dass es unter Umständen nicht jedem geeigneten Bewerber möglich ist, auch ein Angebot einzureichen, da der öffentliche Auftraggeber die Anzahl der Bewerber, die als Bieter zugelassen werden, auf minimal 5 begrenzen kann.[129] Die übrigen Regelungen entsprechen denen des offenen Verfahrens.

Das nichtoffene Verfahren wird in der Praxis zum Beispiel dann gewählt, wenn absehbar ist, dass die Angebotslegung von den beteiligten Unternehmen einen gewissen (finanziellen) Aufwand erfordert. Für den öffentlichen Auftraggeber hingegen bietet es dagegen zunächst keine besonderen Vorteile gegenüber dem offenen Verfahren, da er in beiden Verfahren in einem ersten Schritt die Eignung aller interessierten Wirtschaftsteilnehmer prüfen muss. Erst bei einer größeren Zahl geeigneter Bewerber verringert sich auch der Arbeitsaufwand der Vergabestelle für die Prüfung der vorgelegten Angebote.

Im nichtoffenen Verfahren sind nicht nur die Bieter, sondern auch die Bewerber, die nicht zur Abgabe eines Angebots zugelassen wurden, schriftlich von ihrem Ausscheiden zu benachrichtigen.[130] Haben die Bewerber bis zur Entscheidung über den Zuschlag keine Informationen über die Ablehnung ihrer Bewerbung erhalten, sind sie inhaltlich wie die abgelehnten Bieter unter Berücksichtigung der Stillhaltefrist des Art. 2 a UAbs. 3 RMR zu informieren.

3. Das Verhandlungsverfahren

„„Verhandlungsverfahren" sind Verfahren, bei denen der öffentliche Auftraggeber sich an Wirtschaftsteilnehmer seiner Wahl wendet und mit einem oder mehreren von ihnen über die Auftragsbedingungen verhandelt."[131]

Die Auswahl der Bieter erfolgt entweder auf Grundlage eines Teilnahmewettbewerbs nach Bekanntmachung oder ohne Bekanntmachung, in dem der öffentliche Auftraggeber direkt an ihm bekannte potentielle Auftragnehmer herantritt.

Aus Art. 28 VKR 2004 bzw. Art. 26 Abs. 2 VKR 2014 ergibt sich, dass dem Europäischen Gesetzgeber das offene und das nichtoffene Verfahren als Grundformen

128 Art. 1 Abs. 11 lit. b VKR 2004, Art. 28 Abs. 1, 2 VKR 2014.

129 Art. 44 Abs. 3 VKR 2004, Art. 65 VKR 2014.

130 Art. 41 Abs. 1 VKR 2004, Art. 50 Abs. 1 VKR 2014.

131 Art. 1 Abs. 11 lit. d VKR 2004, ohne vergleichbare Zusammenfassung beschrieben in Art. 29 VKR 2014.

der Vergabe öffentlicher Aufträge vorschwebten.[132] Die Entwicklung des europäischen Vergaberechts zeigt allerdings, dass es dem Normgeber durchaus bewusst war, dass sich mit den strengen Verfahren offenes und nichtoffenes Verfahren nicht alle Bedürfnisse des öffentlichen Auftraggebers situationsgerecht abbilden lassen. Die ersten Vergaberichtlinien aus den 1970iger Jahren[133] sahen zwar lediglich das offene und das nichtoffene Verfahren vor, die Tatbestände, die in der VKR 2004 zur Anwendung des Verhandlungsverfahrens berechtigen, waren aber zuvor als Ausnahmetatbestände formuliert und erlaubten, den Auftrag ohne Durchführung eines europaweiten Vergabeverfahrens zu erteilen. Bei der Einführung des Verhandlungsverfahrens in die Lieferkoordinierungsrichtlinie 1993 (LKR1993) wurde das Verhandlungsverfahren in den Erwägungsgründen dann ausdrücklich als Ausnahme dargestellt, ohne Unterscheidung danach, ob es sich um das Verhandlungsverfahren mit oder ohne vorherige Vergabebekanntmachung handelt.[134]

a. Anwendungsvoraussetzungen

Nach Art. 30 VKR 2004 ist das Verhandlungsverfahren mit Bekanntmachung zulässig,

> *„wenn im Rahmen eines offenen oder nichtoffenen Verfahrens oder eines wettbewerblichen Dialogs keine ordnungsgemäßen Angebote oder nur Angebote abgegeben worden sind, die [...] unannehmbar sind, sofern die ursprünglichen Auftragsbedingungen nicht grundsätzlich geändert werden. [...]*
>
> *in Ausnahmefällen, wenn es sich um Bauleistungen, Lieferungen oder Dienstleistungen handelt, die ihrer Natur nach oder wegen der damit verbundenen Risiken eine vorherige globale Preisgestaltung nicht zulassen;*
>
> *bei Dienstleistungen, [...] sofern die zu erbringende Dienstleistung so beschaffen ist, dass vertragliche Spezifikationen nicht so genau festgelegt werden können, dass der Auftrag durch Wahl des besten Angebots in Übereinstimmung mit den Vorschriften über offene und nichtoffene Verfahren vergeben werden kann.*

---

132 Im Folgenden „Regelverfahren"; offenes, nichtoffenes und Verhandlungsverfahren im Folgenden zusammen „klassische Verfahren". Auch wenn auf europäischer Ebene im Gegensatz zur deutschen Regelung kein Vorrang des offenen Verfahrens vor dem nichtoffenen formuliert ist, wird auch hier vertreten, dass die Anwendung des nichtoffenen Verfahrens gesondert zu begründen sei, zum Beispiel durch die Wahrung eines angemessenen Verhältnisses zwischen Auftragswert und Verfahrenskosten. So Bovis, Public Procurement in the European Union, S. 133.

133 Richtlinie 71/305/EWG des Rates vom 26. Juli 1971 über die Koordinierung der Verfahren zur Vergabe öffentlicher Bauaufträge (BKR1971) und die sechs Jahre später erlassene Richtlinie 77/62/EWG des Rates vom 21. Dezember 1976 über die Koordinierung der Verfahren zur Vergabe öffentlicher Lieferaufträge (LKR1977).

134 Richtlinie 93/36/EWG des Rates vom 14. Juni 1993 über die Koordinierung der Verfahren zur Vergabe öffentlicher Lieferaufträge.

bei öffentlichen Bauaufträgen, wenn es sich um Bauleistungen handelt, die ausschließlich zu Forschungs-, Versuchs- oder Entwicklungszwecken und nicht mit dem Ziel der Gewährleistung der Rentabilität oder der Deckung der Forschungs- und Entwicklungskosten durchgeführt werden.“

Schließlich besteht die Möglichkeit, Aufträge im Verhandlungsverfahren ohne vorherige Bekanntmachung vergeben, wenn eine der besonderen in Art. 31 VKR 2004 aufgezählten Voraussetzungen vorliegt. Hierzu zählt zum Beispiel, dass aus bestimmten Gründen nur ein Auftragnehmer für die Ausführung in Betracht kommt, zwingende, unvorhersehbare Ereignisse wie Naturkatastrophen die sofortige Vergabe des Auftrags erforderlich machen sowie bestimmte untergeordnete Folgeaufträge.

Die Vorschriften für die Anwendung des Verhandlungsverfahrens ohne Bekanntmachung sind nach wie vor streng, Art. 32 VKR 2014. Der Anwendungsbereich des Verhandlungsverfahrens mit Bekanntmachung (jetzt: *„nach Aufruf zum Wettbewerb“*) wurde in Art. 26 Abs. 4 VKR 2014 neu formuliert und gilt jetzt ebenso für den wettbewerblichen Dialog. Diese Verfahren können jetzt wahlweise durchgeführt werden, wenn eine der folgenden Bedingungen erfüllt ist:

„i) Die Bedürfnisse des öffentlichen Auftraggebers können nicht ohne die Anpassung bereits verfügbarer Lösungen erfüllt werden;
ii) die Aufträge umfassen konzeptionelle oder innovative Lösungen;
iii) der Auftrag kann aufgrund konkreter Umstände, die mit der Art, der Komplexität oder dem rechtlichen oder finanziellen Rahmen oder den damit einhergehenden Risiken zusammenhängen, nicht ohne vorherige Verhandlungen vergeben werden;
iv) die technischen Spezifikationen können von dem öffentlichen Auftraggeber nicht mit ausreichender Genauigkeit unter Verweis auf eine Norm, eine europäische technische Bewertung (ETA), eine gemeinsame technische Spezifikation oder technische Referenzen im Sinne des Anhangs VII Nummern 2 bis 5 erstellt werden;“

Damit verabschiedet sich europäische Gesetzgeber von den unterschiedlichen Anwendungsbereichen von Verhandlungsverfahren und wettbewerblichem Dialog und senkt damit gleichzeitig die Hürden, die vor der Anwendung des wettbewerblichen Dialogs zu nehmen waren.[135]

b. Verfahren

Das Verhandlungsverfahren ist dem Grunde nach ein modifiziertes nichtoffenes Verfahren, da auch hier zunächst geeignete Bewerber ausgewählt werden, die anschließend auf Grundlage der Verdingungsunterlagen als Bieter ein Angebot legen.

135 Siehe hierzu unten unter D.I und II. Solange die nationalen Regelungen noch die Vorschriften der VKR 2004 umsetzen, wird der alte Streit um das Verhältnis von wettbewerblichem Dialog und Verhandlungsverfahren allerdings noch aktuell bleiben.

Diese Angebote können in Verhandlungen mit dem jeweiligen Bieter den besonderen Bedürfnissen des öffentlichen Auftraggebers, wie sie in den Verdingungsunterlagen niedergelegt sind, angepasst werden.[136] Es können mehrere Verhandlungsrunden geführt werden, bei denen die Zahl der Bieter anhand der Zuschlagskriterien sukzessive verringert wird. Der Zuschlag erfolgt auf das letzte Angebot nach den in der Bekanntmachung bzw. den Verdingungsunterlagen genannten Kriterien.

4. Der Wettbewerb

Die Durchführung eines Wettbewerbs bietet sich an, wenn der öffentliche Auftraggeber noch keine genaue Vorstellung davon hat, wie die von ihm gewünschte Leistung beschaffen sein soll.

> *„„Wettbewerbe" sind Auslobungsverfahren, die dazu dienen, dem öffentlichen Auftraggeber insbesondere auf den Gebieten der Raumplanung, der Stadtplanung, der Architektur und des Bauwesens oder der Datenverarbeitung einen Plan oder eine Planung zu verschaffen, deren Auswahl durch ein Preisgericht aufgrund vergleichender Beurteilung mit oder ohne Verteilung von Preisen erfolgt."*[137]

Der Wettbewerb ist streng genommen kein Verfahren zur Vergabe eines öffentlichen Auftrags, sondern diesem vorgeschaltet. Der öffentliche Auftraggeber hat allerdings die Möglichkeit, einen Wettbewerb dergestalt auszuloben, dass der Auftrag im Anschluss an den Gewinner oder an einen der Gewinner des Wettbewerbs vergeben werden muss. In diesem Fall schließt sich an den Wettbewerb ein Verhandlungsverfahren ohne vorherige Bekanntmachung über die Vergabe des eigentlichen Dienstleistungsauftrags an.[138] Im Unterschied zu den bislang vorgestellten Verfahren zur Vergabe öffentlicher Aufträge ist es beim Wettbewerb ein vom öffentlichen Auftraggeber unabhängiges Preisgericht, welches die Wettbewerbsbeiträge bewertet. Darüber hinaus handelt es sich um einen Geheimwettbewerb, in dem das Preisgericht den Urheber der jeweiligen Wettbewerbsarbeit während der Bewertung nicht kennt.[139]

5. Der wettbewerbliche Dialog

Mit der VKR 2004 wurde der wettbewerbliche Dialog als mögliches Vergabeverfahren eingeführt.

> *„Der „wettbewerbliche Dialog" ist ein Verfahren, bei dem sich alle Wirtschaftsteilnehmer um die Teilnahme bewerben können und bei dem der öffentliche Auftraggeber einen*

136 Nach Art. 29 Abs. 3 VKR 2014 ist jetzt das Ziel der Verhandlungen, *„die Angebote inhaltlich zu verbessern"*.

137 Art. 1 Abs. 11 lit. e VKR 2004, Art. 2 Abs. 1 Nr. 21 VKR 2014.

138 Art. 31 Nr. 3 VKR 2004, Art. 32 Abs. 4 VKR 2014.

139 Art. 74 Abs. 2 VKR 2004, Art. 82 Abs. 2 VKR 2014.

Dialog mit den zu diesem Verfahren zugelassenen Bewerbern führt, um eine oder mehrere seinen Bedürfnissen entsprechende Lösungen herauszuarbeiten, auf deren Grundlage bzw. Grundlagen die ausgewählten Bewerber zur Angebotsabgabe aufgefordert werden."[140]

a. Anwendungsvoraussetzungen

Nach Art. 29 Abs. 1 VKR 2004 können die Mitgliedstaaten vorsehen, dass der öffentliche Auftraggeber bei besonders komplexen Aufträgen, für die die Vergabe im offenen oder nichtoffenen Verfahren seines Erachtens nicht möglich ist, den wettbewerblichen Dialog anwenden kann.

Als besonders komplex gilt ein öffentlicher Auftrag gem. Art. 1 Abs. 11 lit. c VKR 2004 dann, wenn der öffentliche Auftraggeber objektiv nicht in der Lage ist, die technischen Mittel anzugeben, mit denen seine Bedürfnisse und seine Ziele erfüllt werden können und/oder die rechtlichen und/oder finanziellen Konditionen eines Vorhabens anzugeben. Verkürzt kann man also sagen, dass der öffentliche Auftraggeber nicht in der Lage sein darf, seine Bedürfnisse entsprechend den Anforderungen an eine hinreichend bestimmte Leistungsbeschreibung zu formulieren.

Die VKR 2014 sieht für die Anwendung des wettbewerblichen Dialogs nunmehr in Art. 26 Abs. 4 VKR 2014 dieselben Voraussetzungen wie für das Verhandlungsverfahren vor.[141]

b. Verfahren

Das Verfahren des wettbewerblichen Dialogs weicht in mehrfacher Hinsicht von den Grundsätzen ab, die für die „klassischen" Verfahren offenes Verfahren, nichtoffenes Verfahren und auch das Verhandlungsverfahren gelten.

Wie beim nichtoffenen Verfahren und beim Verhandlungsverfahren müssen sich interessierte Wirtschaftsteilnehmer beim wettbewerblichen Dialog zunächst um die Teilnahme am Vergabeverfahren bewerben.

Nach der Auswahl der Bewerber in einem Teilnahmewettbewerb eröffnet der Auftraggeber einen Dialog, dessen Ziel es ist, die Mittel, mit dem seine Bedürfnisse am besten erfüllt werden können, zu ermitteln und festzulegen.

Dies geschieht auf Grundlage der in der Bekanntmachung formulierten und in einer Beschreibung ggf. näher erläuterten Bedürfnisse und Anforderungen.[142] Bei der Beschreibung handelt es sich um das Äquivalent zu den Verdingungsunterlagen in den klassischen Verfahren. Sie muss aufgrund der Eigenart des wettbewerblichen Dialogs, in dessen Verlauf die genaue Art und Ausführung des Auftrages erst entwickelt werden sollen, jedoch in der Regel weniger präskriptiv sein.

Der öffentliche Auftraggeber erklärt die Dialogphase für beendet, wenn er die Lösung bzw. die Lösungen ermitteln kann, mit denen seine Bedürfnisse erfüllt werden

---

140 Art. 1 Abs. 11 lit. c VKR 2004.

141 Hierzu siehe schon oben unter C.III.3.a.

142 Art. 29 Abs. 2 VKR 2004, Art. 30 Abs. 2 VKR 2014.

können. Auf Grundlage dieser Lösung bzw. Lösungen werden die Dialogteilnehmer aufgefordert, ihre – endgültigen – Angebote einzureichen, welche alle zur Ausführung des Projekts erforderlichen Einzelheiten enthalten müssen.[143]

Dabei erlaubt es die Vergabekoordinierungsrichtlinie dem nationalen Gesetzgeber, analog dem Verhandlungsverfahren dem öffentlichen Auftraggeber die Möglichkeit einzuräumen, den Dialog in verschiedene Phasen – Dialogrunden – einzuteilen, um die Anzahl der möglichen Lösungen schrittweise zu verringern.[144]

Nach Abgabe der Angebote können auf Verlangen des öffentlichen Auftraggebers noch Präzisierungen, Klarstellungen, Feinabstimmungen oder Ergänzungen vorgenommen werden, die jedoch keine Änderung der grundlegenden Elemente des Angebots oder der Ausschreibung zur Folge haben dürfen, die den Wettbewerb verfälschen oder sich diskriminierend auswirken könnten.[145] Den Zuschlag erhält das wirtschaftlich günstigste Angebot – das Kriterium der Vergabe nach dem niedrigsten Preis ist ausgeschlossen.[146]

6. Innovationspartnerschaft nach der VKR 2014

Die VKR 2014 führt mit der Innovationspartnerschaft ein neues Vergabeverfahren ein. Hiermit kann der Auftraggeber innovative Produkte, Dienst- oder Bauleistungen ausschreiben, *„die nicht durch den Erwerb von bereits auf dem Markt befindlichen Produkten, Dienstleistungen oder Bauleistungen befriedigt werden"* können, Art. 31 Abs. 1 UAbs. 2 VKR 2014.

Auch hier handelt es sich um ein Verfahren mit vorgeschaltetem Teilnahmewettbewerb. Nach der Auswahl der Teilnehmer geht der Auftraggeber eine Innovationspartnerschaft mit einem oder mehreren ausgewählten Bewerbern ein. Der oder die Innovationspartner entwickeln dann in verschiedenen, abschnittsweise zu vergütenden Abschnitten die gewünschten Produkte. Ziel ist der Erwerb des so entwickelten Produkts – im Falle mehrerer Entwicklungen eines von diesen – durch den Auftraggeber. Dieser steht allerdings unter dem Vorbehalt, dass der vereinbarte Kostenrahmen eingehalten wird.

143 Art. 29 Abs. 6 UAbs. 1 VKR 2004, Art. 30 Abs. 6 UAbs. 1 VKR 2014.
144 Art. 29 Abs. 4 VKR 2004, Art. 30 Abs. 6 VKR 2014.
145 Art. 29 Abs. 6 UAbs. 2 VKR 2004, Art. 30 Abs. 6 UAbs. 2 VKR 2014.
146 Art. 29 Abs. 1 UAbs. 2 VKR 2004, Art. 30 Abs. 1 UAbs. 3 VKR 2014.

D. Der wettbewerbliche Dialog auf EU-Ebene

Auch ohne die Vergabeverfahren nach den Vergabekoordinierungsrichtlinien bereits in vertiefter Form dargestellt zu haben, wird deutlich, dass der wettbewerbliche Dialog von einem bisherigen Grundmuster der Vergabe öffentlicher Aufträge abrückt – nämlich, dass die Vergabe aufgrund einer zuvor vom öffentlichen Auftraggeber festzulegenden Leistungsbeschreibung erfolgt. Dies geht damit einher, dass jetzt auch in einem Stadium des Vergabeverfahrens eine Kommunikation zwischen Auftraggeber und Wirtschaftsteilnehmern über den Auftragsinhalt stattfindet, in dem dies vor Einführung der VKR 2004 nicht vorgesehen war.

Die nachfolgende Untersuchung des wettbewerblichen Dialogs auf EU-Ebene wird zum einen die Bindung von Richtlinienrecht an höherrangiges Recht[147] und zum anderen den koordinierenden Charakter der Richtlinien, die den Mitgliedstaaten bewusst Umsetzungsspielräume lassen, berücksichtigen müssen.[148] Soweit sich Regelungen also auf die eine oder die andere Weise verstehen lassen, ist eine zwingende Entscheidung zwischen beiden Möglichkeiten nur dann erforderlich, wenn eine Auslegungsmöglichkeit nicht mit dem Primärrecht in Einklang zu bringen ist.

Hinzu kommen die Änderungen, die sich durch die VKR 2014 ergeben. Die neue Richtlinie ist bereits in Kraft getreten, so dass sie während der Umsetzungsfrist neben der VKR 2004 als Maßstab für die Bewertung der nationalen Regelungen zum wettbewerblichen Dialog herangezogen werden kann.[149]

---

147 Richtlinien sind stets im Lichte der Bestimmungen und der Ziele der Verträge auszulegen, EuGH, Urteil vom 15. Januar 1998, C-44/96, Mannesmann Anlagenbau Austria, Rn. 43 und dürfen als Konkretisierungen der Grundfreiheiten deren Reichweite nicht beschneiden, EuGH, Urteil vom 20. März 1990, C-21/88, Du Pont de Nemours Italiana, Rn. 17. Auch sind Ausnahmen von den Grundfreiheiten in Richtlinien wie auf Ebene des Vertrages eng auszulegen, EuGH, Urteil vom 26. Oktober 1995, C-143/94, Furlanis, Rn. 20. Dabei kann der Wortlaut der Richtlinie extensiv ausgelegt werden, wenn andernfalls das Ziel der Richtlinie verfehlt würde, Hjelmborg et al., Public Procurement Law - the EU directive on public contracts, S. 58; EuGH, Urteil vom 28. Oktober 1999, C-81/98, Alcatel, Rn. 42; EuGH, Urteil vom 19. Juni 2003, C-249/01, Hackemüller./.BIG, Rn. 23. Der Grundsatz des *effet utile* findet damit nicht nur in Bezug von nationalem Recht zu europäischem, sondern auch für die Auslegung von europäischen Sekundärrecht gegenüber dem Primärrecht Anwendung.

148 Vgl. Art. 28 UAbs. 1 VKR 2004: *„Für die Vergabe ihrer öffentlichen Aufträge wenden die öffentlichen Auftraggeber die einzelstaatlichen Verfahren in einer für die Zwecke dieser Richtlinie angepassten Form an."* bzw. Art. 26 Abs. 1 VKR 2014: *„Bei der Vergabe öffentlicher Aufträge wenden die öffentlichen Auftraggeber die an diese Richtlinie angepassten nationalen Verfahren an […]."*

149 Zu den Vorwirkungen der VKR 2014 auf nationales Vergaberecht auch schon vor dem Ergreifen konkreter Umsetzungsmaßnahmen Müller/Klostermann, Die neuen

I. Anwendungsbereich

Während die VKR 2014 das Verfahren des wettbewerblichen Dialogs nicht substantiell ändert, unterscheiden sich die Voraussetzungen, die erfüllt sein müssen, um eine Vergabe nach den Regeln für den wettbewerblichen Dialog durchzuführen gegenüber denen der VKR 2004. Der Anwendungsbereich des wettbewerblichen Dialogs wird daher für die VKR 2004 und die VKR 2014 in je in einem Abschnitt dargestellt, die Durchführung des Verfahrens für beide Richtlinien gemeinsam abgehandelt.

1. Anwendungsbereich nach der VKR 2004

Nach Art. 29 Abs. 1 UAbs. 1 VKR 2004 ist die Anwendung des wettbewerblichen Dialogs aufgrund des in Art. 28 UAbs. 2 VKR 2004 postulierten Vorrangs des offenen bzw. nichtoffenen Verfahrens nur unter bestimmten Umständen zulässig:

> *„Bei besonders komplexen Aufträgen können die Mitgliedstaaten vorsehen, dass der öffentliche Auftraggeber, falls seines Erachtens die Vergabe eines öffentlichen Auftrages im Wege eines offenen oder nichtoffenen Verfahrens nicht möglich ist, den wettbewerblichen Dialog gemäß diesem Artikel anwenden kann."*

Die Voraussetzungen für die Anwendung des wettbewerblichen Dialogs lassen sich nach dieser Vorschrift in einen objektiven Anwendungsgrund, nämlich das Vorliegen eines besonders komplexen Auftrags, sowie einen Anwendungsgrund mit subjektiviertem Einschlag, d. i. die aus Sicht des öffentlichen Auftraggebers bestehende Unmöglichkeit der Vergabe im Regelverfahren, einteilen.

a. Der besonders komplexe Auftrag

Art. 1 Abs. 11 lit. c VKR 2004 definiert in den allgemeinen Begriffsbestimmungen einen öffentlichen Auftrag als *„besonders komplex"*, wenn der öffentliche Auftraggeber

> *„objektiv nicht in der Lage ist, die technischen Mittel gemäß Art. 23 Abs. 3 lit. b, c oder d anzugeben, mit denen seine Bedürfnisse und seine Ziele erfüllt werden können und/oder*
>
> *objektiv nicht in der Lage ist, die rechtlichen und/oder finanziellen Konditionen eines Vorhabens anzugeben."*

Bei der Bestimmung des besonders komplexen Auftrags ist also zwischen technischer Komplexität einerseits und rechtlicher bzw. finanzieller Komplexität andererseits zu unterscheiden.

Vergaberichtlinien - Besteht eine rechtliche oder faktische Vorwirkung der Richtlinien vor Ablauf der Frist zur Umsetzung durch die Mitgliedsstaaten?, ZfBR 2014, S. 351 f., Oberndörfer/Lehmann, Die neuen EU-Vergaberichtlinien: Wesentliche Änderungen und Vorwirkungen, Betriebsberater 2015, S. 1032.

aa. technische Komplexität

Die erste Variante des besonders komplexen Auftrags, im Folgenden „technische Komplexität", liegt nur dann vor, wenn der öffentliche Auftraggeber *„objektiv"* nicht in der Lage ist, technische Spezifikationen gemäß Art. 23 Abs. 3 lit. b, c oder d VKR 2004 für die Auftragsausführung vorzugeben.

(1). technische Spezifikationen

Eine Definition des Begriffes *„technische Spezifikationen"* liefert Anhang VI Nr. 1 VKR 2004. Hiernach sind

> *„a) „technische Spezifikationen" bei öffentlichen Bauaufträgen sämtliche, insbesondere die in den Verdingungsunterlagen enthaltenen technischen Anforderungen an eine Bauleistung,*[150] *ein Material, ein Erzeugnis oder eine Lieferung, mit deren Hilfe die Bauleistung, das Material, das Erzeugnis oder die Lieferung so bezeichnet werden können, dass sie ihren durch den Auftraggeber festgelegten Verwendungszweck erfüllen. [...] Zu diesen technischen Anforderungen gehören [...] die Konstruktionsmethoden oder -verfahren und alle anderen technischen Anforderungen, die der Auftraggeber [...] anzugeben in der Lage ist.*
>
> *b) „technische Spezifikationen" bei öffentlichen Liefer- und Dienstleistungsaufträgen Spezifikationen, die in einem Schriftstück enthalten sind, das Merkmale für ein Erzeugnis oder eine Dienstleistung vorschreibt [...]."*

Es fällt auf, dass in Anhang VI Nr. 1 VKR 2004 unter lit. b) auch Merkmale von Dienstleistungen als technische Spezifikationen definiert werden. Hieraus lässt sich schließen, dass dem Adjektiv *„technisch"* an dieser Stelle ein weiter Technikbegriff zugrunde liegt, etwa im Sinne einer ausgebildeten Fähigkeit oder Kunstfertigkeit, die zur richtigen Ausübung einer Sache notwendig ist, im Gegensatz zu einem engen Technikbegriff, der etwa als Verfahren, Einrichtungen und Maßnahmen, die der praktischen Nutzung naturwissenschaftlicher Erkenntnisse dienen, definiert werden könnte.[151] Dieses weite Begriffsverständnis von technischen Spezifikationen führt dazu, dass es sich bei technischen Spezifikationen im Sinne der VKR 2004

---

150 Es fällt auf, dass sich allein die deutsche Sprachversion an dieser Stelle auf „Bauleistungen" bezieht. Die übrigen untersuchten Sprachversionen sprechen lediglich von technischen Anforderungen an ein *„Material, ein Erzeugnis oder eine Lieferung"*. Da jedoch im selben Absatz am Ende auch die tätigkeitsbezogenen Konstruktionsmethoden und -verfahren in die Definition der technischen Spezifikationen miteinbezogen werden, sind Folgen der unterschiedlichen Sprachvarianten nicht ersichtlich.

151 Definitionen von *„Technik"* im Duden, Fremdwörterbuch, 6. Aufl. 1997. Die deutsche Umsetzung der VKR 2004 in den jeweiligen Anhängen der Verdingungsordnungen scheint i. Ü. eher von einem naturwissenschaftlichen, sachbezogenen Technikbegriff auszugehen, vgl. unten unter E.II.1.a.

vereinfachend gesagt um eine Leistungsbeschreibung der zu beschaffenden Waren, Bauten bzw. Dienste handelt.[152]

(2). Anforderungen an die Formulierung technischer Spezifikationen

Art. 23 Abs. 3 VKR 2004 gibt vor, welchen Anforderungen der öffentliche Auftraggeber bei der Erstellung der technischen Spezifikationen im Rahmen der Leistungsbeschreibung genügen muss. Hiernach hat der öffentliche Auftraggeber mehrere Möglichkeiten. Er kann sich nach Art. 23 Abs. 3 lit. a VKR 2004 allein auf nationale und europäische Normen, Zulassungen oder Spezifikationen beziehen.[153] Art. 23 Abs. 3 lit. b VKR 2004 gestattet die Formulierung technischer Spezifikationen des Weiteren

> *„in Form von Leistungs- oder Funktionsanforderungen; [...]. Die Anforderungen sind jedoch so genau zu fassen, dass sie den Bietern ein klares Bild vom Auftragsgegenstand vermitteln und dem öffentlichen Auftraggeber die Erteilung des Zuschlags ermöglichen.“*[154]

---

152 Die klassischen Vergaberichtlinien 93/37/EWG (Bauaufträge), 93/36/EWG (Lieferaufträge) und 92/50/EWG (Dienstleistungsaufträge) enthielten nur Vorgaben zur Verwendung so genannter technischer Spezifikationen im Sinne einer einheitlichen, europäischen Begriffsbestimmung. Die VKR 2004 hat diese Regelungen modifiziert und zugleich weitere Vorgaben zur Ausgestaltung der Verdingungsunterlagen gemacht. Nunmehr sieht Art. 23 VKR 2004 auch die Formulierung technischer Spezifikationen im Rahmen einer funktionalen Leistungsbeschreibung vor. Wie und mit welchem Inhalt eine Leistungsbeschreibung zu erfolgen hat, wird durch EG-Vergaberichtlinien 2004 indes nicht geregelt. Es wird vielmehr den Mitgliedstaaten überlassen, welche Anforderungen an eine Leistungsbeschreibung zu stellen sind. Siehe hierzu Franzius, Verhandlungen im Verfahren der Auftragsvergabe, S. 110 f.

153 Es erscheint darüber hinaus unnötig verwirrend, dass sich Art. 1 Abs. 11 lit. c VKR 2004 bei der Definition des technisch besonders komplexen Auftrags nicht auch auf Art. 23 Abs. 3 lit. a VKR 2004 bezieht, welcher die Formulierung von technischen Spezifikationen unter Bezugnahme auf nationale bzw. europäische Normen, Zulassungen oder Spezifikationen betrifft, da die Formulierung von Spezifikationen nach diesem Buchstaben ausgeschlossen ist, wenn der öffentliche Auftraggeber nicht in der Lage ist den Auftrag gemäß den Buchstaben c oder d funktional kombiniert mit denen nach Buchstabe a zu beschreiben.

154 Die ebenfalls in Art. 1 Abs. 11 lit. c VKR 2004 angesprochenen Buchstaben c und d des Art. 23 Abs. 3 VKR 2004 beziehen sich auf die Möglichkeit der Formulierung technischer Spezifikationen mit funktionalen Bestandteilen, allerdings unter Bezugnahme auf nationale und europäische Normen, Zulassungen oder Spezifikationen im Sinne von Art. 23 Abs. 3 lit. a VKR 2004. Da sie damit strengere Anforderungen als der allein auf die funktionale Beschreibung abstellende Art. 23 Abs. 3 lit. b VKR 2004 stellen, genügt für die vorliegenden Zwecke die genauere Betrachtung des Art. 23 Abs. 3 lit. b VKR 2004.

Für den wettbewerblichen Dialog folgt aus der Zusammenschau von Art. 1 Abs. 11 lit. c und Art. 23 Abs. 3 VKR 2004, dass von besonderer technischer Komplexität ausgegangen werden kann, wenn der öffentliche Auftraggeber die Leistungsbeschreibung nicht so präzise gestalten kann, dass diese es den Bietern erlaubt, den Auftragsgegenstand unzweideutig zu bestimmen sowie der Vergabestelle, den Auftrag an den Bieter mit dem besten Angebot zu vergeben.

Im Ergebnis liegt eine besondere Komplexität im Sinne des wettbewerblichen Dialogs also nur dann vor, wenn, kurz gesagt, noch nicht einmal die Erstellung einer funktionalen Leistungsbeschreibung gelingt.

(3). Anwendungsfälle

Potentielle Anwendungsfälle technischer Komplexität können sich nach der Vorstellung des europäischen Gesetzgebers bei bedeutenden integrierten Verkehrsinfrastrukturprojekten oder großen Computernetzwerken ergeben, vgl. Erwägungsgrund 31 VKR 2004.

In diesem Zusammenhang werden in Anlehnung an die Erläuterungen der Kommission zum wettbewerblichen Dialog üblicherweise zwei Arten technischer Komplexität unterschieden:[155] Nach dem ersten Typus sieht sich der öffentliche Auftraggeber außer Stande überhaupt zu bestimmen, womit seinen Bedürfnissen gedient werden kann.

Hierunter kann jedoch nicht eine Situation verstanden werden, in der es dem öffentlichen Auftraggeber zum Beispiel aufgrund der Pflicht zur produktneutralen Ausschreibung[156] schwerfällt, eine eindeutige Leistungsbeschreibung zu erstellen. Allein dieser Umstand verhindert nicht, dass der Auftrag im Regelverfahren auszuschreiben ist, wenn den auf dem Markt tätigen Bietern klar ist, dass der öffentliche Auftraggeber eines der auf dem Markt befindlichen Produkte erwerben will.[157]

Nach dem zweiten Typus eröffnen sich dem öffentlichen Auftraggeber zwar mehrere Lösungsmöglichkeiten, er ist hier aber nicht in der Lage, vorab zu entscheiden, welche dieser Möglichkeiten für ihn die bessere ist.[158]

---

155 Erläuterungen der Europäischen Kommission „Wettbewerblicher Dialog - Klassische Richtlinie", deutsche Version des Dokuments CC/2005/04_rev 1 vom 5. Oktober 2005, S. 2 f.

156 Art. 23 Abs. 8 VKR 2004.

157 Am Beispiel verschiedener am Markt befindlicher Endoskopiesysteme OLG Celle, Beschluss vom 17. Juli 2009, 13 Verg 3/09.

158 Vgl. das Beispiel der Europäischen Kommission aus ihren Erläuterungen zum wettbewerblichen Dialog (a.a.O.): *„Stellen wir uns einen öffentlichen Auftraggeber vor, der die beiden Ufer eines Flusses verbinden will: Es ist durchaus möglich, dass er nicht in der Lage ist zu bestimmen, ob die beste Lösung in einer Brücke oder einem Tunnel besteht, selbst wenn er die technischen Spezifikationen für die Brücke (Hängebrücke, aus Metall, aus vorgespanntem Beton usw.) oder den Tunnel (eine oder mehrere Röhren, unter oder auf dem Flussbett usw.) festlegen könnte. Auch in diesem Fall wäre der wettbewerbliche Dialog gerechtfertigt."*

Nicht mithilfe des wettbewerblichen Dialogs können an dieser Stelle Situationen erfasst werden, in der der öffentliche Auftraggeber zwischen zwei für sich genommen vollständig beschreibbaren technischen Lösungen schwankt, die er mithilfe einer sogenannten Alternativausschreibung auffangen kann.[159] Hierbei handelt es sich um ein offenes bzw. nichtoffenes Verfahren, in dem öffentliche Auftraggeber zwei Leistungsbeschreibungen unter identischen Zuschlagskriterien ausgibt, aber nur auf eine den Zuschlag erteilt. Wegen des ausdrücklich vorgesehenen Vorrangs des offenen bzw. nichtoffenen Verfahrens muss sich der öffentliche Auftraggeber auf dieses Verfahren beschränken und kann nicht den wettbewerblichen Dialog wählen.

Denkbar – und am wahrscheinlichsten – sind Mischformen. So ist gut denkbar, dass bei sehr umfangreichen Projekten im Vorhinein die Erstellung einer detaillierten Leistungsbeschreibung daran scheitert, dass der öffentliche Auftraggeber eine Vielzahl von Kombinationsmöglichkeiten von Einzelleistungen, aus denen sich der Gesamtauftrag zusammensetzt, nicht so in eine Leistungsbeschreibung bringen kann, dass er erwarten kann, den Auftrag ohne weiteren Gesprächsbedarf erteilen zu können.

Allerdings werden sich die Resultate in beiden Fällen häufig ähneln: Wenn der öffentliche Auftraggeber im ersten Falle nicht in der Lage ist, sich überhaupt eine Lösungsmöglichkeit vorzustellen, sind auch hier mit sehr hoher Wahrscheinlichkeit mehrere Lösungsmöglichkeiten zu erwarten. Es genügt also an diesem Punkt als Haupteigenschaft des wettbewerblichen Dialogs festzustellen, dass er auf eine Bandbreite von Lösungsmöglichkeiten abzielt.

Des Weiteren ist grundsätzlich denkbar, dass ein öffentlicher Auftrag besonders komplex wird, weil ein öffentlicher Auftraggeber innovative, ökologische oder soziale Aspekte bei der Auftragsvergabe berücksichtigen möchte, aber nicht in der Lage ist, zu beurteilen, inwiefern dies im Rahmen des Beschaffungsvorhabens möglich ist. Es besteht allerdings keine Ausnahmevorschrift für den wettbewerblichen Dialog, die Anlass zu der Vermutung geben könnte, dass die Berücksichtigung von Sekundärzielen weniger strengen Einschränkungen unterworfen sein könnte, als bei Anwendung anderer Vergabeverfahren. Falls es dem öffentlichen Auftraggeber nicht möglich wäre, einen vom ihm gewünschten Aspekt entweder als zulässige Auftragsbedingung noch als zulässiges Zuschlagskriterium zu verwenden, so kann er dies nicht durch die Wahl des wettbewerblichen Dialogs umgehen.[160]

So wird etwa der Wunsch nach dem Einsatz von Arbeitskräften aus der Region auch im wettbewerblichen Dialog nicht zu realisieren sein.[161] Geeignet kann der

---

159 Zur Alternativ- bzw. Parallelausschreibung vgl. unten unter D.I.1.b.bb.(3).

160 Beleuchtet am Beispiel sozialer Kriterien siehe umfassend zur VKR 2004 Wiedmann, Die Zulässigkeit sozialer Vergabekriterien im Lichte des Gemeinschaftsrechts, zur VKR 2014 Ziekow, Soziale Aspekte in der Vergabe, DÖV 2015, S. 897 ff.

161 Allgemein bleibt die rechtmäßige Integration von Umwelt- und Sozialaspekten in den Beschaffungsvorgang schwierig, vgl. beispielsweise das Vertragsverletzungsverfahrens gegen die Niederlande hinsichtlich der Verwendung von Siegeln für fairen Handel und umweltschonende Erzeugung beim Einkauf von

wettbewerbliche Dialog andererseits dann sein, wenn zum Beispiel bei Errichtung eines Bauwerks vielfältige Umweltschutzbelange berücksichtigt werden müssen oder auch nur sollen (weil es sich zwar nicht um ein offizielles Naturschutzgebiet handelt, sondern „nur" Belange von Anwohnern und direkter Umwelt maximal berücksichtigt werden sollen).

Richer weist überdies darauf hin, dass es für die Beispiele technischer Komplexität in Erwägungsgrund 31 VKR 2004 typisch sei, dass eine Vielzahl verschiedener Wirtschaftsteilnehmer an der Umsetzung des Auftrags beteiligt ist.[162] Sofern umfassender Abstimmungsbedarf zwischen den von den verschiedenen Akteuren beizusteuernden technischen Komponenten besteht, so dass nicht zu erwarten ist, dass eine Bietergemeinschaft bereits zu Beginn des Verfahrens ein Angebot legen kann, mag der wettbewerbliche Dialog das geeignete Verfahren sein.[163]

Zusammenfassend liegt die wahrscheinlich beste Auslegungshilfe in der negativen Beantwortung der Frage, ob der öffentliche Auftraggeber erwarten kann, bei einer funktionalen Ausschreibung Angebote zu erhalten, die er ohne noch einmal mit den Bietern in Kontakt zu treten, einer Wertung zuführen könnte.

bb. rechtliche bzw. finanzielle Komplexität

Die Vergabe eines Auftrages im wettbewerblichen Dialog kann nicht nur auf das Vorliegen technischer Komplexität, sondern auch auf das Vorliegen rechtlicher bzw. finanzieller Komplexität gestützt werden. Nach Art. 1 Abs. 11 lit. c VKR 2004 gilt ein öffentlicher Auftrag dann als rechtlich bzw. finanziell *„besonders komplex"*, wenn der öffentliche Auftraggeber

> *„– objektiv nicht in der Lage ist, die rechtlichen und/oder finanziellen Konditionen eines Vorhabens anzugeben."*

Die VKR 2004 gibt keine weiteren Auskünfte zu diesem Tatbestandsmerkmal. Die Definition der finanziellen/rechtlichen Komplexität bezieht sich nicht auf die Regelungen zur Erstellung technischer Spezifikationen (Art. 23 Abs. 3 VKR 2004). Dem Wortlaut nach kann diese Form besonderer Komplexität eines Auftrags demnach auch dann vorliegen, wenn die gewünschte Leistung an sich vollständig beschreibbar ist.

Kaffeepulver und Tee, EuGH, Urteil vom 10. Mai 2012, C-368/10. Allgemein zur Zulässigkeit von Sekundäraspekten Prieß, Handbuch des europäischen Vergaberechts, S. 276 ff. m.w.N.

162 Richer, L'Europe des marchés publics: marchés publics et concessions en droit communautaire, Rn. 745.

163 Generell zur Gefahr wettbewerbsbeschränkender Abreden bei Bewerber- bzw. Bietergemeinschaften Müller-Wrede in Müller-Wrede, Kompendium des Vergaberechts, 2. Aufl., S. 545. Siehe auch unten unter D.II.2.b.

Während der Genese der Richtlinie wurde die finanzielle und rechtliche Komplexität vor allem mit Privatisierungen in Zusammenhang gebracht, die unter das Regime der öffentlichen Auftragsvergabe fallen.[164]

> *„Ein solcher Fall ist zum Beispiel gegeben, wenn ein öffentlicher Auftraggeber objektiv nicht im Vorhinein abschätzen kann, ob für die wirtschaftlich günstigste Lösung eine Finanzierung durch die öffentliche Hand, ein Modell mit Risikoteilung oder eine zur Gänze vom privaten Sektor getragene Lösung vorzusehen wäre.“*[165]

Tatsächlich müssen bei Privatisierungen eine Vielzahl verschiedener Aspekte berücksichtigt werden, die sich auf die rechtliche und finanzielle Abwicklung niederschlagen, wie die Berücksichtigung besonderer rechtlicher Einschränkungen oder anderer Umstände, wie öffentliche Finanzen, der Wunsch nach bzw. die Notwendigkeit von auch nach der Privatisierung verbleibendem Einfluss des öffentlichen Auftraggebers[166] oder der Verteilung von Vertragsrisiken. Der wettbewerbliche Dialog erscheint in diesem Zusammenhang vor allem für Fälle geeignet, in denen die möglichen Gestaltungsformen der Privatisierung so verschieden sind, dass ohne den Einfluss der Fachkenntnis bzw. der individuellen Finanzierungsmöglichkeiten der Bewerber[167] keine verlässliche Aussage über die beste Lösung gemacht werden kann. Diese Konstellation ist allerdings auf das Betreten von Neuland beschränkt. Sobald eine Art der Privatisierung mehrfach durchgeführt wurde, wird der öffentliche Auftraggeber allerdings auf diese Erfahrungen zurückgreifen können. So wurden in Großbritannien standardisierte Abläufe für die sogenannten „Private Finance Initiatives“ (PFI) entwickelt, so dass ein besonders komplexer Auftrag dann nicht vorliegt, wenn auf ein solches standardisiertes Vertragswerk für die jeweilige Privatisierung zurückgegriffen werden kann.[168]

Ein weiterer Fall finanziell/rechtlicher Komplexität kann auch dort vorliegen, in denen der öffentliche Auftraggeber nicht abschätzen kann, wie attraktiv der angetragene Auftrag für andere Wirtschaftsteilnehmer tatsächlich ist und damit rechnen muss, selbst zu einem gewissen Grad in die Risikostruktur eingebunden zu werden.

Dies wäre ein Fall des folgenden Vorschlags des Ausschusses der Regionen im Rechtsetzungsverfahrens:

---

164 Pünder/Franzius, Auftragsvergabe im Wettbewerblichen Dialog, ZfBR 2006, Fn. 19.

165 Pkt. 3.3 der Begründung zum Vorschlag für die VKR 2004, KOM(2000) 275 endgültig/2.

166 Steinberg Vergaberechtliche Steuerung als Verbundaufgabe, S. 171 ff, 352 spricht in diesem Zusammenhang vom Wandel von Vergaberecht zu *„Gewährleistungsvergaberecht“*.

167 In diesem Sinne auch Richer, L'Europe des marchés publics: marchés publics et concessions en droit communautaire, Rn. 745.

168 Arrowsmith, The Law of Public and Utilities Procurement 2. Aufl., Rn. 10.6.

„Es muss ein zusätzlicher Grund hinzugefügt werden, um dem Wesen von öffentlich-privaten Partnerschaften gerecht zu werden, nämlich: 'können Risiken und Entgelte nach den Vertragsbestimmungen ohne Verhandlung mit den wirtschaftlichen Akteuren nicht rechtskräftig aufteilen."[169]

b. Keine Möglichkeit der Vergabe im offenen oder nicht offenen Verfahren

Art. 29 Abs. 1 VKR 2004 bestimmt, dass der öffentliche Auftraggeber bei besonders komplexen Aufträgen,

> *„falls seines Erachtens die Vergabe [...] im Wege des offenen oder nichtoffenen Verfahrens nicht möglich ist, den wettbewerblichen Dialog [...] anwenden kann."*

Hiermit ist zunächst klargestellt, dass der öffentliche Auftraggeber nicht die Wahl hat, ob er einen Auftrag in einem der Regelverfahren offenes bzw. nichtoffenes Verfahren oder im Ausnahmeverfahren des wettbewerblichen Dialogs vergibt.[170] Er ist vielmehr gehalten, sich vor der Anwendung des wettbewerblichen Dialogs der Instrumentarien zu bedienen, die ihm eine Ausschreibung im offenen oder nichtoffenen Verfahren ermöglichen.[171]

---

169 Pkt. 2.2.3 der Stellungnahme des Ausschusses der Regionen (2001/C 144/08), ABl. C 144 vom 16. Mai 2001, S. 24.

170 Beim Verhandlungsverfahren kann dies im Hinblick auf den Auftragsinhalt durchaus der Fall sein. So sind es zum Beispiel nach gescheiterten Vergaben im Rahmen anderer Verfahren, bei Aufträgen im Bereich von Forschung und Entwicklung, Dringlichkeit oder Schutzrechten vielmehr von der Beschreibbarkeit des Beschaffungsgegenstands unabhängige Umstände, die die Wahl des Verhandlungsverfahrens erlauben, Artt. 30 Abs. 1 lit. b, d; 31 Abs. 1 lit. a, c, Abs. 2, 4 VKR 2004.

171 Das Europäische Parlament hat bis einschließlich der 2. Lesung darauf bestanden, dass Voraussetzung für den wettbewerblichen Dialog das vorherige Scheitern einer funktionalen Ausschreibung (bzw. zweckdienliche Bekanntmachung) oder eines Wettbewerbs sei. Dieser Auffassung sind weder Kommission noch Rat gefolgt und sie ist vom Parlament auch im Vermittlungsausschuss nicht weiter verfolgt worden.
Zum Teil wurde argumentiert, dass die individuelle Situation des jeweiligen öffentlichen Auftraggebers nicht dazu führen darf, dass dieser vorschnell zum wettbewerblichen Dialog greift mit dem Argument, keine ausreichenden Ressourcen für die Erstellung einer Leistungsbeschreibung zu besitzen. Der öffentliche Auftraggeber sich müsse dann, wenn ihn eine Aufgabe überfordere, Sachverstandes von außen bedienen, ***II Empfehlung für die zweite Lesung betreffend den Gemeinsamen Standpunkt des Rates im Hinblick auf den Erlass der Richtlinie des Europäischen Parlaments und des Rates über die Koordinierung der Verfahren zur Vergabe öffentlicher Lieferaufträge, Dienstleistungsaufträge und Bauaufträge des Ausschusses für Recht und Binnenmarkt vom 19. Juni 2003, ENDGÜLTIG A5-0242/2003, S. 19. Der Ausschuss bringt an dieser Stelle darüber hinaus ein weiteres, interessantes Argument für eine zeitliche Vorschaltung von funktionaler Ausschreibung bzw. Wettbewerb: Die Bestimmung im Vorschlag des Rates, dass

An dieser Stelle kann zwischen Maßnahmen, die der öffentliche Auftraggeber ergreifen kann, um den Auftragsgegenstand so genau zu bestimmen, dass eine Vergabe im offenen bzw. nichtoffenen Verfahren möglich ist und Gestaltungsmöglichkeiten, die der öffentliche Auftraggeber innerhalb dieser Vorzugsverfahren hat, unterschieden werden.

aa. Maßnahmen zur Bestimmung des Auftragsgegenstands vor Einleitung des Vergabeverfahrens

(1). Einsatz externen Fachwissens – „technischer Dialog"

Eine Möglichkeit, den genauen Auftragsgegenstand zu ermitteln, besteht für den öffentlichen Auftraggeber darin, auf den Sachverstand Dritter bei der Erstellung der Vertragsspezifikationen zurückzugreifen. Hierbei stehen dem öffentlichen Auftraggeber verschiedene Möglichkeiten offen: Die Hinzuziehung externer Berater (a) bzw. von fachkundigen Unternehmen (Projektanten) (b) oder Sondierungsgespräche mit mehreren potentiellen Interessenten (c).

Die VKR 2004 erwähnt diese Möglichkeit in Erwägungsgrund 8:

> *„Bevor ein Verfahren zur Vergabe eines öffentlichen Auftrages eingeleitet wird, können die öffentlichen Auftraggeber unter Rückgriff auf einen „technischen Dialog" eine Stellungnahme einholen bzw. entgegennehmen, die bei der Erstellung der Verdingungsunterlagen verwendet werden kann, vorausgesetzt, dass diese Stellungnahme den Wettbewerb nicht ausschaltet."*

Ein *„technischer Dialog"* scheint im Rahmen der VKR demnach nichts anderes zu sein, als der Rückgriff auf externen Sachverstand bei der Erstellung der Leistungsbeschreibung.[172]

---

der Auftraggeber objektiv nicht in der Lage sein dürfe, die technischen Mittel anzugeben, mit denen seine Bedürfnisse und seine Ziele erfüllt werden, sei zu restriktiv und bringe nicht die Flexibilität mit sich, die eigentlich damit beabsichtigt gewesen sei.

172 Des Weiteren tauchte der Begriff *„technischer Dialog"* in der legislativen Entschließung in 1. Lesung der Europäischen Parlaments als Dialogphase des wettbewerblichen Dialogs auf, vgl. Art. 33 des nach erster Lesung geänderten Richtlinien-Vorschlags, Abl. C 271 E vom 7. November 2002, S. 196. In der VKR 2014, die den Anwendungsbereich der flexiblen Vergabeverfahren wesentlich ausweitet, findet ein „technischer Dialog" dementsprechend keine Erwähnung mehr. Dort ist jetzt aber in Art. 40 VKR 2014 unter dem Vorbehalt der Wettbewerblichkeit die Möglichkeit, Rat von unabhängigen Sachverständigen, Behörden oder Marktteilnehmern zur Vorbereitung des Vergabeverfahrens einzuholen, ausdrücklich vorgesehen.

(a). Einsatz externer Berater

Der öffentliche Auftraggeber hat die Möglichkeit, sich bei der Erstellung der Leistungsbeschreibung durch externe Berater, etwa aus den Bereich Technik, Betriebswirtschaft und/oder Recht, unterstützen zu lassen.

Auch externe Berater können bei ungewöhnlichen Aufträgen jedoch häufig nicht abschätzen, welche auf dem Markt befindlichen Konzepte für den öffentlichen Auftraggeber die am besten geeigneten sind oder auf welches Konzept der Risikoverteilung sich die Wirtschaftsteilnehmer einlassen würden. In solchen Fällen kann die Vorfestlegung auf bestimmte technische oder rechtlich/finanzielle Konzepte den Wettbewerb sogar einschränken, wenn sie potentielle Bewerber von der Teilnahme am Verfahren abhält.

(b). Einsatz von fachkundigen Unternehmen (Projektanten)

Handelt es sich bei dem hinzugezogenen Berater um einen potentiellen Bieter (sogenannter Projektant), stellt sich das zusätzliche Problem, dass dieser durch seine Vorarbeit im anschließenden Vergabeverfahren einen Wettbewerbsvorteil gegenüber anderen am Auftrag interessierten Unternehmen erlangen kann.

So könnte ein Projektant für den Auftraggeber eine Leistungsbeschreibung erstellen, die auf die besonderen Fähigkeiten und Kapazitäten seines Unternehmens zugeschnitten ist. Dies würde es anderen Unternehmen erschweren, ein konkurrenzfähiges Angebot zu legen. Es ist daher häufig nicht ohne weiteres möglich, dass ein Projektant auch im nachfolgenden Vergabeverfahren als Bieter teilnimmt.[173]

Je komplexer das Beschaffungsvorhaben ist, desto schwieriger ist das Verbleiben eines Projektanten im Bieterwettbewerb zu rechtfertigen, da der öffentliche Auftraggeber mit steigender Komplexität des Auftragsgegenstands immer schlechter in der Lage sein wird, zu erkennen, ob die vom Projektanten vorgelegte Leistungsbeschreibung andere potentielle Bieter diskriminieren könnte oder nicht.

Dennoch kann der Einsatz von Projektanten unter Umständen die Vergabe eines Auftrags im offenen oder nichtoffenen Verfahren ermöglichen. Es stellt sich daher die Frage, inwieweit der öffentliche Auftraggeber die Wahl hat, entweder einen Projektanten mit der Ausarbeitung von Verdingungsunterlagen zu beauftragen, die die Vergabe im offenen oder nichtoffenen Verfahren ermöglichen oder sich im wettbewerblichen Dialog von mehreren Bewerbern geeignete Lösungsvorschläge unterbreiten zu lassen.

Eine Situation, die gegen einen generellen Zwang zum Einsatz von Projektanten spricht, ist die, in der der Auftrag solcher Art ist, dass ohnehin nur sehr wenige Anbieter diesen Auftrag ausführen könnten. Wenn dann der Projektant als potentieller

---

173 Art. 41 VKR 2014 bestimmt nunmehr, dass der Ausschluss des Projektanten zwar nur ultima ratio aber dennoch erforderlich sein kann.

Bewerber/Bieter ausfiele, würde ein echter Wettbewerb unter Umständen wegen der geringen Teilnehmerzahl nicht stattfinden können.[174]

Zudem sind auf bestimmten engen Märkten des Spezialbaus Anbieter, Zulieferer, Subunternehmer und beratende Ingenieure europaweit in großem Umfang personell und finanziell miteinander verflochten, dass der Auftraggeber kaum in der Lage ist, einen verflechtungsfreien externen Partner als Projektant für die Formulierung der Ausschreibungsunterlagen und der Angebotswertung zu gewinnen.[175]

Auch wenn der öffentliche Auftraggeber nicht erwarten kann, dass der Projektant alle möglichen Lösungsmöglichkeiten in Betracht ziehen kann oder wird – weil er die technischen Möglichkeiten der Konkurrenz zum Beispiel nicht überblicken kann – ist der öffentliche Auftraggeber mit der Wahl des wettbewerblichen Dialogs besser beraten. Bei Beschaffungssituationen, in denen nur wenige Anbieter am Markt tätig sind, können diese im wettbewerblichen Dialog auch besser eingebunden werden.

(c). Sondierungsgespräche mit mehreren Unternehmen / Markterkundungsverfahren

Es bleibt die Situation zu betrachten, in der der öffentliche Auftraggeber nicht nur einen Wirtschaftsteilnehmer bei der Erstellung der Verdingungsunterlagen hinzuzieht, sondern mit mehreren Unternehmen Sondierungsgesprächen führt.

Wenn in einem Bereich mit wenigen potentiellen Bietern zuvor ein technischer Dialog in Form einer Bieterkonferenz abgehalten wird, auf deren Grundlage der öffentliche Auftraggeber dann die Verdingungsunterlagen erstellt, ist gegenüber dem wettbewerblichen Dialog aus Wettbewerbsgesichtspunkten nicht unbedingt gewonnen. Im Endeffekt könnte dies zwar zu einer gemeinsamen Leistungsbeschreibung für alle führen, nur, dass in der Entwicklungsphase dieser Leistungsbeschreibung weniger Anforderungen an Eignung der Teilnehmer und Transparenz des Verfahrens bestanden, als im wettbewerblichen Dialog. Hier besteht insbesondere die Gefahr, dass die Wirtschaftsteilnehmer unlautere Absprachen treffen.

(d). Zwischenergebnis: Einsatz externen Fachwissens

Motivation für die Vorrangstellung des offenen und nichtoffenen Verfahrens ist der Hintergedanke, dass diese Verfahren durch ihre Durchnormierung die größte Transparenz bieten und durch die kaum notwendigen Kontakte zwischen öffentlichem Auftraggeber und Bietern die geringsten Anreize für willkürliche Entscheidungen setzen und somit die größte Wettbewerblichkeit garantieren.

---

174 Vgl. auch die Ausführungen des EuGH in der Sache Assitur, dass Ziel eines Vergabeverfahrens ein Wettbewerb mit möglichst vielen Teilnehmern ist, EuGH, Urteil vom 19. Mai 2009, C-538/07, Assitur Srl, Rn. 26.

175 Opitz, Marktmacht und Bieterwettbewerb, S. 77.

Es gibt aber auch Situationen, in denen die zwanghafte Herstellung der Ausschreibbarkeit im „wettbewerblichsten" offenen oder nichtoffenen Verfahren faktisch kein Mehr an Wettbewerb erwarten lässt, sei es, weil die Zahl der potentiellen Bieter am Markt zu klein ist, um im anschließenden Vergabeverfahren auf den Projektanten als Bieter verzichten zu können, sei es, weil nicht sichergestellt werden kann, dass man durch die Erstellung technischer Spezifikationen potentiell interessante Unternehmen von der Teilnahme am Verfahren ungewollt ausschließt.

Es lässt sich also folgern, dass der Einsatz externen Fachwissens dort vom öffentlichen Auftraggeber gefordert werden kann, wo die Auftragsausführung keine speziellen Kompetenzen der Bieter erfordert, die Alleinstellungsmerkmale darstellen könnten, sondern es dem öffentlichen Auftraggeber primär am Knowhow in Bezug auf die Leistungsbeschreibung des konkreten Auftragsgegenstands fehlt.

Kommt der öffentliche Auftraggeber aber zu dem Ergebnis, dass die Komplexität des Auftragsgegenstands nicht in seinem laienhaften Verständnis der Materie begründet liegt, sondern die Ermittlung der für ihn bestgeeigneten Lösung und deren anschließende Spezifizierung auch durch externe Sachverständige nicht mit Sicherheit vorgenommen werden könnte bzw. der Bietermarkt zu klein ist, kann er auf die Erstellung einer Leistungsbeschreibung durch Dritte verzichten.

Des Weiteren ist zu beachten, dass der öffentliche Auftraggeber bei der Bekanntmachung eines wettbewerblichen Dialogs die Aussage aufstellt, dass er beabsichtigt, den Zuschlag an einen Dialogteilnehmer zu erteilen. Technischer Dialog, Markterkundung und auch der Wettbewerb geben hingegen keine verbindliche Auskunft über die Vergabeabsicht des öffentlichen Auftraggebers. Für die Durchführung des wettbewerblichen Dialogs spricht daher auch die Situation, in der nicht klar ist, ob sich Unternehmen daran beteiligen, wenn unsicher ist, ob überhaupt ein Auftrag erteilt werden soll.

(2). Durchführung eines Wettbewerbs, Art. 66 ff. VKR 2004

Eine weitere Möglichkeit, die Komplexität eines Auftrags zu reduzieren, besteht für den öffentlichen Auftraggeber darin, durch die Auslobung eines Wettbewerbs nach Lösungsmöglichkeiten für die Umsetzung seiner Anforderungen und Bedürfnisse zu suchen. Nach Art. 1 Abs. 11 lit. e VKR 2004 sind Wettbewerbe

> *„Auslobungsverfahren, die dazu dienen, dem öffentlichen Auftraggeber insbesondere auf den Gebieten der Raumplanung, der Stadtplanung, der Architektur und des Bauwesens oder der Datenverarbeitung einen Plan oder eine Planung zu verschaffen, deren Auswahl durch ein Preisgericht aufgrund vergleichender Beurteilung mit oder ohne Verteilung von Preisen erfolgt."*

Im Übrigen sieht die VKR 2004 keine weiteren Bedingungen vor, die erfüllt sein müssen, um einen Wettbewerb durchzuführen, denn nach Art. 67 Abs. 2 VKR 2004 gelten die Art. 66 ff. VKR 2004 für

„Wettbewerbe, die im Rahmen der Vergabe eines öffentlichen Dienstleistungsauftrags durchgeführt werden;

Wettbewerbe mit Preisgeldern oder Zahlungen an die Teilnehmer.“

Die Vorschriften der VKR 2004 gelten dann, wenn entweder der Schwellenwert für einen dem Wettbewerb nachfolgenden *Dienstleistungsauftrag* (Realisierungswettbewerb) zzgl. der für die Summe etwaig zu zahlender Preisgelder überschritten wird oder die Summe der Preisgelder allein die für Dienstleistungsaufträge geltenden Schwellenwerte übersteigt (Ideenwettbewerb).[176]

(a). Ideenwettbewerb

Nach der Durchführung eines Ideenwettbewerbs ist der öffentliche Auftraggeber häufig noch nicht in der Lage, das Wettbewerbsergebnis in Form einer Leistungsbeschreibung, welches seine Umsetzung erlaubt, zu formulieren. Dieser Bereich wird häufig dem wettbewerblichen Dialog vorgelagert sein. Vorgelagert deshalb, weil es dem öffentlichen Auftraggeber hier sogar erst um Vorschläge hinsichtlich seiner möglichen Bedürfnisse gehen kann, die im wettbewerblichen Dialog umzusetzen wären.

(b). Realisierungswettbewerb

Der Realisierungswettbewerb unterscheidet sich vom Ideenwettbewerb insoweit, als nach Abschluss der Wettbewerbsphase ein sich anschließender Dienstleistungsvertrag an einen der Gewinner des Wettbewerbs vergeben wird. Hierbei kann es sich um die detaillierte Ausführungsplanung des im Wettbewerb behandelten gröberen Lösungskonzepts und damit um die Erstellung technischer Spezifikationen handeln.[177] Man könnte nun annehmen, dass der öffentliche Auftraggeber

---

176 Art. 67 Abs. 2 VKR 2004. Hat der öffentliche Auftraggeber bei der Auslobung von Preisgeldern die anschließende Vergabe nach Art. 31 Abs. 3 VKR 2004 ausdrücklich ausgeschlossen, wird für die Schwellenwertberechnung nur die Summe der Preisgelder herangezogen. Im Übrigen verwirrt die VKR 2004 an dieser Stelle mit dem Konjunktiv: Für den Schwellenwert soll der geschätzte Auftragswert des Dienstleistungsauftrags, *„der später nach Art. 31 Abs. 3 vergeben werden könnte, sofern der öffentliche Auftraggeber eine derartige Vergabe in der Bekanntmachung des Wettbewerbs nicht ausschließt“* herangezogen werden. Nach Art. 31 Abs. 3 VKR 2004 setzt die Wahl des Verhandlungsverfahrens ohne Bekanntmachung jedoch voraus, dass der anschließende Auftrag nach den einschlägigen Bestimmungen an den oder einen der Gewinner vergeben werden muss. Dies kann dazu führen, dass für die Schwellenwertberechnung der geschätzte Auftragswert mit einzubeziehen ist, obwohl mangels *„müssen“* eine anschließende Vergabe nach Art. 31 Abs. 3 VKR 2004 nicht möglich ist, wenn der öffentliche Auftraggeber in der Bekanntmachung nicht ausdrücklich darauf hingewiesen hat, dass eine anschließende Vergabe nach Art. 31 Abs. 3 VKR 2004 nicht in Frage kommt.

177 EuGH, Urteil vom 14. Oktober 2004, C-340/02, Kommission./.Frankreich, Rn. 39.

vor Durchführung eines wettbewerblichen Dialogs zunächst einen Wettbewerb zur Identifizierung von Lösungen für seine Bedürfnisse und dem nachfolgend ein Verhandlungsverfahren mit dem Ziel der Erstellung einer Leistungsbeschreibung durchführen müsste.

Diese Vorgehensweise mag angemessen erscheinen, wenn der öffentliche Auftraggeber erwarten kann, dass mit Hilfe einer derart erstellten Leistungsbeschreibung mehr potentielle Auftragnehmer angesprochen werden, als durch die direkte Anwendung des wettbewerblichen Dialogs.

Allerdings werden mittels eines vorgeschalteten Wettbewerbs etwaig weiterbestehende Probleme hinsichtlich rechtlicher und finanzieller Konditionen des Auftrags nicht ausgeschaltet können, so dass der öffentliche Auftraggeber in einem solchen Fall nicht nur Zeit verliert, sondern darüber hinaus der Wettbewerbssieger als voreingenommener Projektant einzuordnen sein könnte.

Auch kann sich der öffentliche Auftraggeber gerade bei komplizierten Vorhaben sicher sein, dass ihm im wettbewerblichen Dialog anders als im Wettbewerb nur Vorschläge unterbreitet werden, die der vorlegende Bewerber auch tatsächlich und mit einem Preis versehen kann.

bb. Maßnahmen zur Flexibilisierung des offenen bzw. nichtoffenen Verfahrens

Die Unmöglichkeit der Vergabe im offenen oder nichtoffenen Verfahren setzt voraus, dass auch die Möglichkeiten, die die VKR 2004 bietet, um das offene bzw. das nichtoffene Verfahren flexibler zu gestalten, den Beschaffungsbedarf des öffentlichen Auftraggebers nicht erfüllen können. Ausdrücklich sieht die VKR 2004 als Flexibilitätsoptionen die Erstellung einer funktionalen Leistungsbeschreibung sowie die Zulassung von Varianten vor. Nicht erwähnt, aber durchaus in den Mitgliedstaaten praktiziert, wird die sogenannte Alternativ- bzw. Parallelausschreibung.

(1). funktionale Ausschreibung

Soweit eine Ausschreibung mit Hilfe funktional gehaltener technischer Spezifikationen im Sinne von Art. 23 Abs. 3 lit. b VKR 2004 möglich ist, ist, wie bereits festgestellt, der wettbewerbliche Dialog (aufgrund technischer Komplexität) nicht anwendbar. Soweit diese allerdings erstellbar sind, muss der öffentliche Auftraggeber, will er zur Vergabe des Auftrags den wettbewerblichen Dialog nutzen, einschätzen und begründen können, warum der Auftrag aus finanziell/rechtlicher Hinsicht so komplex ist, dass er ohne weitere Gespräche mit dem Auftragnehmer nicht vergeben werden kann.

(2). Varianten

Nach Art. 24 VKR 2004 können die öffentlichen Auftraggeber es zulassen, dass die Bieter bei Aufträgen, die nach dem Kriterium des wirtschaftlich günstigsten

Angebots abgegeben werden, Varianten vorlegen.[178] Eine ähnliche Regelung fand sich bereits in den klassischen Richtlinien[179] und wurde mit dem Ziel der Förderung innovativer Ideen eingeführt.[180]

Im Verhältnis zum wettbewerblichen Dialog bedeutet dies, dass seine Anwendung ausgeschlossen ist, wenn der öffentliche Auftraggeber erwarten kann, seine Bedürfnisse durch die Zulassung von Varianten im offenen bzw. nichtoffenen Verfahren erfüllen zu können.

Ein Indiz dafür, ob diese Situation vorliegt, lässt sich aus der Pflicht des öffentlichen Auftraggebers, vorab Mindestbedingungen für Varianten aufzustellen,[181] ableiten. Der EuGH hat in der Rechtssache *Traunfellner* festgestellt, dass es nicht ausreiche, wenn der öffentliche Auftraggeber lediglich auf eine gesetzliche Vorschrift verweise, die die Gleichwertigkeit einer angebotenen Variante mit der ausgeschriebenen Leistung fordert. Generalanwalt Alber hatte in den Schlussanträgen ausgeführt, dass die Gleichwertigkeit vielmehr das Ergebnis sei, das ein Änderungsvorschlag erreichen müsse. Ob dieses Ergebnis erreicht werde, sei anhand der Mindestanforderungen zu ermitteln, mit denen der Auftraggeber seine Erwartungen an die ausgeschriebene Leistung gekennzeichnet hat. Die Gleichwertigkeit stelle für sich allein keinen Prüfmaßstab dar, sondern beschreibe nur das vom Änderungsvorschlag zu erreichende Niveau.[182]

Voraussetzung für die Aufstellung von Mindestbedingungen ist aber, dass der öffentliche Auftraggeber in der Lage ist, sich die Bandbreite der möglichen Varianten zumindest vorzustellen, um die diesbezüglichen Kriterien festlegen zu können. Die mögliche Bandbreite von zulässigen Varianten bestimmt sich – wie beim wettbewerblichen Dialog – nach den zugrundeliegenden Bedürfnissen des öffentlichen Auftraggebers, nur, dass diese bei der Zulassung von Varianten nur über die bekannt gemachten Mindestanforderungen erschlossen werden können, während sie beim wettbewerblichen Dialog explizit formuliert wurden. In dieser Hinsicht kann man ab Erreichen einer gewissen Komplexität möglicher Varianten sogar davon ausgehen, dass der wettbewerbliche Dialog das klarere Verfahren darstellt, da er die hinter den Mindestbedingungen stehenden Bedürfnisse klar formuliert.

Die Anwendung des wettbewerblichen Dialogs nach der VKR 2004 erscheint also dann gerechtfertigt, wenn so viele Ansatzpunkte für die Entwicklung von

---

178 Der Begriff *„Änderungsvorschläge"* entstammt den klassischen EG-Richtlinien und findet sich dementsprechend häufig in EuGH-Urteilen, die deutschen Vergabe- und Vertragsordnungen beziehen sich auf *„Nebenangebote"*, vgl. § 8a VOB/A, § 9 EG VOL/A.

179 Vgl. Art. 20 Abs. 4 der klassischen Richtlinie 93/37/EWG (Bauaufträge), bzw. jeweils Art. 21 Abs. 4 der klassischen Richtlinien 93/36/EWG (Lieferaufträge) und 92/50/EWG (Dienstleistungsaufträge).

180 Arrowsmith, The Law of Public and Utilities Procurement, 2. Aufl., Pkt. 7.113.

181 Art. 24 Abs. 3 VKR 2004.

182 EuGH, Urteil vom 16. Oktober 2003, C-421/ 01, Traunfellner, Rn. 30; in derselben Sache Schlussanträge des Generalanwalts Alber vom 10. April 2003, Rn. 67.

Angebotsvarianten denkbar sind, dass der öffentliche Auftraggeber nicht erwarten kann, dass die Bieter die für ihn günstige Kombination „treffen". Da im offenen und nichtoffenen Verfahren keine Gespräche mit den Bietern vorgesehen sind, sind Anpassungen der Angebote an die Bedürfnisse des Auftraggebers dann auch nicht möglich.

Ebenso wird die Kombination von funktionaler Ausschreibung und die Zulassung von Varianten häufig nicht zielführend sein, da zum einen zweifelhaft erscheint, ob der öffentliche Auftraggeber auf diese Art und Weise Angebote erhalten kann, die ohne weiteren Anpassungs- und somit Verhandlungsbedarf seine Bedürfnisse optimal decken und zum anderen eine solche Vorgehensweise großen Aufwand sowohl auf Bieterseite bei der Legung der Angebote als auch auf Auftraggeberseite im Rahmen der Wertung generiert.

Schließlich soll die Meinung nicht unterschlagen werden, wonach für Varianten, die sich auf andere Bestandteile der Leistungsbeschreibung als die technischen Spezifikationen beziehen, überhaupt keine Mindestbedingungen im Sinne von Art. 24 Abs. 3 VKR 2004 vorgeben werden müssen.[183] Für Fälle rein rechtlich/finanzieller Komplexität gälte es dann zu überlegen, ob der öffentliche Auftraggeber nicht in der Regel in der Lage wäre, statt im wettbewerblichen Dialog das offene bzw. nichtoffene Verfahren unter Zulassung von Varianten anzuwenden.

Gegen diese Auffassung spricht, dass sich aus der Richtlinie an keiner Stelle erschließen lässt, dass sich Varianten allein auf die technischen Spezifikationen beziehen sollen. Des Weiteren ist zu bedenken, dass Gespräche bei rechtlich/finanziellen Konstruktionen, die Risikoteilungsaspekte umfassen, häufig erforderlich sein werden, um für beide Parteien den größten gemeinsamen Nenner zu realisieren. Solche Gespräche sind im offenen oder nichtoffenen Verfahren aber eben nicht möglich, so dass trotz der Zulassung von rechtlich/finanziellen Varianten im Regelverfahren die Gefahr bestünde, dass der öffentliche Auftraggeber ein für ihn schlechteres Angebot erhält, als er es unter Umständen hätte aushandeln können.

Zusammenfassend liegt dort kein besonders komplexer Auftrag vor, wo der öffentliche Auftraggeber durch die Zulassung von Varianten und die Aufstellung entsprechender Mindestbedingungen auch ohne spätere Verhandlungen mit den Bietern in der Lage ist, den Zuschlag auf das wirtschaftlich günstigste Angebot zu erteilen. Ist dies jedoch nicht zu erwarten, steht ihm die Anwendung des wettbewerblichen Dialogs grundsätzlich offen.

(3). Alternativausschreibung

Im Unterschied zur Variante gibt der öffentliche Auftraggeber bei der Alternativausschreibung[184] bereits mögliche Alternativen vor, erstellt also mehrere, alternativ

183 Arrowsmith, The Law of Public and Utilities Procurement, 2. Aufl., Rn. 7.136.

184 Von der Alternativ- ist die so genannte Parallelausschreibung zu unterscheiden, bei der der öffentliche Auftraggeber zwei getrennte Ausschreibungsverfahren durchführt, obwohl er nur auf eines den Zuschlag zu erteilen gedenkt. Diese

nebeneinanderstehende Leistungsbeschreibungen, während er bei der Zulassung von Varianten über die Angabe von Mindestbedingungen nach Art. 24 Abs. 3 VKR 2004 hinaus keine Vorgaben über Inhalt und Beschaffenheit der eingereichten Varianten im Einzelnen macht.[185]

Wenn der öffentliche Auftraggeber in der Lage ist, einen Auftrag dergestalt zu vergeben, indem er im Rahmen eines Beschaffungsvorgangs verschiedene Leistungsbeschreibungen unter gemeinsamen Zuschlagskriterien erstellt und die Auftragsvergabe schließlich nur auf eine „Lösung“ erfolgt, mag dies zwar einen vergleichsweise höheren Aufwand für den öffentlichen Auftraggeber bedeuten, schließt für ihn aber dennoch den Rückgriff auf den wettbewerblichen Dialog aus. Denn wenn er in der Lage ist, sich auf für ihn geeignete Lösungen festzulegen und auch eine rechtlich/finanzielle Struktur zu antizipieren, liegt schon kein besonders komplexer Auftrag vor und ist somit die Vergabe im offenen oder nichtoffenen Verfahren möglich.[186]

c. *Zur subjektiven Komponente*

Wenn der öffentliche Auftraggeber einen Auftrag als besonders komplex identifiziert, *„kann“* er diesen im Wege des wettbewerblichen Dialogs vergeben, falls *„seines Erachtens“* die Vergabe im offenen oder nichtoffenen Verfahren nicht möglich ist, Art. 29 Abs. 1 VKR 2004.

Die Wendungen *„seines Erachtens“* und *„kann“* indizieren einen gewissen Ermessensspielraum des öffentlichen Auftraggebers bei der Entscheidung für oder gegen die Durchführung eines wettbewerblichen Dialogs. Andererseits spricht Art. 1 Abs. 11 lit. c VKR 2004 davon, dass der öffentliche Auftraggeber *„objektiv“* nicht in der Lage sein darf, die technischen Mittel bzw. rechtlichen/finanziellen Konditionen anzugeben, mit denen seine Bedürfnisse erfüllt werden können. Letztere Wortwahl lässt schwerlich Raum für eine Einschätzung des öffentlichen Auftraggebers, inwieweit er in der Lage ist, das offene bzw. nichtoffene Verfahren anzuwenden. Allerdings

---

Vorgehensweise ist bedenklich, da von an Anfang klar ist, dass eines der eingeleiteten Vergabeverfahren ohne Zuschlag enden wird, vgl. Kaiser, Die Zulässigkeit von Parallelausschreibungen, NZBau 10/2002, S. 553 ff.
Nach dem österreichischen § 2 Nr. 39 BVergG handelt es sich um die Abfrage *von „Variantenangeboten“*, wobei es sich nicht um eine Variante im Sinne von Art. 24 VKR 2004 handelt, sondern um ein Angebot, welches auf die Abfrage von durch den Auftraggeber vorgegebenen Ausführungsvarianten reagiert.

185 Schranner in: Ingenstau et al., VOB Teile A und B Kommentar, § 2 Rn. 92. Eschenbruch in: Kus/Kulartz/Portz, Kommentar zum GWB-Vergaberecht, § 99, Rn. 680 f. betrachtet die Zulassung von Nebenangeboten (Varianten) als Unterfall einer Parallelausschreibung. Vorliegend erscheint jedoch eine systematische Trennung aufgrund der eigenen Planungsleistung der Bieter, die Varianten im Gegensatz zur Parallelausschreibung erfordern, angebracht.

186 Vgl. für das deutsche Recht BGH, Beschluss vom 10.11.2009, X ZB 8/09.

wird auch diese vermeintliche Objektivität durch den Bezug auf die Fähigkeit des öffentlichen Auftraggebers („*nicht in der Lage*"), die technischen Spezifikationen zu erstellen, relativiert.

Von einem zu wörtlichen Verständnis der objektiven Unmöglichkeit ist zu Recht sehr schnell Abstand genommen worden. Denn läse man diese im Sinne zum Beispiel der deutschen Unmöglichkeitsdoktrin, würde dies dazu führen, dass allein durch den Umstand, dass letztlich eine Lösung gefunden wurde, belegt wäre, dass der Auftrag grundsätzlich spezifizierbar war. Diese enge Sicht hätte zur Folge, dass der Anwendungsbereich des wettbewerblichen Dialogs nie eröffnet wäre.[187]

In der Begründung zur VKR 2004 hat die Kommission ihre Vorstellung von objektiver Komplexität folgendermaßen erläutert:

> *„der komplexe Charakter des Auftrags muß vom Auftraggeber festgestellt werden und objektiv zu rechtfertigen sein. Es handelt sich also nicht um eine subjektive Unmöglichkeit aufgrund von Unzulänglichkeiten des Auftraggebers selbst. Dieser kann sich nicht darauf beschränken zu bestätigen, daß er nicht in der Lage ist, technische Mittel zu definieren oder die Lösungen zu beurteilen, die der Markt zu bieten hat. Der Auftraggeber muß nachweisen, daß er bedingt durch den besonderen Charakter des Auftrags objektiv nicht in der Lage ist, dies zu tun. Je nach Auftrag muß der Auftraggeber nachweisen, daß sein Auftrag der erste dieser Art ist oder daß er unverhältnismäßig viel Geld oder Zeit hätte investieren müssen, um die nötigen Kenntnisse zu erlangen."*[188]

In ihren späteren Erläuterungen zum wettbewerblichen Dialog bezieht sich die Kommission dann ausdrücklich und in Fettdruck auf die Möglichkeiten des **betreffenden öffentlichen Auftraggebers** und betont, dass eine Situation gemeint ist, in der der öffentliche Auftraggeber mit zumutbarem Aufwand seiner Sorgfaltspflicht nachgekommen ist, die erforderlichen technischen Mittel, bzw. die rechtlich/finanzielle Konstruktion festzulegen.[189]

Sicher ist, dass ein öffentlicher Auftraggeber nicht willkürlich den wettbewerblichen Dialog wählen darf, wenn es ihm durchaus möglich wäre, den Auftrag im offenen oder nichtoffenen Verfahren auszuschreiben, er aber den Aufwand der Erstellung einer detaillierten Leistungsbeschreibung scheut. Eine Minimalanforderung ist daher, dass der öffentliche Auftraggeber in der Lage sein muss, nachvollziehbar zu begründen, warum er eine Ausschreibung im offenen oder nichtoffenen Verfahren für nicht seinen Bedürfnissen entsprechend hält.[190] Gelingt ihm dies nicht, verstößt er gegen die Anforderungen von Art. 36 und Anhang VII A VKR 2004,

---

187 Kus, Die richtige Verfahrensart bei PPP-Modellen, insbesondere Verhandlungsverfahren und Wettbewerblicher Dialog, VergabeR 2006, S. 858.

188 Begründung zum Vorschlag für die VKR 2004, KOM(2000) 275 endgültig/2, S. 21.

189 Erläuterungen der Europäischen Kommission „Wettbewerblicher Dialog - Klassische Richtlinie", deutsche Version des Dokuments CC/2005/04_rev 1 vom 5. Oktober 2005, S. 2.

190 Prieß, Handbuch des europäischen Vergaberechts, S. 202 m.w.N.

die vom öffentlichen Auftraggeber fordern, dass er seine Bedürfnisse so genau wie möglich bestimmt und veröffentlicht.

Diese Diskussion wird allerdings dann etwas relativiert, wenn man bedenkt, dass der öffentliche Auftraggeber es in der Hand hat, darüber zu entscheiden, was seine Bedürfnisse sind. Hier wird der Vergabestelle aus Sicht des Vergaberechts prinzipiell kein Riegel vorgeschoben. Besonders plakativ formulierte dies das OLG Koblenz:[191]

> *„Überspitzt ausgedrückt: Verlangt ein Aufgabenträger die Ausstattung der Zugtoiletten mit goldenen Armaturen, so ist das mit hoher Wahrscheinlichkeit ein Fall für Aufsichtsbehörde oder Rechnungshof. Vergaberechtlich wäre dagegen nichts einzuwenden, weil allein der Auftraggeber entscheidet, was er haben will und wie er es haben will."*

Der öffentliche Auftraggeber kann somit durch die Festlegung des Auftragsgegenstands das zulässige Vergabeverfahren dadurch beeinflussen, wie eng oder weit er seine Bedürfnisse fasst. Scheut ein öffentlicher Auftraggeber davor zurück, einen Auftrag im wettbewerblichen Dialog auszuschreiben, muss er somit in der Lage sein, technische Spezifikationen zu erstellen, die Art. 23 Abs. 3 VKR 2004 genügen, gegebenenfalls, in dem er seine Bedürfnisse soweit einengt, bis dies möglich ist.

2. Anwendungsbereich nach der VKR 2014

Auch nach der VKR 2014 ist der wettbewerbliche Dialog ein Ausnahmeverfahren, das nur bei Vorliegen bestimmter Voraussetzungen zur Anwendung kommen kann. Neu ist, dass der öffentliche Auftraggeber stets die freie Wahl zwischen dem Verhandlungsverfahren und dem wettbewerblichen Dialog hat, wenn eine der Tatbestandsalternativen des Art. 26 Abs. 4 VKR 2014 vorliegt:

> *„a) in Bezug auf Bau-, Liefer- oder Dienstleistungsaufträge, bei denen eines oder mehrere der folgenden Kriterien erfüllt ist:*
>
> *(i) Die Bedürfnisse des öffentlichen Auftraggebers können nicht ohne die Anpassung bereits verfügbarer Lösungen erfüllt werden;*
>
> *(ii) die Aufträge umfassen konzeptionelle oder innovative Lösungen;*

---

191 OLG Koblenz, Beschluss vom 5. September 2002, 1 Verg 2/02, in dieselbe Richtung OLG Karlsruhe, Beschluss vom 15. November 2013, 15 Verg 5/13. Einschränkend Markus Haslinger, Auf dem Weg zur Priorität eines Sekundärzwecks, in: Fina/Aicher, Festschrift Manfred Straube, S. 333, nach dem die Grenzen der initialen Dispositionsfreiheit des öffentlichen Auftraggebers dort liegen, wo die konkrete Aufgabendefinition als solche den Ordnungsprinzipien des gemeinsamen Marktes widerspreche bzw. dort, wo Anforderungen an den Auftragsgegenstand das überschritten, was zur Erfüllung des vom öffentlichen Auftraggeber festgelegten Aufgabenbereich notwendig sei. Etwas eingängiger formuliert die VK Sachsen-Anhalt, dass der Auftraggeber die Festlegung des Beschaffungsbedarfs nachvollziehbar und plausibel begründen können müsse, wenn er durch diese den potentiellen Teilnehmerkreis erheblich einschränkt, Beschluss vom 19. März 2015, 2 VK LSA 01/15.

(iii) *der Auftrag kann aufgrund konkreter Umstände, die mit der Art, der Komplexität oder dem rechtlichen oder finanziellen Rahmen oder den damit einhergehenden Risiken zusammenhängen, nicht ohne vorherige Verhandlungen vergeben werden;*

(iv) *die technischen Spezifikationen können von dem öffentlichen Auftraggeber nicht mit ausreichender Genauigkeit unter Verweis auf eine Norm, eine europäische technische Bewertung (ETA), eine gemeinsame technische Spezifikation oder technische Referenzen im Sinne des Anhangs VII Nummern 2 bis 5 erstellt werden;*

b) *in Bezug auf Bau-, Liefer- oder Dienstleistungsaufträge, bei denen im Rahmen eines offenen oder nichtoffenen Verfahrens keine ordnungsgemäßen oder nur unannehmbare Angebote eingereicht wurden. In diesen Fällen sind die öffentlichen Auftraggeber nicht verpflichtet, eine Auftragsbekanntmachung zu veröffentlichen, wenn sie [...] die - Bieter in das Verfahren einbeziehen, die [...] im Verlauf des vorherigen offenen oder nichtoffenen Verfahrens den formalen Anforderungen des Vergabeverfahrens genügende Angebote eingereicht haben."*

Gegenüber der VKR 2004 wurden die Eintrittshürden für den wettbewerblichen Dialog also deutlich gesenkt. Denn der wettbewerbliche Dialog kann jetzt schon Anwendung finden, *„wenn nicht damit zu rechnen ist, dass offene oder nichtoffene Verfahren ohne Verhandlungen zu einem zufriedenstellenden Ergebnis führen."*[192]

So ist es nach der VKR 2014 nicht mehr erforderlich, dass ein besonders komplexer Auftrag vorliegt. Insbesondere darf der öffentliche Auftraggeber auch in der Lage sein, eine Leistungsbeschreibung zu erstellen – nach Variante (a.iv) kann der wettbewerbliche Dialog stets eingeleitet werden, wenn der öffentliche Auftraggeber nur eine funktionale Leistungsbeschreibung erstellen kann.

Es bedarf nach den Neuerungen auch keiner besonderen Diskussion mehr, inwieweit der Auftraggeber gehalten ist, durch vorbereitende Maßnahmen eine Ausschreibung im offenen oder nichtoffenen Verfahren zu ermöglichen. Er ist lediglich gehalten, die bereits auf dem Markt verfügbaren Lösungen zu ermitteln, nicht aber zu veranlassen, dass diese an seine Bedürfnisse angepasst werden, damit eine Ausschreibung im offenen oder nichtoffenen Verfahren erfolgen kann (Umkehrschluss aus Variante (a.i)).

Letztlich kann ein Auftraggeber auf Grund der weit gehaltenen Formulierungen VKR 2014 einen Auftrag immer dann im wettbewerblichen Dialog vergeben, wenn er nachvollziehbar begründen kann, weshalb Verhandlungen über den Auftragsgegenstand notwendig sind, um seine Bedürfnisse optimal zu erfüllen.[193]

Neu ist schließlich auch, dass der wettbewerbliche Dialog nach Art. 26 Abs. 4 lit. b VKR 2014 jetzt auch anwendbar sein soll, wenn ein vorangegangenes offenes oder nichtoffenes Verfahren an der Qualität der Angebote gescheitert ist. In diesem

---

192 Erwägungsgrund 42 VKR 2014.

193 Erwägungsgrund 43 a. E. VKR 2014 weist einschränkend lediglich darauf hin, dass der wettbewerbliche Dialog *„in Bezug auf Standarddienstleistungen oder Standardlieferungen, die von vielen verschiedenen Marktteilnehmern erbracht werden können, [...] nicht genutzt werden [sollte]."*

Fall kann der öffentliche Auftraggeber entweder ein Verhandlungsverfahren bzw. einen wettbewerblichen Dialog neu bekannt machen oder das Folgeverfahren unter Einbeziehung aller Bieter aus dem gescheiterten Verfahren, deren Angebote formal ordnungsgemäß waren, auch ohne Bekanntmachung durchführen.

Der Richtliniengeber begründet seinen Sinneswandel damit, dass sich gezeigt habe, dass die Erfolgsquote von grenzüberschreitenden Angeboten im Verhandlungsverfahren besonders hoch sei und dass die Nutzung des wettbewerblichen Dialogs gemessen an den Auftragswerten stark zugenommen habe.[194]

3. Zusammenfassung: Anwendungsbereich

Durch die Vorgabe, dass eine Vergabe im offenen oder nichtoffenen Verfahren nicht möglich sein darf, fasst die VKR 2004 den Anwendungsbereich des wettbewerblichen Dialogs sehr eng.

Bei einer strengen Lesart, die insbesondere keine subjektiven Aspekte bei der Beurteilung der besonderen Komplexität zulässt, wird der Anwendungsbereich des wettbewerblichen Dialogs so gut wie nie eröffnet sein.

Praktikabel hingegen erscheint die Auslegungsvariante, dass der öffentliche Auftraggeber zwar vordringlich bemüht sein muss, die Beschreibbarkeit seines Auftrags soweit voranzutreiben, dass die Vergabe im offenen oder nichtoffenen Verfahren erfolgen kann. Wenn die Kosten der Erstellung der Leistungsbeschreibung jedoch in ein deutliches Missverhältnis zur zu beschaffenden Leistung geraten, kann ein wettbewerblicher Dialog geführt werden. Bei dieser Lesart könnten auch die sehr unterschiedlichen Kompetenzen und Ressourcen der verschiedenen öffentlichen Auftraggeber Berücksichtigung finden. Wenn also der öffentliche Auftraggeber von der Auftragsvergabe absehen würde, weil sie für ihn im Regelverfahren zu teuer würde, findet in einem solchen Fall bei Anwendung des wettbewerblichen Dialogs Wettbewerb immerhin statt.

Die VKR 2014 hat eine Strukturentscheidung zugunsten einer höheren Flexibilität des öffentlichen Auftraggebers getroffen und setzt damit größeres Vertrauen in die Einschätzung der Auftraggeber, welches Verfahren das richtige für die konkrete Beschaffungssituation ist. Es deutet aber auch das Eingeständnis an, dass der Rechtfertigungsbedarf für die Anwendung des wettbewerblichen Dialogs unter der VKR 2004 zu stark war bzw. zu stark empfunden wurde, um das Verfahren tatsächlich unionsweit zu etablieren.[195]

---

194 Erwägungsgrund 42 VKR 2014.

195 Zwischen März 2010 und März 2015 wurden zur VKR 2004 im Supplement zum Amtsblatt der Europäischen Union unionsweit gut 3200 Bekanntmachungen für den wettbewerblichen Dialog veröffentlicht, gegenüber mehr als 21.000 Verhandlungsverfahren und über einer halben Million offener und nichtoffener Verfahren, (recherchiert am 13. März 2015 unter www.ted.europa.eu).

II. Verfahren

Das Verfahren des wettbewerblichen Dialogs lässt sich grob in drei Phasen gliedern: Eine vorbereitende Phase, in der die Vergabeabsicht bekannt gemacht wird und die Eignung der Bewerber für die Ausführung des Auftrags überprüft wird, eine Dialogphase, in der der öffentliche Auftraggeber gemeinsam mit den Teilnehmern Lösungsstrategien für seine bekanntgemachten Bedürfnisse und Anforderungen erarbeitet, sowie eine Angebotsphase, in der die in der Dialogphase erarbeiteten Konzepte förmlich angeboten und bezuschlagt werden.

Die VKR 2014 hat hier gegenüber der VKR 2004 keine wesentlichen Neuerungen gebracht, so dass die beiden Richtlinien bei der folgenden Darstellung der einzelnen Verfahrensschritte gemeinsam betrachtet werden.

1. Bekanntmachung

Ein öffentlicher Auftrag, der im Wege des wettbewerblichen Dialogs vergeben werden soll, ist im Supplement zum EU-Amtsblatt bekanntzumachen,[196] um den Wirtschaftsteilnehmern in der Europäischen Union zu erlauben, zu beurteilen, ob die vorgeschlagenen Aufträge für sie von Interesse sind. Der Inhalt der Bekanntmachung richtet sich nach Art. 36 VKR 2004 / Art. 49 VKR 2014 sowie Anhang VII Teil A VKR 2004 / Anhang V Teil C, die die Mindestangaben für die Bekanntmachung grundsätzlich für alle Vergabearten enthalten.[197]

Darüber hinaus kann der öffentliche Auftraggeber nach seinem Ermessen weitere Angaben, die im entsprechenden EU-Standardformular[198] aufgenommen wurden, bekanntmachen.

Da beim wettbewerblichen Dialog die zu vergebende Leistung zu Beginn des Verfahrens im Einzelnen noch nicht feststeht, ergibt sich die Schwierigkeit, dass einige für die Bekanntmachung zwingend geforderte Angaben bei der Auftragsvergabe im wettbewerblichen Dialog für den öffentlichen Auftraggeber nicht ohne weiteres bestimmbar sind. Nur auf diese soll neben einer kursorischen Darstellung der wesentlichen unproblematischen Bestandteile der Bekanntmachung nachfolgend genauer eingegangen werden.

---

196 Art. 35 Abs. 2 VKR 2004; Art. 49 VKR 2014.

197 - per definitionem mit Ausnahme des Falles, der die Anwendung des Verhandlungsverfahrens ohne vorherige Bekanntmachung (Art. 31 VKR 2004; Art. 32 VKR 2014) rechtfertigt.

198 Durchführungsverordnung (EU) Nr. 842/2011 der Kommission vom 19. August 2011 zur Einführung von Standardformularen für die Veröffentlichung von Vergabebekanntmachungen auf dem Gebiet der öffentlichen Aufträge und zur Aufhebung der Verordnung (EG) Nr. 1564/2005. Mittlerweile erfolgt die Übersendung der Bekanntmachungsdaten an das Supplement zum Amtsblatt der Europäischen Union vorwiegend auf elektronischem Weg. Ein Standardformular im pdf-Format zu Informationszwecken ist unter http://simap.ted.europa.eu/ im Internet abrufbar.

a. Beschreibung des Auftragsgegenstands

Die bekanntzumachende Beschreibung des Auftragsgegenstandes setzt sich aus mehreren Bestandteilen zusammen. Obligatorisch[199] für den öffentlichen Auftraggeber sind dabei die Bezeichnung des Auftrags durch den öffentlichen Auftraggeber (Pkt. II.1.1) des Standardformulars), die Wahl der Auftragskategorie (Pkt. II.1.2)), eine kurze Beschreibung des Auftrags oder Beschaffungsvorhabens (Pkt. II.1.5)), die Bezeichnung des Auftrags entsprechend dem Gemeinsamen Vokabular für öffentliche Aufträge (Pkt. II.1.6)) und Angaben zu einer eventuellen Aufteilung des Auftrags in Lose (Pkt. II.1.8)).

aa. Bezeichnung des Auftrags

Die obligatorische Bezeichnung des Auftrags unter Punkt II.1.1) des Standardformulars hat die Funktion einer Überschrift und dürfte auch für den öffentlichen Auftraggeber im Rahmen des wettbewerblichen Dialogs unproblematisch zu leisten sein.

bb. Auftragskategorie

Unter II.1.2) des Standardformulars ist anzugeben, ob eine Bauleistung, Lieferung oder Dienstleistung beauftragt werden soll. Hierbei kann nur eine der drei Auftragsarten ausgewählt werden. In der Regel wird dem öffentlichen Auftraggeber diese Einordnung nicht schwerfallen. Ist dies dennoch der Fall, beispielsweise weil sich die Frage stellt, ob zu erbringende Maßnahmen zur Verbesserung der Energiebilanz eines Gebäudes durch Baumaßnahmen oder durch einzelne Verbesserungen, die nicht als Bauleistung einzuordnen sind, ggf. gepaart mit fortlaufenden Dienstleistungen erreicht werden können oder etwa eine Flussquerung durch ein Bauwerk (Tunnel bzw. Brücke) oder durch eine Fährverbindung, also eine Dienstleistung, verwirklicht werden soll,[200] so wäre ein Verstoß gegen das Wettbewerbsgebot denkbar, wenn die einseitige Festlegung in der Bekanntmachung auf nur eine Auftragsart unter Umständen Unternehmen von einer Bewerbung ausschlösse, die in der konkret gewählten Auftragskategorie nicht tätig sind.

Dagegen, dass der wettbewerbliche Dialog durch die in der Bekanntmachung zu treffende Festlegung auf eine Auftragsart auch hinsichtlich des Dialogumfangs auf die vorbestimmte Kategorie beschränkt ist, spricht, dass nach dem Standardformular die Kategorie auszuwählen ist, *„die dem Auftrags- oder Beschaffungsgegenstand am ehesten entspricht"*. Es liegt in der ergebnisoffenen Natur des wettbewerblichen

---

199 - und im Onlineformular des Amtes für amtliche Veröffentlichungen der Europäischen Gemeinschaften mit einem roten Asterix (*) im entsprechenden Feld gekennzeichnet.

200 Dieses Beispiel wählt die EU-Kommission in ihren Erläuterungen zum wettbewerblichen Dialog, EU-Kommission, Erläuterungen – wettbewerblicher Dialog – klassische Richtlinie, Dokument CC/2005/04_rev1 vom 5. Oktober 2005 (deutsche Übersetzung), S. 3.

Dialogs, dass eine Festlegung an dieser Stelle nicht unbedingt der schließlich beauftragten Leistungskategorie entsprechen wird. Die Formulierung *„am ehesten“* deutet bereits darauf hin, dass Grenzfälle möglich und akzeptiert sind. Die Richtlinien selbst geben Bewertungsregeln für die Abgrenzung von Bau-, Liefer- und Dienstleistungen vor.[201] Weiter regeln sie ausdrücklich, dass ein öffentlicher Auftraggeber, der Varianten zugelassen hat, eine Liefer- oder Dienstleistung nicht allein deshalb zurückweisen darf, weil sich die Bekanntmachung auf die jeweils andere Kategorie bezog.[202]

Schließlich wird die Kategorisierung durch die Bezeichnung des Auftrags sowie dessen Beschreibung ergänzt, so dass interessierte Unternehmen über diese weiteren Informationen entscheiden können, ob sie sich am Verfahren beteiligen möchten. Die Bekanntmachungsvorgaben hindern den öffentlichen Auftraggeber also nicht bereits daran, einen Auftrag in einer Auftragskategorie zu vergeben, auch wenn eine andere bekanntgemacht war.

Grenzfälle sind auch im Übergangsbereich zwischen öffentlichem Auftrag und formell anspruchsloserer Konzession denkbar. Baukonzessionen unterliegen dem Regime der VKR 2004 nur eingeschränkt,[203] Dienstleistungskonzessionen sind sogar ganz ausgenommen und unterliegen „nur“ primärrechtlichen Transparenz- und Gleichbehandlungsforderungen.[204] Da die Grenze für die Nichtanwendbarkeit des Vergaberechts stets das Umgehungsverbot ist,[205] muss ein Vergabeverfahren, in dem alternativ ein Dienstleistungsauftrag und eine Dienstleistungskonzession abgefragt werden, die formalen Vorgaben des Vergaberechts einhalten[206] und also als Dienstleistungsauftrag ausgeschrieben werden, auch wenn letztlich eine Dienstleistungskonzession vergeben wird. Entsprechendes gilt für den wettbewerblichen Dialog: aus ihm kann eine Konzessionierung folgen – ein Verzicht auf seine Durchführung bzw. überhaupt ein förmliches Vergabeverfahren, weil der öffentliche Auftraggeber ursprünglich mit der Vergabe einer Konzession rechnete, wäre rechtswidrig.

Im Zuge der EU-Vergaberechtsreform 2014 wurde auch die Vergabe von Konzessionen neu geregelt. Sie richtet sich jetzt sowohl für Bau- als auch für Dienstleistungskonzessionen nach der KRL 2014. Art. 3 VKR 2014 bestimmt, dass bei gemischten Aufträgen mit Konzessionsanteil die Vorschriften der VKR 2014 anwendbar sein sollen, wenn der „Auftrags“teil die Schwellenwerte der VKR 2014 überschreitet. Kann jedoch im Vorhinein nicht bestimmt werden, ob überhaupt ein öffentlicher Auftrag vergeben werden wird, wird der öffentliche Auftraggeber den

201 Art. 1 Abs. 2 VKR 2004; Art. 2 Abs. 1 VKR 2014.

202 Art. 24 Abs. 4 UAbs. 2 VKR 2004; Art. 45 VKR 2014.

203 Art. 56 ff. VKR 2004.

204 Art. 17 VKR 2004. Vgl. auch die Mitteilung der Europäischen Kommission zu Auslegungsfragen in Bezug auf die Anwendung der gemeinschaftlichen Rechtsvorschriften für öffentliche Aufträge und Konzessionen auf institutionalisierte Öffentlich Private Partnerschaften (IÖPP) vom 5. Februar 2008 (C(2007)6661).

205 Prieß, Handbuch des europäischen Vergaberechts, S. 147.

206 Zum deutschen Recht BayOLG, Beschluss vom 23. Januar 2003, Verg 2/03.

Anforderungen beider Richtlinien gerecht werden müssen. Derzeit liegen noch keine Standardformulare für die Vergabe von Konzessionen vor. Sollte sich erweisen, dass sich die Veröffentlichungsanforderungen widersprechen, wird der öffentliche Auftraggeber allerdings zu einer gewissen Vorfestlegung über die Bekanntmachung gezwungen.

cc. Beschreibung des Beschaffungsvorhabens

Der Kategorisierung des Auftrags schließt sich unter II.1.5) des Standardformulars eine kurze Beschreibung des Auftrags oder Beschaffungsvorhabens an, welches die Anforderung in Anhang VII Teil A Nr. 6 VKR 2004 / Anhang V Teil C Nr. 7 VKR 2014 abbildet, wonach Art und Umfang des Auftrags anzugeben sind.

Wenn auch im Rahmen eines öffentlichen Auftrags, der nach der VKR 2004 aufgrund technischer Komplexität im Wege des wettbewerblichen Dialogs vergeben werden soll, der öffentliche Auftraggeber in der Regel Art und Umfang der erwarteten Leistung in allgemeiner Form angeben können wird, kann es jedoch nicht ausgeschlossen werden, dass er dies je nach Gestalt seines Bedürfnisses nicht kann. Daher fordert Art. 29 Abs. 2 VKR 2004 für die Beschreibung des Auftragsgegenstands ausdrücklich „nur" die Formulierung der Bedürfnisse und Anforderungen. Die nähere Erläuterung dieser Bedürfnisse und Anforderungen kann in der Beschreibung mit der Aufforderung zum Dialog erfolgen, Art. 40 Abs. 2 VKR 2004. Diese Regelung wird von Art. 30 Abs. 2 VKR 2014 ungeachtet dessen, dass es dem Auftraggeber nach der VKR 2014 durchaus möglich sein kann, eine Leistungsbeschreibung zu erstellen, übernommen.

Der europäische Gesetzgeber hat die Begriffe *„Bedürfnisse"* und *„Anforderungen"* nicht weiter konkretisiert. Vom Wortlaut her bietet sich eine Unterscheidung dahingehend an, dass unter Bedürfnissen der ausfüllungsbedürftige Bestandteil der Auftragsbeschreibung verstehen ist, während Anforderungen gesetzt sind und vom öffentlichen Auftraggeber grundsätzlich keiner weiteren Diskussion unterstellt werden sollen. Diese Unterscheidung rechtfertigt sich auch daraus, dass nach Art. 29 Abs. 3 VKR 2004 Ziel der Dialogphase das Finden der Mittel ist, mit denen die Bedürfnisse des öffentlichen Auftraggebers am besten erfüllt werden können und der Dialog nach Art. 29 Abs. 5 VKR 2004 für abgeschlossen zu erklären ist, wenn der öffentliche Auftraggeber die Lösung bzw. Lösungen ermitteln kann, mit denen seine Bedürfnisse erfüllt werden können. Dass im Bereich des Dialogs von *„Anforderungen"* nicht mehr die Rede ist, erscheint nur sinnvoll, wenn diese dem Dialog grundsätzlich nicht unterstellt werden sollen.

Die bekanntgemachten Bedürfnisse und Anforderungen stecken den Rahmen für die später zu beauftragende Lösung ab. Erfüllt die letztlich für den Zuschlag vorgesehene Lösung die bekanntgemachten Bedürfnisse nicht, bzw. erfüllt sie wesentliche andere Bedürfnisse, so sind das Gleichbehandlungs- und das Transparenzgebot verletzt. Maßstab für die Feststellung einer solchen Verletzung ist die Frage, ob sich bei einer Bekanntmachung, die die beauftragte Leistung abgebildet hätte, andere Unternehmen um die Teilnahme beworben hätten, die durch die tatsächlich bekanntgemachten Bedürfnisse und Anforderungen u. U. von einer Bewerbung abgesehen haben.[207] Für den öffentlichen Auftraggeber hat dies zur Folge, dass er sich im Rahmen von Bekanntmachung und Beschreibung gut überlegen muss, welche Merkmale der zu beschaffenden Leistung für ihn tatsächlich essentiell sind.

(1). Bedürfnisse

Bei der Formulierung der Bedürfnisse gilt es zu beachten, dass die Dialogphase erst dann beendet ist, wenn der öffentliche Auftraggeber die Lösungen ermitteln kann, die seine Bedürfnisse erfüllen, Art. 29 Abs. 3 VKR. Es besteht die Gefahr, dass Lösungen, die den beschriebenen Bedürfnissen zwar nahekommen, aber diese nicht ganz erfüllen, vom öffentlichen Auftraggeber nicht akzeptiert werden dürfen. Praktischerweise sollte der öffentliche Auftraggeber die Bedürfnisse, bei denen er sich nicht sicher ist, ob und wie seine Ziele überhaupt erreicht werden können, demnach relativierend formulieren („*möglichst ..., zumindest aber ...*").

Bedürfnisse, deren Erfüllung für den öffentlichen Auftraggeber hingegen unabdingbar ist, sollten als solche auch gekennzeichnet werden.

(2). Anforderungen

In Anbetracht dessen, dass die Dialogphase allein über das Finden von Lösungen definiert ist, welche die Bedürfnisse des öffentlichen Auftraggebers erfüllen können, stellt sich die Frage, was genau unter „*Anforderungen*" zu verstehen ist.

Betrachtet man die deutsche und die dänische Version der VKR 2004, könnte man zu der Auffassung gelangen, dass es sich bei „*Anforderungen*" im wettbewerblichen Dialog um bloße Verfahrensanforderungen handelt, wie zum Beispiel die Festsetzung von Terminen, da der Begriff nur zu Beginn im Rahmen der Auftragsbeschreibung auftaucht. Diese Annahme relativiert sich allerdings, wenn man verschiedenen Sprachversionen von Art. 29 Abs. 6 VKR 2004 vergleicht. Art. 29 Abs. 6 VKR 2004 fordert in der deutschen Version für die nach Abschluss des Dialogs eingereichten Angebote lediglich, dass diese alle zur Ausführung des Projekts „*erforderlichen*" Einzelheiten enthalten müssen, während in der englischen, französischen, spanischen, italienischen, polnischen und niederländischen Sprachversion stets von Angeboten die Rede ist, die alle „*notwendigen und geforderten*" Elemente enthalten müssen.[208]

207 EuGH, Urteil vom 19. Juni 2008, C-454/06, pressetext Nachrichtenagentur, Rn. 35; EuGH, Urteil vom 29. April 2004, C-496/99, Succi di Frutta, Rn. 116.

208 Englisch: „*all elements necessary and required*"; französisch: „*Ces offers doivent comprendre tous les éléments requis et necessaries pour la réalisation du projet.*"; italienisch: „*Tali offerte devono contenere tutti gli elementi richiesti e necessari per l'esecuzione del progetto*"; polnisch: „*Oferty te zawierają wszystkie elementy wymagane i niezbędne do realizacji projektu*"; niederländisch: „*Deze inschrijvingen moeten alle vereiste en noodzakelijke elementen voor de uitvoering van het project bevatten*"; spanisch: „*Dichas ofertas deberán incluir todos los elementos requeridos y necesarios para la realización del proyecto*", schwedisch: „*Dessa anbud skall*

Dies deutet darauf hin, dass hier auf den Zweiklang der Bedürfnisse und eben auch Anforderungen Bezug genommen wird. Des Weiteren erlaubt es zumindest die deutsche Sprachfassung *„erforderlich"* im Sinne von *„sowohl notwendig als auch gefordert"* zu lesen, so dass hier viel für eine Vereinfachungsabsicht der Übersetzer spricht.

Unter Anforderungen können daher solche Teile der Auftragsbeschreibung verstanden werden, die der öffentlichen Auftraggeber schon vorab festlegen kann. Diese können etwa technische Spezifikationen, Auftragsbedingungen oder Festschreibungen an die rechtlich/finanzielle Seite des Vertrags für die nicht-komplexen Teile der Leistung umfassen.

Um keine Lösungen zu verlieren, die den Bedürfnissen des öffentlichen Auftraggebers durchaus entsprechen, jedoch von den von ihm vorab festgelegten Anforderungen abweichen, empfiehlt sich hier ggf. eine Verknüpfung der Anforderungen mit den Bedürfnissen (*„soweit der Erfüllung des Bedürfnisses XY dienlich"*) bzw. die Zulassung von Varianten.

Im Rahmen der Bekanntmachung wird der öffentliche Auftraggeber seine Bedürfnisse und Anforderungen in aller Regel nur so genau darstellen, dass potentiellen Interessenten die Entscheidung ermöglicht wird, ob sie sich um eine Teilnahme am Verfahren bewerben wollen oder nicht. Eine vertiefte Erläuterung der Bedürfnisse und Anforderungen kann der Beschreibung vorbehalten werden.[209]

dd. Angabe der Referenznummern der CPV-Nomenklatur

Des Weiteren fordert Anhang VII Teil A Nr. 6 VKR 2004 bzw. Anhang V Teil C Nr. 5 VKR 2014 die Angabe der Referenznummer(n) der Nomenklatur des *„Gemeinsamen Vokabulars für öffentliche Aufträge"* (Common Procurement Vocabulary – CPV).[210] Hierbei handelt es sich um eine standardisierte Klassifikation, die die Beschreibung der Aufträge erleichtern und die Suche von potentiellen Bietern nach passenden

---

innehålla alla de faktorer och villkor som är nödvändiga för projektets genomförande". Aber dänisch: *„Disse tilbud skal indeholde alle de elementer, der er nødvendige for projektets udførelse"*.

209 EuGH, Urteil vom 22. April 2010, C-423/07, Kommission./. Spanien, Rn. 60. Anders Schneider, Der Wettbewerbliche Dialog im Spannungsfeld der Grundsätze des Vergaberechts, S. 126 ff. sowie Pünder/Franzius, Auftragsvergabe im Wettbewerblichen Dialog, ZfBR 2006, S. 22, nach denen die Zurückhaltung von Informationen in der Bekanntmachung, die zur zuverlässigen Darstellung des Leistungsgegenstands erforderlich sind, nicht zulässig ist. Diesen Ausführungen ist grundsätzlich zuzustimmen – es ist allerdings ebenso zu berücksichtigen, dass detaillierte Beschreibungen häufig sehr umfangreich sind und somit auch den Rahmen einer online eingestellten Bekanntmachung schnell sprengen würden. Nach der VKR 2014 sind mit der Bekanntmachung nunmehr auch die vollständigen Auftragsunterlagen zur Verfügung zu stellen, Art. 53 Abs. 1 VKR 2014. Siehe auch unten unter D.II.3.

210 Verordnung (EG) Nr. 2195/2002 des Europäischen Parlaments und des Rates vom 5. November 2002 über das Gemeinsame Vokabular für öffentliche Aufträge (CPV).

Aufträgen erleichtern soll.[211] Hierdurch findet eine gewisse Einschränkung des möglichen Auftragsumfangs statt, der vom Wortlaut des Art. 29 Abs. 2 VKR 2004 bzw. Art. 30 Abs. 2 VKR 2014 her (*„Formulierung der Bedürfnisse und Anforderungen“*) nicht zu erwarten wäre.

Zwar besteht bei der geforderten Benennung der Referenznummer(n) der Nomenklatur die Möglichkeit, auf allgemeinere Nomenklaturen auszuweichen, wenn eine detaillierte Angabe nicht möglich erscheint; schwierig wird es jedoch dann, wenn die zu erwartenden Lösungen in zwei verschiedenen Bereichen des Klassifikationssystems liegen. Dies könnte zum Beispiel der Fall sein, wenn bei einer gewünschten Flussquerung nicht nur eine Brücke oder ein Tunnel – die unter der gemeinsamen CPV-Nr. 45221000-2 für *„Bauarbeiten für Brücken, Tunnel, Schächte und Unterführungen“* beschrieben werden könnte, sondern auch die Einrichtung eines regelmäßigen Fährverkehrs (CPV-Nr. 60610000-7 *„Fährtransport“*) in Betracht käme. Der öffentliche Auftraggeber könnte sich an dieser Stelle nur damit behelfen, möglichst alle Varianten möglichst grob (d.h. in höherrangiger Nomenklaturklasse) zu antizipieren und nebeneinander in der Bekanntmachung aufzuführen. Gelingt ihm dies nicht und vergibt er anschließend einen Auftrag, welcher nicht von einer der vorab bekannt gemachten Nomenklaturnummern erfasst war, macht er sich hingegen wegen eines Verstoßes gegen das Wettbewerbsgebot angreifbar, da nun nicht mehr ausgeschlossen werden kann, dass andere grundsätzlich am Auftrag interessierte Wirtschaftsteilnehmer deshalb nicht an der Ausschreibung teilgenommen haben, da sie die bekanntgemachte Nomenklaturklasse nicht bedienen konnten.[212]

Eine strenge Auslegung des Richtlinientextes führt dazu, dass eine Ausschreibung ggf. neu bekanntzumachen und also zu wiederholen wäre, wenn sich in der Dialogphase herauskristallisiert, dass eine Leistung beauftragt werden soll, die sich nicht unter die angegebenen CPV-Nummern subsumieren lässt.

Eine demgegenüber gemäßigte Auslegung ließe es genügen, dass die schließlich beauftragte Leistung der bekanntgemachten Formulierung der Bedürfnisse und Anforderungen genügt, auch wenn die entsprechende CPV-Nr. nicht aufgeführt war. Gegen diesen – sicherlich für den öffentlichen Auftraggeber eine Erleichterung darstellenden – Ansatz spricht allerdings, dass anders als bei der Bezeichnung der Auftragsart[213] keine Relativierung in der Hinsicht vorgesehen ist, dass Nomenklaturen angegeben werden können, die *„am ehesten“* in Betracht kommen.[214] In Anbetracht dessen, dass durchaus spezifisch auf den wettbewerblichen Dialog bezogene Bekanntmachungsmerkmale vorgesehen sind und dass das Gemeinsame Vokabular

211 Vgl. Erwägungsgrund 36 VKR 2004.

212 So auch Arrowsmith, The Law of Public and Utilities Procurement, 2. Aufl., Rn. 7.28.

213 Siehe oben unter D.II.1.a.aa.

214 Vgl. hierzu auch die Entscheidung des Europäischen Bürgerbeauftragten zum Abschluss seiner Untersuchung zur Beschwerde 333/2009/(BEH)KM gegen die Europäische Agentur für Flugsicherheit (EASA).

für öffentliche Aufträge Ende 2007 geändert wurde,[215] zu einem Zeitpunkt also, als der wettbewerbliche Dialog bereits seit einiger Zeit angewendet wurde, ist es meines Erachtens letztlich nicht vertretbar, von der Anforderung, korrekte CPV-Referenznummern zu verwenden, abzusehen.

Daraus folgt, dass der Anwendungsbereich des wettbewerblichen Dialogs auf das beschränkt ist, was der öffentliche Auftraggeber vorab in der Lage ist, durch die Angabe (auch verschiedener) CPV-Nummern abzudecken. Es ist somit davon auszugehen, dass die Beauftragung einer Leistung, die einer anderen Nomenklaturklasse als bekanntgemacht zuzuordnen ist, eine unzulässige Änderung eines grundlegenden Elements der Ausschreibung darstellt.[216] Für diese Auffassung spricht auch, dass sich bei Ausfüllen des online-Formulars für die Bekanntmachung sich die Angabe der CPV-Nummern nicht vermeiden lässt.

b. Eignungskriterien und -nachweise, Mindestanforderungen

Unter Punkt III.2 des EU-Standardformulars *„Teilnahmebedingungen"* trägt der öffentliche Auftraggeber die für die Eignungsprüfung notwendigen Kriterien und Nachweise nach Anhang VII Teil A VKR 2004[217] bzw. Anhang V Teil C VKR 2014[218] ein.

Dies sind zum einen Nachweise, die belegen, dass keine auftragsunabhängigen Ausschlussgründe vorliegen, wie zum Beispiel die rechtskräftige Verurteilung wegen bestimmter Delikte, eine Insolvenz oder die Nichtzahlung von Steuern oder Beiträgen.[219]

---

215 Verordnung (EG) Nr. 231/2008 der Kommission vom 28. November 2007.

216 Tatsächlich fällt vielen öffentlichen Auftraggebern die Auswahl der richtigen CPV-Nummer in der Bekanntmachung häufig alles andere als leicht. Nach Auskunft der Auftragsberatungsstellen macht die Recherche nach passenden Aufträgen für die Auftragnehmerseite einen Großteil ihrer Arbeit aus, vgl. http://www.vergabeblog.de/2010-02-02/kleiner-fehler-grose-wirkung-falsche-cpv-codes-in-der-ted-datenbank-nur-ausreiser-oder-system-im-system/.

217 *„Eignungskriterien hinsichtlich der persönlichen Situation des Wirtschaftsteilnehmers, die zu seinem Ausschluss führen können, und erforderliche Angaben als Beleg dafür, dass er nicht unter die Fälle fällt, die einen Ausschluss rechtfertigen. Eignungskriterien und Angaben zur persönlichen Situation des Wirtschaftsteilnehmers sowie Angaben und Formalitäten, die zur Beurteilung der Frage erforderlich sind, ob dieser die wirtschaftlichen und technischen Mindestanforderungen erfüllt. Etwaige Mindestanforderung(en)."*

218 *„Liste und Kurzbeschreibung der die persönliche Lage der Wirtschaftsteilnehmer betreffenden Kriterien, die zu ihrem Ausschluss führen können, sowie der Eignungskriterien; etwaige einzuhaltende Mindeststandards; Angabe der Informationserfordernisse (Eigenerklärungen, Unterlagen)."*

219 Artt. 45 und 46 VKR 2004; Art. 57 VKR 2014. Allgemein hierzu vgl. Franke/Mertens, Kommentierung der EU-Bekanntmachungsformulare unter ibr-online, letzte Aktualisierung 22. Juni 2006, Pkt. 2.3.2.1 III.2.1).

Zum anderen gibt der öffentliche Auftraggeber an dieser Stelle die Kriterien zur Beurteilung der wirtschaftlichen und finanziellen bzw. technischen und beruflichen Leistungsfähigkeit der Bewerber an.[220] Der Umfang der Informationen sowie etwaige Mindestanforderungen an die Leistungsfähigkeit müssen mit dem Auftragsgegenstand zusammenhängen und ihm angemessen sein.[221]

Der öffentliche Auftraggeber muss sich also darüber klar werden, wie ein potentieller Bieter aufgestellt sein muss, um den Auftrag ordnungsgemäß ausführen zu können und muss sich anschließend diese Kriterien durch die Abfrage von Nachweisen von den potentiellen Bewerbern bzw. Bietern belegen lassen.[222] Kommt er zu dem Schluss, dass die Bewerber Mindestanforderungen, wie zum Beispiel eine bestimmte Betriebsgröße, Jahresumsätze oder spezialisiertes Personal vorweisen können müssen, hat er dies in der Bekanntmachung anzugeben.

Beim wettbewerblichen Dialog stehen Art und Umfang des geplanten Projekts zu Beginn des Verfahrens unter Umständen nicht genau fest. Der öffentliche Auftraggeber ist also gezwungen, die Dialogteilnehmer aufgrund antizipierter Anforderungen an die Eignung auszuwählen und die Eignungskriterien und -nachweise auf entsprechend unsicherer Grundlage abzufragen. Dabei sollte er sich an den veröffentlichten CPV-Nummern orientieren, die, wie oben festgestellt,[223] den Rahmen für die möglichen Ergebnisse des Dialogs bereits abstecken. Um bei dem erweiterten Kommissionsbeispiel der Flussquerung zu bleiben: Der öffentliche Auftraggeber wird also in der Bekanntmachung spezifische Eignungskriterien für die jeweilige Querungsmöglichkeit abfordern (Brücke, Tunnel, Fährdienst).

Der EuGH hat dem öffentlichen Auftraggeber allerdings einen recht weiten Spielraum bei der Festlegung der Eignungskriterien zugestanden:

> *„Das Kriterium der „für die auszuführenden Arbeiten erforderlichen spezifischen Erfahrung" ist im Hinblick auf die Prüfung der fachlichen Eignung der Unternehmer ein zulässiges Kriterium für die Bewertung der technischen Leistungsfähigkeit."*[224]

Diesen sollte der öffentliche Auftraggeber auch nutzen, denn die Möglichkeit etwa im Laufe der Dialogphase noch Änderungen an den Eignungskriterien und Anforderungen vorzunehmen, ist in den Vergabekoordinierungsrichtlinien nicht vorgesehen.[225] Der öffentliche Auftraggeber darf damit auch im wettbewerblichen

---

220 Artt. 47, 48 VKR 2004; Art. 58 Abs. 5 VKR 2014.

221 Art. 44 Abs. 2 UAbs. 2 VKR 2004; Art. 58 Abs. 1 letzter Satz VKR 2014.

222 So auch Holoubek/Fuchs/Holzinger, Vergaberecht, S. 154. Im Übrigen scheint die Unterscheidung zwischen Kriterien und Nachweisen in der VKR 2004 häufig nicht trennscharf. Dies gilt für Rechtsprechung und Literatur, aber auch für die Richtlinie selbst.

223 Vgl. oben unter D.II.1.a.dd.

224 EuGH, Urteil vom 20. September 1988, 31/87, Beentjes, 2. Leitsatz.

225 Im Entwurf zur VKR 2004 war zunächst ausdrücklich vorgesehen, dass nach Abschluss der Verhandlungen eine erneute Überprüfung der wirtschaftlichen, finanziellen und technischen Leistungsfähigkeit der Bewerber anhand der bekannt

Dialog nichts ausschreiben, was er (noch) so schlecht überblicken kann, dass er nicht sagen könnte, welche Kriterien geeignete Wirtschaftsteilnehmer grundsätzlich erfüllen müssen, um den zu vergebenden Auftrag auszuführen.

c. Bedingung der Zustimmung zur Weitergabe der Lösungsvorschläge

Zur VKR 2004 wird vertreten, dass der öffentliche Auftraggeber die Teilnahme vom Dialog davon abhängig machen kann, dass der Interessent vorab sein Einverständnis zu einem gemeinsamen Dialog[226] oder der Weitergabe seiner Vorschläge an andere Dialogteilnehmer erklärt.[227]

Dagegen spricht, dass Art. 29 Abs. 3 UAbs. 2, 3 VKR 2004 die diskriminierende Weitergabe von Informationen ebenso verbietet wie die Weitergabe von Lösungsvorschlägen oder vertraulichen Informationen eines teilnehmenden Bewerbers ohne dessen Zustimmung. Die pauschale Vorab-Ermächtigung, ohne deren Erteilung ein Bewerber von vornherein vom weiteren Wettbewerb ausgeschlossen würde, ist nicht vergleichbar mit einer Gestattung der Weitergabe von Lösungsvorschlägen oder Teilen hiervon im konkreten Beratungsstadium, zum Beispiel, um eine Verzahnung mit Lösungsvorschlägen anderer Auftragnehmer zu ermöglichen. Die spätere Weitergabe zur Bedingung zu machen, schränkt von vornherein den Wettbewerb ein, in dem sie grundsätzlich geeignete Bewerber abschreckt bzw. ausschließt, während die nachträgliche Gestattung im Einzelfall geeignet ist, den Wettbewerb zu fördern, wenn in Folge eine Lösung in Kooperation gefunden werden kann, die ein Dialogteilnehmer allein nicht entwickeln und durchführen hätte können. Dies gilt jedenfalls für die Konstellation, in der ein Bewerber willens und in der Lage ist, den gesamten Auftrag allein durchzuführen. Des Weiteren wird argumentiert, dass der Zugang zum Vergabeverfahren nur anhand der Eignung zur Ausführung des Auftrags beschränkt werden dürfe.[228]

---

gemachten Eignungskriterien und der konkret ermittelten Lösung erfolgen sollte, KOM(2000) 275 endg., ABl. C 29 E 11 vom 30. Januar 2001. Außerdem sollte den Bewerbern Gelegenheit gegeben werden, Unterlagen nachzureichen, um ihre Geeignetheit auch für die Umsetzung der letztendlich gewählten technischen Lösung darzulegen. Diese Punkte sind aus der endgültigen Version der VKR 2004 gestrichen worden und haben auch keinen Eingang in die VKR 2014 gefunden.

226 *„Die Auftraggeber haben die Möglichkeit, in der Bekanntmachung oder der Beschreibung anzugeben, dass die Annahme der Aufforderung zur Teilnahme gleichbedeutend ist mit der Zustimmung zu einem gemeinsamen Dialog.“* EU-Kommission, Erläuterungen – wettbewerblicher Dialog – klassische Richtlinie, Dokument CC/2005/04_rev1 vom 5. Oktober 2005 (deutsche Übersetzung), Fn. 22, leider ohne nähere Begründung.

227 Mit dem Hinweis, dass der Auftraggeber dann allerdings riskiert, potentielle Dialogteilnehmer abzuschrecken Arrowsmith/Treumer in: Arrowsmith/Treumer, Competitive dialogue in EU procurement, S. 66.

228 Kaelble in: Müller-Wrede, Kompendium des Vergaberechts, 1. Aufl., Kapitel 15 Rn. 46 m.w.N.

Art. 30 Nr. 3 UAbs. 3 VKR 2014 gibt nunmehr ausdrücklich vor, dass die Zustimmung zur Weitergabe von Informationen nicht pauschal und nicht im Vorhinein erteilt werden darf, sondern nur in Bezug auf die beabsichtigte Mitteilung bestimmter Informationen.

Ist hingegen absehbar, dass der öffentliche Auftraggeber nur in der Lage sein wird, den Auftrag durch die Kombination mehrerer Auftragnehmer zu vergeben,[229] so sollte er diese Absicht in der Bekanntmachung mitteilen. In diesem Fall kann die Aussicht, einen Teil des Auftrags zu erhalten, den man im Ganzen nicht hätte erfüllen können, zur Einreichung einer Bewerbung anreizen und damit sogar den Wettbewerb stimulieren.

d. Beschränkung der Anzahl der einzuladenden Teilnehmer, Auswahlkriterien

Der öffentliche Auftraggeber hat die Möglichkeit, die Anzahl der Bewerber, mit denen er einen Dialog führen möchte, zu begrenzen. Dabei darf die Zahl der zum Dialog zuzulassenden Bewerber allerdings nicht unter drei liegen.[230] Des Weiteren sehen die Regelungen vor, dass die öffentlichen Auftraggeber in diesem Fall

> *„in der Bekanntmachung die von ihnen vorgesehenen objektiven und nicht diskriminierenden Kriterien oder Vorschriften, die vorgesehene Mindestzahl und gegebenenfalls auch die Höchstzahl an einzuladenden Bewerbern an[geben].“*[231]

Arrowsmith vertritt die Auffassung, dass diese Regelung lediglich vorgebe, dass im Falle von Verfahren mit vorgeschaltetem Teilnehmerwettbewerb überhaupt Eignungskriterien aufzustellen seien und die Auswahl nicht anhand anderer als dieser Kriterien erfolgen dürfe.[232] Dagegen spricht allerdings die Begründung des ersten Richtlinienentwurfs, in dem ausdrücklich zwischen Eignungskriterien und Auswahlkriterien unterschieden wird.[233] Auch aus Erwägungsgrund 40 VKR 2004 –

> *„Solch eine Begrenzung sollte auf der Grundlage objektiver Kriterien erfolgen, die in der Bekanntmachung anzugeben sind. Diese objektiven Kriterien setzen nicht unbedingt Gewichtungen voraus.“*

– lässt sich ableiten, dass Eignungskriterien und Auswahlkriterien nicht unbedingt identisch sind.

Bleibt die Frage, wie der öffentliche Auftraggeber die Auswahlkriterien angibt, falls er mehrere Lösungen für möglich hält, die nicht die gleiche Qualifikation

229 Hierzu siehe auch das Beispiel der Mitversicherung unten unter D.II.4.f.bb.
230 Art. 44 Abs. 3 VKR 2004, Art. 65 VKR 2014.
231 Art. 44 Abs. 3 UAbs. 1 S. 1 VKR 2004; Art. 65 Abs. 2 VKR 2014.
232 Arrowsmith, The Law of Public and Utilities Procurement, 2. Aufl., Rn. 7.63.
233 Doc. 1 [Proposal EC 2000], zitiert nach Hebly, European Public Procurement: legislative history of the ‘classic’ directive 2004/18/EC, S. 1082 f.

voraussetzen. An dieser Stelle kann der öffentliche Auftraggeber andere Aspekte einbringen als bei der Feststellung der Eignung. Auch das nach der VKR 2004 im Rahmen der Zuschlagsentscheidung unzulässige „Mehr" an Eignung[234] kann an dieser Stelle berücksichtigt werden.[235] So kann der öffentliche Auftraggeber beispielsweise bevorzugt die Bewerber zu Gesprächen auffordern, deren Aufstellung die Abdeckung mehrerer denkbarer Lösungsvarianten verspricht. Er muss sich in diesem Fall allerdings bewusst sein, dass er so nicht nur kleine und mittlere Unternehmen und Newcomer benachteiligen kann, sondern dass ihm unter Umständen auch besonders innovative Vorschläge hochspezialisierter Betriebe verloren gehen.

In Anlehnung an die Rechtsprechung zur Bekanntmachung der Gewichtung von Eignungskriterien ist auch eine Gewichtung der Auswahlkriterien aus Gründen der Gleichbehandlung und Transparenz bekannt zu machen, so sie vom Auftraggeber vorgesehen wurde.[236]

e. *Zuschlagskriterien*

Nach Art. 29 Abs. 7 VKR 2004 / Art. 30 Abs. 2 VKR 2014 sind die Zuschlagskriterien in der Bekanntmachung oder spätestens der Beschreibung aufzuführen. Vereinzelt wird argumentiert, dass es nicht zulässig sei, Informationen in der Bekanntmachung zurückzuhalten, wenn diese dem öffentlichen Auftraggeber bereits bekannt seien.[237] Nach dieser Auffassung wäre es weder zulässig, in der Bekanntmachung lediglich die Information, dass der Zuschlag anhand mehrerer Zuschlagskriterien erteilt wird, ohne diese im Einzelnen anzugeben, noch gem. Art. 53 Abs. 2 UAbs. 3 VKR 2004 auf eine prozentuale Gewichtung zu verzichten.

Auch hier ist allerdings darauf hinzuweisen, dass die Vergabekoordinierungsrichtlinien die Möglichkeit, die Zuschlagskriterien erst in der Beschreibung anzugeben, ausdrücklich einräumen. Die Bekanntmachung soll „lediglich" die Funktion erfüllen, es potentiellen Interessenten zu erlauben, abzuschätzen, ob die Teilnahme am Verfahren für sie von Interesse ist. Nach Art. 53 Abs. 1 S. 1 VKR 2014 sind die gesamten Auftragsunterlagen – und damit die Zuschlagskriterien unabhängig von ihrer Verortung – in Zukunft schon ab dem Tag der Bekanntmachung zur Verfügung zu stellen.

---

234 Hierzu EuGH, Urteil vom 12. November 2009, C-199/07, EU-Kommission./. Griechenland, Rn. 56; EuG, Urteil vom 12. Dezember 2012, T-457/07, Evropaïki Dynamiki, Rn. 75. Die VKR 2014 hebt die grundsätzliche Trennung der VKR 2004 zwischen Eignungs- und Zuschlagskriterien auf, da sich die höhere Eignung der Leistungserbringung auch auf die Leistungserbringung und damit auf den wirtschaftlichen Wert des Angebots auswirken könne, Erwägungsgrund 94 VKR 2014.

235 Sołtysińska, Europejskie prawo zamówien publicznych: komentarz, Art. 44 Rn. 9 ff.

236 EuGH, Urteil vom 12. Dezember 2002, C-470/99, Universale-Bau, Rn. 99.

237 Schneider, Der Wettbewerbliche Dialog im Spannungsfeld der Grundsätze des Vergaberechts, S. 147, siehe auch oben unter D.II.1.a.cc.

f. Zulassung von Varianten

Des Weiteren ist der öffentliche Auftraggeber verpflichtet, bekanntzumachen, ob er Angebote, die Varianten des ausgeschriebenen Auftrages darstellen, bei der Angebotswertung berücksichtigen wird. Macht der öffentliche Auftraggeber keine Angaben zur Zulässigkeit von Varianten, ist ihre Berücksichtigung im weiteren Verfahren ausgeschlossen.[238]

In den Vergabekoordinierungsrichtlinien besteht keine textliche Verbindung zwischen wettbewerblichem Dialog und der Zulassung von Varianten. Die Kommission hat sich recht vage, jedoch nicht grundsätzlich ablehnend gegenüber Varianten im wettbewerblichen Dialog geäußert:

> *„Von grundlegenden Auflagen im Laufe des Verfahrens abzuweichen, ist nicht möglich, wenn eine solche Möglichkeit zu Beginn des Verfahrens nicht ausdrücklich vorgesehen wurde."*[239]

Auch für einen Auftraggeber im wettbewerblichen Dialog kann es sinnvoll sein, für die bekannt gemachten und beschriebenen Anforderungen, die mit den Elementen einer Leistungsbeschreibung vergleichbar sind, Abweichungen zuzulassen.

Nicht möglich ist allerdings eine Abweichung von den in der Beschreibung dargestellten Bedürfnissen. Denn es steht schon begrifflich nicht zur Disposition der Dialogteilnehmer bzw. Bieter, über die Bedürfnisse des öffentlichen Auftraggebers zu entscheiden.

g. Abschichten von Lösungsvorschlägen in mehreren Dialogrunden

Fakultativ in der Bekanntmachung oder der Beschreibung zu machen ist die Angabe, ob der Dialog in mehreren Dialogrunden mit dem sukzessiven Ausscheiden von Lösungen geführt werden soll.[240] Weitere Angaben sind nicht erforderlich, da die Abschichtung der Lösungen zwingend anhand der Zuschlagskriterien erfolgt.

h. Aufteilung in Lose

Soweit eine Aufteilung des Auftrags in Lose sinnvoll ist und der öffentliche Auftraggeber eine solche Aufteilung beabsichtigt, hat er dies in der Bekanntmachung anzugeben, vgl. Anhang VII Teil A VKR / Art. 46 Abs. 2 VKR 2014.[241] Teilweise wird

---

238 Art. 24 Abs. 2 VKR 2004; Art. 45 Abs. 1 VKR 2014.

239 Erläuterungen der Europäischen Kommission „Wettbewerblicher Dialog - Klassische Richtlinie", deutsche Version des Dokuments CC/2005/04_rev_1 vom 5. Oktober 2005, S. 4 und Fn. 14.

240 Art. 29 Abs. 4 VKR 2004; Art. 30 Abs. 4 VKR 2014.

241 Im Gegensatz zum deutschen Recht, welches die Bildung von Losen zur Förderung kleiner und mittlerer Unternehmen (KMU) als Regelfall vorgibt, sieht die VKR 2004 eine solche grundsätzliche Verpflichtung nicht vor und erwähnt Lose näher nur im Zusammenhang mit der Schwellenwertbestimmung in Art. 9 Abs. 5 VKR

eine Aufteilung des Auftragsgegenstands in Lose im wettbewerblichen Dialog nicht sinnvoll sein, wenn gerade die Beschaffung aus einer Hand die Erfüllung der besonderen Bedürfnisse und Anforderungen des öffentlichen Auftraggebers erwarten lässt. In anderen Konstellationen kann es eine Aufteilung des Auftragsgegenstands in (insbesondere Fach-)Lose für den öffentlichen Auftraggeber u.U. wesentlich vereinfachen, den Auftrag durch verschiedene Auftragnehmer durchführen zu lassen, die sich vor Verfahrensbeginn noch nicht zu einer Bietergemeinschaft zusammengefunden hatten. Letztlich ist hier eine Einzelfallprüfung und -rechtfertigung erforderlich.

i. Angabe eines indikativen Zeitplans

Schließlich fordert Art. 30 Abs. 2 VKR 2014 von den öffentlichen Auftraggebern, dass sie in der Bekanntmachung und/oder der Beschreibung den Verfahrensablauf mittels eines indikativen Zeitrahmens skizzieren.

2. Auswahl der Bewerber

Im Anschluss an die Bekanntmachung wählt der öffentliche Auftraggeber die Teilnehmer am wettbewerblichen Dialog aus den eingegangenen Teilnahmeanträgen aus.

Dabei werden die Bewerber anhand der aufgestellten Eignungskriterien und der abgefragten Eignungsnachweise auf ihre Eignung überprüft. Soweit der öffentliche Auftraggeber vorgesehen hat, dass nur eine beschränkte Anzahl von Bewerbern zum Dialog zugelassen werden soll, sind geeignete Bewerber mindestens in der bekannt gemachten Anzahl (mindestens drei) zum Dialog aufzufordern, bzw. alle geeigneten Bewerber, wenn die vorab festgelegte Bewerberzahl nicht erreicht wird.[242] Dieser Verfahrensschritt unterliegt keinen Besonderheiten. Lediglich die Zulassung vorbefasster Bewerber (Projektanten) und von Bewerbern, die sich als Teil von Bietergemeinschaften oder als Nachunternehmer mehrfach bewerben, bedarf näherer Betrachtung.

a. Projektanten

Auch beim wettbewerblichen Dialog kann es angeraten sein, Fachleute zur Vorbereitung der Vergabeunterlagen hinzuzuziehen. Bewerben sich diese anschließend selbst um die Teilnahme am Vergabeverfahren, besteht die Gefahr, dass sie aufgrund ihrer vorbereitenden Tätigkeit einen Wettbewerbsvorteil haben, sei es, dass sie einen Anreiz haben, die Vergabeunterlagen auf sich selbst zuzuschneiden, sei es, dass sie

---

2004. Die VKR 2014 hat es sich ausdrücklich zum Ziel gesetzt, KMU zu fördern und rückt daher die Möglichkeit der Losvergabe stärker in den Vordergrund, Erwägungsgründe 78 f. VKR 2014.

242 Art. 44 Abs. 3 VKR; Art. 65 Abs. 2 UAbs. 3 VKR 2014.

bei der Angebotslegung einen Informationsvorsprung haben.[243] Diese sogenannte Projektantenproblematik war auf Ebene des Gemeinschaftsrechts unter der VKR 2004 nicht ausdrücklich geregelt.

Der EuGH entschied im Fall *Fabricom*, dass es zur Sicherstellung der Gleichbehandlung der Bieter nicht erforderlich ist, vorbefasste Unternehmen von der anschließenden Vergabe automatisch auszuschließen. Vielmehr müsse ihnen stets der Beweis offenstehen, dass sein Informationsvorsprung nach den Umständen des Einzelfalls den Wettbewerb nicht habe verfälschen können.[244]

Die Grundsätze der *Fabricom*-Rechtsprechung sind nunmehr in Art. 41 VKR 2014 niedergelegt worden. Hiernach ist der Ausschluss des vorbefassten Bieters ultima ratio. Zuvor sind andere Maßnahmen, wie die Weitergabe von Information aus der Vorbereitungsphase an die anderen Bieter oder die Anpassung der Angebotsfristen zu ergreifen und die Projektanten müssen die Gelegenheit erhalten, nachzuweisen, dass ihre Teilnahme am Verfahren den Wettbewerb nicht verzerren kann.

Dieser Nachweis dürfte Projektanten beim wettbewerblichen Dialog häufig leichter als bei Verfahren mit feststehender Leistungsbeschreibung gelingen, da der Detailgrad der Beschreibung der Bedürfnisse und Anforderungen vergleichsweise niedriger ist. Dies eröffnet dem Projektanten die Möglichkeit, den Auftrag dort über Bedürfnisse des Auftraggebers zu umschreiben, wo ihm eine Festschreibung von Anforderungen Vorteile bringen würde.

b. Mehrfache Beteiligung von Bewerbern

Bewirbt sich ein Wirtschaftsteilnehmer als Bieter, Teil einer Bietergemeinschaft oder als Nachunternehmer mehrfach, steigt das Risiko von Absprachen sowie von auf die Kapazitäten der Konkurrenz hin optimierten Angeboten und gefährdet damit die Wettbewerblichkeit des Verfahrens.

Man könnte deshalb geneigt sein, derartige Konstellationen pauschal zu verbieten. In Bezug auf die Beteiligung mehrerer verbundener bzw. von einander abhängiger Unternehmen hat sich der EuGH gegen ein absolutes Verbot einer gleichzeitigen Beteiligung am selben Ausschreibungsverfahren ausgesprochen und gefordert, dass die Wirtschaftsteilnehmer die Möglichkeit haben müssen, nachzuweisen, dass sich diese Verbindung nicht auf ihr jeweiliges Verhalten im Rahmen dieses Ausschreibungsverfahrens ausgewirkt hat, da im

> *„Kontext eines einheitlichen Binnenmarkts mit echtem Wettbewerb [...] für das Gemeinschaftsrecht ein Interesse daran [besteht], dass die Beteiligung möglichst vieler Bieter an einer Ausschreibung sichergestellt wird.“*[245]

243 Zur Hinzuziehung von Projektanten siehe auch oben unter D.I.1.a.aa.(2).
244 EuGH, Urteil vom 3. März 2005, C-21/03, Fabricom, Rn. 33 f.
245 EuGH, Urteil vom 19. Mai 2009, C-538/07, Assitur Srl, Rn. 26.

Dieser Gedankengang lässt sich auf Bereiche, in denen nur wenige Unternehmen mit speziellen Fähigkeiten existieren (ein Beispiel ist die Herstellung von Stromkabeln für Höchstspannungsleitungen), übertragen. Dürfen diese nur einmal im Rahmen einer Ausschreibung in Erscheinung treten, begrenzt dies die Bieterzahl und damit den Wettbewerb. Können die Bewerber hingegen nachweisen, dass die mehrfach beteiligten Unternehmen den Wettbewerb nicht nachteilig beeinflussen, können sich insgesamt mehr Bieter(gemeinschaften) am Wettbewerb beteiligen.

Dieser Nachweis ist im wettbewerblichen Dialog allerdings schwieriger als im offenen bzw. nichtoffenen Verfahren zu führen. In den Regelverfahren interagieren Auftraggeber und Bieter grundsätzlich nicht. Es ist daher denkbar, dass ein Unternehmen „seinen" Teil zum Angebot mehrerer Bietergemeinschaften oder als Nachunternehmer beisteuert, ohne Kenntnis vom gegenüber dem Auftraggeber gelegten Angebot zu erhalten und damit den Geheimwettbewerb zu gefährden.

Im wettbewerblichen Dialog werden allerdings – in der Regel über mehrere Dialogrunden – potentiell unterschiedliche Konzepte der Bieter bzw. Bietergemeinschaften verhandelt. Sobald ein mehrfach in Erscheinung tretender Bieter oder Nachunternehmer in die Gespräche einbezogen werden muss, um den Lösungsvorschlag anzupassen, droht der Wettbewerb zwischen den Bietergemeinschaften negativ beeinflusst zu werden. Sogar in dem in dem seltenen Fall, dass die Teilnehmer einem Austausch von Informationen im Rahmen des Dialogs zugestimmt haben,[246] wird die Beteiligung ein und desselben Unternehmens im Rahmen verschiedener Bietergemeinschaften in aller Regel eine Gefahr für den Wettbewerb darstellen, da sie stets das Risiko von Absprachen oder auf die Kapazitäten der Konkurrenz hin optimierten Angeboten birgt. Denkbar ist allenfalls, dass der öffentliche Auftraggeber zunächst die verschiedenen Bewerber gesondert (nicht als Teil einer oder mehrerer Bietergemeinschaften) zur Dialogphase zulässt und anschließend als Moderator zwischen den potentiellen Mitgliedern der späteren Bietergemeinschaft fungiert und so die potentiell wettbewerbsfeindliche Interaktion auf ein Minimum begrenzt.[247]

c. Zusammenfassung: Auswahl der Bewerber

Im Ergebnis bietet der wettbewerbliche Dialog damit mehr Flexibilität als die klassischen Verfahren, gestattet dem öffentlichen Auftraggeber aber nicht ganz so viele Freiheiten, wie es bei seiner Einführung erhofft wurde. So ist die Teilnahme von Projektanten am späteren Vergabeverfahren leichter möglich, da im wettbewerblichen Dialog keine Leistungsbeschreibung erstellt werden muss und damit die anderen Wirtschaftsteilnehmer weniger in ihrer Flexibilität eingeschränkt werden.

Eine Mehrfachbeteiligung von Bietern ist hingegen auch im wettbewerblichen Dialog schwer möglich, insbesondere, wenn das mehrfach beteiligte Unternehmen

246 Zur pauschalen Einwilligung im Rahmen des Teilnahmewettbewerbs siehe oben unter D.II.1.c.

247 Siehe hierzu genauer unten unter D.II.4.f.cc.

sich an den Dialoggesprächen beteiligen soll. Durch die weitgehend frei gestaltbare Dialogphase hat der öffentliche Auftraggeber hier jedoch einige Gestaltungsmöglichkeiten, etwa durch die Zulassung eines Schlüsselunternehmens mit einem Spezialprodukt außerhalb einer Bietergemeinschaft und die anschließende Zusammenführung der Unternehmen in der Dialogphase. Insbesondere auch Märkten mit wenigen Konkurrenten mag so eine Erweiterung des Bieterkreises gelingen.

3. Einladung zum Dialog und Beschreibung

Die Bewerber, die sich für die Dialogphase qualifiziert haben, erhalten zusammen mit der Aufforderung, am Dialog teilzunehmen, eine Beschreibung der Bedürfnisse und Anforderungen des öffentlichen Auftraggebers.[248] Die Beschreibung ersetzt im wettbewerblichen Dialog die in den Verdingungsunterlagen regulär enthaltenen technischen Spezifikationen nach Art. 23 VKR 2004.[249]

Nach Art. 53 Abs. 1 S. 1 VKR 2014 sind die Auftragsunterlagen – und damit die Beschreibung[250] – in Zukunft bereits zwingend ab dem Tag der Veröffentlichung der Bekanntmachung elektronisch zur Verfügung zu stellen.[251] Die öffentlichen Auftraggeber haben also wesentlich weniger Zeit, die Auftragsunterlagen zu finalisieren. Der öffentliche Auftraggeber hat nach Art. 21 Abs. 2 VKR 2014 nur die Möglichkeit, Vorgaben zum Schutz der Vertraulichkeit zu machen, nicht aber, den Kreis der Empfänger zu beschränken.[252] Diese Möglichkeit steht über die Bekanntmachung

248 Während Art. 40 Abs. 5 VKR 2004 noch fordert, dass die Einladung mindestens einen Hinweis auf die öffentliche Bekanntmachung enthalten sowie Termin und Ort des Beginns der Konsultations(!)phase sowie die verwendete(n) Sprache(n) benennen muss, sieht Art. 54 Abs. 1 VKR 2014 wesentlich kürzer und an die übrigen Verfahren angepasst lediglich vor, dass die ausgewählten Bewerber gleichzeitig schriftlich aufzufordern sind, am Dialog teilzunehmen.

249 Für die VKR 2014 ergibt sich dies ausdrücklich nur noch aus Anhang V Teil C Nr. 18 VKR 2014, wonach die Zuschlagskriterien in der Bekanntmachung zu nennen sind, *„falls sie nicht in den Spezifikationen beziehungsweise im Fall des wettbewerblichen Dialogs in der Beschreibung enthalten sind"*.

250 Zu den Auftragsunterlagen gehört nach Art. 2 Abs. 1 Nr. 13 VKR 2014 auch die Beschreibung des wettbewerblichen Dialogs.

251 Babin/Amblard, „Fasc. 64–10: Dialogue Compétitif," Rn. 52 weisen darauf hin, dass es sinnvoll sein kann, die Beschreibung interessierten Wirtschaftsteilnehmern bereits vor deren Teilnahmeantrag über einen Hinweis in der Bekanntmachung zur Verfügung zu stellen. Für Wirtschaftsteilnehmer, die sich im Rahmen einer Bietergemeinschaft bewerben möchten, könnte dies wertvolle Hinweise auf die optimale Zusammensetzung der Bietergemeinschaft enthalten. Unter dem Aspekt, dass kleine und mittlere Unternehmen so unter Umständen eher in die Lage versetzt werden, sich im Rahmen einer Bietergemeinschaft um den Auftrag zu bemühen, spricht nichts gegen diesen Vorschlag und wurde nun auch von Art. 53 Abs. 1 S. 1 VKR 2014 als Verpflichtung aufgegriffen.

252 Art. 53 Abs. 1 UAbs. 3, Art. 21 Abs. 2 VKR 2014.

einer Vorinformation nur für das nichtoffene und das Verhandlungsverfahren zur Verfügung.[253]

Im Übrigen ähneln sich die Anforderungen an die Beschreibung in VKR 2004 und VKR 2014. Zu den zwingenden Bestandteilen der Beschreibung – soweit noch nicht hinreichend bekanntgemacht – gehört neben einer vertieften Darstellung der bekanntgemachten Bedürfnisse und Anforderungen die Angabe der Zuschlagskriterien sowie der Mindestanforderungen für Varianten, soweit diese in der Bekanntmachung zugelassen wurden. Die VKR 2014 fordert darüber hinaus die Angabe eines indikativen Zeitrahmens für den weiteren Verfahrensablauf.

a. Bedürfnisse und Anforderungen

Während im Rahmen der Bekanntmachung die Bedürfnisse und Anforderungen in aller Regel nur so genau darzustellen sind, dass potentiellen Interessenten die Entscheidung ermöglicht wird, ob sie sich um die Teilnahme am Verfahren bewerben wollen oder nicht, muss der öffentliche Auftraggeber seine Bedürfnisse und Anforderungen in der Beschreibung näher erläutern.[254]

Dabei ist fraglich, wie tief diese Erläuterungen ins Detail gehen müssen. Nach einer strengen Lesart wäre im wettbewerblichen Dialog grundsätzlich alles, was nicht die besondere Komplexität des Auftrages begründet – im Falle von „reiner" rechtlicher/finanzieller Komplexität also der gesamte Bereich der technischen Spezifikationen – als Anforderung in der Auftragsbeschreibung festzusetzen. Denn je mehr eindeutige Anforderungen festgelegt werden, desto größer ist die Transparenz im Hinblick auf die letztendlich zu beschaffende Leistung.

Bei einem solchen Vorgehen kann es allerdings passieren, dass Lösungsmöglichkeiten, die den komplexen Bereich des Auftrags betreffen, Änderungen an den vorab festgesetzten Anforderungen erforderlich machen würden. Oder anders gesagt, ist die Trennlinie zwischen beschreibbarem und komplexen Teil des Auftrags häufig nicht so klar, wie es auf den ersten Blick scheinen mag. Gerade bei komplexeren Beschaffungsgegenständen kann sich im Laufe des Verfahrens herausstellen, dass der Erfüllung des (unter Umständen unklar formulierten) Bedürfnisses des öffentlichen Auftraggebers eine nicht passend formulierte Anforderung entgegensteht.[255]

---

253 Art. 53 Abs. 1 UAbs. 1, Art. 48 Abs. 2 VKR 2014.

254 Nach Art. 29 Abs. 2 VKR 2004 / Art. 30 Abs. 2 VKR 2014 *„veröffentlichen [die öffentlichen Auftraggeber] eine Bekanntmachung, in der sie ihre Bedürfnisse und Anforderungen formulieren, die sie in dieser Bekanntmachung und/oder in einer Beschreibung näher erläutern."*

255 So hätte der öffentliche Auftraggeber in dem Nachprüfungsverfahren VK 30/2006-L vor der VK Düsseldorf vom 11. August 2006 zugrundeliegenden Fall bei seiner beabsichtigten Software-Beschaffung, anstatt zur Bedingung zu machen, dass nur *eine* Adressdatenbank eingerichtet werden soll, sein Bedürfnis formulieren können, dass so wenig Wartungsaufwand wie möglich produziert werden soll. Tatsächlich blieb die Zahl der wartungsbedürftigen Netzwerklinks unabhängig

Es ist daher vorzuziehen, geeignete Öffnungsklauseln bzw. Verknüpfungen zum komplexen Auftragsbestandteil herzustellen, um der (gewollten) Eigenheit des wettbewerblichen Dialogs Rechnung zu tragen, die besten Lösungen für die Bedürfnisse des öffentlichen Auftraggebers zu finden. So könnte beispielsweise der beschreibbare Teil einem bekanntgemachten Bedürfnis zu- bzw. untergeordnet werden, das in jedem Fall zu erfüllen ist. Diese Zuordnung zu einem Bedürfnis wäre letztlich nichts anderes als die Entscheidung, die in jedem Verfahren bei jedem Nebenangebot getroffen werden muss – nämlich ob das Nebenangebot vergleichbar mit den eigentlich abgefragten Angeboten in der Lage ist, die dahinterstehenden (aber bei Nebenangeboten nicht formulierten) Bedürfnisse des öffentlichen Auftraggebers zu erfüllen.

Diese Vorgehensweise hat den weiteren Vorteil, dass ein Unternehmen, welches an der Erstellung der Auftragsbeschreibung beteiligt war, nicht so leicht als Projektant vom weiteren Verfahren ausgeschlossen werden muss, da der Projektant dann keine Möglichkeit hätte, sich einen Auftrag quasi auf den Leib zu schneidern und andere Bewerber damit auszugrenzen.

Äußere Grenze ist die Erkennbarkeit des Auftragsgegenstands. Diese ist erreicht, wenn die Beschreibung so offen gerät, dass die Bewerber nicht mehr in der Lage sind zu erkennen, welche Bedürfnisse des Auftraggebers erfüllt werden sollen. Anforderungen, die der öffentliche Auftraggeber schon genau kennt, muss er ebenfalls in der Beschreibung angeben, um dem Transparenzgebot Genüge zu tun.

Durch die wesentliche Erweiterung des Anwendungsbereichs des wettbewerblichen Dialogs nach der VKR 2014 kann der öffentliche Auftraggeber in Zukunft durchaus in der Lage sein, eine (zumindest funktionale) Leistungsbeschreibung zu erstellen.[256] Fraglich ist, ob er hierzu auch bei Wahl des wettbewerblichen Dialogs verpflichtet ist.

Dagegen spricht, dass die Vorteile des wettbewerblichen Dialogs leerlaufen würden, wenn dem Dialog eine Beschreibung in Form einer regulären Leistungsbeschreibung zugrunde gelegt werden müsste, da die Beschreibung auch den Rahmen für die späteren Dialoggespräche setzt. Dennoch drohen Wirtschaftsteilnehmer diskriminiert zu werden, wenn der öffentliche Auftraggeber Anforderungen, die er sicher kennt, nicht in die Beschreibung aufnimmt. Der Auftraggeber kann allenfalls versuchen, den Dialogteilnehmern die Möglichkeit zu eröffnen, ihre Vorschläge optimal einbringen zu können, in dem er die ihm bekannten Anforderungen aufnimmt, sie jedoch möglichst weit gestaltet, bzw. durch die Zulassung von Varianten.

---

von der Zahl der Adressdatenbanken dieselbe. Hier stand sich der Auftraggeber selbst im Weg: er kannte sich auf einem Gebiet zwar als Anwender aus (soll heißen, seine Bedürfnisse), den technischen Hintergrund hatte er jedoch nur oberflächlich erfasst.

256 Art. 26 Abs. 4 VKR 2014.

b. Zuschlagskriterien

Des Weiteren muss die Entscheidung über die Zuschlagskriterien und ihre Gewichtung spätestens in der Beschreibung fallen.[257] Auch eine etwaige phasenweise Abschichtung der Lösungsvorschläge muss der öffentliche Auftraggeber anhand der in der Bekanntmachung bzw. in der Beschreibung benannten Zuschlagskriterien vornehmen.[258]

Grundsätzlich sind die öffentlichen Auftraggeber bei der Wahl der Zuschlagskriterien und ihrer Gewichtung frei, sofern diese eine Gesamtwürdigung der Kriterien ermöglicht, die der Ermittlung des wirtschaftlich günstigsten Angebots dienen.[259] Speziell im wettbewerblichen Dialog stellt sich dem öffentlichen Auftraggeber die Aufgabe, Zuschlagskriterien aufzustellen, anhand derer er in der Lage ist, alle zu erwartenden Lösungsmöglichkeiten zu bewerten. Dies kann ihm nur gelingen, wenn er sich eng an seinen bekannt gemachten bzw. beschriebenen Bedürfnissen orientiert.

aa. Die Wahl der Zuschlagskriterien

Nach Art. 53 Abs. 1 lit. a VKR 2004 / Art. 67 Abs. 2 S. 1 VKR 2014 erfolgt der Zuschlag anhand verschiedener mit dem Auftragsgegenstand zusammenhängender Kriterien,

> *„z.B. Qualität, Preis, technischer Wert, Ästhetik, Zweckmäßigkeit, Umwelteigenschaften, Betriebskosten, Rentabilität, Kundendienst und technische Hilfe, Lieferzeitpunkt und Lieferungs- oder Ausführungsfrist".*

Die Wahl des Preises bzw. der Kosten als alleiniges Zuschlagskriterium ist generell, nicht jedoch im wettbewerblichen Dialog zulässig, Art. 29 Abs. 1 S. 2 VKR 2004, Art. 30 Abs. 1 letzter S. VKR 2014.[260] Weiter präzisiert die VKR in Erwägungsgrund 46 VKR 2004:

---

257 Art. 29 Abs. 7 VKR 2004, Art. 30 Abs. 7 VKR 2014.

258 Art. 44 Abs. 4 VKR 2004, Art. 30 Abs. 4 VKR 2014.

259 EuGH, Urteil vom 20. September 1988, 31/87, Beentjes, Rn. 18 f., 27; EuGH, Urteil vom 27. Oktober 2005, C-234/03, Insalud, Rn. 68.

260 Art. 67 Abs. 2 UAbs. 3 VKR 2014 gestattet es den Mitgliedstaaten nun, den öffentlichen Auftraggebern allgemein zu untersagen, den Preis oder die Kosten als einziges Zuschlagskriterium zu verwenden. Die VKR 2014 ändert darüber hinaus die Terminologie und spricht bei der Anlegung mehrerer Zuschlagskriterien jetzt nicht mehr vom *„wirtschaftlich günstigsten Angebot"*, sondern vom *„besten Preis-Leistungs-Verhältnis"*, vgl. Erwägungsgrund 89 VKR 2014. Das *„wirtschaftlich günstigste Angebot"* kann nach der VKR 2014 auch den Zuschlag allein nach dem Kriterium des niedrigsten Preises umfassen, was nach der VKR 2004 noch eine eigene Kategorie darstellte.

„Die Zuschlagserteilung sollte auf der Grundlage objektiver Kriterien erfolgen, die die Einhaltung der Grundsätze der Transparenz, der Nichtdiskriminierung und der Gleichbehandlung gewährleisten. [...]

Beschließen die öffentlichen Auftraggeber, dem wirtschaftlich günstigsten Angebot den Zuschlag zu erteilen, so bewerten sie die Angebote unter dem Gesichtspunkt des besten Preis-Leistungs-Verhältnisses. Zu diesem Zweck legen sie die wirtschaftlichen und qualitativen Kriterien fest, anhand deren insgesamt das für den öffentlichen Auftraggeber wirtschaftlich günstigste Angebot bestimmt werden kann. Die Festlegung dieser Kriterien hängt insofern vom Auftragsgegenstand ab, als sie es ermöglichen müssen, das Leistungsniveau jedes einzelnen Angebots im Verhältnis zu dem in den technischen Spezifikationen beschriebenen Auftragsgegenstand zu bewerten sowie das Preis-Leistungs-Verhältnis jedes Angebots zu bestimmen. [...]"

Aus diesen Erläuterungen ergibt sich, dass die VKR 2004 davon ausgeht, dass der Preis (bzw. die Kosten) ein zwingendes Kriterium im Kanon der Zuschlagskriterien sein müssen. Die VKR 2014 fordert nunmehr ausdrücklich, dass die Zuschlagskriterien ein Kostenelement enthalten müssen, Art. 67 Abs. 2 VKR 2014, Erwägungsgrund 92 VKR 2014. Eine weitere Neuerung findet sich in Art. 67 Abs. 2 lit. b VKR 2014, wonach jetzt auch die

„Organisation, Qualifikation und Erfahrung des mit der Ausführung des Auftrags betrauten Personals, wenn die Qualität des eingesetzten Personals erheblichen Einfluss auf das Niveau der Auftragsausführung haben kann,"

ein zulässiges Zuschlagskriterium sein kann. Damit hebt die VKR 2014 die grundsätzliche Trennung von Eignungs- und Zuschlagskriterien der VKR 2004 auf, die dazu führte, dass Unternehmen mit besonderer Erfahrung oder Güte im Rahmen der Zuschlagserteilung hieraus keine Vorteile ziehen konnten.[261] Dadurch, dass die die VKR 2014 nun nur noch fordert, dass die Zuschlagskriterien mit dem Auftragsgegenstand *„in Verbindung stehen"*,[262] erkennt sie grundsätzlich auch sozial bzw. ökologisch motivierte Zuschlagskriterien an, auch wenn diese sich nicht unmittelbar in dem zu beschaffenden Auftragsgegenstand manifestieren.[263] Die Grenze zieht die

261 Hierzu vgl. EuGH, Urteil vom 12. November 2009, C-199/07, Kommission./. Griechenland. Im Fall eines Auftrags über Dienstleistungen im Bereich der Fortbildung und Beratung hat der EuGH allerdings jüngst klargestellt, dass dann, wenn für den Zuschlag die Qualität des für die Auftragsausführung konkret vorgesehenen Teams bewertet werden solle, dies insbesondere bei intellektuellen Dienstleistungen auch nach der VKR 2004 zulässig sein könne, EuGH, Urteil vom 25. März 2015, C-601/13, Ambisig.

262 Art. 67 Abs. 2 S. 1, Abs. 3 VKR 2014.

263 Erwägungsgrund 97 VKR 2014 nennt jetzt u. a. als zulässig, *„dass zur Herstellung der beschafften Waren keine giftigen Chemikalien verwendet wurden oder dass die erworbenen Dienstleistungen unter Zuhilfenahme energieeffizienter Maschinen*

VKR 2014 bei Kriterien und Bedingungen, die unabhängig vom Auftragsgegenstand Gegenstand der *„allgemeinen Unternehmenspolitik"* sind.[264]

Auch im Hinblick auf die Berücksichtigung der Transaktionskosten geht die VKR 2014 einen Schritt weiter als die VKR 2004. So nennt die VKR 2014 in Erwägungsgrund 2 erstmals den *„möglichst effizienten Einsatz öffentlicher Gelder"* und als Grund für die Überarbeitung der VKR 2004, dass die *„Effizienz der öffentlichen Ausgaben gesteigert"* werden soll.[265]

bb. Die Gewichtung der Zuschlagskriterien

Des Weiteren ist der öffentliche Auftraggeber grundsätzlich gehalten, in der Beschreibung die Gewichtung der einzelnen Kriterien anzugeben.[266] Diese Gewichtung kann mittels einer Marge angegeben werden, deren größte Bandbreite angemessen sein muss.[267] Schließlich kann der öffentliche Auftraggeber die Kriterien in der absteigenden Reihenfolge ihrer Bedeutung angeben, wenn nach seiner Ansicht aus nachvollziehbaren Gründen (VKR 2014: *„objektiven Gründen"*) die Gewichtung nicht angegeben werden kann.[268] Damit sind die Vergabekoordinierungsrichtlinien strenger als es die klassischen Richtlinien waren. Diese sahen neben der Angabe der vorgesehenen Zuschlagskriterien nur vor, dass der öffentliche Auftraggeber sie *„möglichst in der Reihenfolge der ihnen zuerkannten Bedeutung"* aufführen sollte.[269]

Es wird argumentiert, dass die Möglichkeit, die Gewichtung der Zuschlagskriterien in absteigender Reihenfolge anzugeben, einer strengen Auslegung des Transparenzgrundsatzes widerspreche. Da dieser sich letztlich aus dem Primärrecht ableite, könne diese Möglichkeit, die die Vergabekoordinierungsrichtlinien gewähren, durch den öffentlichen Auftraggeber primärrechtskonform nicht in Anspruch genommen werden.[270]

---

bereitgestellt wurden [oder] die Lieferung oder die Verwendung von fair gehandelten Waren während der Ausführung des zu vergebenden Auftrags."

264 Erwägungsgrund 97 VKR 2014. Näher zur Berücksichtigung umwelt- und sozialpolitischer Aspekten bei der Vergabe öffentlicher Aufträge siehe auch oben unter C.II.4.

265 Näher zur Berücksichtigung von Transaktionskosten siehe oben unter C.II.4.

266 Art. 53 Abs. 2 UAbs. 1 VKR 2004, Art. 67 Abs. 5 UAbs. 1 VKR 2014.

267 Art. 53 Abs. 2 UAbs. 2 VKR 2004, Art. 67 Abs. 5 UAbs. 2 VKR 2014.

268 Art. 53 Abs. 2 UAbs. 3 VKR 2004, Art. 67 Abs. 5 UAbs. 3 VKR 2014.

269 Art. 36 Abs. 2 RL 92/50/EWG, Art. 26 Abs. RL 93/36/EWG, Art. 30 Abs. 2 RL 93/37/EWG. Im Gesetzgebungsverfahren zur VKR 2004 wandte sich insbesondere der Ausschuss der Regionen gegen die unbedingte Anforderung, die Zuschlagskriterien absolut zu gewichten. Dies sei nicht praktikabel, da den öffentlichen Auftraggebern nur selten alle zur Festlegung der Zuschlagskriterien benötigten Informationen von Anfang vorlägen, Pkt. 2.2.3 ff. der Stellungnahme des Ausschusses der Regionen (2001/C 144/08), ABl. C 144 vom 16. Mai 2001 S. 25.

270 Siehe z.B. Opitz, Marktmacht und Bieterwettbewerb, S. 80.

Der EuGH hat allerdings für Dienstleistungsaufträge nach Anhang II B, die vor der VKR 2014 nur sehr eingeschränkt dem Vergaberegime unterworfen waren,[271] festgestellt, dass auch, wenn die Verpflichtung, die relative Gewichtung der Zuschlagskriterien bekannt zu geben, dem Erfordernis entspreche, die Beachtung der Transparenzpflicht sicherzustellen, die Annahme nicht gerechtfertigt sei, dass die Tragweite dieses Grundsatzes soweit reiche, dass die relative Gewichtung der Zuschlagskriterien bei Aufträgen, die nicht unter die Vergaberichtlinien fallen, vorab zu bestimmen und mitzuteilen sei.[272] Es geht somit zu weit, aus dem Primärrecht ableiten zu wollen, dass nur die vorherige eindeutige Gewichtung der Zuschlagskriterien europarechtskonform ist.

Allerdings kann auch dem Vorschlag von Reimnitz, dass Auftraggeber beim wettbewerblichen Dialog insbesondere bei verschiedenartigen Lösungsmöglichkeiten ein Interesse haben, die verschieden Zuschlagskriterien unterschiedlich zu gewichten,[273] nicht gefolgt werden. Die Aufstellung der Zuschlagskriterien ist nämlich an den Bedürfnissen des Auftraggebers zu orientieren[274] und soll letztlich die *insgesamt* wirtschaftlich günstigste Lösung für den Auftraggeber identifizieren. Auch wenn ein Zuschlagskriterium für eine Art der Lösung keine besondere Relevanz entfaltet, so erlangt es doch in der Gesamtwertung Bedeutung. Wenn also eine Flussquerung durch eine Brücke oder einen Tunnel erfolgen kann, so mag der Einfluss eines Tunnels auf die heimischen Greifvogelarten bei null liegen, während bei dem Bau einer Brücke zwischen den verschiedenen Konstruktions-/Beleuchtungsarten unterschieden werden kann. Hinsichtlich dieses einzelnen Kriteriums wäre zwar die Tunnellösung gegenüber jeder Brückenlösung im Vorteil. Hieraus lassen sich aber noch keine Schlussfolgerungen auf das insgesamt wirtschaftlich günstigste Lösungsmodell ziehen, welches anhand mehrerer Zuschlagskriterien zu ermitteln ist.

Bei der Aufstellung der Zuschlagskriterien muss dem öffentlichen Auftraggeber bewusst sein, dass er diese im weiteren Verlauf des Verfahrens nur präzisieren, nicht jedoch qualitativ verändern kann.[275] Eine solche Präzisierung kann weiter in aller Regel nur dann erfolgen, wenn er diese den Dialogteilnehmern bzw. Bietern so

271 Genauer zu diesen so genannten nichtprioritären Dienstleistungen siehe unten unter D.IV.2.a.

272 EuGH, Urteil vom 18. November 2010, C-226/09, Kommission./.Irland, Rn. 43.

273 Als Beispiel wählt Reimnitz die Aufgabe der Flussquerung, wobei hypothetisch das Kriterium Umweltschutz bei einem Tunnel weitaus weniger Relevanz für den Auftraggeber aufweisen könne als bei dem Bau einer Brücke, Reimnitz, Der neue wettbewerbliche Dialog, S. 113 f.

274 Hierzu siehe oben unter D.II.3.a.

275 Vgl. zum Beispiel EuGH, Urteil vom 4. Dezember 2003, C-448/01, EVN Wienstrom, Rn. 93.

rechtzeitig bekannt gibt, dass diese in der Lage sind, in ihren angepassten Lösungsvorschlägen bzw. ihren Angeboten angemessen zu reagieren.[276]

Erwägungsgrund 45 VKR 2014 weist jetzt ausdrücklich darauf hin, dass Zuschlagskriterien und ihre Gewichtung während des gesamten Verfahrens stabil bleiben und nicht verhandelbar sein sollten, um die Gleichbehandlung aller Wirtschaftsteilnehmer zu gewährleisten.

c. Mindestanforderungen bei zugelassenen Varianten

Soweit sie bereits bekannt sind, ist der öffentliche Auftraggeber auch im wettbewerblichen Dialog gehalten, Anforderungen im Sinne technischer Spezifikationen zu erstellen.[277] Die Zulassung von Varianten in diesem Fall erweitert den Spielraum der Dialogteilnehmer, ihre Lösungsvorschläge ihren besonderen Fähigkeiten und Möglichkeiten anzupassen.

Nimmt der öffentliche Auftraggeber diese Möglichkeit in Anspruch, ist er verpflichtet, in den Verdingungsunterlagen die Mindestanforderungen zu nennen, die etwaige Varianten erfüllen müssen.[278]

Dabei reicht nach dem EuGH der bloße (gesetzliche) Verweis darauf, dass angebotene Varianten dem Hauptangebot gleichwertig sein müssen, nicht aus:

> *„Denn nur eine Erläuterung in den Verdingungsunterlagen ermöglicht den Bietern in gleicher Weise die Kenntnis von den Mindestanforderungen, die ihre Änderungsvorschläge erfüllen müssen, um vom Auftraggeber berücksichtigt werden zu können. Es geht dabei um eine Verpflichtung zur Transparenz, die die Beachtung des Grundsatzes der Gleichbehandlung der Bieter gewährleisten soll, der bei jedem von der Richtlinie erfassten Vergabeverfahren für Aufträge einzuhalten ist.“*[279]

Mindestanforderungen *„betreffen Eigenschaften oder Ergebnisse, die die ausgeschriebene Leistung kennzeichnen und denen die angebotene Leistung zu genügen hat“*, sie konkretisieren die Erwartungen des Auftraggebers an die von ihm ausgeschriebene Leistung.[280]

---

276 EuGH, Urteil vom 24. Januar 2008, C-532/06, Lianakis, Rn. 36 ff.; zur Präzisierung der Zuschlagskriterien im Laufe des Verfahrens siehe weiter unten unter D.II.4.g.cc und D.II.7.b.

277 Siehe oben unter D.II.3.a.

278 Art. 24 Abs. 3 VKR 2004, Art. 45 Abs. 2 VKR 2014. Die VKR 2014 übernimmt dabei die Regelungen der VKR 2004, weist jetzt aber ausdrücklich darauf hin, dass die Varianten im Zusammenhang mit dem Auftragsgegenstand stehen und nach denselben Zuschlagskriterien bewertet werden müssen, Art. 45 Abs. 1 a.E. und Abs. 2 a.E. VKR 2014.

279 EuGH, Urteil vom 16. Oktober 2003, C-421/01, Traunfellner, Rn. 29.

280 So Generalanwalt Alber am EuGH in seinen Schlussanträgen vom 10. April 2003, C-421/01, Traunfellner, Rn. 62, 65.

Aus der Vorgabe der Vergabekoordinierungsrichtlinien, nach der öffentliche Auftraggeber Varianten nicht allein deshalb zurückweisen dürfen, weil diese zu einem Dienstleistungs- statt einem Lieferauftrag oder umgekehrt führen würden,[281] ist geschlossen worden, dass eher abstrakt gehaltene Hinweise als Mindestanforderung an Varianten genügen, da der erwähnte Fall sonst praktisch nicht auftreten könne.[282]

Arrowsmith vertritt die Auffassung, dass Mindestkriterien nur für den Fall vorzuschreiben sind, dass ein Bieter von den technischen Spezifikationen abweichen möchte, nicht aber in Fällen, in dem er zum Beispiel andere Zahlungsmodalitäten vorschlägt. Sie begründet dies damit, dass die Regelungen über Varianten eingeführt wurden, um innovative technische Ideen zu fördern sowie mit dem Umstand, dass Mindestanforderungen für rechtliche oder finanzielle Fragen kaum aufstellbar seien und in der Praxis einen hohen Rang für die Optimierung des *"best value for money"* einnähmen.[283] Hiergegen ist einzuwenden, dass es dem öffentlichen Auftraggeber unbenommen ist, rechtliche und finanzielle Details in den Verdingungsunterlagen entsprechend eng oder weit zu formulieren. Stellt er die Anforderungen „eng", beispielsweise durch die Vorgabe eines zwingend zu verwendenden Vertragsentwurfs, erfordert es das Gebot der Gleichbehandlung und der Transparenzgrundsatz, Abweichungen nur im zuvor abgesteckten Rahmen der Mindestbedingungen zuzulassen.[284] Im wettbewerblichen Dialog wird der öffentliche Auftraggeber häufig darauf verzichten, detaillierte Angaben zu verschiedenen Finanzierungsmodellen zu machen, sondern im Rahmen der Lösungsentwicklung das passende Finanzierungsmodell mit entwickeln und erst gen Ende des Verfahrens in vertragliche Klauseln gießen.

Darüber hinaus erfolgt die Angebotslegung im wettbewerblichen Dialog erst nach der Dialogphase, so dass ein Bieter kaum eine Variante anbieten wird, die vorher nicht das Einverständnis des öffentlichen Auftraggebers gefunden hat. Im wettbewerblichen Dialog wird es also weniger darum gehen, gegenüber den Bietern (die schließlich Dialogteilnehmer waren) zu kommunizieren, welche Varianten sie zulässigerweise vorschlagen können, sondern gegenüber anderen Teilnehmern bzw. Bietern zu rechtfertigen, dass ein Angebot trotz Abweichungen von in Bekanntmachung oder Beschreibung enthaltenen Anforderungen dem ausgeschriebenen Auftragsgegenstand entspricht.

Im wettbewerblichen Dialog hat der öffentliche Auftraggeber den Vorteil, dass er – im Gegensatz zu den Leistungsbeschreibungen der klassischen Verfahren – seine Bedürfnisse im Rahmen der Beschreibung bereits ausdrücklich formuliert hat. Soweit er Abweichungen von konkret festgeschriebenen Anforderungen zulassen möchte, kann er bei der Formulierung der Mindestanforderungen auf die Bedürfnisse Bezug nehmen. Nichtsdestotrotz muss sich aus der Beschreibung ein für die

---

281 Art. 24 Abs. 4 UAbs. 2 VKR 2004, Art. 45 Abs. 3 UAbs. 2 VKR 2014.

282 Von Rintelen in: Kapellmann und Messerschmidt, VOB Teile A und B, § 8, Rn. 31.

283 Arrowsmith, The Law of Public and Utilities Procurement, 2. Aufl., Rn. 7.136.

284 Vgl. auch EuGH, Urteil vom 29. April 2004, C-496/99, Succi di Frutta, Rn. 117.

Dialogteilnehmer erkennbarer Rahmen für Varianten ergeben, der willkürliche Bevorzugungen einzelner Teilnehmer verhindern kann.

d. Zusammenfassung: Beschreibung

Hauptaufgabe der Beschreibung ist die Konkretisierung der Bekanntmachung insbesondere hinsichtlich der Bedürfnisse und Anforderungen des öffentlichen Auftraggebers sowie der Festlegung und Gewichtung der Zuschlagskriterien sowie ggf. der Mindestanforderungen für Varianten. Mit der Bekanntmachung stellt sie den äußeren Rahmen für das weitere Verfahren, der nicht ohne weiteres angepasst werden kann.

Dabei steht der öffentliche Auftraggeber vor der Aufgabe, diese Parameter so präzise wie möglich zu fassen und dabei gleichzeitig ausreichend Freiraum für die Lösungsvorschläge der Dialogteilnehmer zu lassen. Bereits sicher bekannte Anforderungen muss er als solche in der Beschreibung festschreiben, hat aber die Möglichkeit, diese durch die Zulassung von Varianten und die Verknüpfung mit den Bedürfnissen zu öffnen. Äußerste Grenze dieser Öffnung ist die Erkennbarkeit des Auftragsgegenstands.

Nach der deutlichen Erweiterung des Anwendungsbereichs der VKR 2014 muss der Auftraggeber sich nun auch der Herausforderung stellen, dass er überhaupt Freiräume für einen Dialog lassen können muss. Ein wettbewerblicher Dialog erscheint nur sinnvoll, wenn nach Festlegung der sicher bekannten Anforderungen Details in der Auftragsbeschreibung überhaupt noch genügend Freistellen vorhanden sind, an denen ein Dialog ansetzen kann.

Anders als bisher muss der öffentliche Auftraggeber nach der VKR 2014 die Beschreibung zeitgleich mit der Bekanntmachung zur Verfügung stellen und anders als beim nichtoffenen Verfahren und beim Verhandlungsverfahren kann er diese Pflicht nicht über die Veröffentlichung einer Vorinformation auf den Kreis derjenigen beschränken, die sich auf die Vorinformation als interessiert gemeldet haben. Dieser Umstand könnte sich für öffentlichen Auftraggeber als abschreckend erweisen, wenn die Beschreibung selbst sensible Informationen enthält, etwa im Bereich öffentlich-privater Partnerschaften oder wenn dort Informationen aus anderen Geschäftsbeziehungen (zum Beispiel zu bestehenden Liefer- oder Serviceverträgen) offengelegt werden. Die angestrebte Erhöhung der Transparenz droht durch diesen Zwang konterkariert zu werden, wenn die öffentlichen Auftraggeber die Beschreibung ggf. ungenauer fassen, als sie es getan hätten, wenn nur die ausgewählten Bewerber Zugriff auf diese bekämen.

4. Dialogphase

Mit den ausgewählten Bewerbern[285] tritt der öffentliche Auftraggeber in die Dialogphase ein. Die Dialogphase dient der Bestimmung des genauen Auftragsgegenstands und bereitet die nachfolgende Angebotsphase vor.

Die Vergabekoordinierungsrichtlinien enthalten nur wenige ausdrückliche Vorgaben für die Dialogphase. Im Folgenden werden die Implikationen dargestellt, die sich aus den vorhandenen positiven Regelungen ergeben. Viele Punkte, die der öffentliche Auftraggeber hierbei in Betracht ziehen muss, sind rein praktischer Art und werden deshalb an dieser Stelle nur genauer behandelt, soweit zu erwarten ist, dass ihre rechtliche Zulässigkeit problematisch sein könnte.[286]

a. Vertraulichkeitsgebot

Bei der Gestaltung und Durchführung der Dialogphase muss der öffentliche Auftraggeber das ausdrücklich für den wettbewerblichen Dialog geltende Vertraulichkeitsgebot beachten. Dieses bezog sich hinsichtlich der von den Bietern eingebrachten Konzepte bislang zwangsläufig auf die Zeit nach Abgabe der Angebote und wird durch Art. 29 Abs. 3 UAbs. 2 und 3 VKR 2004 auf die Dialogphase im wettbewerblichen Dialog erweitert:

> *„Die öffentlichen Auftraggeber tragen dafür Sorge, dass alle Bieter bei dem Dialog gleichbehandelt werden. Insbesondere enthalten sie sich jeder diskriminierenden Weitergabe von Informationen, durch die bestimmte Bieter gegenüber anderen begünstigt werden könnten.*

---

285 Begrifflich ist die VKR 2004 nicht eindeutig, ob es sich in der Dialogphase um Bewerber oder Bieter handelt. Art. 29 Abs. 3 VKR spricht sowohl von *„Bewerbern"*, mit denen in der Dialogphase alle Aspekte des Auftrages erörtert werden können, zum anderen ist der öffentliche Auftraggeber aufgefordert, alle *„Bieter"* während des Dialoges gleich zu behandeln. Die VKR 2004 definiert in Art. 1 Abs. 8 UAbs. 3 VKR 2004 als Bieter den Wirtschaftsteilnehmer, der ein Angebot vorgelegt hat. Bewerber ist nach derselben Vorschrift derjenige, der sich um eine Aufforderung zur Teilnahme an einem nichtoffenen Verfahren, einem Verhandlungsverfahren oder einem wettbewerblichen Dialog beworben hat. Damit entsteht im Falle des wettbewerblichen Dialogs eine Definitionslücke für die Dialogphase. Hier sind die Bewerber bereits ausgewählt worden, haben jedoch noch kein Angebot abgegeben. Letztlich ergeben sich für die Untersuchung keine offensichtlichen Konsequenzen aus der ungenauen Terminologie. Der Klarheit halber wird hier bis zur Abgabe der Angebote von *„Dialogteilnehmern"* die Rede sein. Die VKR 2014 führt für die Dialogphase den Begriff *„Teilnehmer"* ein.

286 Zur Veranschaulichung einer solchen „unproblematischen" Vorgehensweise sei auf den Vorschlag Kaelbles verwiesen, dass der öffentliche Auftraggeber aus eigenem Interesse stets einen eigenen Vertragsentwurf im Hintergrund der Dialoggespräche weiterführen sollte, Kaelble, Der wettbewerbliche Dialog, in: Müller-Wrede, Kompendium des Vergaberechts, 1. Aufl., Rn. 49.

Die öffentlichen Auftraggeber dürfen Lösungsvorschläge oder vertrauliche Informationen eines teilnehmenden Bewerbers nicht ohne dessen Zustimmung an die anderen Teilnehmer weitergeben.“[287]

Es besteht Einigkeit dahingehend, dass das durch Schutzrechte geschützte geistige Eigentum sowie durch Art. 6 VKR 2004 geschützte technische und betriebliche Geheimnisse sowie Preise und deren Bestandteile der Vertraulichkeit unterfallen.[288] Die Weitergabe objektiv nicht vertraulicher Informationen soll hingegen nicht vom Vertraulichkeitsschutz umfasst werden, wenn sie entweder in der Fachpresse oder in einer öffentlichen Selbstdarstellung des Unternehmens verwendet wurden oder die Information keinen individuellen Charakter aufweist.[289]

Unabhängig von ihrer Einstufung als Betriebsgeheimnis sieht Art. 29 Abs. 3 VKR 2004 weiter vor, dass auch Lösungsvorschläge als solche nicht ohne Zustimmung des jeweiligen Dialogteilnehmers weitergegeben werden dürfen.

Die europäische Kommission ist allerdings der Auffassung, dass das Problem des „*Abguckens*“ eher ein theoretisches sei und sich in ihr bekannten Verhandlungsverfahren, die nunmehr die Voraussetzungen des wettbewerblichen Dialogs erfüllen würden, nicht gestellt habe.[290]

b. Beginn des Dialogs

Für den Einstieg in die Dialogphase verpflichtet Art. 40 Abs. 5 VKR 2004 den öffentlichen Auftraggeber, in der Einladung zum Dialog Zeit und Ort des Beginns der Konsultationsphase anzugeben. Aus der Wortwahl „*Konsultation*“, welches eine aktive, beratende Rolle des Dialogteilnehmers impliziert, lässt sich schließen, dass alle Dialogteilnehmer einen Anspruch auf die Teilnahme an einer ersten Gesprächsrunde haben.[291]

---

287 Ebenso Art. 30 Abs. 2 UAbs. 2 und 3 VKR 2014.

288 Kaelble, Der wettbewerbliche Dialog, in: Müller-Wrede, Kompendium des Vergaberechts, 1. Aufl., Rn. 44.

289 Kaelble, Der wettbewerbliche Dialog, in: Müller-Wrede, Kompendium des Vergaberechts, 1. Aufl., Rn. 44; Kopaltzik, „Berater als Bieter“ vs. „Bieter als Berater“, VergabeR 2007, S. 292.

290 Erläuterungen der Europäischen Kommission „Wettbewerblicher Dialog - Klassische Richtlinie“, deutsche Version des Dokuments CC/2005/04_rev 1 vom 5. Oktober 2005, Fn. 24. Des Weiteren ist zu beachten, dass nach Art. 30 Abs. 3 VKR 2004; Art. 29 Abs. 5 VKR 2014 die diskriminierende Weitergabe von Informationen auch im Rahmen des Verhandlungsverfahrens ausdrücklich untersagt ist.

291 Auch die Formulierung des Art. 30 Abs. 1 S. 3 VKR 2014, wonach der öffentliche Auftraggeber mit den ausgewählten Teilnehmern den „*Dialog*“ eröffnet, spricht für die Notwendigkeit eines inhaltlichen Gesprächs mit jedem ausgewählten Bewerber.

c. *Die Lösungsvorschläge der Dialogteilnehmer*

Der erste Entwurf der VKR 2004 sah vor, dass die Dialogteilnehmer bereits vor Eintritt in die Dialogphase ein vorläufiges Lösungskonzept zu erstellen hatten.[292] Diese Forderung erhält keine der Vergabekoordinierungsrichtlinien aufrecht. Es spricht jedoch nichts dagegen, die ausgewählten Bewerber zur Vorbereitung der ersten Dialogrunde bereits mit der Einladung zum Dialog zur Einreichung eines Lösungsvorschlags aufzufordern.

aa. *Formvorgaben an die Lösungsvorschläge*

Die Vergabekoordinierungsrichtlinien machen keine konkreten Aussagen über die Art und Weise, wie die Dialogteilnehmer ihre Lösungsvorschläge unterbreiten sollen.

Aus der Formulierung, dass im Dialog Mittel zur Erfüllung der Bedürfnisse des öffentlichen Auftraggebers ermittelt und festgelegt werden sollen,[293] lässt sich nicht entnehmen, dass die Dialogteilnehmer in der Dialogphase zwingend gehalten sind, Unterlagen einzureichen, die ihre Lösungsvorschläge dokumentieren. Es ist grundsätzlich auch denkbar, dass die Lösungen für die Bedürfnisse des öffentlichen Auftraggebers in den gemeinsamen Dialoggesprächen herausgearbeitet und gemeinsam festgeschrieben werden.

In Art. 29 Abs. 6 VKR 2004 / Art. 30 Abs. 6 VKR 2014, welcher die Beendigung der Dialogphase und die Aufforderung zur Abgabe der Angebote behandelt, heißt es allerdings, dass das endgültige Angebot *„auf Grundlage der eingereichten und in der Dialogphase näher ausgeführten Lösungen“* einzureichen ist. Die Richtlinie scheint somit davon auszugehen, dass die Dialogteilnehmer spätestens mit Fortschreiten des Verfahrens ausgearbeitete Lösungsvorschläge einreichen.

Solange der öffentliche Auftraggeber keine Vorgaben macht, müssen die Dialogteilnehmer ihre Lösungsvorschläge nicht in der Form von Angeboten einreichen. Denkbar ist zum Beispiel die Vorstellung mehrerer denkbarer Variationen oder auch ein Fragenkatalog zur spezifischen Anpassung des Lösungsvorschlags an die Bedürfnisse des öffentlichen Auftraggebers.

bb. *Anzahl der verfolgten Lösungsansätze*

Auch wenn Art. 29 Abs. 6 VKR 2004 / Art. 30 Abs. 6 VKR 2014 nur davon spricht, dass die Bieter *„ihr Angebot“*, also *ein* Angebot abgeben, besteht kein Anlass, den Bietern in der Dialogphase nicht die Abgabe mehrerer Lösungsvorschläge zu

---

292 Das vorläufige Lösungskonzept definierte Art. 1 Abs. 8 VKR-E als eine *„vorläufige Beschreibung der Lösung, die ein Bewerber anzubieten beabsichtigt, um den Bedürfnissen und Anforderungen des Auftraggebers zu entsprechen“*; KOM(2000) 275 endg., ABl. C 29 E 11 vom 30. Januar 2001. Die österreichische Umsetzung kennt auch heute noch eine entsprechende Regelung, vgl. § 160 Abs. 9 Nr. 6 BVergG.

293 Art. 29 Abs. 3 VKR 2004, Art. 30 Abs. 3 VKR 2014.

gestatten, da dies nur die Wahrscheinlichkeit für den öffentlichen Auftraggeber auf einen für ihn wirtschaftlich vorteilhaften Abschluss des Vergabeverfahrens erhöht. Somit ist grundsätzlich auch das parallele Verfolgen verschiedener Lösungsansätze denkbar.[294]

d. Reichweite der Dialoggespräche

Den Umfang des Dialogs bestimmt Art. 29 Abs. 3 S. 2 VKR 2004 / Art. 30 Abs. 3 S. 2 VKR 2014 wie folgt:

> *„Bei diesem Dialog können sie [die öffentlichen Auftraggeber] mit den ausgewählten Bewerbern alle Aspekte des Auftrags erörtern."*

und bezieht damit – anders als ursprünglich vorgesehen – Gespräche über den Preis mit ein.[295]

An diesem Punkt stellt sich insbesondere die Frage, inwieweit es dem öffentlichen Auftraggeber gestattet ist, im Rahmen der Erörterung *„aller Aspekte des Auftrags"* im Laufe des Dialogs Modifikationen an den in der Bekanntmachung oder Beschreibung niedergelegten Bedürfnissen und Anforderungen vorzunehmen.

Hier ist zwischen Bedürfnissen und Anforderungen und weiter zwischen absolut und relativ formulierten Anforderungen zu unterscheiden.

„Bedürfnisse" des öffentlichen Auftraggebers stehen nach der hier vertretenen Interpretation vor und unabhängig von dem eigentlichen Beschaffungsvorgang, während *„Anforderungen"* schon eine Konkretisierung des öffentlichen Auftraggebers zur Erfüllung seiner Bedürfnisse darstellen. Diese Auslegung wird gestützt durch die Definition der Dialogphase, wonach in dieser nur Mittel für die Erfüllung der *„Bedürfnisse"*, nicht aber der Anforderungen gesucht werden.[296]

---

294 Erläuterungen der Europäischen Kommission „Wettbewerblicher Dialog - Klassische Richtlinie", deutsche Version des Dokuments CC/2005/04_rev1 vom 5.10.2005, Fn. 30.

295 Der erste Entwurf der VKR 2004 schloss Verhandlungen über den Preis aus, Art. 30 Abs. 4 UAbs. 2 VKR-E, Abl. C 29 vom 30. Januar 2001. Vgl. auch die legislative Entschließung in 1. Lesung des Europäischen Parlaments: Art. 33 Abs. 4 *„Der Auftraggeber erklärt den technischen Dialog nach Konsultation aller Teilnehmer für abgeschlossen. Damit werden alle Lösungsvorschläge endgültig. Die Teilnehmer werden gleichzeitig schriftlich aufgefordert, innerhalb von zehn Tagen den Preis für ihren endgültigen Lösungsvorschlag mitzuteilen. Der Auftraggeber bewertet die Angebote, ohne über sie zu verhandeln, auf der Grundlage der Kriterien für das wirtschaftlich günstigste Angebot."* Hiergegen wandte sich der fakultativ in das Normgebungsverfahren einbezogene Ausschuss der Regionen, da es zu einem unnötigen Abbruch des Vergabeverfahrens führen könne, wenn Preisangebote die Möglichkeiten des Auftraggebers überstiegen, Pkt. 2.2.6 der Stellungnahme des Ausschusses der Regionen (2001/C 144/08), ABl. C 144 vom 16. Mai 2001 S. 25.

296 Art. 29 Abs. 3 UAbs. 1 VKR 2004, Art. 30 Abs. 3 VKR 2014.

Im wettbewerblichen Dialog sollte der sorgfältig vorbereitete öffentliche Auftraggeber daher gar nicht in die Lage geraten, die ohnehin schon weit formulierten Bedürfnisse ändern zu müssen, da die Lösungsvorschläge der Dialogteilnehmer diese schon definitionsgemäß nicht beeinflussen können. Wenn seine Bedürfnisse sich dennoch verändern sollten, sei es durch externe, von ihm nicht beeinflussbare Ereignisse, sei es, dass er zu dem Ergebnis kommt, seine Bedürfnisse nicht sorgsam genug formuliert zu haben, muss jedoch beachtet werden, dass nur dann von einer erneuten Ausschreibung abgesehen werden kann, wenn die Änderung eine nur unwesentliche Veränderung der ursprünglichen Ausschreibung darstellt. Denn die veränderte Bedürfnisstruktur könnte nicht nur Einfluss auf die Zusammensetzung der Bewerbergruppe haben, es wird darüber hinaus schwieriger, die Gleichbehandlung der bereits ausgewählten Bewerber zu gewährleisten. Der öffentliche Auftraggeber setzt sich hier leicht dem Verdacht aus, seine Bedürfnisse und folglich die Anforderungen an den Auftragsgegenstand den Kapazitäten eines heimlichen „preferred bidder" anzupassen.

Entsprechendes gilt für die vom öffentlichen Auftraggeber eingangs festgelegten Anforderungen. Abweichungen von diesen können grundsätzlich nur Ziel der Gespräche sein, soweit die Beschreibung eine solche Flexibilität zulässt. Auch hier gilt der vergaberechtliche Lackmustest: hätten sich ggf. andere Unternehmen beworben, hätten sie von den geänderten Anforderungen gewusst, ist eine Veränderung im Laufe des Verfahrens nicht möglich.[297] Damit darf eine Änderung jedenfalls nicht dazu führen, dass sich wesentliche Elemente der Bekanntmachung ändern.[298] So kann eine unwesentliche Änderung nur vorliegen, wenn es weder zu einer Änderung an den bekannt gemachten Nummern der CPV-Nomenklatur kommt, noch eine Veränderung der bekanntgegebenen Zuschlagskriterien, deren Gewichtung oder der Eignungskriterien erforderlich wird. Soweit die Änderung von Anforderungen optional vorgesehen und hinreichend bekannt gemacht wurde, sind diese im wettbewerblichen Dialog aber grundsätzlich dem Verfahrensverlauf anpassbar. Vom Auftraggeber etwaig aufgestellte Mindestbedingungen ohne Öffnungsklausel an die Lösungsvorschläge können hingegen nicht geändert werden,[299] da hier nicht gewährleistet werden kann, dass die Anpassung nicht zugunsten eines bestimmten Bieters erfolgt.

---

297 EuGH, Urteil vom 19. Juni 2008, C-454/06, pressetext Nachrichtenagentur, Rn. 35 für die Änderung eines Vertrages nach Vertragsschluss; jetzt ausdrücklich in Erwägungsgrund 81 S. 3 VKR 2014 erwähnt.

298 Vgl. auch Erwägungsgrund 31 VKR 2004.

299 So auch die VK Düsseldorf, Beschluss vom 11. August 2006, VK-30/06, mit der Begründung, dass dies *„erst recht"* aus dem Verbot der nachträglichen Änderung der Zuschlagskriterien folge und nur so eine objektiv nachvollziehbare Möglichkeit der phasenweisen Reduktion von Lösungsansätzen denkbar sei.

e. *Angleichen von Lösungsvorschlägen*

Zur besseren Vergleichbarkeit der Lösungsvorschläge (und in der Folge der Angebote in der Angebotsphase) mag der öffentliche Auftraggeber im Laufe der Dialogphase anstreben, die Lösungsvorschläge einander möglichst anzugleichen.

Allerdings bieten die Vergabekoordinierungsrichtlinien keinen Hebel, um Dialogteilnehmern vorzuschreiben, dass sie ihre Lösungsvorschläge ändern müssen, solange diese sich innerhalb der Parameter von Bekanntmachung und Beschreibung bewegen. Ein Ausscheiden von Lösungsvorschlägen sehen die Richtlinien nur durch Anlegung der Zuschlagskriterien vor. Favorisiert der Auftraggeber eine Lösung, die bei Anlegen der Zuschlagskriterien nicht als beste abschneiden würde, kann er sie nicht bevorzugen, indem er die anderen Dialogteilnehmer auffordert, ebenfalls eine solche Lösung zu erstellen. Denkbar ist allenfalls, dass der öffentliche Auftraggeber darauf hinweist, dass eine Lösungsvariante bei Anlegen der Zuschlagskriterien als beste abschneiden würde und es den Dialogteilnehmern freistellt sich daran anzupassen.

Dies ist allerdings nur dann möglich, solange es nicht voraussetzt, dass einem Dialogteilnehmer Informationen aus Lösungsvorschlägen anderer Dialogteilnehmer offenbart werden. Im Übrigen setzt auch hier der Genehmigungsvorbehalt zur Weitergabe von Informationen nach Art. 29 Abs. 3 VKR 2004 / Art. 30 Abs. 3 VKR 2014 eine Grenze.

Das Problem der Vergleichbarkeit betrifft vornehmlich den Bereich technischer Komplexität. Im Bereich rechtlich/finanzieller Komplexität ist es wahrscheinlicher, dass die unterschiedlichen Lösungsansätze der Dialogteilnehmer nicht so sehr eine kreative Eigenentwicklung darstellen, sondern von ihrer Bereitschaft, bestimmte Risiken zu übernehmen, sowie ihrer eigenen bzw. extern generierbaren Finanzkraft abhängen.

f. *Strukturierung der Dialogphase*

Die Vergabekoordinierungsrichtlinien machen keine Vorgaben zur Strukturierung der Dialogphase. Der nationalen Gesetzgebung kommt hier also ein potentiell großer Gestaltungsspielraum zu.

Die Gebote der Gleichbehandlung und Nichtdiskriminierung der Dialogteilnehmer erfordern eine möglichst durchdachte Struktur der Gespräche und eine gleichmäßige Informationspolitik (Transparenz) bei gleichzeitiger Gewährleistung des Geheimwettbewerbs.

Kaelble ist der Auffassung, dass die Dialogteilnehmer einen Anspruch auf gleich intensiv geführte Dialoggespräche hätten und Abweichungen ihren Grund im Ziel der wirtschaftlichen Beschaffung finden müssten. Ferner seien sämtliche Dialogteilnehmer zumindest grundsätzlich über die weiteren in Betracht kommenden

Varianten zu informieren.[300] Diese Ansicht wird jedoch der besonderen Situation des wettbewerblichen Dialogs nicht gerecht. Bei einem Anspruch auf gleich intensiv geführte Gespräche sollte der Umstand Berücksichtigung finden, dass verschiedene Lösungen auch unterschiedlich intensiven Gesprächsbedarf nach sich ziehen können. Dementsprechend fordert die VKR 2014 nur für das Verhandlungsverfahren, nicht aber für den wettbewerblichen Dialog, dass Verhandlungsrunden immer für alle gleichzeitig zu beenden sind und dass die Aufforderung zur Legung neuer oder überarbeiteter Angebote für die nächste Verhandlungsrunde zu einer für alle Bieter identischen Frist erfolgen muss.[301]

Auch eine Pflicht, die Dialogteilnehmer über die Grundzüge aller diskutierten Lösungen zu unterrichten, solange diese sich innerhalb der in der Beschreibung nieder gelegten Bedürfnisse und Anforderungen bewegen, erscheint weder notwendig noch in jedem Falle wünschenswert, da sie die Gefahr birgt, den Geheimwettbewerb zu verletzen. Die Kanalisierung der Lösungsvorschläge erfolgt grundsätzlich nach den gesetzlichen Vorgaben über eine Reduktion der Lösungsvorschläge anhand der Zuschlagskriterien.

Aufgrund der vielfältigen Konstellationen, die sich in der Dialogphase ergeben können, hat der Auftraggeber einen recht breiten Entscheidungsspielraum. Dabei deutet die Formulierung, dass die öffentlichen Auftraggeber die Mittel *„ermitteln und festlegen"*, welche ihre Bedürfnisse erfüllen,[302] auf eine aktive Rolle der öffentlichen Auftraggeber im Dialogprozess hin. Auch wenn sie im Rahmen der Dialoggespräche keine verpflichtenden Angebote der Dialogteilnehmer erhalten, können sie bestimmen, welche Bestandteile der vorgelegten Lösungsvorschläge sie als zielführend ansehen und diese weiterverfolgen.

Eine umso gewichtigere Rolle kommt der Begründung und Dokumentation in der Dialogphase zu, um die getroffenen Entscheidungen des Auftraggebers im Nachhinein untermauern zu können.

aa. gemeinsame oder getrennte Gespräche / Weitergabe von Lösungsvorschlägen

Um die Geheimhaltungsinteressen der Dialogteilnehmer zu wahren und den Wettbewerb zwischen ihnen zu gewährleisten, sind grundsätzlich getrennt geführte Gespräche mit den einzelnen Dialogteilnehmern geboten.

Es wurde aber – insbesondere bei Einführung des wettbewerblichen Dialogs – überlegt, ob es sinnvoll sein könnte, den Dialog mit den Dialogteilnehmern gemeinsam durchzuführen.[303]

---

300 Kaelble, Der wettbewerbliche Dialog, in: Müller-Wrede, Kompendium des Vergaberechts, 1. Aufl., Rn. 39.

301 Art. 29 Abs. 7 VKR 2014.

302 Art. 29 Abs. 3 UAbs. 1 VKR 2004, Art. 30 Abs. 3 VKR 2014.

303 Hierzu m.w.N. Schwabe, Wettbewerblicher Dialog, Verhandlungsverfahren, Interessenbekundungsverfahren, S. 217 ff.

Problematisch hieran ist, dass Absprachen zwischen Konkurrenten wahrscheinlicher werden, wenn diese sich kennen. Da im Dialog grundsätzlich auch Preisstrukturen verhandelt werden können, erscheint eine gemeinsame Dialogphase auch über preisliche Aspekte besonders schwierig. Die in den Vergabekoordinierungsrichtlinien vorgesehene Zustimmungspflicht der Dialogteilnehmer zu einer Freigabe ihrer Lösungsvorschläge[304] mag zwar geeignet sein, Urheberrechtsverletzungen des jeweiligen Dialogteilnehmers abzuwenden, nicht jedoch die allgemeinen Bedenken, die gegen eine gemeinsame Lösungsentwicklung durch Konkurrenten sprechen.

Gleichwohl kann nicht von vornherein ausgeschlossen werden, dass Konstellationen auftreten, in denen der Auftragsgegenstand eine Kooperation mehrerer Bieter erfordert, die sich nicht unbedingt schon im Vorhinein zu einer Bietergemeinschaft zusammenfinden würden. Man kann hier beispielsweise an die Versicherung großer, untypischer Risiken denken, die in aller Regel durch mehrere Versicherer gemeinsam im Wege einer sogenannten Mitversicherung übernommen wird. Das besondere an der Mitversicherung ist, dass die Versicherer nicht – wie sonst in einer Bietergemeinschaft üblich – gesamtschuldnerisch haften, sondern dass jeder Versicherer die Versicherung eines Teils der Versicherungssumme übernimmt. Typischerweise übernimmt die Abwicklung des Vertrages ein führender Versicherer, während die übrigen Versicherer als „Beteiligte" den Entscheidungen des „Führenden" folgen.[305] Hier findet der öffentliche Auftraggeber eine Situation vor, in der er (mit Ausnahme der konkreten Prämienhöhe) einheitliche Versicherungsvertragsbedingungen mit unterschiedlichen Akteuren verhandeln muss und die Bereitschaft der Versicherer als „Beteiligte" einen Anteil zu zeichnen auch von der Kenntnis abhängt, welche Versicherung die Rolle des „Führenden" übernehmen soll. In einer solchen Situation erscheint es durchaus sinnvoll, in bestimmten Phasen des Verfahrens (etwa nach Identifikation des führenden Versicherers) gemeinsame Gespräche mit den potentiellen Beteiligten über die genaue Ausgestaltung der Versicherungsbedingungen zu führen. Dies gilt insbesondere dann, wenn absehbar ist, dass es für den öffentlichen Auftraggeber sehr schwer werden wird, das Risiko vollständig zu versichern. Haben sich hingegen ausreichend Versicherer um die Versicherung beworben, kann der öffentliche Auftraggeber das Risiko eingehen, nach der Durchführung von Einzelgesprächen einheitliche Versicherungsbedingungen vorzugeben und ggf. riskieren, dass einzelne Versicherungen abspringen oder geringere Quoten zu höheren Prämiensätzen anbieten.

Das Gebot der Wettbewerblichkeit fordert es also vom öffentlichen Auftraggeber auch im wettbewerblichen Dialog, Interaktion zwischen den Dialogteilnehmern

---

304 Art. 29 Abs. 3 UAbs. 3 VKR, Art. 30 Abs. 3 VKR 2014.

305 Zur Mitversicherung vgl. zum Beispiel Halbach in: Langheid/ Wandt, Münchener Kommentar zum Versicherungsvertragsgesetz, § 77 Rn. 7 ff. Ganz ähnlich die Struktur eines so genannten syndizierten Darlehens, bei dem sich mehrere Banken das Kreditrisiko teilen. Kredite und Darlehen sind allerdings vom Vergaberegime ausgenommen, Art. 66 lit. d VKR 2004, Art. 10 lit. f VKR 2014.

nur dort und nur insoweit zuzulassen, soweit ohne eine solche Interaktion eine stärkere Einschränkung des Wettbewerbs zu erwarten wäre, als ohne sie. Zur Sicherstellung von Gleichbehandlung und Transparenz muss der öffentliche Auftraggeber seine diesbezüglichen Strukturentscheidungen in der Vergabedokumentation nachvollziehbar begründen. Soweit es absehbar ist, hat der öffentliche Auftraggeber die Absicht, gemeinsame Gespräche zu führen, bereits in der Bekanntmachung anzuführen.[306]

bb. Übernahme von Elementen aus dem Verhandlungsverfahren

Das Verhandlungsverfahren ist hinsichtlich der Strukturierung der Verhandlungsphase ebenso frei von Vorgaben wie der wettbewerbliche Dialog hinsichtlich der Dialogphase. Allerdings wird im Verhandlungsverfahren über Angebote, die auf Grundlage einer Leistungsbeschreibung erstellt wurden, verhandelt.[307] Die mögliche Verhandlungsbreite ist damit gegenüber dem wettbewerblichen Dialog eingeschränkt. Aber auch im wettbewerblichen Dialog ist es dem öffentlichen Auftraggeber grundsätzlich unbenommen, die Lösungsvorschläge in Form von Angeboten einzuholen. Dies kann insbesondere dann attraktiv sein, wenn vor allem Fragen der Risikoteilung und Finanzierung zu klären sind, während der Auftragsgegenstand selbst recht gut beschreibbar ist.

Auch wenn sich die Dialogteilnehmer an solche Lösungsvorschläge in der Gestalt von Angeboten nicht gebunden halten müssen, haben sie jedoch den Vorteil, dass Verhandlungsbedarf und Schwachstellen des Lösungsvorschlags unter Umständen klarer zu Tage treten, als bei Lösungsvorschlägen, deren Präsentation dem Dialogteilnehmer allein überlassen ist.

Gen Ende der Dialogphase empfiehlt es sich zur Vorbereitung der Angebotsphase in jedem Fall, die Lösungsvorschläge in Form von (immer noch indikativen) Angeboten einzuholen, da es nach Abschluss der Dialogphase im Rahmen der Angebotsphase nicht mehr möglich ist, über die Angebote zu verhandeln.[308]

cc. Übernahme von Elementen aus dem Wettbewerb / Ernennung eines Projektleiters

Im Gegensatz zu wettbewerblichem Dialog und Verhandlungsverfahren ist das Verfahren des Wettbewerbs im Sinne der Artt. 66 ff. VKR 2004 vergleichsweise detailliert geregelt.[309] Ein zentraler Aspekt des Wettbewerbs ist die Unabhängigkeit des Preisgerichts. Dies hat den positiven Effekt, dass unsachliche Entscheidungen zu einem gewissen Grad minimierbar sind. Darüber hinaus sehen die

306 Zur Unzulässigkeit der pauschalen Verpflichtung zu gemeinsamen Gesprächen durch die Bekanntmachung siehe allerdings oben unter D.II.1.c.

307 Art. 30 Abs. 2 VKR 2004, Art. 29 Abs. 3 VKR 2014.

308 Hierzu näher unten unter D.II.7.c.

309 Siehe auch oben unter D.I.2.a.bb.

Vergabekoordinierungsrichtlinien für den Wettbewerb einen strengen Geheimwettbewerb vor, bei dem den Preisrichtern die Identität der Bieter im Laufe des gesamten Verfahrens nicht bekannt ist.[310] Vorteil dieser Vorgehensweise ist es, dass die Gleichbehandlung aller Teilnehmer mit hoher Wahrscheinlichkeit gesichert ist.

Der wettbewerbliche Dialog sieht hingegen die Interaktion zwischen dem öffentlichen Auftraggeber und den für die Dialogphase ausgewählten Unternehmen ausdrücklich vor. Gleichwohl mag es bei einigen Vergaben durchaus sinnvoll sein, Elemente des Wettbewerbs in das Verfahren des wettbewerblichen Dialogs einzuführen.[311] Hier ist dann jedoch zu bedenken, dass eine Wettbewerbskommission dem öffentlichen Auftraggeber allenfalls beratend zur Seite stehen kann, die eigentliche Vergabeentscheidung jedoch in jedem Fall vom öffentlichen Auftraggeber selbst zu treffen ist.

Die VKR 2014 schlägt in Erwägungsgrund 42 vor, den öffentlichen Auftraggebern gegebenenfalls zu empfehlen, einen Projektleiter für *„eine reibungslose Zusammenarbeit"* zwischen den Wirtschaftsteilnehmern und dem Auftraggeber während des Vergabeverfahrens zu beauftragen, ohne dies näher zu erläutern. Denkbar wäre, dass dieser die Funktion eines bereits von Schneider angeregten neutralen Vermittlers in der Dialogphase übernimmt, der den Dialogteilnehmern die Angst nehmen soll, dass Ergebnisse der Dialoggespräche an andere Dialogteilnehmer weitergegeben werden.[312]

g. *Sukzessive Verringerung der Lösungen*

Der öffentliche Auftraggeber hat ferner die Möglichkeit, in der Gesprächsphase den Kreis der Lösungen sukzessive zu verringern:

> *„Machen die öffentlichen Auftraggeber von der [...] Möglichkeit Gebrauch, die Zahl der zu erörternden Lösungen [...] zu verringern, so tun sie dies aufgrund der Zuschlagskriterien, die sie in der Bekanntmachung [...] oder in der Beschreibung angegeben haben. In der Schlussphase müssen noch so viele Angebote vorliegen, dass ein echter Wettbewerb gewährleistet ist, sofern eine ausreichende Anzahl von Lösungen oder geeigneten Bewerbern vorliegt."*[313]

Nach dem Wortlaut der Vergabekoordinierungsrichtlinien ist der öffentliche Auftraggeber zwar berechtigt, aber nicht verpflichtet, die Zahl der zu erörternden

---

310 Art. 74 Abs. 4 VKR 2004, Art. 82 Abs. 4 VKR 2014.

311 Dies ist in Deutschland zum Beispiel im Fall der Vergabe der Neukonzeptionierung und Baus des Brandenburger Landtags unter teilweiser Rekonstruktion des Potsdamer Stadtschlosses geschehen. Vgl. hierzu den Newsletter der Rechtsberater der Auftraggeberin vom September 2009, im Internet abrufbar unter www.ggsc.de/service/downloads/325_Sonderausgabe_09.09_.pdf.

312 Schneider, Der Wettbewerbliche Dialog im Spannungsfeld der Grundsätze des Vergaberechts, S. 208 ff.

313 Art. 44 Abs. 4 VKR 2004; entsprechend Artt. 30 Abs. 4, 66 S. 2 VKR 2014.

Lösungen zu verringern, auch wenn er dies bekanntgemacht hat. Der Verzicht auf eine phasenweise Aussonderung von Lösungsvorschlägen kann zum Beispiel dann sinnvoll sein, wenn weniger geeignete Bewerber als erwartet ausgewählt werden konnten. Ebenfalls denkbar ist, dass der öffentliche Auftraggeber sich in einem frühen Stadium des Dialogs noch nicht in der Lage sieht, die noch nicht in Angebotsform befindlichen Lösungsvorschläge anhand der Zuschlagskriterien zu bewerten.

aa. Verhandlungsstrategien beim Abschichten der Lösungsvorschläge

Beim Abschichten der Lösungsvorschläge werden üblicherweise die sogenannte lineare sowie die parallele Verhandlungsstrategie unterschieden.[314]

Bei der linearen Verhandlungsstrategie legt sich der öffentliche Auftraggeber früh auf einen bevorzugten Bieter fest und treibt allein mit diesem den Auftrag bis zur Spezifikationsreife voran. Diese Strategie, auf die übrigen Dialogteilnehmer erst zurückzukommen, wenn die Gespräche mit einem solchen „preferred bidder" nicht die erhofften Ergebnisse bringen, ist nach der Formulierung des Art. 44 Abs. 4 VKR 2004 / Art. 66 S. 2 VKR 2014, dass in der Schlussphase noch so viele Angebote vorliegen müssen, dass ein echter Wettbewerb gewährleistet ist, ausgeschlossen.[315] Auch wenn ein Bieter, mit dem in der Dialogphase mehrere Lösungsansätze verfolgt wurden, dementsprechend auch mehrere Angebote legen darf, so setzt ein echter Wettbewerb stets voraus, dass noch mehrere Bieter im Rennen sind. Soweit dies möglich ist, muss der öffentliche Auftraggeber also mit mindestens zwei verschiedenen Dialogteilnehmern Gespräche bis zur Beendigung der Dialogphase führen.[316] Der Strategie, die Verhandlungen frühzeitig auf einen Dialogteilnehmer zu konzentrieren, erteilt jetzt auch Art. 30 Abs. 6 VKR 2014, wonach *„jeder"* der verbliebenen Dialogteilnehmer zur Legung eines Angebots aufzufordern ist, eine Absage.

Bei der parallelen Verhandlungsstrategie führt der öffentliche Auftragnehmer mit allen Dialogteilnehmern Gespräche über ihre Lösungsvorschläge. Es erhalten grundsätzlich alle Dialogteilnehmer gleichmäßig Gelegenheit, ihre Lösungsvorschläge vorzustellen, zu diskutieren und zu verbessern.[317] Die parallele Verhandlungsstrategie bedeutet für den öffentlichen Auftraggeber zwar einen vergleichsweise hohen Aufwand, stellt aber die Gleichbehandlung der Dialogteilnehmer im Verfahren sicher und schützt vor unvorhergesehenen Verschiebungen in der Bieterrangfolge.

---

314 Reimnitz, Der neue wettbewerbliche Dialog, S. 140 ff.

315 A.A. Arrowsmith, The Law of Public and Utilities Procurement, 2. Aufl., Rn. 10.2.

316 Zur Beendigung der Dialogphase siehe unten unter D.II.4.h.

317 Dabei kann die „gleichmäßige" Berücksichtigung aller Lösungsvorschläge angesichts des unterschiedlichen Gesprächsbedarfs, die diese nach sich ziehen, für den öffentlichen Auftraggeber durchaus eine Herausforderung sein. Siehe auch oben unter D.II.4.f.

bb. Inhaltliche Überprüfbarkeit der Lösungsvorschläge

Fraglich ist, ob der öffentliche Auftraggeber nach ersten Dialoggesprächen Lösungsvorschläge, die nicht die an sie gestellten (Mindest-)Anforderungen erfüllen, vom weiteren Verfahren ausschließen kann. Dagegen könnte sprechen, dass eine Abschichtung von Lösungsvorschlägen nur anhand der Zuschlagskriterien vorgesehen ist.[318]

Allerdings ist ein Anlegen von Zuschlagskriterien sinnvoll nur dann möglich, wenn die Lösungsvorschläge ein vergleichbares Niveau erreicht haben. Dem öffentlichen Auftraggeber sollte es daher auch gestattet sein, bereits im laufenden Dialog Zeitpunkte festzusetzen, bis zu denen die Lösungsvorschläge der Dialogteilnehmer bestimmte in der Beschreibung genannte Anforderungen erfüllen müssen. Dabei ist es eine Frage des Einzelfalls zu entscheiden, wie eng er die Anforderungen im jeweiligen Verfahrensstadium und der vorgelegten Lösungsvorschläge setzen kann, ohne einzelne Dialogteilnehmer zu diskriminieren.

Im Übrigen ist im Rahmen der regulären Zuschlagserteilung unstreitig, dass die Angebote zunächst auf ihre Vollständigkeit und Übereinstimmung mit den Anforderungen zu prüfen sind, die Vergabekoordinierungsrichtlinien erwähnen dies aber ebenso wenig ausdrücklich wie beim wettbewerblichen Dialog.[319]

cc. Anlegung der Zuschlagskriterien zur Reduktion der Anzahl der Lösungsvorschläge

In Anbetracht dessen, dass die Lösungsvorschläge beim wettbewerblichen Dialog beträchtlich voneinander abweichen können, stellt es eine vergleichsweise hohe Herausforderung für den öffentlichen Auftraggeber dar, ein und demselben Zuschlagskriterium verschiedene Lösungsmöglichkeiten gewichtend zuzuordnen.

(1) Änderung von Unterkriterien

Arrowsmith schlägt in diesem Zusammenhang vor, dem öffentlichen Auftraggeber zu gestatten, in der Dialogphase nur das technische Konzept zu bewerten und die Angabe des Preises, auch wenn er ein Zuschlagskriterium darstellt, für die Auswahl für die nächste Runde nicht zu verlangen.[320] Schneider ist der Auffassung, dass sich aus der VKR 2004 nicht ableiten lasse, dass den Zuschlagskriterien bei

---

318 Art. 44 Abs. 4 VKR 2004, Art. 29 Abs. 4 VKR 2014. So hält es die VK Düsseldorf für grundsätzlich fraglich, ob der Auftraggeber im wettbewerblichen Dialog Mindestbedingungen formulieren kann, aufgrund derer er die Anzahl der zu erörternden Lösungen verringern kann, VK Düsseldorf, Beschluss vom 11. August 2006, VK - 30/2006-L.

319 Art. 53 VKR 2004, Art. 67 VKR 2014.

320 Arrowsmith, The Law of Public and Utilities Procurement, 2. Aufl., Rn. 10.26. In der 3. Auflage des Werks erwähnt Arrowsmith diese Möglichkeit allerdings nicht mehr.

Abschichtung in der Dialogphase dieselbe Gewichtung zukommen müsse, wie bei der verfahrensbeendenden Zuschlagsentscheidung. Dabei bezieht er sich, ähnlich wie Arrowsmith, auf die Situation, dass die technische Seite des Auftragsgegenstands noch nicht so genau bestimmt sei, dass das Zuschlagskriterium „Preis" sinnvoll ausgefüllt werden könne.[321]

Diese Auffassung lässt sich allerdings kaum mit der auf Primärrecht beruhenden und damit grundsätzlich für alle Verfahrensarten geltenden Rechtsprechung des EuGH, namentlich den Urteile ATI La Linea und Lianakis, vereinbaren.

In der Rechtssache Lianakis entschied der EuGH, dass alle Kriterien, die vom Auftraggeber bei der Bestimmung des wirtschaftlich günstigsten Angebots berücksichtigt werden sollen, und deren relative Bedeutung den potenziellen Bietern zum Zeitpunkt der Vorbereitung ihrer Angebote bekannt sein müssen. Demnach darf ein öffentlicher Auftraggeber keine Gewichtungsregeln oder Unterkriterien für die Zuschlagskriterien anwenden, die er den Bietern nicht vorher zur Kenntnis gebracht hat.[322]

In der Rechtssache ATI La Linea entschied der EuGH, dass

> *„das Gemeinschaftsrecht es einer Vergabekommission nicht verwehrt, Unterkriterien eines zuvor festgelegten Zuschlagskriteriums dadurch besonders zu gewichten, dass sie die vom öffentlichen Auftraggeber bei der Erstellung der Verdingungsunterlagen oder der Bekanntmachung des Auftrags für dieses Kriterium vorgesehenen Punkte auf die Unterkriterien verteilt, sofern eine solche Entscheidung*
>
> - *die in den Verdingungsunterlagen oder in der Bekanntmachung des Auftrags bestimmten Zuschlagskriterien für den Auftrag nicht ändert,*
> - *nichts enthält, was, wenn es bei der Vorbereitung der Angebote bekannt gewesen wäre, diese Vorbereitung hätte beeinflussen können, und*
> - *nicht unter Berücksichtigung von Umständen erlassen wurde, die einen der Bieter diskriminieren konnten."*[323]

Die von Arrowsmith und Schneider vorgeschlagene Veränderung der Unterkriterien bzw. ihrer Gewichtung ist nicht nur wenig hilfreich, wenn auch finanziell/rechtliche Komplexität vorliegt, bei der die Beurteilung vorrangig im Hinblick auf die kurz- und mittelfristigen finanziellen Auswirkungen der Umsetzung des jeweiligen Lösungsvorschlags erfolgen wird. Vor allem ist jedoch problematisch, dass auf diese Weise nicht ausgeschlossen werden kann, dass in einem frühen Verfahrensstadium ein Dialogteilnehmer ausgeschlossen wird, dessen Lösungsvorschlag unter Anwendung einer anderen Bewertungsmatrix des späteren Stadiums den Lösungsvorschlägen, die sich zuvor behaupten konnten, überlegen ist. Zwar handelt es sich hier noch nicht um Angebote; die Wirkung des Ausscheidens eines Lösungsvorschlags ist

---

321 Schneider, Der Wettbewerbliche Dialog im Spannungsfeld der Grundsätze des Vergaberechts, S. 152.

322 EuGH, Urteil vom 24. Januar 2008, C-532/06, Lianakis, Rn. 45.

323 EuGH, Urteil vom 24. November 2005, C-331/04, ATI La Linea, Rn. 32.

jedoch ebenso absolut, so dass auch bei der Abschichtung von Lösungsvorschlägen die auf den Grundsätzen von Gleichbehandlung und Nichtdiskriminierung fußende Rechtsprechung des EuGH zu beachten ist.

Es ist allenfalls möglich, die Abschichtung nach der jeweiligen Dialogphase mittels zunächst gröber definierten Zuschlagskriterien vorzunehmen und in folgenden Dialogrunden hinsichtlich Unterkriterien und Gewichtungskoeffizienten zu konkretisieren. Hierbei sind allerdings die Vorgaben des EuGH aus ATI La Linea zu beachten. Dies entspricht dem Vorschlag Kaelbles, nach dem eine getroffene Konkretisierung geändert werden können soll, soweit sie einer Modifikation des Auftragsgegenstandes folgt, solange sie sich im Rahmen der bekannt gegebenen abstrakteren Zuschlagskriterien hält.[324]

Klimisch/Ebrecht schlagen hingegen vor, dass der öffentliche Auftraggeber für die Abschichtung der Lösungsvorschläge spezifische Unterkriterien der Zuschlagskriterien entwickelt, die nicht mit den für die Angebotswertung heranzuziehenden Unterkriterien übereinstimmen müssen.[325] Aber auch hier gilt: Soweit bei dieser Vorgehensweise die Möglichkeit besteht, dass in der Angebotsphase ein Unternehmen das wirtschaftlich günstigste gewesen wäre, welches bei Abschichtung in der Dialogphase ausgeschieden ist, ist diese Vorgehensweise diskriminierend und daher abzulehnen.

Eben Gesagtes gilt auch für die Dialoggespräche unter der VKR 2014. Dort fällt allerdings auf, dass nunmehr für das Verhandlungsverfahren und die Innovationspartnerschaft ausdrücklich klargestellt wird, dass die Zuschlagskriterien nicht Gegenstand von Verhandlungen sein können,[326] während sich der wettbewerbliche Dialog nach wie vor auf *„alle Aspekte der Auftragsvergabe“* (VKR 2004: *„des Auftrags“*) beziehen kann. Da es jedoch bei der Formulierung geblieben ist, dass die Reduktion der Lösungsvorschläge im wettbewerblichen Dialog *„anhand der in der Bekanntmachung oder in der Beschreibung festgelegten Zuschlagskriterien“* erfolgen soll und es sich bei der Formulierung im Rahmen des Verhandlungsverfahrens viel mehr um eine Klarstellung des zuvor zum Teil zu großzügig ausgelegten Spielraums im Verhandlungsverfahrens handeln dürfte,[327] sind auch im wettbewerblichen Dialog keine darüber hinaus gehenden Möglichkeiten zur Anpassung der Zuschlagskriterien gegeben.

---

324 Kaelble, Der wettbewerbliche Dialog, in: Müller-Wrede, Kompendium des Vergaberechts, 1. Aufl., Rn. 37.

325 Klimisch/Ebrecht, Stellung und Rechte der Dialogteilnehmer im wettbewerblichen Dialog, NZBau 2011, S. 206.

326 Art. 29 Abs. 3 UAbs. 2 VKR 2014, Art. 31 Abs. 3 UAbs. 2 VKR 2014.

327 Siehe auch Erwägungsgrund 90 VKR 2014, welcher die Regelung mit der Sicherstellung der Gleichbehandlung der Bieter rechtfertigt.

(2). Zuschlagskriterien in absteigender Reihenfolge angegeben

Es lässt sich aus dem Text der Vergabekoordinierungsrichtlinien nicht entnehmen, dass der öffentliche Auftraggeber verpflichtet ist, gegenüber den Teilnehmern am Vergabeverfahren zu irgendeinem Zeitpunkt eine detaillierte Gewichtung der Zuschlagskriterien zu übermitteln, wenn er sich zulässigerweise für die Angabe in absteigender Reihenfolge entschieden hat.[328] Fraglich bleibt somit, inwieweit der öffentliche Auftraggeber bekannt gemachte Kriterien überhaupt weiter konkretisieren muss. Ist es denkbar, dass ein Zuschlag allein auf Grundlage in absteigender Bedeutung angegebener Zuschlagskriterien erteilt wird oder ist der öffentliche Auftraggeber (wenn auch nur faktisch) gezwungen, eine konkretere Gewichtung anzuwenden, um den Zuschlag diskriminierungsfrei zu erteilen?

Die Vergabekammer Thüringen hat in einem Fall, in dem der öffentliche Auftraggeber in einem offenen Verfahren die Zuschlagskriterien lediglich in absteigender Reihenfolge bekannt gemacht hatte, dann aber anhand konkreter Prozentzahlen gewichtete, festgestellt, dass der öffentliche Auftraggeber in diesem Fall auch nur die Zuschlagskriterien in absteigender Reihenfolge hätte anlegen dürfen.[329]

Letztlich kann die vermeintlich strenge Ansicht der Vergabekammer Thüringen dem öffentlichen Auftraggeber sogar Arbeit abnehmen. Darf er nämlich keine Gewichtung mehr aufstellen, nachdem er die Angebote geöffnet hat, so braucht er seine Zuschlagsentscheidung auch nur noch unter Bezug auf die von ihm aufgestellte Reihenfolge der Bedeutung der Zuschlagskriterien zu rechtfertigen, (etwa: „der Bestbieter erfüllt vier von fünf Zuschlagskriterien im Vergleich am besten, beim fünften liegt er zwar im Vergleich nur an dritter Stelle, da dieses Kriterium jedoch in der Reihenfolge der Bedeutung der Zuschlagskriterium nicht an erster Stelle stand, ist sein Angebot gleichwohl als das wirtschaftlich günstigste zu werten“, o. ä.).

dd. Konsequenzen des Ausscheidens eines Lösungsvorschlags

Die Vergabekoordinierungsrichtlinien erwähnen nicht ausdrücklich, was mit den Dialogteilnehmern geschieht, deren Lösungsvorschlag unter Anlegung der Zuschlagskriterien aus dem weiteren Verfahren ausgeschlossen wird.

Die Kommission geht in ihren Erläuterungen zum wettbewerblichen Dialog wie selbstverständlich davon aus, dass das Ausscheiden der einzigen (bzw. letzten noch

---

328 Die Kommission geht im Übrigen davon aus, dass dies im wettbewerblichen Dialog aufgrund der Komplexität des Auftrags regelmäßig der Fall sein wird, vgl. Erläuterungen der Europäischen Kommission „Wettbewerblicher Dialog - Klassische Richtlinie“, deutsche Version des Dokuments CC/2005/04_rev1 vom 5.10.2005.

329 VK Thüringen, Beschluss vom 12. Januar 2009, 250-4003.20-6372/2008-007-I K. Dies setzt allerdings mindestens voraus, dass eine nachvollziehbare Wertung der Kriterien ohne vorherige Bekanntgabe von Unterkriterien bzw. ohne Verlangen der Abgabe von Erklärungen über aussagekräftige Umstände erfolgen kann, vgl. OLG Naumburg, Beschluss vom 25. September 2008, 1 Verg 3/08.

verbliebenen) Lösung eines Dialogteilnehmers auch zum Ausscheiden des betreffenden Teilnehmers führt.[330]

Zum Teil wird allerdings vertreten, dass der öffentliche Auftraggeber den vom Ausschluss ihres Lösungsvorschlags betroffenen Dialogteilnehmern die Gelegenheit geben kann, ein weiteres Lösungskonzept zu unterbreiten.[331] Unter der Voraussetzung, dass nicht nur einem Dialogteilnehmer diese Möglichkeit gewährt ist, sprechen nicht so sehr rechtliche als allenfalls zeitliche und finanzielle Argumente gegen eine solche Vorgehensweise.

ee. Grenzen der Reduktion

Nach Art. 44 Abs. 4 VKR 2004 / Art. 66 VKR 2014 müssen in der Schlussphase noch so viele Angebote vorliegen, dass ein echter Wettbewerb gewährleistet ist, sofern eine geeignete Anzahl von Lösungen oder geeigneten Bewerbern vorliegt.

Liegt nur eine geeignete Lösung vor, die nur ein Bieter vorschlägt, so kann auch nur dieser eine Bieter zur Angebotsabgabe aufgefordert werden. Liegen allerdings zwei Lösungen vor, die die Bedürfnisse und Anforderungen des öffentlichen Auftraggebers erfüllen können, bei denen eine bei weiterem Abschichten ausgeschieden würde, ist gleichwohl auf Grundlage beider Lösungen zur Angebotslegung aufzufordern, wenn ansonsten nur ein Bieter verbliebe. Andernfalls könnte der öffentliche Auftraggeber bereits in der Dialogphase die Anzahl der Teilnehmer so weit reduzieren, dass er in der letzten Dialogphase nur noch mit einem Teilnehmer alleine verhandeln würde.

Auch erhöht das Wissen um die Konkurrenzsituation den (Preis-)Druck auf die Bieter und dient so über den Wettbewerb dem Wirtschaftlichkeitsziel des Vergabeverfahrens. Gegen diese Vorgehensweise spricht auch nicht, dass sie unfair gegenüber den Bietern sei, deren Lösungskonzept nach dem Willen des öffentlichen Auftraggebers eigentlich gar nicht bezuschlagt werden soll.[332] Denn dass der bevorzugte Teilnehmer aus der Dialogphase in der Angebotsphase tatsächlich das in allen Aspekten wirtschaftlichste Angebot legt, ist nie sicher. Bei einer Reduktion auf nur einen Bieter, obwohl andere grundsätzlich die Bedürfnisse des öffentlichen

---

330 Erläuterungen der Europäischen Kommission „Wettbewerblicher Dialog - Klassische Richtlinie“, deutsche Version des Dokuments CC/2005/04_rev1 vom 5.10.2005, Fn. 30.

331 Die Richtlinien für England z.B. scheinen davon auszugehen, dass der öffentliche Auftraggeber die Annahme eines weiteren Lösungsvorschlags verhindern kann, aber nicht muss, HM Treasury, Competitive Dialogue in 2008 - OGC/HMT joint guidance on using the procedure. 2008, Rn. 5.2.9. So auch ohne nähere Erläuterung Klimisch/Ebrecht, Stellung und Rechte der Dialogteilnehmer im wettbewerblichen Dialog, NZBau 2011, S. 207.

332 Mit dem weiteren Argument, dass auch die Konkretisierung eines Lösungsvorschlags durch ein Angebot an der strukturellen Schwäche des unterliegenden Lösungsvorschlags nichts mehr ändern könne, Holoubek/Holzinger, BVergG, § 161 Rn. 24.

Auftraggebers erfüllende Lösungen vorhanden gewesen wären, kann der öffentliche Auftraggeber zudem schwer auf den ausgeschiedenen Dialogteilnehmer zurückgreifen, wenn sich – wie nicht selten der Fall – in der Angebotsphase Probleme ergeben.

h. Beendigung der Dialogphase

Nach Art. 29 Abs. 5 VKR 2004 / Art. 30 Abs. 5 VKR 2014 führt der öffentliche Auftraggeber den Dialog so lange, bis er

> *„die Lösung bzw. die Lösungen ermitteln kann, mit denen seine Bedürfnisse erfüllt werden können."*[333]

Dieser Anforderung steht der Auftrag zu Beginn der Dialogphase entgegen, die Lösung(en) zu ermitteln, mit denen die Bedürfnisse des öffentlichen Auftraggebers *„am besten"* erfüllt werden können.[334] Diesen Arbeitsauftrag könnte man auch so verstehen, dass der öffentliche Auftraggeber im Verlauf der Dialoggespräche zu der Einsicht kommen kann, dass sich nicht alle seine Bedürfnisse erfüllen lassen und daher beabsichtigt, auch Lösungen zu akzeptieren, die seinen Bedürfnisse im Vergleich mit den übrigen Lösungsvorschlägen *„am besten"* im Sinne von „am ehesten" erfüllen.

Dies bedeutet ein Abrücken des öffentlichen Auftraggebers von seinen bekannt gegebenen Bedürfnissen. Damit könnte nicht mehr ausgeschlossen werden, dass sich unter Umständen Bewerber, die angesichts der bekanntgemachten Bedürfnisse von einer Bewerbung um die Teilnahme am Dialog abgesehen hatten, sich unter den veränderten Bedingungen beworben hätten. Ein nachträgliches Abrücken von bekannt gegebenen Bedürfnissen verletzt den Gleichbehandlungsgrundsatz und das Transparenzgebot und ist daher nicht möglich. *„Am besten"* erfüllen also die Lösungsvorschläge die Bedürfnisse des öffentlichen Auftraggebers, die der Beschreibung entsprechen und nach Anlegung der Zuschlagskriterien die vielversprechendsten sind.[335]

Die Vergabekoordinierungsrichtlinien geben keinen Hinweis darauf, welchen Maßstab der öffentliche Auftraggeber anzulegen hat, um zu entscheiden, ob ein

333 Von den in der Beschreibung genannten Anforderungen ist hier nicht mehr die Rede. In Anbetracht dessen, dass die Anforderungen im Sinne von Bedingungen ohnehin zu erfüllen sind, kann hierauf auch verzichtet werden.

334 Art. 29 Abs. 3 VKR 2004, Art. 30 Abs. 3 VKR 2014.

335 Einen weiteren Gedanken verfolgen die österreichischen Gesetzgebungsmaterialien (diese entsprechen der deutschen Gesetzesbegründung): Der öffentliche Auftraggeber solle die für ihn bestgeeignete Lösung und nicht irgendeine Lösung finden, BVergG, Materialien zu §§ 159 bis 162. Die Konsequenz aus dieser Feststellung ist allerdings unklar, denn sie ändert nichts an dem einzig gangbaren Weg über die Erfüllung der Bedürfnisse und Anforderungen und die vergleichende Anlegung der Zuschlagskriterien.

Lösungsvorschlag seine Bedürfnisse erfüllt.[336] Dass die im Anschluss an die Dialogphase abgegebenen Angebote *„alle zur Ausführung des Projekts erforderlichen Einzelheiten"* enthalten müssen,[337] bedingt, dass die Lösungsvorschläge der Bieter in der Dialogphase ein entsprechend hohes Niveau erreicht haben sollten. Der öffentliche Auftraggeber sollte im eigenen Interesse in der letzten Dialogrunde die vorliegenden Lösungsvorschläge in Angebotsform vorliegen und endverhandelt haben, da nach der Legung der Angebote der Zuschlag ohne weitere substantielle Verhandlungsmöglichkeit zu erteilen ist. Es ist ratsam, den Dialog frühestens dann zu beenden, wenn aufgrund der bis zu diesem Zeitpunkt fortgeschrittenen Lösungsvorschläge zumindest eine funktionale Leistungsbeschreibung für ein offenes oder nichtoffenes Verfahren erstellbar ist.

Aus Art. 29 Abs. 5 VKR 2004 / Art. 30 Abs. 5 VKR 2014 lässt sich nicht entnehmen, ob der öffentliche Auftraggeber den Dialog so lange fortsetzen muss, bis alle Lösungsvorschläge seine Bedürfnisse erfüllen können oder ob er entscheiden könnte, den Dialog zu beenden, sobald nur eine Lösung seine Bedürfnisse erfüllt.

Hatte der öffentliche Auftraggeber sich entschieden, die im Dialog eingereichten Lösungen sukzessive abzuschichten, wird er die nicht so erfolgversprechenden Lösungsvorschläge bereits mit Hilfe der Zuschlagskriterien, die mit den Bedürfnissen korrelieren, ausscheiden können.

Solange der öffentliche Auftraggeber allen Dialogteilnehmern gleichmäßig und fair bemessen Gelegenheit gegeben hat, ihre Lösungsvorschläge zu überarbeiten, ist er nach hier vertretener Auffassung nicht verpflichtet, solange abzuwarten, bis alle Dialogteilnehmer ihre Lösungsvorschläge endgültig optimiert haben. Die Aufforderung zur Angebotsabgabe darf andererseits nicht zu einer Beschränkung des Wettbewerbs dahingehend führen, dass Unternehmen willkürlich durch eine verfrühte Beendigung der Dialogphase in ihren Erfolgsaussichten eingeschränkt werden.

Wenn keine Abschichtung der Lösungsvorschläge bekannt gemacht war, sind alle Dialogteilnehmer – auch die, deren Lösungsvorschlag im Vergleich mit anderen noch nicht so ausgereift ist – zur Abgabe von Angeboten aufzufordern. Die Konsequenz hieraus ist, dass der öffentliche Auftraggeber in diesem Fall nicht so genau abschätzen kann, welchen Inhalt das Angebot des Dialogteilnehmers haben wird.

Während des Normgebungsprozesses zur VKR 2004 wurde schließlich diskutiert, ob nach Abschluss der Dialogphase eine erneute Überprüfung der Eignung der Bewerber erfolgen sollte. Letztendlich ist die Idee nicht umgesetzt worden, da befürchtet wurde, die Aufstellung eines neuen Katalogs von Eignungskriterien könnte zur Bevorteilung eines „preferred bidders" aus der Dialogphase führen.[338]

---

336 Art. 29 Abs. 5 VKR 2004, Art. 30 Abs. 5 VKR 2014.

337 Art. 29 Abs. 6 VKR 2004, Art. 30 Abs. 6 VKR 2014.

338 ***I Bericht über den Vorschlag über eine Richtlinie des Europäischen Parlaments und des Rates über die Koordinierung der Verfahren zur Vergabe öffentlicher Lieferaufträge, Dienstleistungsaufträge und Bauaufträge des Ausschusses für Recht und Binnenmarkt vom 29. Oktober 2001, ENDGÜLTIG A5-0378/2001, S. 177 ff.

Schwer zu deuten und – soweit ersichtlich – in Rechtsprechung und Literatur bislang nicht zufriedenstellend behandelt, ist die Aussage in der VKR 2004, dass der öffentliche Auftraggeber die Entscheidung, ob seine Bedürfnisse erfüllt sind, *„erforderlichenfalls nach einem Vergleich"* trifft. Denn eine eventuelle Abschichtung der Lösungen erfolgt ohnehin nach den Zuschlagskriterien, also nach einem Vergleich. Die VKR 2014 verzichtet auf diese Formulierung.

i. Zusammenfassung: Dialogphase

Es hat sich gezeigt, dass der öffentliche Auftraggeber weitgehende Freiheiten bei der Durchführung der Dialogphase hat und diese weitgehend nach seinem Ermessen strukturieren kann, solange er transparent und nichtdiskriminierend vorgeht.

Um Verzerrungen des Wettbewerbs vorzubeugen, sind dabei getrennte Gespräche gemeinsamen grundsätzlich vorzuziehen. Dies schließt allerdings nicht kategorisch aus, dass der Auftraggeber in besonderen Fällen, die Zusammenarbeit von Dialogteilnehmern, die sich nicht schon gemeinsam beworben haben, an einer Lösung gestatten kann, wenn es ihm gelingt, die Gespräche so zu strukturieren und zu dokumentieren, dass eine Ungleichbehandlung der Dialogteilnehmer oder eine sonstige Verzerrung des Wettbewerbs vermieden werden kann. Gelingt ihm dies, kann der wettbewerbliche Dialog dazu dienen, einen Wettbewerb dort stattfinden zu lassen, wo eine Vergabe sonst entweder gar nicht oder nur an eine(n) Bieter(gemeinschaft) möglich gewesen wäre.

Des Weiteren ist der öffentliche Auftraggeber an die durch die Bekanntmachung und Beschreibung selbst gesetzten Grenzen gebunden. Insbesondere ist eine Anpassung der Zuschlagskriterien im Laufe des Verfahrens nur sehr eingeschränkt möglich, da diese kaum denkbar ist, ohne Dialogteilnehmer oder potentielle andere Interessenten an dem Auftrag zu diskriminieren. Entsprechendes gilt für den nachvollziehbaren Wunsch des Auftraggebers Lösungsvorschläge zur besseren Vergleichbarkeit einander anzugleichen. Solange sich die Lösungsvorschläge innerhalb der Grenzen von Bekanntmachung und Beschreibung bewegen, kann er die Dialogteilnehmer nur *bitten*, ihre Vorschläge in eine bestimmte Richtung zu lenken. Als echter Hebel kann ihm lediglich die Abschichtung anhand der Zuschlagskriterien dienen.

Das bedeutet aber nicht, dass der Auftraggeber daran gehindert ist, Mindestniveaus (oder „milestones") festzusetzen, die die Lösungsvorschläge erreichen müssen, um in die Wertung für die nächste Dialogrunde zu gelangen, solange sich diese aus der Beschreibung ableiten lassen.

Schließlich müssen bei Beendigung der Dialogphase noch mindestens zwei Dialogteilnehmer im Verfahren sein, um einen echten Wettbewerb um den Zuschlag zu erlauben. Der Auftraggeber muss also die Dialoggespräche grundsätzlich so weit führen, dass die Dialogteilnehmer ihre Lösungsvorschläge ausreichend weit entwickeln können bzw. darf Lösungen nur soweit ausscheiden, dass mindestens noch zwei Wirtschaftsteilnehmer im Verfahren verbleiben.

5. Aufforderung zur Angebotsabgabe

Nach Abschluss der Dialogphase fordern die öffentlichen Auftraggeber die Dialogteilnehmer auf,

> *„auf der Grundlage der eingereichten und in der Dialogphase näher ausgeführten Lösungen ihr endgültiges Angebot einzureichen.“*[339]

Art. 30 Abs. 6 VKR 2014 bestimmt darüber hinaus, dass *„jeder“* der verbleibenden Teilnehmer zur Abgabe eines Angebots aufzufordern ist und stellt damit klar, dass ein faktisches Ausscheiden von Dialogteilnehmern außerhalb der vorgesehenen Abschichtung, (die ebenfalls anhand der Zuschlagskriterien vorgenommen wird), durch eine bloße Nichtaufforderung zum Dialog nicht möglich ist. Ebenso wird hier noch einmal deutlich, dass der Auftraggeber sich nicht darauf beschränken darf, zunächst nur einen etwaigen „preferred bidder“ aus der Dialogphase zur Angebotsabgabe aufzufordern und die übrigen Dialogteilnehmer in Reserve zu halten, falls ein Vertragsschluss mit dem „preferred bidder“ nicht gelingt.

Im Entwurf zur VKR 2004 war noch ausdrücklich vorgesehen, dass der Auftraggeber aufgrund der gefundenen Lösung eine Leistungsbeschreibung erstellen und auf deren Grundlage die geeigneten Bewerber zur Abgabe eines Angebots auffordern sollte.[340] Da insbesondere befürchtet wurde, dass durch eine Möglichkeit des öffentlichen Auftraggebers, angesichts und durch Kombination der verschiedenen Lösungsansätze der einzelnen Bewerber die endgültigen Verdingungsunterlagen zu erstellen (sogenanntes *„cherry picking“*), die Bewerber gegeneinander ausgespielt werden und deswegen davon Abstand nehmen könnten, sorgfältig ausgearbeitete Vorschläge zu unterbreiten,[341] wurde auf diese Regelung letztlich verzichtet.

---

339 Art. 29 Abs. 6 VKR 2004; Art. 30 Abs. 6 VKR 2014.

340 Art. 30 Abs. 4 UAbs. 2 VKR-E, Abl. C 29 vom 30. Januar 2001 S. 22.

341 Stellungnahme des Wirtschafts- und Sozialausschusses (2001/C 193/02), ABl. C 193 vom 10. Juli 2001, S. 7 ff. Ebenso der Ausschuss für Industrie, Außenhandel, Forschung und Energie sowie gegen die ursprüngliche vorgesehene Möglichkeit, die Zuschlagskriterien den Verhandlungsergebnissen anzupassen mit der Begründung der *„[mangelnden] Vereinbarkeit dieses vorgeschlagenen Verfahrens mit der üblichen Vergabepraxis“*, ***I Bericht über den Vorschlag über eine Richtlinie des Europäischen Parlaments und des Rates über die Koordinierung der Verfahren zur Vergabe öffentlicher Lieferaufträge, Dienstleistungsaufträge und Bauaufträge des Ausschusses für Recht und Binnenmarkt vom 29. Oktober 2001, ENDGÜLTIG A5-0378/2001, S. 177 ff. Der Ausschuss regte stattdessen an (wie jetzt in den Vergabekoordinierungsrichtlinien vorgesehen), in Parallele zu Art. 48 des Mustergesetzes über die Vergabe öffentlicher Liefer-, Bau- und Dienstleistungsaufträge der Kommission für internationales Handelsrecht der Vereinten Nationen die Bewerber nach der Verhandlungsphase aufzufordern, ihr bestes endgültiges Angebot einzureichen. Dies würde auch kleinen und mittleren Unternehmen die Teilnahme an einer Vergabe in dieser Form erleichtern, Pkte. 4.4.1 f. der Stellungnahme des

Kaelble vertritt die Auffassung, dass auch ohne gesetzliche Vorgabe die Erstellung einer Leistungsbeschreibung zwingend erforderlich sei. Er begründet dies damit, dass der öffentliche Auftraggeber den Grundsatz des größtmöglichen Wettbewerbs zu beachten habe, die Wettbewerblichkeit der Angebotsphase aber nach dem EuGH davon abhinge, ob

> *„der Auftraggeber in der Lage sei, verschiedene Angebote miteinander zu vergleichen und aufgrund objektiver Kriterien [...] das günstigste Angebot zu wählen“*[342].

Dies erfordere Leistungsanforderungen, die von allen Bietern in gleicher Weise verstanden werden können und an alle Bieter die gleichen Bedingungen stellen.[343]

Gegen die zwingende Erstellung einer einheitlichen Leistungsbeschreibung spricht jedoch, dass eine solche die Bieter u.U. auf eine Lösung festlegt, die sie im Dialog nicht vorgeschlagen haben oder gar nicht erbringen wollen oder erbringen können. Damit verbirgt sich unter dem Deckmantel der Herstellung der Vergleichbarkeit der Angebote die Gefahr, dass der öffentliche Auftraggeber einen bestimmten Dialogteilnehmer bevorzugt. Dass dies nicht gewünscht ist, wird auch in 29 Abs. 6 VKR 2004 / Art. 30 Abs. 6 VKR 2014, wonach die Angebote *„auf der Grundlage der eingereichten und in der Dialogphase näher ausgeführten Lösungen“* abgefordert werden sollen, deutlich. Des Weiteren hat der öffentliche Auftraggeber bereits in der Dialogphase die Lösungsvorschläge anhand der Zuschlagskriterien ausscheiden können, die auch dort nicht auf einer gemeinsamen Leistungsbeschreibung beruhten. Es ist nicht ersichtlich, warum er hierzu nicht auch nach Abgabe der Angebote in der Lage sein sollte.

Um die Abgabe von Angeboten sicherzustellen, die so weit wie möglich die Vorstellungen des öffentlichen Auftraggebers erfüllen, hat der öffentliche Auftraggeber vielmehr die Möglichkeit, die Lösungsvorschläge soweit zu verhandeln, bis sie zuschlagsreifen Angeboten entsprechen. Außerdem kann der öffentliche Auftraggeber die Absprachen der Dialoggespräche so genau wie möglich protokollieren, schriftlich ausgearbeitete Lösungsvorschläge verlangen und dies gemeinsam zur Grundlage der Angebotsabgabe machen. Aus dem Arbeitsauftrag zu Beginn der Dialogphase (*„Der öffentliche Auftraggeber ermittelt und legt fest, wie seine Bedürfnisse am besten erfüllt werden können.“*) lässt sich eine Deutungshoheit des öffentlichen

---

Wirtschafts- und Sozialausschusses (2001/C 193/02), ABl. C 193 vom 10. Juli 2001, S. 10.

342 EuGH, Urteil vom 16. September 1999, C-27/98, Metalmeccanica, Rn. 31.

343 Kaelble, Der wettbewerbliche Dialog, in: Müller-Wrede, Kompendium des Vergaberechts, 1. Aufl., Rn. 68, der Einzelleistungsbeschreibungen, wenn zentrale Elemente von Leistungsbeschreibungen nicht freigegeben werden, allerdings notfalls gestatten will, dann aber wieder vor dem von ihm aufgeworfenen Problem der fehlenden Vergleichbarkeit steht.

Auftraggebers im Hinblick auf die Einzelheiten der die Basis des Angebotes bildenden Lösung ableiten.[344]

Denkbar ist allenfalls, dass der öffentliche Auftraggeber eine Art Leistungsbeschreibung erstellt, die die größten gemeinsamen Nenner der ihm vorliegenden Lösungsvorschläge zusammenfasst, es in den Bereichen, in denen die Lösungsvorschläge voneinander abweichen, jedoch bei den auf den Darstellungen in Bekanntmachung und Beschreibung beruhenden Formulierungen belässt.

Solange dies diskriminierungsfrei möglich ist, kann der öffentliche Auftraggeber in der Aufforderung zur Angebotsabgabe seine Anforderungen präzisieren und verschärfen. Dieses Vorgehen ist allerdings begrenzt durch den durch die Bekanntmachung und die Beschreibung gesetzten Rahmen und insbesondere die von den Dialogteilnehmern bereits belegte Eignung, die bekanntgemachten Nummern der CPV-Nomenklatur und die Kompatibilität mit der den Dialogteilnehmern mitgeteilten Bewertungsmatrix.

6. Die Einreichung der Angebote

Nach der Aufforderung zur Angebotsabgabe müssen die (jetzt) Bieter ihre Angebote innerhalb der vom öffentlichen Auftraggeber gesetzten Frist legen. Dabei schreiben die Vergabekoordinierungsrichtlinien den öffentlichen Auftraggebern nur vor, dass die Angebotsfrist die Komplexität des Auftrags und die Zeit, die für die Ausarbeit der Angebote erforderlich ist, berücksichtigen muss.[345] Die Regelungen in Art. 29 Abs. 6 VKR 2004 / Art. 30 Abs. 6 VKR 2014, wonach die öffentlichen Auftraggeber die Dialogteilnehmer auffordern,

> *„auf der Grundlage der eingereichten und in der Dialogphase näher ausgeführten Lösungen ihr endgültiges Angebot einzureichen. Diese Angebote müssen alle zur Ausführung des Projekts erforderlichen Einzelheiten enthalten“;*

sind die einzigen weiteren Vorgaben, die die Vergabekoordinierungsrichtlinien speziell für die Angebotslegung im wettbewerblichen Dialog machen.

a. Anzahl der Angebote

Da die Bieter nach Art. 29 Abs. 6 VKR 2004 / Art. 30 Abs. 6 VKR 2014 aufgefordert werden, ihr *„Angebot“* (und nicht ihre *„Angebote“*) einzureichen, ist fraglich, ob aus dieser Formulierung geschlossen werden kann, dass ein Bieter nur ein Hauptangebot legen kann, unabhängig davon, wie viele Lösungsvorschläge er im Rahmen der Dialogphase verfolgt und ausgehandelt hat. Soweit verschiedene Lösungsansätze bis

344 Richer vertritt hierzu die Auffassung, dass es im Ermessen (*„à sa libre appréciation“*) des öffentlichen Auftraggebers liegt, wann die Lösungen für seine Bedürfnisse gefunden sind, Richer, L'Europe des marchés publics: marchés publics et concessions en droit communautaire, Rn. 750.

345 Art. 38 Abs. 1 VKR 2004, Art. 47 Abs. 1 VKR 2014.

zum Ende durchverhandelt wurden, besteht allerdings kein Anlass dazu, es einem Bieter nicht zu gestatten, auch dementsprechend mehrere Angebote zu legen, die die Bedürfnisse und Anforderungen des Auftraggebers erfüllen können. Dem Auftraggeber ist es zwar unbenommen, eine entsprechende Einschränkung vorzunehmen, es dürfte sich hier jedoch um eine Ungenauigkeit bei der Formulierung handeln.

b. Form und Inhalt

Von den Dialogteilnehmern fordern die Vergabekoordinierungsrichtlinien, dass diese ihre endgültigen Angebote *„auf Grundlage der eingereichten und in der Dialogphase näher ausgeführten Lösungen“* einreichen. Die Angebote müssen zudem alle zur *„Ausführung des Projekts notwendigen Einzelheiten“* enthalten.[346]

Dass die Angebote auf der Grundlage der Lösungsvorschläge aus der Dialogphase einzureichen sind, hat zweierlei Auswirkungen: Zum einen dürfen die Bieter ihre Angebote gegenüber ihren Lösungsvorschlägen nicht ändern, zum anderen dürfen die öffentlichen Auftraggeber eine solche Änderung aber auch nicht mehr von den Bietern verlangen.

Die Formulierung in den Richtlinien, die die zur Ausführung des Projekts *„notwendigen Einzelheiten“*, ist dabei vergleichsweise ungenau gegenüber der anderer Sprachversionen, in denen von den zur Ausführung des Projekts *„geforderten und erforderlichen Elementen“* die Rede ist.[347] Die Formulierung, dass ein Angebot auch die *„geforderten“* Elemente enthalten muss, stellt klar, dass sich die vom öffentlichen Auftraggeber gestellten Anforderungen auch im Angebot wiederfinden müssen. Die deutsche Sprachversion bietet damit unnötig Anlass, die Änderbarkeit der Anforderungen aus Bekanntmachung und Beschreibung zu diskutieren.[348]

Die weitere Formulierung der anderen Sprachversionen, dass das Angebot auch die *„erforderlichen Elemente“* enthalten muss, bezieht sich dann auf die Zuschlagsfähigkeit – das Angebot darf also keine Lücken aufweisen, die nicht über die nachfolgend eingeschränkt möglichen Feinabstimmungen gefüllt werden können. An dieser Stelle erscheint die deutsche Formulierung dann vergleichsweise eng formuliert, wenn sie fordert, dass die Angebote alle *„Einzelheiten“*, im Gegensatz zu allen *„Elementen“* enthalten müssen. Denn hier bleibt den Bietern ein gewisser Spielraum innerhalb dessen, was noch als *„auf der Grundlage“* der in Dialogphase präsentierten Lösungen verstanden werden kann, solange die Angebote grundsätzlich zuschlagsfähig sind.

Zusammenfassend müssen die Bieter also Angebote einreichen, die so vollständig sind, dass der Vertragsschluss ohne weitere inhaltliche Ergänzungen oder Anpassungen erfolgen kann. Diese Angebote dürfen (und müssen) dabei nicht von dem letzten Stand abweichen, den die letzten Lösungsvorschläge erreicht haben.

---

346 Art. 29 Abs. 6 UAbs. 1 VKR 2004, Art. 30 Abs. 6 UAbs. 1 VKR 2014.

347 Englisch: *„all the elements required and necessary“*; polnisch: *„wszystkie elementy wymagane i niezbędne“*; französisch: *„tous les éléments requis et nécessaires“*.

348 Siehe hierzu schon oben unter D.II.4.d.

7. Bewertung der Angebote und Erteilung des Zuschlags

Für die nun folgende Bewertung der Angebote und Erteilung des Zuschlags machen die Vergabekoordinierungsrichtlinien wie für die übrigen Vergabeverfahren keine besonderen Angaben.

Damit gilt für die Prüfung der Angebote wie für alle Verfahren, dass die Angebote auf ihre Vollständigkeit und Übereinstimmung mit den inhaltlichen Anforderungen und etwaige Varianten auf die Einhaltung der für diese aufgestellten Mindestkriterien zu prüfen sind. Die Ausgestaltung der Öffnung der Angebote und der formellen Prüfung überlassen die Vergabekoordinierungsrichtlinien den nationalen Rechtsordnungen.

Es hängt letztlich von der Ausgestaltung des Verfahrens durch den öffentlichen Auftraggeber ab, inwieweit diese Prüfung der Angebote schwierig für ihn wird oder nicht. Hat er mit den Bietern in der Dialogphase die Lösungsvorschläge bis in die letzten Details zu Ende verhandelt und dies dokumentiert oder gar eine Leistungsbeschreibung erstellt, fällt weder der Abgleich der finalen Angebote mit den in der Dialogphase besprochenen Lösungen noch die Überprüfung der Vollständigkeit der Angebote schwer. Dies gilt insbesondere unter der VKR 2014: Da der wettbewerbliche Dialog nach der Neuerung auch angewandt werden kann, wenn von Anfang eine funktionale Leistungsbeschreibung erstellt werden kann, kann die Bandbreite, die die Angebote schlussendlich abdecken sowohl sehr groß als auch sehr klein sein.

a. *„Feinabstimmungen" bzw. „Verbesserungen" der Angebote*

Eine Besonderheit des wettbewerblichen Dialogs stellt die Möglichkeit des öffentlichen Auftraggebers dar, nach der Angebotslegung noch sogenannte „Feinabstimmungen" bzw. „Verbesserungen" vorzunehmen.[349]

Nach Art. 29 Abs. 6 UAbs. 2 VKR 2004 können

> *„auf Verlangen des öffentlichen Auftraggebers [...] Klarstellungen, Präzisierungen und Feinabstimmungen zu diesen Angeboten gemacht werden. Diese Präzisierungen, Klarstellungen, Feinabstimmungen oder Ergänzungen dürfen jedoch keine Änderung der grundlegenden Elemente des Angebots oder der Ausschreibung zur Folge haben, die den Wettbewerb verfälschen oder sich diskriminierend auswirken könnten."*

Art. 30 Abs. 6 UAbs. 2 VKR 2014 wählt statt der Formulierung *„Feinabstimmungen"* das Wort *„Verbesserungen"* und spricht statt von *„Ergänzungen"* von *„zusätzlichen Informationen"*.

Mit dieser Regelung wird dem Umstand Rechnung getragen, dass die Bieter ihre Angebote in der Regel nicht auf Grundlage einer Leistungsbeschreibung abgeben, sondern auf Grundlage ihrer individuellen Lösungsvorschläge. Es ist daher weder wahrscheinlich, dass die Bieter identische Dokumente, Entwürfe usw. einreichen werden, noch, dass diese Angebote für den öffentlichen Auftraggeber in

---

349 Art. 29 Abs. 6 UAbs. 2 VKR 2004, Art. 30 Abs. 6 UAbs. 2 VKR 2014.

allen Punkten selbsterklärend sind. Daraus, dass Art. 29 Abs. 6 VKR 2004 / Art. 30 Abs. 6 VKR 2014 vorgibt, dass die Angebote alle zur Ausführung des Projekts erforderlichen Einzelheiten enthalten müssen, folgt, die Feinabstimmungen nicht dazu genutzt werden können, einen Vertrag mit Lücken, die zu einem späteren Zeitpunkt zu füllen sind, zu schließen.

Daher erscheint die Ansicht zu eng, die aus der Bedingung, dass die Präzisierungen etc. nicht zu grundlegenden Änderungen der Ausschreibung führen dürfen, den Schluss zieht, dass deren Reichweite nicht über das hinausgehen kann, was im offenen oder nichtoffenen Verfahren erfragt werden darf.[350] Nur wenn ein Angebot eingereicht wurde, das in der Hinsicht unvollständig ist, dass der öffentliche Auftraggeber zusätzliche Informationen abfragen müsste, um ein in allen wesentlichen Elementen zuschlagfähiges Angebot zu erhalten, ist das Angebot bereits als unvollständig zurückzuweisen.[351]

Zu weit erscheint die Ansicht, wonach im wettbewerblichen Dialog nach Abgabe der Angebote noch Verhandlungen zwischen Bieter und öffentlichem Auftraggeber möglich sein sollten, etwa mit dem Ziel, den Preis herunter zu handeln.[352] Zwar sind nach der VKR 2014 jetzt ausdrücklich *„Verbesserungen“* durch die Feinabstimmungen möglich, ebenso ausdrücklich dürfen die Feinabstimmungen aber die Angebote nicht grundlegend ändern, wenn dies den Wettbewerb verfälschen oder sich diskriminierend auswirken würde. Auch spricht die Norm nach wie vor davon, dass die Bieter Klarstellungen usw. *„auf Verlangen“* des öffentlichen Auftraggebers erbringen, was gegen von Gegenseitigkeit geprägte Verhandlungen spricht. Hat der Auftraggeber an dieser Stelle noch Gesprächsbedarf, hat er die Dialogphase zu früh beendet.

b. Anlegung der Zuschlagskriterien

Die Erteilung des Zuschlags erfolgt nach den in der Bekanntmachung oder Beschreibung angegebenen Zuschlagskriterien.[353] Weitere Vorgaben zur Anlegung

---

350 Knauff, Neues europäisches Vergabeverfahrensrecht: Der wettbewerbliche Dialog, VergabeR 2004, S. 294.

351 Verschuur, Competitive Dialogue and the Scope for Discussion after Tenders and Before Selecting the Preferred Bidder - What is Fine Tuning etc.?, PPLR 2006, S. 328.

352 So z.B. Arrowsmith, The Law of Public and Utilities Procurement, 3. Aufl., Rn. 8.90 ff. Auch der Ausschuss der Regionen wandte im Normgebungsverfahren ein, dass bei besonders komplexen Aufträgen, insbesondere bei Dienstleistungsaufträgen, generell ein häufiger Kontakt zwischen Auftraggeber und -nehmer während des gesamten Vergabeverfahrens notwendig sei. Daher sei das Verfahren dahingehend auszugestalten, dass vor während und nach der Auftragsvergabe ein umfassender Dialog geführt werden könne, Stellungnahme des Ausschusses der Regionen vom 13. Dezember 2000, AdR/2000/312.

353 Artt. 29 Abs. 7 UAbs. 1, 53 Abs. 1 VKR 2004, Artt. 30 Abs. 7 UAbs. 1, 67 Abs. 1 VKR 2014.

der Zuschlagskriterien auf die finalen Angebote machen die Vergabekoordinierungsrichtlinien nicht.

Bereits im Rahmen der sukzessiven Abschichtung der Lösungsvorschläge in der Dialogphase wurde die Auffassung vertreten, dass die Zuschlagskriterien und ihre Gewichtung während des gesamten Verfahrens nicht verändert, sondern allenfalls auf nicht diskriminierende Weise präzisiert werden dürfen.[354] Eine Bestimmung, wie sie der 1. Entwurf der VKR 2004 vorsah, wonach die Zuschlagskriterien geändert werden durften, wenn sie dem Auftragsgegenstand nach der Verhandlungsphase nicht mehr entsprachen,[355] enthalten die Vergabekoordinierungsrichtlinien zu Recht nicht mehr, denn dies könnte willkürliche Verschiebungen der Bieterreihenfolge durch den öffentlichen Auftraggeber Vorschub leisten.

c. *Nachverhandlungen mit dem Bestbieter?*

Nach der Bewertung und Reihung der Angebote darf nach Art. 29 Abs. 7 VKR 2004

> *„auf Wunsch des öffentlichen Auftraggebers [...] der Bieter, dessen Angebot als das wirtschaftlich günstigste ermittelt wurde, ersucht werden, bestimmte Aspekte des Angebots näher zu erläutern oder im Angebot enthaltene Zusagen zu bestätigen, sofern dies nicht dazu führt, dass wesentliche Aspekte des Angebots oder der Ausschreibung geändert werden, und sofern dies nicht die Gefahr von Wettbewerbsverzerrungen oder Diskriminierungen mit sich bringt.“*

Diese Vorschrift wurde vor allem in Großbritannien zum Anlass genommen, über die Zulässigkeit von Verhandlungen mit dem Bestbieter nachzudenken.[356] Obwohl aus verschiedenen (hauptsächlich pragmatischen) Gründen Verhandlungen mit dem Bestbieter durchaus wünschenswert sein mögen, sprechen jedoch die gewichtigeren Gründe dagegen.

Dies lässt sich bereits aus der Formulierung der Absätze 6 und 7 des Art. 29 VKR 2004 ableiten. Während nach Art. 29 Abs. 6 VKR 2004 alle Bieter um Klarstellungen, Präzisierungen und Feinabstimmungen gebeten werden können, sieht Absatz 7 nur die nähere Erläuterung bestimmter Aspekte des Angebots und die Bestätigung bereits gemachter Zusagen vor – Klarstellungen und Feinabstimmungen sind hier nicht mehr vorgesehen. Des Weiteren kann die Kontaktaufnahme mit den Bietern in der Phase vor Auswahl des Bestbieters nach Art. 29 Abs. 6 VKR 2004 zu *„Ergänzungen“* führen[357], ein Zusatzpunkt, den Art. 29 Abs. 7 VKR 2004 für die Kontaktaufnahme mit dem Bestbieter nicht annimmt. Diese Wortwahl deutet auf

---

354 Siehe oben unter D.II.4.g.cc.

355 Art. 30 Abs. 4 UAbs. 1 VKR-E, Kom(2000) 275/endg.

356 Kennedy-Loest, What can be done at the Preferred Bidder Stage in Competitive Dialogue?, PPLR 2006, S. 316 ff.; Arrowsmith, The Law of Public and Utilities Procurement, 3. Aufl., Rn. 8.103 ff.

357 Englische Sprachversion: *„additional information“*; die niederländische Version erwähnt diesen Punkt gar nicht.

einen schmaleren Interaktionsradius des öffentlichen Auftraggebers mit dem Bestbieter hin im Vergleich zu den Informationen, die noch vor Wertung der Angebote abgefragt werden können.

Schließlich spricht auch die unterschiedliche Formulierung in den Absätzen 6 und 7, was die Kopplung von wesentlichen Aspekten/grundlegenden Elementen des Angebots und der negativen Beeinflussung des Wettbewerbs bzw. die mögliche Diskriminierung anderer Bieter angeht, für eine strengere Lesart des Absatzes 7. Während man Absatz 6 immerhin so lesen kann, dass sich auch in diesem Stadium grundlegende Elemente des Angebots noch ändern können, solange dies keinen verfälschenden Einfluss auf den Wettbewerb hat bzw. sich diskriminierend auswirken kann, dürfen sich durch die Angaben nach Absatz 7 weder wesentliche Aspekte des Angebots oder der Ausschreibung ändern, noch dürfen sie Einfluss auf den Wettbewerb nehmen.

Dem öffentlichen Auftraggeber wird hier vielmehr die Möglichkeit eröffnet, vor endgültiger Zuschlagserteilung Zusagen wie Bankbürgschaften, Bauvorbescheide oder Verpflichtungserklärungen Dritter, die für die Auftragsausführung notwendig sind nur von dem Bieter, der das wirtschaftlich günstigste Angebot gelegt hat, endgültig abzufragen bzw. zu bestätigen. Nur wenn dem Bestbieter der Zuschlag nicht erteilt werden kann, da er nicht in der Lage ist, die gemachten Zusagen einzuhalten, wird es erforderlich, dass ein weiterer Bieter – der bis dahin zweitplatzierte – die entsprechenden Unterlagen beibringt.[358]

Diese Lesart wird auch durch die Neuregelung in Art. 30 Abs. 7 UAbs. 2 VKR 2014 unterstützt. Hier heißt es zwar jetzt ausdrücklich, dass *„Verhandlungen"* geführt werden können, schränkt dies aber gleich wieder ein: *„um im Angebot enthaltene finanzielle Zusagen oder andere Bedingungen zu bestätigen, indem die Auftragsbedingungen abschließend festgelegt werden"*.

Schließlich bleibt darauf hinzuweisen, dass die Möglichkeit von Verhandlungen mit dem Bestbieter im Gesetzgebungsverfahren zur VKR 2004 diskutiert aber letztendlich abgelehnt wurde.[359]

d. Stillhaltefrist und endgültiger Zuschlag

Nach Art. 2 a Abs. 2 RMR darf der Zuschlag erst 15 Kalendertage[360] nach Absendung der Mitteilung über die Zuschlagsentscheidung an die betroffenen Bieter erfolgen. Bei Vertragsschluss vor Ende der Stillhaltefrist muss der betroffene Bieter

358 Holoubek/Holzinger in: Schramm/Aicher/Fruhmann, Bundesvergabegesetz 2006, § 162 Rn. 14.

359 Siehe Art. 34 Vorschlag des EP, Protokoll des EP vom 17. Januar 2002, A5-0378/2001 (Art. 34 des nach erster Lesung geänderten Richtlinien-Vorschlags *„ausschließlicher Dialog"*, Abl. C 271 E vom 7. November 2002, S. 196) und die Reaktion der Kommission, OCB EG Nr. C 203E vom 27. August 2002, S. 214.

360 Bzw. 10 Kalendertage gerechnet ab Zugang beim betroffenen Bieter sowie bei Benachrichtigung per Fax oder auf elektronischem Weg.

die Möglichkeit haben, die Erklärung der Unwirksamkeit des so geschlossenen Vertrages vor den Nachprüfungsbehörden zu erwirken.

8. Zahlung von Prämien

Nach den Vergabekoordinierungsrichtlinien können die öffentlichen Auftraggeber Prämien oder Zahlungen an die Dialogteilnehmer vorsehen.[361] Um zu vermeiden, dass öffentliche Auftraggeber aus Kostengründen die Teilnehmerzahl im wettbewerblichen Dialog auf ein Minimum beschränken, wurde die Bestimmung, dass für die Teilnehmer am Dialog Sach- und Geldpreise vorzusehen sind, im Gesetzgebungsverfahren zur VKR 2004 von einer obligatorischen in eine fakultative umgewandelt.[362]

9. Beendigung des wettbewerblichen Dialogs ohne Zuschlagserteilung

Die Möglichkeit, dass im wettbewerblichen Dialog keine Lösung gefunden wird, beschreiben die Vergabekoordinierungsrichtlinien nicht.

Anders als nationale Rechtsordnungen machen die Richtlinien auch keine allgemeinen Angaben dazu, wann Vergabeverfahren aufgehoben werden können. Einigkeit besteht darüber, dass ein öffentlicher Auftraggeber grundsätzlich nicht verpflichtet ist, ein Vergabeverfahren durch Zuschlag zu beenden.[363] Ein Verstoß gegen Vorschriften des EU-Vertrags bei Nichterteilung des Zuschlags soll allerdings eine Schadensersatzpflicht des öffentlichen Auftraggebers begründen können.[364]

10. Vergabevermerk

Der Dokumentation kommt im Rahmen des wettbewerblichen Dialogs eine besondere Bedeutung zu, da in diesem Verfahren die denkbare Bandbreite der Angebote bzw. Lösungsvorschläge besonders groß ist, was sich nicht nur in der erschwerten Vergleichbarkeit der Angebote untereinander niederschlagen kann, sondern auch

361 Art. 29 Abs. 8 VKR 2004, Art. 30 Abs. 8 VKR 2014.

362 Mitteilung der Kommission an das Europäische Parlament gemäß Artikel 251 Absatz 2 Unterabsatz 2 EG-Vertrag betreffend den vom Rat angenommenen gemeinsamen Standpunkt im Hinblick auf den Erlass einer Richtlinie des Europäischen Parlaments und des Rates über die Koordinierung der Vergabe öffentlicher Bauaufträge, Lieferaufträge und Dienstleistungsaufträge / * SEK/2003/0366 endg. - COD 2000/0115 */, S. Punkt 3.2.1.

363 Prieß, Handbuch des europäischen Vergaberechts, S. 294; Arrowsmith, The Law of Public and Utilities Procurement, 3. Aufl., Rn. 7.321; EuGH, Urteil vom 11. Dezember 2014, C-440/13, Croce Amice One, Rn. 31 ff.

364 Ebenda. Siehe auch EuGH, Urteil vom 18. Juni 2002, C-92/00, Hospital Ingenieure, Rn. 64.

schon im laufenden Verfahren bei zu hoher Intransparenz zu ungerechtfertigten Bevorteilungen einzelner Bewerber/Bieter führen kann.

Nach Art. 43 lit. g) VKR 2004 ist der öffentliche Auftraggeber verpflichtet, die in Art. 29 VKR 2004 genannten Umstände, die die Anwendung des wettbewerblichen Dialogs rechtfertigen, im Vergabevermerk aufzuführen. Ebenso bedarf die Mitteilung von Zuschlagskriterien in lediglich absteigender Reihenfolge einer ausdrücklichen Begründung im Vergabevermerk, da Art. 52 Abs. 2 UAbs. 3 VKR 2004 die Form der Mitteilung nur bei *„nachvollziehbaren Gründen“* zulässt.

Art. 84 VKR 2014 führt neben der Pflicht zur Erstellung eines Vergabevermerks (Abs. 2) auch eine Pflicht des öffentlichen Auftraggebers zur fortlaufenden Dokumentation etwa der Kommunikation mit den Wirtschaftsteilnehmern, interner Vermerke und der Vorbereitung und Durchführung der Vergabeverfahren ein (Abs. 3).[365] Die Dokumentation muss geeignet sein, Entscheidungen auf allen Verfahrensstufen zu begründen. Die Unterlagen sind nach der Auftragsvergabe mindestens drei Jahre aufzubewahren. Mit dieser fortlaufenden Dokumentation wird jetzt auch auf europäischer Ebene eine Pflicht zur Transparenz geschaffen, die es den Beteiligten am Vergabeverfahren ermöglicht, den rechtmäßigen Ablauf des Verfahrens zu überprüfen. Dabei sind die Anforderungen an die Dokumentation umso höher, je mehr Flexibilität Bekanntmachung und Beschreibung gewähren.

11. Zusammenfassung: Verfahren

Ist der Anwendungsbereich des wettbewerblichen Dialogs eröffnet, genießt der öffentliche Auftraggeber eine im Vergleich zu den Regelverfahren hohe Flexibilität, sowohl im Hinblick auf die Beschreibung des Auftragsgegenstands als auch im Hinblick auf die Strukturierung des Verfahrens.

Diese Flexibilität darf jedoch nicht darüber hinwegtäuschen, dass es sich beim wettbewerblichen Dialog um ein in Konzeption und Durchführung anspruchsvolles Verfahren handelt. Dabei liegt die Schwierigkeit nicht so sehr in der Durchführung der Gespräche und der Auswahl der besten Angebote. Die entscheidenden Weichenstellungen muss der Auftraggeber bei der Vorbereitung des Verfahrens vornehmen.

In der Bekanntmachung sowie der Beschreibung setzt der Auftraggeber den Rahmen für die Dialoggespräche und die später zu legenden Angebote. Dieser Rahmen ist späteren Änderungen nur eingeschränkt zugänglich. Der Auftraggeber muss vor allem seine Bedürfnisse sauber formulieren und abwägen, inwieweit er bereits bestimmte Anforderungen an die zu erarbeitende Lösung festschreibt. Insbesondere die präzise Identifikation der Bedürfnisse ist Voraussetzung für die Festlegung von Zuschlagskriterien, die einer (noch nicht voll absehbaren) Bandbreite von Lösungsansätzen gerecht werden können.

---

365 Eine Pflicht zur fortlaufenden Dokumentation wird in Deutschland bereits jetzt angenommen, vgl. nur Weyand, Praxiskommentar Vergaberecht, § 97 GWB, Rn. 255 ff. mit umfangreichen weiteren Nachweisen.

Da Elemente aus Bekanntmachung oder Beschreibung nicht mehr verändert werden können, wenn die Anpassung dazu führt, dass sich auch andere Wirtschaftsteilnehmer für den Auftrag interessiert hätten oder Dialogteilnehmer diskriminiert würden, ist neben der Beschreibung der Bedürfnisse und Anforderungen sowie der Zuschlagskriterien besonderes Augenmerk auch darauf zu richten, dass die Bekanntmachung der Nummern der gemeinsamen Standardklassifikation (CPV-Nummern) auch die letztlich entwickelte Lösung umfasst. Ähnliches gilt für die Festlegung der Mindestanforderungen an die Eignung und die Eignungskriterien – sind sie zu hoch angesetzt, wird der Wettbewerb unnötig beschränkt.

Durch die VKR 2014 ergeben sich im Verfahren des wettbewerblichen Dialogs keine wesentlichen Änderungen gegenüber der VKR 2004. Da der Auftraggeber den wettbewerblichen Dialog aufgrund des weiter gefassten Anwendungsbereichs der VKR 2014 aber auch anwenden kann, wenn er durchaus in der Lage wäre, eine Leistungsbeschreibung zu erstellen, führt dies dann zu einer entsprechenden Einengung der Bandbreite der im Dialog zu entwickelnden Lösungen.

Im Detail bestehen im wettbewerblichen Dialog viele Auslegungsfragen, die potentiell zu Unsicherheiten auf Seiten der öffentlichen Auftraggeber führen können. Insbesondere ist das Verfahren nicht, bzw. nur sehr eingeschränkt geeignet, die ursprünglich angedachte Plattform für eine Entwicklung von Lösungsvorschlägen durch mehrere Dialogteilnehmer gemeinsam zu bieten, da dies nicht nur berechtigte Geheimhaltungsinteressen der Dialogteilnehmer berührt, sondern auch eine weitere Einschränkung einer Konkurrenzsituation bewirken und sich damit negativ auf den Wettbewerb auswirken kann.

Dementsprechend ist die VKR 2014 deutlicher als die VKR 2004 bei der Anordnung, dass ohne die Zustimmung des Dialogteilnehmers keine Details seiner Lösungsvorschläge weitergegeben werden dürfen.

Vielen der besonderen Herausforderungen des wettbewerblichen Dialogs kann durch eine sorgsame Dokumentation und Begründung der einzelnen Entscheidungen im Laufe des Verfahrensgangs begegnet werden. So kann eine unvollkommene Marktsituation besondere Verfahrensstrukturierungen erfordern, die bei einer ausreichenden Konkurrenzsituation mit einer Vielzahl potentieller Bieter nicht zu rechtfertigen wäre. Diesen Gedanken hat die VKR 2014 auch noch mal ausdrücklich durch die Pflicht zur Erstellung einer fortlaufenden Vergabedokumentation festgeschrieben.

III. Alternative Konzepte zur Verwirklichung komplexer Vorhaben

Neben dem wettbewerblichen Dialog suchen die Vergabekoordinierungsrichtlinien dem Bedürfnis des öffentlichen Auftraggebers nach mehr Flexibilität im Vergabeverfahren auch durch andere Instrumente Rechnung zu tragen. Dies sind zum einen Instrumente, die der öffentliche Auftraggeber vor Beginn einer Vergabe oder im Rahmen eines offenen oder nichtoffenen Verfahrens zur Anwendung bringen kann,[366] zum anderen sehen die Vergabekoordinierungsrichtlinien mit Verhandlungsverfahren, Realisierungswettbewerb und (nur nach der VKR 2014) der Innovationspartnerschaft weitere Verfahren vor, die ebenfalls eine größere Flexibilität als das offene und nichtoffene Verfahren bieten. Was diese Verfahren zu leisten imstande sind und wie sie sich zum wettbewerblichen Dialog verhalten, wird im Folgenden betrachtet.

1. Verhandlungsverfahren

Das Verhandlungsverfahren war bis zur Einführung des wettbewerblichen Dialogs das einzige Verfahren, welches vor der Erteilung des Zuschlags Verhandlungen zwischen dem öffentlichen Auftraggeber und dem jeweiligen Bieter über die Auftragsbedingungen erlaubte.[367] Obgleich als Ausnahme konzipiert, fand und findet das Verhandlungsverfahren mit bzw. ohne Bekanntmachung in einigen Mitgliedstaaten rege Anwendung.[368]

Das Verhältnis von wettbewerblichem Dialog und Verhandlungsverfahren stand seit der Einführung des wettbewerblichen Dialogs zur Diskussion.[369] Eine der augenfälligsten Neuerungen der VKR 2014 ist die Gleichschaltung der Anwendungsbereiche von wettbewerblichem Dialog und Verhandlungsverfahren.[370] Die Abgrenzungsproblematik zur VKR 2004 wird sich also nur noch so lange stellen, bis eine Umsetzung der Neuregelung erfolgt ist.

a. Vergleich der Anwendungsbereiche nach der VKR 2004

Die VKR 2004 zählt die Tatbestände, welche die Anwendung des Verhandlungsverfahrens rechtfertigen, abschließend in den Artt. 30 und 31 VKR 2004 auf. Im Folgenden ist zunächst festzustellen, welche dieser Einzeltatbestände

366 Dies ist etwa der Einsatz von Projektanten oder der Rückgriff auf Varianten oder eine funktionale Leistungsbeschreibung, siehe oben unter D.I.1.b.

367 In der ersten Version der Richtlinie zur Koordinierung der Verfahren zur Vergabe öffentlicher Bauaufträge 71/305/EWG bzw. Lieferaufträge 77/62/EWG waren die Tatbestände, die heute das Verhandlungsverfahren rechtfertigen, noch von dem Anwendungsbereich der Richtlinien befreit. Eine Einbeziehung in das Regime der öffentlichen Auftragsvergabe erfolgte erst mit Einführung des Verhandlungsverfahrens durch die so genannten „klassischen" Richtlinien 89/440/EWG (Bau) und 88/295/EWG (Lieferungen). Die erste Richtlinie, die sich auf die Vergabe von Dienstleistungen bezog (92/50/EWG), sah das Verhandlungsverfahren von Anfang an vor.

368 Hierzu siehe unten unter E.IV.2.

369 Vgl. für die europarechtlichen Regelungen Arrowsmith, The Law of Public and Utilities Procurement, 3. Aufl., Rn. 8.02; mit Fokus auf das deutsche Recht u. a. Reimnitz, Der neue wettbewerbliche Dialog, S. 233 ff.

370 Hierzu siehe schon oben unter D.I.2.

Berührungspunkte mit den Anwendungstatbeständen des wettbewerblichen Dialogs überhaupt erwarten lassen.

aa. *Anwendungsfälle des Verhandlungsverfahrens ohne spezifischen Bezug zum Auftragsinhalt*

Die Anwendung des wettbewerblichen Dialogs nach der VKR 2004 setzt stets eine gewisse Unbestimmbarkeit des Auftragsinhalts voraus – sei es technischer oder rechtlich/finanzieller Natur.[371]

Art. 30 Abs. 1 lit. a VKR 2004 gestattet die Vergabe im Verhandlungsverfahren mit Bekanntmachung, wenn zuvor im Rahmen eines offenen, nichtoffenen Verfahrens oder eines wettbewerblichen Dialogs keine ordnungsgemäßen oder nach nationalen Vorschriften nur unannehmbare Angebote abgegeben worden sind. Diese Voraussetzung ist rein formaler Natur und sagt nichts über den Inhalt des Auftrags aus. Im Verhältnis zum wettbewerblichen Dialog ist lediglich wichtig, dass dieser als mögliches Vorläuferverfahren nach Abschluss der Dialogphase das Stadium der Angebotsabgabe erreicht hat. Das bedeutet, dass der öffentliche Auftraggeber im nachfolgenden Verhandlungsverfahren in der Lage sein wird, eine Leistungsbeschreibung zu erstellen, da im vorhergehenden wettbewerblichen Dialog bereits die der Lösungsfindung dienende Dialogphase erfolgreich abgeschlossen worden war.[372] Das Verhältnis des Verhandlungsverfahrens nach Art. 30 Abs. 1 lit. a VKR 2004 ist damit gegenüber dem wettbewerblichen Dialog rein zeitlicher Art. Potentielle Überschneidungen entstehen nicht.

Das gilt im Wesentlichen auch für die Voraussetzungen, die erfüllt sein müssen, wenn der öffentliche Auftraggeber einen Auftrag nach einem Verhandlungsverfahren ohne vorherige Bekanntmachung erteilen möchte, Art. 31 VKR 2004. Die Voraussetzungen, die Art. 31 VKR 2004 aufstellt,[373] lassen es mit Ausnahme der Nr. 1 lit. c, deren Voraussetzung ist, dass dringliche zwingende Gründe im Zusammenhang mit Ereignissen, die der öffentliche Auftraggeber nicht voraussehen konnte, als sehr unwahrscheinlich erscheinen, dass die öffentlichen Auftraggeber einem *„besonders komplexen"* Auftrag gegenüberstehen werden, für den gleichzeitig die Voraussetzungen für die Anwendung des wettbewerblichen Dialogs erfüllt wären, so dass in diesem Bereich keine Konkurrenz der Verfahren zueinander zu erwarten ist.

---

371 Zum Anwendungsbereich des wettbewerblichen Dialogs nach der VKR 2004 siehe oben unter D.I.1.

372 Dies setzt allerdings voraus, dass er auch dazu berechtigt ist, die von den Dialogteilnehmern erarbeiteten Lösungen für die nachfolgende Leistungsbeschreibung zu Nutze zu machen.

373 Bei Art. 31 VKR 2004 handelt es sich im Übrigen um eine veritable Ausnahmenorm, deren Einschlägigkeit der EuGH bislang noch in keinem Fall bestätigt hat, vgl. etwa EuGH, Urteil vom 18. März 1992, C-24/91, Kommission./.Spanien; Urteil vom 13. Januar 2005, C-84/03, Kommission./.Spanien; Urteil vom 18. November 2004, C-126/03, Kommission/Deutschland.

Ebenso ergeben sich keine inhaltlichen Überschneidungen des Anwendungsbereichs des wettbewerblichen Dialogs mit dem des Verhandlungsverfahrens nach Art. 30 Abs. 1 lit. d VKR 2004, welcher das Verhandlungsverfahren mit vorheriger Bekanntmachung bei öffentlichen Bauaufträgen zulässt, die ausschließlich zu Forschungs-, Versuchs- und Entwicklungszwecken und nicht mit dem Ziel der Gewährleistung der Rentabilität oder der Deckung der Forschungs- oder Entwicklungskosten durchgeführt werden. Diese Ziele beziehen sich ebenfalls nicht auf den konkreten Inhalt des Auftrags, sondern auf die Zwecke, denen das Werk *nach* seiner Fertigstellung dienen soll. Gleichwohl ist es grundsätzlich denkbar, dass ein solcher Auftrag technisch bzw. rechtlich/finanziell besonders komplex ist. Ob der öffentliche Auftraggeber dann in der Lage ist, das Verfahren im Verhandlungsverfahren auszuschreiben, hängt davon ab, ob er in der Lage ist, technische Spezifikationen im Sinne des Art. 23 Abs. 3 VKR 2004 aufzustellen.

bb. Schwierigkeit der Festlegung vertraglicher Spezifikationen, Art. 30 Abs. 1 lit. c VKR 2004

Nach Art. 30 Abs. 1 lit. c VKR 2004 ist das Verhandlungsverfahren mit Bekanntmachung auf die Vergabe von Aufträgen anwendbar,

> *„bei Dienstleistungen, insbesondere bei Dienstleistungen der Kategorie 6 von Anhang II Teil (A) [Anm. der Verfasserin: Finanzdienstleistungen], und bei geistig-schöpferischen Dienstleistungen wie Bauplanungsdienstleistungen, sofern die zu erbringende Dienstleistung so beschaffen ist, dass vertragliche Spezifikationen nicht so genau festgelegt werden können, dass der Auftrag durch die Wahl des besten Angebots in Übereinstimmung mit den Vorschriften über offene und nichtoffene Verfahren vergeben werden kann."*

Diese Anwendungsalternative bezieht sich allerdings nur auf Dienstleistungen. Insbesondere im Fall von *„geistig-schöpferischen"* Dienstleistungen, (wie sie in der Norm auch besonders erwähnt werden), mag der öffentliche Auftraggeber nicht in der Lage sein, mehr als nur die groben Umrisse des Projekts zu beschreiben und sich im Übrigen auf den Input der Bieter verlassen, was in Detailfragen möglich ist.

Da Art. 30 Abs. 1 lit. c VKR 2004 nicht von *„Aufträgen"* über Dienstleistungen, sondern lediglich von *„Dienstleistungen"* spricht, nimmt Arrowsmith an, dass das Verhandlungsverfahren über diese Anwendungsalternative zur Verfügung steht, wenn ein Bau- oder Lieferauftrag Dienstleistungselemente enthält, die entsprechend lit. c nicht genau spezifizierbar sind.[374] Dagegen spricht jedoch, dass die Kommission im Normsetzungsverfahren der VKR 2004 den Vorschlag, diesen Anwendungstatbestand des Verhandlungsverfahrens mit Bekanntmachung auch auf Lieferaufträge auszuweiten, ablehnte, da diese *„unbegründete Ausdehnung der Möglichkeiten des Verhandlungsverfahrens auf Lieferaufträge den gemeinschaftlichen Besitzstand in*

---

374 So zumindest Arrowsmith, The Law of Public and Utilities Procurement, 2. Aufl., Rn. 8.14; relativiert in der Folgeauflage, Arrowsmith, The Law of Public and Utilities Procurement, 3. Aufl., Rn. 9.11.

Frage stellen [würde]". Es müsse hervorgehoben werden, dass es dem Auftraggeber angesichts der Möglichkeiten, die die technischen Spezifikationen im Hinblick auf Leistungsanforderungen und Varianten bieten, nur in den Fällen unmöglich sein könne, die gewünschten Lieferungen ausreichend zu definieren, für die der wettbewerbliche Dialog vorgesehen sei.[375]

(1) Technische Komplexität und Art. 30 Abs. 1 lit. c VKR 2004

Wie dargestellt, ist der Anwendungsbereich des wettbewerblichen Dialogs nach der Zusammenschau von Art. 1 Abs. 11 lit. c und Art. 23 Abs. 3 VKR 2004 aufgrund technischer Komplexität eröffnet, wenn der öffentliche Auftraggeber die in den Verdingungsunterlagen enthaltenen technischen Spezifikationen nicht so präzise gestalten kann, dass die Bieter in der Lage sind, den Auftragsgegenstand eindeutig zu bestimmen und der öffentliche Auftraggeber den Auftrag an den Bieter mit dem besten Angebot vergeben kann.[376]

Falls ein Verhandlungsverfahren auch dann zulässig wäre, wenn der öffentliche Auftraggeber die Verdingungsunterlagen nicht im Einklang mit Art. 23 Abs. 3 VKR 2004 erstellen kann, läge eine große Überschneidung im Anwendungsbereich von Verhandlungsverfahren und auf technischer Komplexität basierendem wettbewerblichem Dialog vor.

Zweifelsohne muss ein öffentlicher Auftraggeber, der die Vergabe eines Auftrages im Wege des offenen oder nichtoffenen Verfahrens beabsichtigt, die in Art. 23 Abs. 3 VKR 2004 niedergelegten Bestimmungen für die Erstellung der technischen Spezifikationen beachten. Soll die Vergabe im Rahmen eines Verhandlungsverfahrens erfolgen, gibt es jedoch Stimmen, nach denen Art. 23 Abs. 3 VKR 2004 in diesen Fällen nicht einschlägig sein soll.[377]

Gegen die Pflicht, technische Spezifikationen im Sinne von Art. 23 Abs. 3 VKR 2004 im Verhandlungsverfahren zu erstellen, könnte zunächst der Wortlaut von Art. 29 Abs. 1 VKR 2004 bzw. Erwägungsgrund 31 VKR 2004 sprechen, wonach der öffentliche Auftraggeber den wettbewerblichen Dialog anwenden kann, wenn seines Erachtens die Vergabe des Auftrages im Wege eines offenen oder nichtoffenen Verfahrens nicht möglich ist. Das Verhandlungsverfahren wird hier nicht erwähnt. Hieraus könnte der Umkehrschluss gezogen werden, dass es besonders komplexe Aufträge gibt, die nicht im Einklang mit Art. 23 Abs. 3 VKR 2004 ausgeschrieben werden können, die – wenn auch nicht im Wege des offenen oder nichtoffenen

375 EU-Kommission, KOM/2002/236/FINAL, zu Abänderung 57.

376 Vgl. oben unter D.I.1.a.aa.

377 Arrowsmith, The Law of Public and Utilities Procurement, 2. Aufl., Rn. 17.68; dagegen führt Richer, L'Europe des marchés publics: marchés publics et concessions en droit communautaire, Rn. 736 – allerdings ohne weitere Begründung – aus, dass die Anwendung des Verhandlungsverfahrens nach Art. 30 Abs. 1 lit. c VKR 2004 nicht möglich sein soll, wenn eine funktionale Leistungsbeschreibung erstellt werden kann.

Verfahrens – im Verhandlungsverfahren vergeben werden könnten. Ein weiteres Argument gegen die Anwendbarkeit von Art. 23 Abs. 3 VKR 2004 auf Verhandlungsverfahren könnte daraus gezogen werden, dass die Norm von *„technischen"* Spezifikationen spricht, während in Art. 30 Abs. 1 lit. c VKR 2004 nur allgemein von *„Spezifikationen"* oder *„Vertragsspezifikationen"* die Rede ist.

Dafür, dass es sich bei Art. 23 Abs. 3 VKR 2004 um eine allgemeine Vorschrift handelt, die grundsätzlich bei Verwendung aller Vergabeverfahren und damit auch im Verhandlungsverfahren Beachtung erfordert, sprechen folgende Punkte:

Art. 23 VKR 2004 ist systematisch bei den Vorschriften über die Verdingungsunterlagen und die Auftragsunterlagen in Kapitel VI der VKR 2004 angesiedelt. Sollte diese Vorschrift nur für offene und nichtoffene Verfahren gelten, hätte sie ohne Weiteres bei den diese Verfahren betreffenden Regelungen untergebracht werden können. Stattdessen nimmt Art. 1 Abs. 11 lit. c VKR 2004 technisch besonders komplexe Aufträge ausdrücklich vom Anwendungsbereich des Art. 23 Abs. 3 VKR 2004 aus, trifft für das Verhandlungsverfahren jedoch keine vergleichbare Regelung. Aus Erwägungsgrund 29 VKR 2004 –

> *„Die [...] technischen Spezifikationen sollten es erlauben, die öffentlichen Beschaffungsmärkte für den Wettbewerb zu öffnen. [...] Die technischen Spezifikationen sind klar festzulegen, so dass alle Bieter wissen, was die Anforderungen des öffentlichen Auftraggebers umfassen."*

– ergibt sich vielmehr, dass es sich bei Art. 23 Abs. 3 VKR 2004 um eine grundsätzlich bei Anwendung aller Verfahren zu beachtende Anforderung handelt. Der Grund dafür, dass in Art. 30 Abs. 1 lit. c VKR 2004 allgemein von *„Spezifikationen"* und nicht explizit von *„technischen Spezifikationen"* die Rede ist, kann ebenso gut auf den Umstand zurückzuführen sein, dass nicht alle Spezifikationen eines Vertrages technischen Charakters sind.

Das Verhandlungsverfahren würde auch nicht impraktikabel oder zu eng in seinem Anwendungsbereich, wenn bei seiner Verwendung mindestens die Anforderungen an eine funktionale Ausschreibung nach Art. 23 Abs. 3 lit. b VKR 2004 beachtet werden müssten. Es besteht kein Grund zur Annahme, dass vertragliche Spezifikationen für ein Verhandlungsverfahren so detailliert sein müssten, wie bei einer Ausschreibung im offenen oder nichtoffenen Verfahren, insbesondere da Art. 30 Abs. 1 lit. c VKR 2004 lediglich anführt, dass die technischen Spezifikationen nicht so genau *wie* im offenen oder nicht offenen Verfahren aufgestellt werden können, was eben nicht umfasst, dass vertragliche Spezifikationen überhaupt nicht beschrieben werden können. Nach diesem Verständnis wäre jedoch immer noch von einem einheitlichen Auftragsgegenstand auszugehen, der auch bei Wahl des Verhandlungsverfahrens noch vorliegen muss.

(2) Rechtliche/finanzielle Komplexität und Art. 30 Abs. 1 lit. c VKR 2004

Die Vergabe eines Auftrages im wettbewerblichen Dialog kann nicht nur auf das Vorliegen technischer Komplexität, sondern auch auf das Vorliegen rechtlicher bzw.

finanzieller Komplexität gestützt werden. Nach Art. 1 Abs. 11 lit. c VKR 2004 gilt ein öffentlicher Auftrag dann als *„besonders komplex"*, wenn der öffentliche Auftraggeber

> *„– objektiv nicht in der Lage ist, die rechtlichen und/oder finanziellen Konditionen eines Vorhabens anzugeben."*[378]

Finanziell/rechtliche und technische Komplexität werden in nicht wenigen Fällen zusammen in Erscheinung treten, zum Beispiel, wenn die ungewisse technische Machbarkeit eine komplizierte Verteilung der Vertragsrisiken nach sich zieht. Die Anwendung des wettbewerblichen Dialogs ist allerdings auch dann gerechtfertigt, wenn die besondere Komplexität des Auftrags allein auf finanziellen/rechtlichen Schwierigkeiten beruht. In diesem Fall kann die technische Seite des Auftrags also durchaus beschreibbar im Sinne des Art. 23 Abs. 3 VKR 2004 sein.

Fraglich ist dann, ob der öffentliche Auftraggeber in diesem Fall ein Wahlrecht zwischen wettbewerblichem Dialog und Verhandlungsverfahren hat, wenn er den Anforderungen einer zumindest funktionalen Ausschreibung nach Art. 23 Abs. 3 VKR 2004 genügen kann. Man könnte argumentieren, dass es widersprüchlich sei, eine Bandbreite möglicher rechtlicher bzw. finanzieller Vertragskonzepte für die Anwendung des Verhandlungsverfahrens genügen zu lassen, wenn man gleichzeitig im Falle von mehreren möglichen technischen Lösungen die Anwendung des Verhandlungsverfahrens ablehnt. Allerdings bezieht sich Art. 1 Abs. 11 lit. c VKR 2004 im Falle der rechtlichen/finanziellen Komplexität eben nicht auf eine Norm wie Art. 23 Abs. 3 VKR 2004.

Gegen die Bedenken gegen eine parallele Anwendbarkeit von Verhandlungsverfahren und wettbewerblichem Dialog im Falle finanzieller/rechtlicher Komplexität bei gleichzeitiger technischer Beschreibbarkeit des Auftrages nach Art. 23 Abs. 3 VKR 2004 spricht zudem, dass die finanzielle bzw. rechtliche Konzeption des Auftrags die Vergleichbarkeit der Angebote weniger wahrscheinlich negativ beeinflussen wird, da sich die Angebotsbestandteile in diesem Fall leichter in Geldbeträgen dechiffrieren lassen werden.

cc. Art. 30 Abs. 1 lit. b VKR 2004 – „unmögliche globale Preisgestaltung"

Art. 30 Abs. 1 lit. b VKR 2004 gestattet die Verwendung des Verhandlungsverfahrens mit Bekanntmachung

> *„in Ausnahmefällen, wenn es sich um Bauleistungen, Lieferungen oder Dienstleistungen handelt, die ihrer Natur nach oder wegen der damit verbundenen Risiken eine vorherige globale Preisgestaltung nicht zulassen."*

Es besteht Einigkeit darüber, dass diese Voraussetzung nicht schon dann erfüllt ist, wenn sich der genaue Preis eines Auftrages oder einzelner Kostenposten vorab nicht bestimmen lässt.[379] Erst wenn sich die Kostenstruktur als solche nicht darstellen

378 Vgl. genauer oben unter D.I.1.a.bb.
379 Franzius, Verhandlungen im Verfahren der Auftragsvergabe, S. 139 m.w.N.

lässt, soll das Verhandlungsverfahren nach dieser Tatbestandsvariante gerechtfertigt sein, zum Beispiel aufgrund unbekannter geologischer Gegebenheiten oder bei unsicherer Nachfrage durch dritte Nutzer, so dass Verhandlungen erforderlich werden, um die Bereitschaft der Risikoübernahme durch die Bieter zu evaluieren.[380]

Im Gegensatz zu der Rechtfertigung der Anwendung des Verhandlungsverfahrens aufgrund nicht hinreichend genau bestimmbarer technischer Spezifikationen kann das Verhandlungsverfahren aufgrund unmöglicher vorheriger globaler Preisgestaltung nicht nur für Dienstleistungsaufträge, sondern auch für die Vergabe von Aufträgen über Bau- und Lieferleistungen genutzt werden.

Die Anwendungsvoraussetzung der „unmöglichen globalen Preisgestaltung" weist Schnittmengen mit der Anwendungsvariante „keine Festlegbarkeit vertraglicher Spezifikationen" auf, da Schwierigkeiten bei der Erstellung der Leistungsbeschreibung häufig auch zu Schwierigkeiten bei der Festlegung der Preisstruktur führen werden. In dieser Hinsicht fällt die Ausnahme von Bau- und Lieferaufträgen aus letzterer Anwendungsvariante vergleichsweise wenig ins Gewicht.[381]

(1) Technische Komplexität und „unmögliche globale Preisgestaltung"

Ist ein auszuschreibender Auftrag technisch komplex und kann für ihn gleichzeitig keine globale Preisgestaltung im Sinne des Art. 30 Abs. 1 lit. b VKR 2004 erfolgen, kann der Auftrag im wettbewerblichen Dialog, nicht jedoch im Verhandlungsverfahrens vergeben werden. Denn wie gezeigt, setzt die Anwendung des Verhandlungsverfahrens die Erstellung technischer Spezifikationen nach Art. 23 Abs. 3 VKR 2004 voraus.

(2) Rechtliche/finanzielle Komplexität und „unmögliche globale Preisgestaltung"

Durchaus eine Konkurrenzsituation der Anwendungsbereiche kann im Fall rechtlich/finanzieller Komplexität und der den Anwendungsbereich des Verhandlungsverfahrens eröffnenden Unmöglichkeit vorheriger globaler Preisgestaltung entstehen. Voraussetzung ist, dass es dem öffentlichen Auftraggeber möglich ist, zumindest eine funktionale Leistungsbeschreibung zu erstellen.

Eine einschränkende Auffassung scheint allerdings die Kommission zu vertreten:

> *„In diesem Zusammenhang möchte die Kommission daran erinnern, dass der Anwendungsbereich der in Artikel 7 Absatz 2 der Richtlinie 93/37/EWG vorgesehenen Ausnahmeregelung beschränkt ist; darin ist die Inanspruchnahme des Verhandlungsverfahrens vorgesehen, wenn es sich bei dem Auftrag „um Arbeiten handelt, die ihrer Natur nach oder wegen der damit verbundenen Risiken eine vorherige globale Preisgestaltung nicht*

380 Vgl. zu Art. 11 Abs. 2 lit. b der Richtlinie 92/50/EWG: EG-Kommission, Leitfaden zu den Gemeinschaftsvorschriften über öffentliche Dienstleistungsaufträge, S. 22; Arrowsmith, The Law of Public and Utilities Procurement, 2. Aufl., Rn. 8.9 ff.

381 Vgl. Arrowsmith, The Law of Public and Utilities Procurement, 2. Aufl., Rn. 8.9.

zulassen". Die Ausnahmeregelung gilt ausschließlich für Sonderfälle, in denen die Art oder der Umfang der Arbeiten von vornherein unwägbar ist. Sie ist jedoch nicht für Fäll gedacht, in denen andere Unwägbarkeiten auftreten, etwa Probleme mit der vorherigen Preisfestlegung aufgrund der Tatsache, dass die rechtliche und finanztechnische Konstruktion sehr komplex ist."[382]

Die Kommission scheint also zwischen Unwägbarkeiten zu unterscheiden, die in der Natur des Auftragsgegenstands begründet liegen und solchen, die in der Unüberschaubarkeit des Vertragswerkes wurzeln. Folgt man dem, überschneiden sich die Anwendungsbereiche von Verhandlungsverfahren und wettbewerblichem Dialog nur dann, wenn die rechtliche/finanzielle Komplexität im Auftragsgegenstand selbst begründet liegt. Liegt der Grund außerhalb, ist unter der VKR 2004 allein der wettbewerbliche Dialog anwendbar.

Zusammengefasst ergeben sich zwischen wettbewerblichem Dialog und Verhandlungsverfahren in der VKR 2004 also nur dort Schnittstellen, wo der öffentliche Auftraggeber in der Lage ist, die besondere Komplexität eines Auftrags in rechtlich/finanzieller Hinsicht zu begründen und zugleich technische Spezifikationen zumindest funktionaler Art zu erstellen. Dies führt jedoch nicht zu einer etwaigen Vorrangstellung des wettbewerblichen Dialogs vor dem Verhandlungsverfahren, da es sich um keine Konkurrenzsituation, sondern um alternative Szenarien handelt. Im Falle besonders komplexer Auftragsgegenstände, die allein auf rechtlich/finanzieller Komplexität gründen, stehen dem öffentlichen Auftraggeber grundsätzlich beide Verfahren zur Auswahl, soweit die jeweiligen Anwendungsvoraussetzungen erfüllt sind.[383]

b. Vergleich der Verfahrensabläufe

Die Entscheidung des öffentlichen Auftraggebers, welches Vergabeverfahren er wählt, hängt im Falle parallel eröffneter Anwendungsbereiche davon ab, was in welchem Verfahren wie erreichbar ist.

aa. Ausgangspunkte für die Gesprächsphase

Verhandlungsverfahren und wettbewerblicher Dialog gehen von unterschiedlichen Startpunkten aus:

---

382 Grünbuch der EU-Kommission *„Das öffentliche Auftragswesen in der europäischen Union: Überlegungen für die Zukunft"* vom 27. November 1996, Rn. 24.

383 So auch die Kommission: *„Innerhalb der Grenzen der anderen Bestimmungen der Richtlinien steht es dem Auftraggeber frei, auch andere Verfahren heranzuziehen, selbst wenn sie auf das Verhandlungsverfahren unter der neuen Voraussetzung hätten zurückgreifen können. Es besteht keine Verpflichtung, das Verhandlungsverfahren zu wählen."*, Begründung zum Vorschlag für die VKR 2004, KOM(2000) 275 endgültig/2, S. 21.

Im wettbewerblichen Dialog machen die Dialogteilnehmer Lösungsvorschläge auf Grundlage der in den Auftragsunterlagen definierten Bedürfnisse und Anforderungen des öffentlichen Auftraggebers.

Im Verhandlungsverfahren legt der Bieter Angebote auf der Grundlage von Verdingungsunterlagen, die technische Spezifikationen im Sinne des Art. 23 Abs. 3 VKR 2004 / Art. 42 Abs. 3 VKR 2014[384] enthalten.

Die Vergabekoordinierungsrichtlinien machen darüber hinaus keine näheren Angaben dazu, welche Anforderungen die ersten Angebote im Verhandlungsverfahren erfüllen müssen, um vom öffentlichen Auftraggeber weiter berücksichtigt werden zu können. Insbesondere treffen sie keine ausdrücklichen Aussagen darüber, wie Angebote zu behandeln sind, die nicht in allen Punkten mit den Ausschreibungsunterlagen korrespondieren, sei es, weil sie in einigen Punkten nicht vollständig oder zum Teil missverständlich formuliert sind, weil abgefragte Unterlagen fehlen, weil die Bieter die Ausschreibungsunterlagen modifiziert haben, usw. Aus der Rechtsprechung der Unionsgerichte ergibt sich, dass der öffentliche Auftraggeber jedenfalls den Zuschlag nur auf Angebote erteilen darf, die den Verdingungsunterlagen entsprechen[385] und auch in der Verhandlungsphase Angebote als unzureichend ausschließen muss, wenn er für diese zwingende Vorgaben gemacht

---

384 Art. 29 Abs. 1 UAbs. 2 VKR 2014 fordert jetzt zwar auch, dass der Auftraggeber den Auftragsgegenstand durch seine *„Bedürfnisse und die erforderlichen Eigenschaften"* der zu erbringenden Leistungen beschreibt. Art. 29 Abs. 5 UAbs. 1 VKR 2014 geht jedoch nach wie vor davon aus, dass technische Spezifikationen erstellt werden: Nach dieser Norm sind alle Bieter über etwaige Änderungen der technischen Spezifikationen oder anderer Auftragsunterlagen, die nicht die Festlegung der Mindestanforderungen betreffen, zu unterrichten.

385 Unter Rückgriff auf die allgemeinen Vergabegrundsätze bzw. das Primärrecht hat der EuGH mit Urteil vom 22. Juni 1993, C-243/89, Storebaelt, Rn. 37, 40 für das nichtoffene Verfahren entschieden, *„dass der Grundsatz der Gleichbehandlung der Bieter verlangt, dass alle Angebote den Vorschriften der Verdingungsunterlagen entsprechen, damit ein objektiver Vergleich der Angebote der einzelnen Bieter gewährleistet ist.[...] Diesem Erfordernis wäre aber nicht genügt, wenn die Bieter von den grundlegenden Vorschriften der Verdingungsunterlagen durch Vorbehalte abweichen könnten, soweit diese Vorschriften ihnen nicht ausdrücklich diese Möglichkeit einräumen."* Als unzulässige Abweichung von einem *„grundlegenden"* Erfordernis hat es der EuGH im eben zitierten Fall angesehen, dass der für den Zuschlag vorgesehene Bieter zwar zulässigerweise eine Variante angeboten hatte, aber nicht die für diesen Fall geforderte uneingeschränkte Verantwortung für sich aus dieser Änderung möglicherweise ergebende Folgen. Die Annahme eines Angebots, dessen Kalkulationsgrundlagen nicht denen der Ausschreibungsunterlagen entsprachen, hat der EuGH ebenfalls als unzulässige Verletzung des Gleichheitsgrundsatzes gewertet, EuGH, Urteil vom 25. April 1996, C-87/94, Wallonische Busse, Rn. 71; bestätigend EuGH, Urteil vom 5. Dezember 2013, C-561/12, Nordecon AS, Rn. 37.

hat.[386] Ob er aber auf die für den Zuschlag zwingend eingestuften Anforderungen auch während der gesamten Verhandlungsphase bestehen muss oder in den ersten Verhandlungsrunden auf sie verzichten kann, ergibt sich eindeutig weder aus den Richtlinien, noch aus der Rechtsprechung.

So wird vertreten, dass die ersten Angebote im Verhandlungsverfahren prinzipiell genauso den Verdingungsunterlagen entsprechen müssen, wie Angebote, die im offenen oder nichtoffenen Verfahren abgegeben werden. Sie müssen also nicht nur alle geforderten Dokumente enthalten, sondern auch vollständige Angebote darstellen, also alle Informationen enthalten, die für den Vertragsschluss nötig sind, wie Preis, Vertragsgegenstand und Ausführungsort.[387]

Diese Auffassung steht die zumindest in Deutschland verbreitete Praxis des Verhandelns über sogenannte „indikative" Angebote gegenüber, an die die Bieter zunächst noch nicht gebunden sein sollen und bei denen Abweichungen von den Verdingungsunterlagen akzeptiert werden.[388] Mit dem Argument, dass es schließlich der Sinn eines Verhandlungsverfahren sei, zu verhandeln, geht Arrowsmith davon aus, dass der öffentliche Auftraggeber nicht verpflichtet sei, in der Verhandlungsphase unvollständige Angebote abzulehnen.[389]

Tatsächlich droht weder ein Verstoß gegen das Transparenz- noch gegen das Gleichbehandlungsgebot, wenn der öffentliche Auftraggeber zunächst von der Abfrage von in allen Aspekten vollständigen Angebote absieht, solange er im weiteren Verlauf der Verhandlungen auf die Erfüllung aller bekannt gemachten Anforderungen besteht.[390] Dieses Verständnis hat auch unter der Neuregelung des Art. 29 Abs. 4 VKR 2014 Bestand, nach dem der Auftraggeber den Zuschlag auch schon ohne Verhandlungen auf die Erstangebote erteilen kann, da dies davon abhängt, dass er sich diese Möglichkeit in der Bekanntmachung oder in den Auftragsunterlagen

386 Das EuG schließt dies aus der Art. 24 VKR 2004 entsprechenden Regelung der damals einschlägigen Richtlinie 93/36/EWG, wonach die öffentlichen Auftraggeber bei Aufträgen, die nach dem Kriterium des wirtschaftlich günstigsten Angebots vergeben werden sollen, von Bietern vorgelegte Änderungsvorschläge berücksichtigen können, wenn diese den vom öffentlichen Auftraggeber festgelegten Mindestanforderungen entsprechen, EuG, Urteil vom 28. November 2002, T-40/01, Scan Office Design, Rn. 76 f.

387 Byok, Das Verhandlungsverfahren, S. 105.

388 Kulartz in: Kus/Kulartz/Portz, Kommentar zum GWB-Vergaberecht, § 101 Rn. 37.

389 Arrowsmith, The Law of Public and Utilities Procurement, 3. Aufl., Rn. 9.96 ff. Ebenfalls unter Bezug auf Arrowsmith vertritt Sołtysińska, Europejskie prawo zamówien publicznych: komentarz, Art. 30 Rn. 7, dass zum Verhandlungsverfahren auch gehöre, dass über die Verhandlungen sichergestellt werden solle, dass die Bieter die bekannt gemachten Anforderungen richtig verstanden hätten.

390 Das bedeutet allerdings nicht, dass der Auftraggeber auf Anforderungen, die er für die Angebote im konkreten Verfahrensstadium verbindlich von den Bietern gefordert hatte, verzichten kann, ohne gegen das Transparenz- bzw. das Nichtdiskriminierungsgebot zu verstoßen. So aber noch Arrowsmith, The Law of Public and Utilities Procurement, 2. Aufl., Rn. 8.58.

ausdrücklich vorbehalten hat und für diesen Fall die Notwendigkeit, vollständige Angebote einzureichen, deutlich wird.

Diese Problematik stellt sich im wettbewerblichen Dialog nicht, da die Gespräche nicht von initialen Angeboten ausgehen, sondern von Vorschlägen der Bewerber, wie die Bedürfnisse des öffentlichen Auftraggebers am besten erfüllt werden könnten. Damit besteht unstreitig kein rechtlicher Zwang, Bewerber von der Teilnahme am Dialog auszuschließen, weil diese keine vollständig ausgearbeiteten Angebote eingereicht haben oder weil die Vorschläge nicht voll mit den in der Bekanntmachung oder der Beschreibung niedergelegten Bedürfnissen korrespondieren.[391] Andererseits muss im Sinne des Nichtdiskriminierungs- und Transparenzgebots auch hier gelten, dass der öffentliche Auftraggeber auf die Anforderungen, die er für die jeweilige Dialogphase verbindlich abgefragt hat, bestehen und in diesem Sinne unvollständige Lösungsvorschläge vom weiteren Verfahren ausschließen muss.

Gesteht man dem öffentlichen Auftraggeber im Verhandlungsverfahren zu, die Verhandlungen mit noch nicht zuschlagsfähigen Angeboten zu beginnen, kann es sein, dass sich die ersten Lösungsvorschläge und die ersten Angebote nicht besonders voneinander unterscheiden. Dies gilt insbesondere dann, wenn der öffentliche Auftraggeber in der Lage war, auch im wettbewerblichen Dialog technische Spezifikationen zu erstellen – also im Rahmen allein rechtlich/finanzieller Komplexität im Rahmen der VKR 2004 oder weil er sich unter dem weiteren Anwendungsbereich der VKR 2014 für dieses Verfahren entschieden hat.

bb. Grundstruktur der Gesprächsphasen in Verhandlungsverfahren und wettbewerblichem Dialog

Hinsichtlich der Strukturierung der Gesprächsphasen stehen dem öffentlichen Auftraggeber bei Verhandlungsverfahren und wettbewerblichem Dialog grundsätzlich die gleichen Möglichkeiten offen bzw. ist er den gleichen Beschränkungen unterworfen.

So besteht im Verhandlungsverfahren wie im wettbewerblichen Dialog die Möglichkeit, durch sukzessives Ausscheiden von Angeboten (wettbewerblicher Dialog: Lösungsvorschlägen) die Zahl der Angebote, zwischen denen letztendlich über den Zuschlag entschieden werden muss, zu reduzieren. Durch die ebenfalls bestehende Verpflichtung, dass nach erfolgter Abschichtung noch so viele Teilnehmer vorhanden sein sollten, dass echter Wettbewerb gewährleistet ist, sind auch hier exklusive Verhandlungen mit einem preferred bidder ausgeschlossen.[392]

---

391 Dass Bewerber ausgeschlossen werden können, wenn der öffentliche Auftraggeber das Erreichen der nächsten Dialogrunde an Bedingungen geknüpft hat, die nicht erfüllt wurden, ändert nichts an der grundsätzlichen Konzeption der Dialogphase als auf rechtlich unverbindlichen Vorschlägen beruhend.

392 Vgl. Artt. 44 Abs. 4, 29 Abs. 4 (wettbewerblicher Dialog), 30 Abs. 4 VKR 2004 (Verhandlungsverfahren) bzw. Artt. 66 S. 2, 29 Abs. 6 (Verhandlungsverfahren), 30 Abs. 4 VKR 2014 (wettbewerblicher Dialog).

Für das Verhandlungsverfahren bestimmt Art. 29 Abs. 7 VKR 2014 jetzt des Weiteren, dass Verhandlungsrunden stets für alle gleichzeitig zu beenden sind und die Aufforderung zur Legung neuer oder überarbeiteter Angebote für die nächste Verhandlungsrunde zu einer für alle Bieter identischen Frist erfolgen muss. Für den wettbewerblichen Dialog wurde eine solche Pflicht nicht in der VKR 2014 festgeschrieben. Dies ist insofern nachvollziehbar, als die Lösungsvorschläge im wettbewerblichen Dialog stärker voneinander abweichen und damit unterschiedlichen Diskussionsbedarf hervorrufen können. Besteht allerdings kein deutlicher Unterschied zwischen den Lösungsvorschlägen, würde es gegen das Gleichbehandlungsgebot verstoßen, Dialogteilnehmer unterschiedlich zu behandeln. Auch ohne positive Regelung ist der öffentliche Auftraggeber dann verpflichtet, die Dialogphasen für alle Dialogteilnehmer gleich ablaufen zu lassen.

Damit ermöglicht der wettbewerbliche Dialog nach der VKR 2014 dem öffentlichen Auftraggeber eine größere Flexibilität als das Verhandlungsverfahren, die allerdings in Ansehung der tatsächlichen Bandbreite der Lösungsvorschläge eingeschränkt sein kann.

cc. Reichweite/Umfang der Gespräche

Das, was im Verhandlungsverfahren verhandelt werden kann und wie weit die Verhandlungen gehen dürfen, beantwortet die VKR 2004 recht schwammig. Nach Art. 30 VKR 2004

> *„verhandelt der öffentliche Auftraggeber mit den Bietern über die von diesen unterbreiteten Angebote, um sie entsprechend den in der Bekanntmachung, den Verdingungsunterlagen und etwaigen zusätzlichen Unterlagen angegebenen Anforderungen anzupassen [...].“*

Art. 29 Abs. 3 UAbs. 1 VKR 2014 formuliert den Auftrag dahingehend um, dass das Ziel der Verhandlungen sein soll, *„die Angebote inhaltlich zu verbessern“*. Mindestanforderungen und Zuschlagskriterien sind jetzt ausdrücklich als Verhandlungsgegenstände ausgenommen.[393] Im Übrigen sind technischen Spezifikationen nach der VKR 2014 grundsätzlich änderbar, da alle Bieter über etwaige Änderungen technischer Spezifikationen oder anderer Auftragsunterlagen, die nicht die Festlegung der Mindestanforderungen betreffen, zu unterrichten sind.[394]

---

393 Art. 29 Abs. 3 UAbs. 2 VKR 2014. Damit hat der europäische Gesetzgeber das Urteil des EuGH in der Rechtssache „Nordecon“ umgesetzt. Hier hatte der Gerichtshof für die VKR 2004 entschieden, dass ein Auftraggeber im Rahmen eines Verhandlungsverfahrens für den Bau eines Straßenabschnitts die ursprünglich (zwingend) geforderte Breite eines Mittelstreifens nicht auf Vorschlag eines Bieters ändern durfte, auch wenn alle anderen Bieter die Gelegenheit erhalten hatten, ihre Angebote entsprechend anzupassen und darüber zu verhandeln, EuGH, Urteil vom 5. Dezember 2013, C-561/12, Nordecon.

394 Art. 29 Abs. 5 UAbs. 1 VKR 2014.

Nicht definiert ist, wie genau eine Anforderung zu einer „Mindest" anforderung wird. Hierunter könnte sowohl jede Anforderung fallen, die nicht offen formuliert ist, als auch nur solche Anforderungen, die gesondert als Mindestanforderungen gekennzeichnet wurden. Es kann vermutet werden, dass die Praxis über eine Generalklausel in den technischen Spezifikationen jede nicht gesondert gekennzeichnete Anforderung als nicht den Verhandlungen entzogene „normale" Anforderung einordnen wird.

Dies kann allerdings nicht bedeuten, dass der öffentliche Auftraggeber berechtigt ist, die Teile der Auftragsbeschreibung, die keine Mindestanforderungen darstellen, in beliebigem Umfang zu ändern, ohne einen Abgleich an den allgemeinen Verfahrensgrundsätzen vorzunehmen. Da sich Mindestanforderungen und Zuschlagskriterien nicht ändern, muss die Änderung der übrigen Anforderungen kongruent zu diesen fixen Elementen sein. Wenn die geänderten Auftragsbedingungen auch durch andere Wirtschaftsteilnehmer, die sich ursprünglich nicht auf das Verfahren beworben hatten, oder durch in einer vorherigen Verhandlungsphase ausgeschiedene Bieter erfüllt werden könnten,[395] ist auch hier die Grenze zur zulässigen Änderung überschritten. Änderungen an Anforderungen, die über die eben skizzierten Grenzen hinausgehen, und die damit als wesentlich einzuordnen sind, sind daher auch im Verhandlungsverfahren nur möglich, wenn der öffentliche Auftraggeber Varianten zugelassen und entsprechende Mindestbedingungen festgesetzt hat.

Wie bei den präzisierten Regeln zum Ablauf der Verhandlungen[396] handelt es sich bei den Änderungen zu Verhandlungsziel und -beschränkungen in der VKR 2014 eher um textliche Präzisierungen, als um neue Beschränkungen. Denn auch unter der VKR 2004 sind Änderungen der technischen Spezifikationen nicht möglich, die als Mindestanforderungen oder als wesentlich einzuordnen sind, so dass die Änderbarkeit der Vergabeunterlagen sich im Grundsatz nicht von dem unterschied und unterscheidet, wie bereits für den wettbewerblichen Dialog herausgearbeitet. Anstatt der technischen Spezifikationen können dort die in der Beschreibung gestellten Anforderungen nur dann sinnvollerweise Bestandteil des Dialogs sein, wenn der öffentliche Auftraggeber Varianten zugelassen hat und entsprechende Mindestanforderungen, die etwaige Varianten erfüllen müssen, bekannt gemacht hat.[397]

Nach Art. 29 Abs. 7 VKR 2014 wird der öffentliche Auftraggeber im Verhandlungsverfahren verpflichtet, den Bietern den Abschluss der Verhandlungen anzuzeigen und sie einheitlich zur Abgabe neuer oder überarbeiteter Angebote aufzufordern. Aus der Richtlinie ergibt sich jedoch nach wie vor nicht, dass der Auftraggeber verpflichtet ist, anzuzeigen, dass die finale Angebotsrunde erreicht ist.[398] Vielmehr

---

395 Siehe auch Arrowsmith, The Law of Public and Utilities Procurement, 3. Aufl., Rn. 9.111.

396 Siehe oben unter D.III.1.b.bb.

397 Vgl. oben unter D.II.4.d.

398 Es ist allerdings ohnehin häufig geübte Praxis, dass der öffentliche Auftraggeber ein so genanntes *„last and final offer"* einholt, auf welches ohne weitere

gestattet es Art. 29 Abs. 4 VKR 2014 nach entsprechender Bekanntmachung jetzt ausdrücklich, den Zuschlag auch schon auf eines der ersten Angebote zu erteilen, ohne zuvor in Verhandlungen einzutreten. Im wettbewerblichen Dialog ist hingegen das Ende der Dialogphase zwingend zu erklären,[399] da erst nach Abschluss der Dialogphase Angebote eingereicht werden können.

c. *Die Bewertung der Angebote*

Aufgrund der potentiell sehr breit gefassten Beschreibung der Bedürfnisse und Anforderungen kann im wettbewerblichen Dialog auch die Reichweite der nach Abschluss der Dialogphase eingereichten Angebote breiter sein als die der finalen Angebote im Verhandlungsverfahren, das stets auf einer Leistungsbeschreibung (zumindest funktionaler Art) beruht. Ob dies so ist, hängt allerdings davon ab, ob die Dialogteilnehmer tatsächlich unterschiedliche Lösungen entwickelt haben und wie eng oder weit die Beschreibung der Bedürfnisse und Anforderungen gestaltet war. Insbesondere unter der VKR 2014 mit den für Verhandlungsverfahren und wettbewerblichen Dialog identischen Anwendungsvoraussetzungen können sich die erzielbaren Ergebnisse ähneln.

Ein weiterer möglicher, aber nicht zwingender Unterschied zwischen den beiden Verfahrensarten liegt darin, dass der öffentliche Auftraggeber im wettbewerblichen Dialog nach Abschluss der Dialogphase das erste (und letzte) bindende Angebot der Bieter erhält, wohingegen das letzte Angebot im Verhandlungsverfahren das Ergebnis von Verhandlungen über (in der Regel) mehrere Angebote ist. Je nach Verfahrensgestaltung kann es aber sowohl sein, dass der Auftraggeber auch im wettbewerblichen Dialog Lösungsvorschläge in der Form von Angeboten verlangt, als auch, dass er im Verhandlungsverfahren vor der finalen Angebotsrunde auf die Einreichung vollständiger bzw. bindender Angebote verzichtet hat.

Unabhängig davon, wie weit oder nah die Lösungsvorschläge bzw. Angebote auseinanderliegen, muss der öffentliche Auftraggeber die Angebote in beiden Verfahren anhand der bekannt gemachten und nur äußerst eingeschränkt konkretisierbaren Zuschlagskriterien bewerten.[400]

Anschließend hat der öffentliche Auftraggeber anders als im Verhandlungsverfahren beim wettbewerblichen Dialog die Möglichkeit, nach Legung der Angebote diese noch feinabzustimmen[401] sowie vom Bestbieter Bestätigungen einzuholen.[402]

Verhandlungen der Zuschlag erteilt werden soll. Für Deutschland Kulartz in: Kus/Kulartz/Portz, Kommentar zum GWB-Vergaberecht, § 101 Rn. 40.

399 Art. 29 Abs. 5 VKR 2004; Art. 30 Abs. 5 VKR 2014.

400 Die für den wettbewerblichen Dialog oben unter D.II.4.f.bb beschriebenen Grundsätze gelten auch für das Verhandlungsverfahren, da sie aus den Vergabegrundsätzen abgeleitet sind.

401 Art. 29 Abs. 6 UAbs. 2 VKR 2004, Art. 30 Abs. 6 UAbs. 2 VKR 2014, siehe oben unter D.II.7.a.

402 Art. 29 Abs. 7 VKR 2004, Art. 30 Abs. 7 UAbs. 2 VKR 2014, siehe oben unter D.II.7.c.

Ergänzende Feinabstimmungen sind insbesondere in den Fällen sinnvoll, in denen der Dialog nicht auf der Grundlage von Angeboten geführt wurde, was die Wahrscheinlichkeit, dass an einzelnen Punkten Klärungsbedarf besteht, erhöht. Da aber der Auftraggeber im Verhandlungsverfahren grundsätzlich die Möglichkeit hat, in einem solchen Fall eine weitere Verhandlungsrunde anzufügen,[403] ist die Möglichkeit der Feinabstimmung kein herausragender Vorteil des wettbewerblichen Dialogs. Zumal diese nicht dazu genutzt werden kann, um noch einmal in echte Verhandlungen zu treten.

Anders sieht es mit der Möglichkeit aus, im wettbewerblichen Dialog Zusagen oder Bestätigungen vom Bestbieter einzuholen. Zumindest in den Ländern, in denen die Abgabe eines Angebots an sich erfordert, dass der Auftraggeber ohne weitere Zwischenschritte den Vertragsschluss herbeiführen können muss (zum Beispiel in Deutschland), können für den Vertragsschluss unerlässliche, aber kostspielige oder zeitkritische Elemente, wie notarielle Beurkundungen oder die Einholung finaler Bankzusagen auf einen Zeitpunkt nach Anlegung der Zuschlagskriterien verschoben werden. Damit werden die unterlegenen Bieter nicht mit letztlich verloren Kosten belastet.

d. Zusammenfassung: Alternative Verhandlungsverfahren

Es hat sich gezeigt, dass wettbewerblicher Dialog und Verhandlungsverfahren sich in vielen Aspekten ähneln und auch ähnlich ausgestaltet werden können. Unter der VKR 2014 gelten für sie auch dieselben Anwendungsvoraussetzungen.

Da das Verhandlungsverfahren stets die Verwendung technischer Spezifikationen voraussetzt, kann im Fall technisch besonders komplexer Auftragsgegenstände sowohl unter der VKR 2004 als auch unter der VKR 2014 nur der wettbewerbliche Dialog, nicht aber das Verhandlungsverfahren gewählt werden.[404] Der wettbewerbliche Dialog ist damit grundsätzlich in der Lage, eine größere Bandbreite möglicher Lösungsvorschläge abzubilden, was den öffentlichen Auftraggeber aber vor größere Herausforderungen bei der vergleichenden Anlegung der Zuschlagskriterien stellt.

Es fällt auf, dass die VKR 2014 nur für das Verhandlungsverfahren neue ausdrückliche Anforderungen an Inhalt und Führung der Verhandlungsphase einführt, nicht aber für den wettbewerblichen Dialog. Auch wenn sich für den wettbewerblichen Dialog unter Anlegung der Vergabegrundsätze häufig dieselben Einschränkungen ergeben werden, hat der öffentliche Auftraggeber hier dennoch größere Möglichkeiten, auf die individuellen Verfahrensumstände zu reagieren.

In Rechtsordnungen, in denen der Zuschlag nur auf Angebote erteilt werden kann, bei denen für den Vertragsschluss keine Mitwirkung seitens des Bieters mehr erforderlich ist, kann der wettbewerbliche Dialog durch die Möglichkeit,

403 Arrowsmith, The Law of Public and Utilities Procurement, 3. Aufl., Rn. 9–98.

404 A.A. Schneider, Der Wettbewerbliche Dialog im Spannungsfeld der Grundsätze des Vergaberechts, S. 93.

vom Bestbieter Zusagen bestätigen zu lassen, die Kosten für Beurkundungen oder Bankzusagen minimieren.

Als durchaus problematisch ist anzusehen, dass der öffentliche Auftraggeber nach der VKR 2014 im wettbewerblichen Dialog die Auftragsunterlagen zusammen mit der Bekanntmachung öffentlich zugänglich machen muss. Eine Anforderung, die er im Verhandlungsverfahren durch die Veröffentlichung einer Vorinformation umgehen kann.[405] Wenn die Beschreibung aber sensible Informationen enthält, etwa im Bereich öffentlich-privater Partnerschaften oder zu anderen Geschäftsbeziehungen des öffentlichen Auftraggebers (zum Beispiel zu bestehenden Liefer- oder Serviceverträgen) offen gelegt werden, kann die Zugänglichkeit der Auftragsunterlagen für alle, trotz der Möglichkeiten zur Abfrage von Vertraulichkeitserklärungen für den öffentlichen Auftraggeber einen Grund darstellen, das Verhandlungsverfahren statt des wettbewerblichen Dialogs zu wählen.

Es darf vermutet werden, dass sich der Stellenwert des wettbewerblichen Dialogs gegenüber dem Verhandlungsverfahren auch unter der VKR 2014 nicht erhöhen wird. Die neuen Regeln für die Verhandlungsphase sind eher Klarstellungen als Einschränkungen. Und die hier identifizierten problematischen Punkte wie die Akzeptanz von indikativen bzw. formbedürftigen Angeboten im Verhandlungsverfahren hat die VKR 2014 nicht aufgegriffen, so dass davon ausgegangen werden kann, dass sie nicht als praktisch relevant betrachtet werden. Gleichwohl wäre eine Klarstellung in der VKR 2014 wünschenswert gewesen.

Einen Mehrwert bietet der wettbewerbliche Dialog nach wie vor dort, wo der öffentliche Auftraggeber den Bietern möglichst viel Flexibilität bei der Ausarbeitung ihrer Angebote gewähren möchte. In einem solchen Fall kann eine sauber formulierte Beschreibung der Bedürfnisse und Anforderungen sogar besser verständlich sein, als funktional formulierte technische Spezifikationen, für die Nebenangebote zugelassen sind, für die wiederum Mindestanforderungen formuliert werden müssen.

2. Wettbewerb mit anschließendem Verhandlungsverfahren

Eine weitere Möglichkeit, die Komplexität eines Auftrags zu reduzieren, ist die Auslobung eines Wettbewerbs.[406] Dass der öffentliche Auftraggeber nach der VKR 2004 nicht gehalten ist, einen Wettbewerb zur Ermöglichung der Vergabe im offenen oder nichtoffenen Verfahren durchzuführen, wurde bereits behandelt.[407] Hierbei wurde insbesondere die Situation beleuchtet, dass aus dem Wettbewerb oder ggf. einem sich diesem anschließenden Verhandlungsverfahren ohne Bekanntmachung eine Leistungsbeschreibung hervorgeht.

---

405 Siehe hierzu oben unter D.II.3 und D.II.3.d.

406 Artt. 66 ff. VKR 2004, Artt. 78 ff. VKR 2014. Für Dienstleistungsaufträge sah bereits Art. 13 RL 92/50/EWG die Möglichkeit vor, diese im Anschluss an einen so genannten Planungswettbewerb zu vergeben.

407 Vgl. oben unter D.I.1.b.aa.(2).

Zu untersuchen bleibt, ob Beschaffungssituationen denkbar sind, die sowohl mittels eines Wettbewerbs mit sich anschließendem Verhandlungsverfahren als auch mittels eines wettbewerblichen Dialogs vergeben werden können.

Der öffentliche Auftraggeber kann das Verhandlungsverfahren ohne Bekanntmachung bei öffentlichen Dienstleistungsaufträgen anwenden, wenn im Anschluss an einen Wettbewerb der Auftrag an den Gewinner oder die Gewinner des Wettbewerbs vergeben werden muss (Realisierungswettbewerb).[408] In der Regel wird dies dazu genutzt, um im Anschluss an den Wettbewerb den oder einen der Gewinner desselben im Wege des Verhandlungsverfahrens mit der Erstellung der Leistungsbeschreibung für den noch gesondert zu beauftragenden Umsetzungsauftrag zu beauftragen.

Eine Konkurrenzsituation zum wettbewerblichen Dialog wäre gegeben, wenn nicht nur die Erstellung technischer Spezifikationen, sondern auch ein anderer Dienstleistungsauftrag Gegenstand des sich anschließenden Verhandlungsverfahrens sein kann, der das Wettbewerbsergebnis umsetzt. Wäre dies der Fall, könnte der öffentliche Auftraggeber zum Beispiel einen Wettbewerb für die Konzeption einer Dienstleistung mit der Maßgabe ausschreiben, dass der oder einer der Gewinner im Anschluss an den Wettbewerb mit der Umsetzung ihrer Konzeption beauftragt werden. Dem Wortlaut des Art. 31 Abs. 3 VKR 2004 / Art. 32 Abs. 4 VKR 2014 nach spricht zunächst nichts dagegen, andere Dienstleistungen als die üblichen vertieften Planungsleistungen nach Durchführung eines Wettbewerbs zu vergeben.[409]

Der EuGH hat allerdings nicht nur eine sehr enge Verknüpfung zwischen dem Gegenstand eines Wettbewerbs und einem nachfolgenden Verhandlungsverfahren hergestellt, sondern auch darauf verwiesen, dass der Wettbewerb dazu diene, dem öffentlichen Auftraggeber einen „*Plan oder eine Planung*" zu verschaffen.[410] Damit ist nach der Auffassung des EuGH die Vergabe eines Auftrags, der ausführende

408 Art. 31 Abs. 3 VKR 2004, Art. 32 Abs. 4 VKR 2014.

409 Bau- und Lieferaufträge können allerdings schon per definitionem nicht von ihrem Planer auf diesem Wege umgesetzt werden.

410 „*In der vorliegenden Rechtssache fällt, […] ein Teil der Leistungen des zweiten Abschnitts nicht unter den Begriff „Wettbewerb", wie er in Artikel 1 Buchstabe g der Richtlinie definiert ist, der sich auf „einen Plan oder eine Planung" bezieht. Denn auch wenn der erste Teil des zweiten Abschnitts (Unterstützung des Auftraggebers bei der Ausarbeitung des technischen Anforderungsprofils auf der Grundlage des im ersten Abschnitt ausgewählten Konzepts) eventuell als ein Plan oder eine Planung […] angesehen werden könnte, ist dies doch beim dritten Teil des zweiten Abschnitts nicht der Fall. Die Unterstützung des Auftraggebers bei der Prüfung der im Verfahren des dritten Abschnitts abgegebenen Angebote stellt nämlich ganz offensichtlich keinen Plan und keine Planung […] dar.*" EuGH, Urteil vom 14. Oktober 2004, C-340/02, Kommission./.Frankreich, Rn. 39. Der EuGH bezieht sich auf Art. 1 lit. g RL 92/50/EWG, der inhaltlich Art. 1 Abs. 2 Nr. 11 lit. b VKR 2004 bzw. Art. 2 Abs. 1 Nr. 18 VKR 2014 entspricht.

Elemente enthält, welche über einen Plan oder eine Planung hinausgehen, im direkten Anschluss an einen Wettbewerb kaum zu rechtfertigen.

Dieses Ergebnis erscheint auch vor dem Hintergrund des Wettbewerbsziels des europäischen Vergaberechts gerechtfertigt. Zwar ist ein Wettbewerb auch europaweit offen oder beschränkt auszuschreiben, es bestehen jedoch keine besonderen Anforderungen an die Wahl des Wettbewerbs. Unter dem Aspekt, dass ein Verhandlungsverfahren ohne vorherige Bekanntmachung weder Verhandlungen auf der Grundlage von Angeboten vorsieht, noch die vorherige Erstellung einer Leistungsbeschreibung durch den öffentlichen Auftraggeber voraussetzt, wäre die Durchführung eines Wettbewerbs mit anschließendem Verhandlungsverfahren ohne Bekanntmachung eine einfache Art, nicht nur die Anwendungsvoraussetzungen des wettbewerblichen Dialogs, sondern auch des Verhandlungsverfahrens mit Bekanntmachung zu umgehen. Einzig den (nicht zu verleugnenden) Mehraufwand der Einrichtung einer unabhängigen Wettbewerbsjury müsste der öffentliche Auftraggeber berücksichtigen.

Der Realisierungswettbewerb tritt damit nicht in Konkurrenz zum wettbewerblichen Dialog.

3. Die Innovationspartnerschaft nach der VKR 2014

Die VKR 2014 eröffnet die Möglichkeit, einen Auftrag im Wege der Innovationspartnerschaft auszuschreiben. Diese verfolgt das Ziel, mit einem oder mehreren Partnern ein Produkt, eine Dienst- oder eine Bauleistung, das oder die auf dem Markt noch nicht existiert (nachfolgend: „die Innovation“) zu entwickeln und anschließend zu erwerben.

a. Vergleich der Anwendungsbereiche

Einziges Anwendungskriterium der Innovationspartnerschaft ist das Bedürfnis des Auftraggebers, ein noch nicht auf dem Markt vorhandenes, innovatives Produkt beschaffen zu wollen. Dies dürfte jedenfalls dann der Fall sein, wenn auch ein die Anwendung des wettbewerblichen Dialogs nach der VKR 2004 rechtfertigender besonders komplexer Auftrag vorliegt, wobei das Anforderungsprofil im Rahmen der Innovationspartnerschaft wesentlich unkomplizierter formuliert ist – es stellen sich weder Fragen nach der objektiven oder subjektiven Beschreibbarkeit des Auftragsgegenstands, noch inwieweit der Auftraggeber verpflichtet ist, durch Wettbewerbe oder Projektanten die Erstellung einer regulären Leistungsbeschreibung zu ermöglichen.[411]

411 Andrecka hält die recht vage gehaltene Definition von „*Innovation*“ in Art. 31 VKR 2014 für wenig problematisch, da das Risiko des Missbrauchs des Verfahrens durch die detaillierten Anforderungen an die Durchführung des Verfahrens selbst minimiert würden, Andrecka, Innovation Partnership in the New Public Procurement

Bei Vorliegen dieser Umstände wird grundsätzlich immer auch der Anwendungsbereich des wettbewerblichen Dialogs nach der VKR 2014[412] eröffnet sein,[413] da stets konzeptionelle oder innovative Lösungen gemäß Art. 26 Abs. 4 lit. a) lit. ii) VKR 2014 gefordert sein werden. Umgekehrt wird der Anwendungsbereich der Innovationspartnerschaft nicht in jedem Fall, in dem der wettbewerbliche Dialog nach der VKR 2014 anwendbar ist, eröffnet sein, nachdem das Erfordernis des besonders komplexen Auftrags als einzige Anwendungsvoraussetzung abgeschafft wurde.

b. Vergleich der Vergabeunterlagen

Die für die Innovationspartnerschaft bereit gestellten Informationen müssen so präzise sein, dass die Wirtschaftsteilnehmer Art und Umfang der Innovation erkennen und entscheiden können, ob sich bewerben möchten.

Ferner ist der Auftraggeber verpflichtet, Mindestanforderungen zu formulieren, denen die gesuchte Lösung entsprechen muss. Dem steht im wettbewerblichen Dialog das Erfordernis der Darstellung der Bedürfnisse und Anforderungen gegenüber. Es bestehen keine Sondervorschriften für die Bekanntgabe der Zuschlagskriterien für die Innovationspartnerschaft, so dass sie in den Vergabeunterlagen zu nennen sind. Da die Zuschlagskriterien einer späteren Verhandlung nicht zugänglich sind, hat die Auswahl der Zuschlagskriterien auch in der Innovationspartnerschaft Einfluss auf den Ausschreibungsgegenstand, da die Zuschlagskriterien mit diesem korrespondieren müssen, Art. 67 Abs. 3 VKR 2014.

c. Vergleich der Verfahrensabläufe

Nach der Auswahl eines oder mehrerer Bewerber schließt der Auftraggeber mit diesen einen Vertrag über die Innovationspartnerschaft.[414] Dieser legt die zu erreichenden Zwischenziele und die entsprechend tranchenweise Zahlung der Vergütung für die Entwicklungstätigkeit der Partner fest. Auch Regeln über das geistige Eigentum an den Entwicklungen sind vorab in den Auftragsunterlagen festzulegen.

Regime - a Shift of Focus from Procedural to Contractual Issues?, P.P.L.R. 2015, S. 54.

412 Der Vergleich mit dem wettbewerblichen Dialog nach der VKR 2004 erübrigt sich, da die beiden Verfahren nicht nebeneinander Anwendung finden können, den unwahrscheinlich einmal ausgeklammert, dass ein Mitgliedstaat zunächst nur die Innovationspartnerschaft umsetzt, ohne auch die Regeln zum wettbewerblichen Dialog anzupassen.

413 Wie auch der des Verhandlungsverfahrens nach der VKR 2014, für dessen Anwendung jetzt dieselben Voraussetzungen wie für den wettbewerblichen Dialog gelten.

414 Dass es hier schon zu einem Vertragsabschluss kommt, ergibt sich aus Art. 31 Abs. 2 UAbs. 3 VKR 2014, der dem Auftraggeber die Möglichkeit einräumt, die *„Zahl der Partner durch die Kündigung einzelner Verträge“* zu reduzieren.

Erwägungsgrund 49 VKR 2014 fordert darüber hinaus, dass *„die Innovationspartnerschaft so strukturiert sein [sollte], dass sie die erforderliche Marktnachfrage („Market Pull") bewirken kann, die die Entwicklung einer innovativen Lösung anstößt, ohne jedoch zu einer Marktabschottung zu führen.*"

Diese Forderung steht in einem gewissen Spannungsverhältnis zu der auch hier geltenden Grundregel des Geheimwettbewerbs und der Hoheit der Partner über ihre Entwicklungen. So wäre etwa ein Exklusivrecht des obsiegenden Partners auf die Innovation über einen längeren Zeitraum nach Abschluss des Verfahrens durch entsprechende vertragliche Regelungen zu vermeiden. Inwieweit die Strukturierung eines Vergabeverfahrens allerdings geeignet sein kann, die Markt*nachfrage* zu stärken, ist nicht ohne Weiteres vorstellbar und wird sich in der Praxis zeigen müssen.

In dieser Entwicklungsphase kann der Auftraggeber nach Abschluss eines im Vertrag definierten Zwischenziels jeweils entscheiden, den Vertrag gar nicht bzw. nicht mit allen Partnern fortzusetzen, wenn er diese Möglichkeit in den Auftragsunterlagen vorgesehen hat. Grundlage für die Kündigung sollen die vorab definierten Zwischenziele sein (und nicht etwa die Zuschlagskriterien, wie bei der Abschichtung im wettbewerblichen Dialog). Erwägungsgrund 49 VKR 2014 spricht von einer *„langfristigen"* Innovationspartnerschaft. Art. 31 Abs. 2 VKR 2014 sieht des Weiteren die Möglichkeit vor, dass die Herstellung der Produkte, die Erbringung der Dienstleistungen oder die Fertigstellung der Bauleistungen bereits im laufenden Verfahren der Innovationspartnerschaft erfolgt.

Nach Erreichen des letzten Ziels – der Entwicklung der Innovation – schließt sich die Angebotsphase an. Diese ist identisch mit der des Verhandlungsverfahrens nach Art. 29 Abs. 3 ff. VKR 2014 und umfasst auch die Möglichkeit, die Angebote phasenweise abzuschichten. Es besteht allerdings nicht die Möglichkeit, den Zuschlag ohne Verhandlungen auf das Erstangebot zu erteilen. Auch fehlen mit Art. 29 Abs. 7 VKR 2014 vergleichbare Vorschriften für die letzte Verhandlungsrunde und die Erteilung des Zuschlags. Des Weiteren ist das Verhältnis zwischen Innovations- und Angebotsphase in der VKR 2014 nicht klar ausdefiniert. Insbesondere wird nicht deutlich, ob in der Angebotsphase jeder Bieter nur auf die von ihm entwickelte Innovation bieten kann, oder ob der öffentliche Auftraggeber eine Lösung auswählen kann, auf die dann alle Bieter bieten.[415] Da für die Innovationspartnerschaft grundsätzlich keine anderen Regeln gelten als für die übrigen Vergabeverfahren, lässt sich hier die Argumentation der parallel gelagerten Problematik beim wettbewerblichen Dialog übertragen.[416] Demnach ist sowohl die Nutzung von Bieterknowhow ohne Einverständnis des entwickelnden Innovationspartners für die Erstellung einer Leistungsbeschreibung für die Angebotsphase aus Gründen des Schutzes der Geheimhaltungsinteressen der Bieter schwierig, wie auch eine Verpflichtung der übrigen Innovationspartner, auf eine Lösung zu bieten, die ein anderer entwickelt hat und die vielleicht nicht dem eigenen Leistungsspektrum entspricht.

---

415 Andrecka, P.P.L.R. 2015, S. 57.

416 Siehe oben unter D.II.5.

Im Anbetracht dessen, dass der öffentliche Auftraggeber in der Innovationsphase die Möglichkeit hat, einzelne Verträge zu kündigen, sollte die anschließende Bieterphase im Sinne der Ermittlung des wirtschaftlichen günstigsten „Folgeauftrags" verstanden werden. Denn auch wenn mehrere Innovationen für die Bedürfnisse des öffentlichen Auftraggebers geeignet sein mögen, sagt dies noch nichts über die Wirtschaftlichkeit einer nachfolgenden Beschaffung in größerem Maßstab aus.

Das gesamte Verfahren der Innovationspartnerschaft steht des Weiteren stets unter dem Vorbehalt, dass das *„Leistungsniveau und die Kostenobergrenze"* eingehalten werden.

Grundsätzlich lässt sich ein wettbewerblicher Dialog wie eine Innovationspartnerschaft strukturieren. Während der wettbewerbliche Dialog in der Dialogphase Lösungsvorschläge behandelt, kann die Innovationspartnerschaft die konkrete körperliche Entwicklung der Produkte bzw. Leistungen umfassen, die auch dementsprechend zu vergüten ist. Im wettbewerblichen Dialog treten der öffentliche Auftraggeber und die Dialogteilnehmer in der Dialogphase allerdings nicht in ein Vertragsverhältnis ein. Auch ist der öffentliche Auftraggeber nicht verpflichtet, eine Vergütung für die Lösungsvorschläge vorzusehen. Damit kann die Innovationspartnerschaft gegenüber dem wettbewerblichen Dialog dort im Vorteil sein, wo die Identifikation der Lösung für die Bedürfnisse des öffentlichen Auftraggebers auch auf Seiten des Wirtschaftsteilnehmers noch deutliche Forschungs- oder Entwicklungsarbeit erfordert. Die vertragliche Absicherung des Innovationspartners in der Entwicklungsphase kann damit die Teilnahme am Verfahren für die Wirtschaftsteilnehmer attraktiver gestalten als im wettbewerblichen Dialog.[417]

Eine Besonderheit der Innovationspartnerschaft ist darüber hinaus die regulär vorgesehene Möglichkeit, die Innovationspartnerschaft nach den einzelnen vordefinierten Etappen zu kündigen, ohne in die eigentliche Beschaffungsphase einzutreten. Letztlich ist aber festzuhalten, dass es sich bei der Innovationspartnerschaft eher um eine Form der Konkretisierung des wettbewerblichen Dialogs als um ein genuin neues Verfahren handelt.

Dabei strebt die VKR 2014 durch die stärkere Regulierung und die vertragliche Fixierung der Innovationsphase eine Stärkung der Rechte der Wirtschaftsteilnehmer in der Innovationspartnerschaft gegenüber dem wettbewerblichen Dialog an. Dies drückt sich insbesondere in der verpflichtenden etappenweisen Vergütung aus, aber auch darin, dass die Innovationspartner schon in der Entwicklungsphase auf Grundlage nicht nur des Vergaberechts, sondern auch eines eine eigene Anspruchsgrundlage gewährenden Vertrags tätig werden. Inwiefern sich dieses Verfahren in Praxis etablieren kann, wird sich zeigen müssen.

417 Andrecka bemüht hier das Beispiel von Krankenhausbetten, deren Innovationspotential erst während der Benutzung entwickelt werden kann, Andrecka, P.P.L.R. 2015, S. 53 f. Der wirtschaftlich interessante (Folge-)Auftrag würde in diesem Fall dann nur dem Unternehmen erteilt werden, dessen Bett in der Innovationsphase ausreichend überzeugen konnte.

4. Zusammenfassung: Alternative Konzepte zur Verwirklichung komplexer Vorhaben

Als mögliche Alternativen für die Durchführung eines wettbewerblichen Dialogs wurden das Verhandlungsverfahren mit Bekanntmachung, der Realisierungswettbewerb sowie die durch die VKR 2014 neu eingeführte Innovationspartnerschaft mit dem wettbewerblichen Dialog verglichen.

Dabei hat sich erwiesen, dass der Realisierungswettbewerb durch die restriktive Rechtsprechung des EuGH auch im Bereich der Beschaffung von Dienstleistungen sowohl im Rahmen der VKR 2004 als auch der VKR 2014 keine Alternative zur Anwendung des wettbewerblichen Dialogs bieten kann.

Das Verhandlungsverfahren mit Bekanntmachung kann nach der VKR 2004 nur bei allein rechtlich/finanzieller Komplexität des Auftragsgegenstands anstelle des wettbewerblichen Dialogs Anwendung finden. Die VKR 2014 gibt das Erfordernis des besonders komplexen Auftrags als zwingende Voraussetzung für den wettbewerblichen Dialog auf und schafft identische Anwendungsbereiche und damit eine echte Konkurrenzsituation für Verhandlungsverfahren und wettbewerblichen Dialog. Die Ausgestaltung des Verfahrensgangs beider Verfahren bleibt in der VKR 2014 gegenüber der VKR 2004 jedoch im Wesentlichen gleich, insbesondere muss der öffentliche Auftraggeber im Verhandlungsverfahren im Gegensatz zum wettbewerblichen Dialog nach wie vor in der Lage sein, technische Spezifikationen mindestens funktionaler Art zu erstellen.

Eine Folge des erweiterten Anwendungsbereichs des wettbewerblichen Dialogs in der VKR 2014 ist, dass sich Verhandlungsverfahren und wettbewerblicher Dialog bei grundsätzlich beschreibbaren Auftragsgegenständen bis zur finalen Angebotsabgabe durch die dann erfolgende Annäherung von Leistungsbeschreibung und Beschreibung der Bedürfnisse und Anforderungen angleichen. In diesem Fall ist zu beachten, dass es dem öffentlichen Auftraggeber nur im wettbewerblichen Dialog, nicht aber im Verhandlungsverfahren noch möglich ist, nach Legung der (finalen) Angebote Feinabstimmungen vorzunehmen bzw. es dem Bestbieter zu gestatten, Bestätigungen o.ä. vorzulegen. Hierdurch gewinnt der wettbewerbliche Dialog jedoch nicht viel gegenüber dem Verhandlungsverfahren, da der Auftraggeber dort bei Bedarf die Möglichkeit hat, das Verfahren in den Stand der Verhandlungen zurück zu versetzen. Somit könnte sich die grundsätzliche Pflicht im wettbewerblichen Dialog, die Vergabeunterlagen mit der Bekanntmachung allgemein zur Verfügung zu stellen, die sich nicht wie im Verhandlungsverfahren durch die Bekanntmachung einer Vorinformation umgehen lässt, als ein entscheidendes Argument zur Nutzung des Verhandlungsverfahrens herausstellen.

Die Möglichkeit des wettbewerblichen Dialogs, einen Dialog über Lösungsvorschläge zu führen, erweitert das mit der VKR 2014 hinzu getretene Verfahren der Innovationspartnerschaft dahingehend, dass vor den (fakultativen) Erwerb eine Phase der etappenweisen Entwicklung der Leistungen bzw. Produkte geschaltet wird. Diese muss sich nicht auf die bloße Konzeptionierung beschränken, sondern kann eine Erbringung oder Herstellung der Leistung bereits beinhalten. Anders als im wettbewerblichen Dialog ist eine Vergütung nicht fakultativ, sondern bezogen auf jede vorab festzusetzende Phase zu gewähren.

Insgesamt haben sich die Verfahren in der VKR 2014 einander angenähert, wobei dem wettbewerblichen Dialog eine Art Scharnierfunktion zukommt. Während das Verhandlungsverfahren mit dem wettbewerblichen Dialog den Anwendungsbereich teilt, lässt sich die Innovationspartnerschaft als eine konkrete Ausformung des wettbewerblichen Dialogs begreifen.

Die Spielräume des öffentlichen Auftraggebers bei der Verfahrenswahl sind dabei in der VKR 2014 gegenüber der VKR 2004 noch einmal gewachsen.

IV. Nicht durch die Vergabekoordinierungsrichtlinien erfasste Vergaben

Abschließend soll ein Blick auf die Arten von öffentlicher Vergabe geworfen werden, die nicht in den Kernbereich der Vergaberichtlinien fallen, also Konzessionen, bestimmte Arten von Dienstleistungsaufträgen sowie Vergaben von Auftraggebern bestimmter Sektoren. Je nach Einordnung ist der öffentliche Auftraggeber hierbei unterschiedlich starken Vorgaben bzw. Einschränkungen durch allgemeine Grundsätze unterworfen.

Es soll geprüft werden, inwiefern die Ausgestaltung des Vergabeverfahrens angelehnt an den wettbewerblichen Dialog für den öffentlichen Auftraggeber in den jeweiligen Konstellationen möglich ist. Von dem Ergebnis dieser Untersuchung wird abhängen, inwiefern die Mitgliedstaaten in der Lage sind, diese Tatbestände in den regulären Anwendungsbereich der öffentlichen Auftragsvergabe im allgemeinen und des wettbewerblichen Dialogs im besonderen einzubeziehen.

1. Bau- und Dienstleistungskonzessionen

Konzessionen unterscheiden sich von öffentlichen Aufträgen nur insoweit, als die Gegenleistung für eine Bau- oder Dienstleistung ausschließlich in dem Recht zur Nutzung des Bauwerks bzw. der Dienstleistung ggf. zuzüglich der Zahlung eines Preises besteht.[418] Während auf Baukonzessionen Teilbereiche der VKR 2004 Anwendung finden, waren Dienstleistungskonzessionen bislang vom Regelungsbereich der EU-Vergaberichtlinien ausdrücklich ausgenommen.

---

418 Erwägungsgrund 4, Art. 1 Abs. 3 VKR 2004. Die genaue Abgrenzung zwischen öffentlichem Auftrag und Konzession fällt oft nicht leicht. Der EuGH orientiert sich dabei an den Merkmalen der Entgeltlichkeit und der Risikotragungspflicht im konkreten Fall, vgl. EuGH, Urteil vom 10. September 2009, C-206/08, WAZV Gotha, sowie insgesamt zur Diskussion Trepte, Public procurement in the EU, Rn. 4.42 ff.

Seit Inkrafttreten der Richtlinie 2014/23/EU über die Konzessionsvergabe (KRL 2014) werden Bau- und Dienstleistungskonzessionen nunmehr von einer eigenen Richtlinie erfasst und geregelt.

a. *Baukonzessionen nach der VKR 2004*

Die Anforderungen an die Ausschreibung einer Baukonzession nach der VKR 2004 sind ungleich geringer als an einen öffentlichen (Bau-)Auftrag. Nach Art. 58 VKR 2004 ist ein öffentlicher Auftraggeber bei Vergabe einer Baukonzession lediglich verpflichtet, diese Absicht unter Angabe der in Anhang VII Teil B VKR 2004[419] aufgeführten Informationen bekannt zu machen. Neben dem Gegenstand der Konzession und der Art und dem Umfang der Leistungen sind Angaben zu den einzureichenden Bewerbungen (Frist, Anschrift, an die die Bewerbungen zu richten sind, zulässige Sprache) und zu den Kriterien für die Erteilung des Auftrags zu machen. Insbesondere eine Bezugnahme auf technische Spezifikationen oder Referenznummern der CPV-Nomenklatur ist nicht verbindlich vorgeschrieben. Fraglich ist, ob der öffentliche Auftraggeber die Vergabe einer Baukonzession wie einen wettbewerblichen Dialog ausgestalten kann, wenn er dies wünscht.

Die VKR 2004 legt kein bestimmtes Verfahren zur Vergabe einer Baukonzession fest. Die deutsche Version der VKR 2004 spricht zwar von der Frist zur Abgabe von *„Angeboten"*, von der Sprache in der und dem Ort, an dem *„Angebote"* abzugeben sind, so dass nach diesem Wortlaut ein Dialog über zunächst nicht verbindliche Lösungsvorschläge ausgeschlossen sein könnte.

Die deutsche Version steht mit dieser Wortwahl (*„Angebot"*) jedoch alleine da. In der französischen und englischen Version der VKR 2014 ist vielmehr von *„Bewerbungen"* die Rede, und auch das entsprechende deutschsprachige Standardformular sieht *„Bewerbungen"* als Reaktion auf die Bekanntmachung vor. Diese Wortwahl ist vorzuziehen, da eine Pflicht zur Erstellung technischer Spezifikationen im Bereich von Baukonzessionen nicht festgelegt wurde. Die Erstellung von Angeboten ist ohne eine ausreichend detaillierte Leistungsbeschreibung jedoch nicht in der Form möglich, dass ein an einer Baukonzession interessiertes Unternehmen wüsste, was von ihm in einem Angebot erwartet wird.

Da die VKR 2004 also keine Vorgaben hinsichtlich des Detailgrads der Leistungsbeschreibung, der Form der Bewerbung und der Ausgestaltung des Verfahrens vorsieht, ist der öffentliche Auftraggeber grundsätzlich nicht daran gehindert, sich

419 Art. 58 Abs. 2 VKR 2004 verweist an dieser Stelle fälschlich auf Anhang VII Teil C VKR 2004, welcher die *„Angaben, die in den Bekanntmachungen von Aufträgen, die vom Baukonzessionär, der kein öffentlicher Auftraggeber ist, vergeben wurden, enthalten sein müssen"*, aufzählt. Neben dem falschen Verweis ist auch die Vergangenheitsform in der deutschen Sprachversion (*„wurden"*) redaktionell falsch und durch die Gegenwartsform (*„werden"*) zu ersetzen, da es sich um Angaben bzgl. einer ex ante-, nicht aber einer ex post-Information handelt.

bei der Vergabe einer Baukonzession am Verfahren des wettbewerblichen Dialogs zu orientieren.

b. Dienstleistungskonzessionen nach der VKR 2004

Die Vergabe von Dienstleistungskonzessionen wird in Art. 17 VKR 2004 ausdrücklich vom Anwendungsbereich der VKR 2004 ausgenommen. Öffentliche Auftraggeber sind bei der Vergabe von Dienstleistungskonzessionen von grenzüberschreitendem Interesse dennoch verpflichtet, das europäische Primärrecht zu beachten. Insbesondere aus den Grundfreiheiten und dem Diskriminierungsverbot hat der EuGH abgeleitet, dass bei der Vergabe von Aufträgen ein Transparenzgebot seitens des Auftraggebers besteht, damit die Einhaltung der Bieterrechte kontrolliert werden können. Der öffentliche Auftraggeber muss außerdem zugunsten potentieller Bieter einen angemessenen Grad an Öffentlichkeit sicherstellen, der die Ausschreibungsmärkte dem Wettbewerb öffnet und die Nachprüfung eröffnet, ob die Vergabeverfahren unparteiisch durchgeführt wurden.[420]

In ihrer Mitteilung zu Auslegungsfragen im Bereich Konzessionen weist die Kommission überdies darauf hin, dass ergriffene Maßnahmen zur Erreichung des verfolgten Ziels sowohl angemessen als erforderlich sein müssten.[421] An diesem Punkt kann sich der Auftraggeber an den Vergaberichtlinien orientieren und den Konzessionsgegenstand so genau wie möglich beschreiben und/oder das Verfahren soweit wie möglich ohne Gespräche zwischen Konzessionsgeber und -nehmer ausgestalten.

Auch bei der Vergabe einer Dienstleistungskonzession vor Ablauf der Umsetzungsfrist der VKR 2014 kann sich der öffentliche Auftraggeber also am wettbewerblichen Dialog orientieren. Er sollte allerdings im Blick haben, dass er bei einer komplizierteren Verfahrensgestaltung die Verhältnismäßigkeit seiner Wahl darlegen können muss.

c. Die neue Konzessionsrichtlinie 2014/23/EU

Mit dem Vergaberechtsreformpaket 2014 ist auf europäischer Ebene die Richtlinie 2014/23/EU über die Konzessionsvergabe (KRL 2014) neu eingeführt worden.[422] Sie gilt sowohl für Bau- als auch für Dienstleistungskonzessionen. Nach Art. 30 KRL

---

420 EuGH, Urteil vom 25. April 1996, C-87/94, Wallonische Busse, Rn. 54; EuGH, Urteil vom 7. Dezember 2000, C-324/98, Telaustria, Rn. 62; EuGH C-92/00, Urteil vom 18. Juni 2002, Hospital Ingenieure, Rn. 45; EuGH, Urteil vom 12. Dezember 2002, Universale Bau, Rn. 90 f.; EuGH, Urteil vom 13. Oktober 2005, Parking Brixen, Rn. 49 f.; EuGH, Urteil vom 13. April 2010, C-91/08, Wall, Rn. 36.

421 Mitteilung der Kommission zu Auslegungsfragen im Bereich Konzessionen im Gemeinschaftsrecht vom 24. Februar 2000, 2000/C 121/02, Pkt. 3.1.3.

422 Diese gilt für öffentliche Auftraggeber und Sektorenauftraggeber gleichermaßen, Art. 1 Abs. 2 lit. b, Anhang II KRL 2014.

2014 können die Auftraggeber das Verfahren zur Wahl des Konzessionsnehmers im Rahmen der Vergabegrundsätze der Gleichbehandlung, Nichtdiskriminierung und Transparenz grundsätzlich frei gestalten. Art. 37 KRL 2014 schreibt dabei bestimmte *„Verfahrensgarantien"* fest. Diese verpflichten den Auftraggeber dazu, den Teilnehmern nicht nur Informationen zum Gegenstand der Konzession, die Teilnahmebedingungen, die Zuschlagskriterien und Mindestbedingungen mitzuteilen, sondern auch allen Bewerbern eine Beschreibung der geplanten Organisation des Verfahrens mitzuteilen.

Nach Art. 31 Abs. 2, Anhang V Nr. 4, 5 KRL 2014 sind in der Konzessionsbekanntmachung nunmehr auch die entsprechenden Nummern der CPV-Nomenklatur anzugeben.

Konzessionsgegenstand, die Zuschlagskriterien und die Mindestanforderungen dürfen während der Verhandlungen nicht verändert werden, Art. 37 Abs. 6 KRL 2014. Eine Ausnahme gilt für Angebote, die eine *„innovative Lösung mit außergewöhnlich hoher funktioneller Leistungsfähigkeit"* vorschlagen und die der Auftraggeber *„bei aller Umsicht nicht vorhersehen konnte"*. In einem solchen Fall darf der Auftraggeber die Reihenfolge der Zuschlagskriterien ändern, *„um dieser innovativen Lösung Rechnung zu tragen"*, muss dann allerdings allen Bietern die Gelegenheit bieten, ein neues Angebot in Kenntnis der geänderten Zuschlagskriterien abzugeben.[423]

Die Strukturierung der Konzessionsvergabe angelehnt an den wettbewerblichen Dialog ist damit bei Vergaben nach der neuen KRL 2014 grundsätzlich möglich, da die Richtlinie die erforderlichen Spielräume gewährt und insbesondere nicht die Einreichung von Angeboten als Verhandlungsgrundlage verlangt.

2. Erleichterungen für bestimmte Arten von Dienstleistungen

Sowohl die VKR 2004 als auch die VKR 2014 kennen Erleichterungen bei den Verfahrensvorgaben für die Vergabe bestimmter Arten von Dienstleistungen, von denen grundsätzlich angenommen werden kann, dass sie nur eingeschränkt für den grenzüberschreitenden Wettbewerb interessant sind.[424] Dabei liegt der strukturelle

423 Art. 41 Abs. 3 KRL 2014. UAbs. 3 fordert außerdem, dass die *„Änderung der Reihenfolge [...] nicht zu Diskriminierung führen"* darf. Dies birgt Konfliktpotential, da durch die Änderung der Zuschlagsreihung benachteiligte Bieter sich in der Regel diskriminiert fühlen werden.

424 Erwägungsgrund 19 VKR 2004: *„Die volle Anwendung dieser Richtlinie auf Dienstleistungsaufträge sollte für eine Übergangszeit auf Aufträge beschränkt werden, bei denen ihre Bestimmungen dazu beitragen, alle Möglichkeiten für eine Zunahme des grenzüberschreitenden Handels voll auszunutzen. Aufträge für andere Dienstleistungen sollten in diesem Übergangszeitraum beobachtet werden, bevor die volle Anwendung dieser Richtlinie beschlossen werden kann."*
Erwägungsgrund 114 Abs. 1 VKR 2014: *„Bestimmte Dienstleistungskategorien haben aufgrund ihrer Natur nach wie vor lediglich eine begrenzte grenzüberschreitende Dimension, insbesondere die sogenannten personenbezogenen Dienstleistungen, wie*

Unterschied zwischen den beiden Richtlinien darin, dass die VKR 2004 die Arten von Dienstleistungen, die unter das reguläre Regime fallen, abschließend aufzählt und für *„sonstige Dienstleistungen"* die weniger strengen Vorschriften gelten,[425] während in der VKR 2014 dieses Verhältnis zugunsten des strengen Vergaberegimes umgekehrt ist.[426]

a. Nichtprioritäre Dienstleistungen nach VKR 2004

Nach der VKR 2004 fallen nur Dienstleistungen, die in Anhang II Teil A aufgezählt sind, unter das reguläre Vergaberegime. Auf die in Anhang II Teil B genannten Dienstleistungen (sogenannte nichtprioritäre Dienstleistungen) finden nach Art. 21 VKR 2004 nur die Vorschriften über die Bekanntgabe der Vergabe des öffentlichen Auftrags bzw. den Abschluss der Rahmenvereinbarung (ex-post Transparenz, Art. 35 Abs. 4 VKR 2004) sowie Art. 23 VKR 2004, der die Erstellung technischer Spezifikationen betrifft, Anwendung.

Durch den Zwang, mindestens funktional gehaltene technische Spezifikationen zu erstellen, kann der öffentliche Auftraggeber technisch besonders komplexe nichtprioritäre Dienstleistungsaufträge nicht ohne weitere Maßnahmen zur Reduktion der Komplexität[427] ausschreiben, so dass der wettbewerbliche Dialog für komplexe Konzessionsgegenstände nicht zur Verfügung steht.

Da der öffentliche Auftraggeber bei der Strukturierung des Vergabeverfahrens aber weitgehend frei ist,[428] kann er das Verfahren im Übrigen durchaus an das Verfahren des wettbewerblichen Dialogs anlehnen, etwa indem er einen Dialog nicht auf der Grundlage von Angeboten, sondern von Lösungsvorschlägen führt.

---

etwa bestimmte Dienstleistungen im Sozial-, im Gesundheits- und im Bildungsbereich. Diese Dienstleistungen werden in einem besonderen Kontext erbracht, der sich aufgrund unterschiedlicher kultureller Traditionen in den einzelnen Mitgliedstaaten stark unterschiedlich darstellt. Für öffentliche Aufträge zur Erbringung dieser Dienstleistungen sollte daher eine spezifische Regelung festgelegt werden und ein höherer Schwellenwert gelten als der, der für andere Dienstleistungen gilt."

425 Anhang II VKR 2004.

426 Art. 74, Anhang XIV VKR 2014.

427 Hierzu siehe oben unter D.I.1.b.aa.

428 Allerdings gelten auch hier die aus den Grundfreiheiten folgenden Vergabegrundsätze der nichtdiskriminierenden und transparenten Auftragsvergabe, so dass der öffentliche Auftraggeber bei grenzüberschreitendem Interesse auch zu einer ex ante Bekanntmachung verpflichtet sein kann, vgl. EuGH, Urteil vom 27. Oktober 2005, C-234/03, Insalud, Rn. 49; Trepte, Public procurement in the EU, Rn. 4.91 sowie die Mitteilung der Kommission zu Auslegungsfragen in Bezug auf das Gemeinschaftsrecht, das für die Vergabe öffentlicher Aufträge gilt, die nicht oder nur teilweise unter die Vergaberichtlinien fallen, 2006/C 179/02, vom 1. August 2006, ABl. C 179/02.

b. Soziale und andere besondere Dienstleistungen nach VKR 2014

Die VKR 2014 unterscheidet nicht mehr zwischen regulär auszuschreibenden A- und nichtprioritären B-Dienstleistungen. Sie führt aber in den Art. 74 ff. VKR 2014 ein Sonderregime für soziale und solche Dienstleistungen ein, bei denen davon ausgegangen werden kann, dass sie in aller Regel lokal erbracht werden und daher in der Regel kein grenzüberschreitender Bezug besteht.[429] Für diese Dienstleistungen werden die Mitgliedstaaten verpflichtet, Vergaberegeln einzuführen

> *um sicherzustellen, dass die öffentlichen Auftraggeber die Grundsätze der Transparenz und der Gleichbehandlung der Wirtschaftsteilnehmer einhalten*[430],

soweit sie einen Schwellenwert von derzeit 750.000 Euro überschreiten. Die weiteren Vorgaben der VKR 2014 beschränken sich auf die Anforderung, dass der Auftraggeber vorab den Haupterfüllungsort sowie eine Kurzbeschreibung des Auftrags einschließlich der einschlägigen CPV-Codes wahlweise in einer Auftragsbekanntmachung oder im Rahmen einer regelmäßig erscheinenden Vorabbekanntmachung veröffentlichen muss. Technische Spezifikationen müssen hingegen nicht erstellt werden. Durch die im Übrigen freie Gestaltbarkeit lässt die VKR 2014 es zu, dass das Verfahren zur Vergabe dieser Art von Dienstleistungen auch an dem des wettbewerblichen Dialog orientiert werden kann.

3. Aufträge im Sektorenbereich

Da die Mitgliedstaaten Auftraggeber, die im Bereich der Wasser-, Energie- und Verkehrsversorgung oder der Postdienste tätig sind (Sektorenauftraggeber) uneinheitlich als private oder öffentliche Unternehmen einordnen und auch die staatlichen Einflussmöglichkeiten in diesem Bereich unterschiedlich ausgestattet sind,[431] gilt für diese mit der Sektorenkoordinierungsrichtlinie 2004/17/EG (SKR 2004)[432] ein

---

429 Vgl. Erwägungsgründe 114 bis 117 VKR 2014. Hierbei handelt es sich neben bestimmten sozialen und kulturellen Dienstleistungen etwa um solche des Gaststätten- und Beherbergungsgewerbes oder von Detekteien und Sicherheitsdiensten, um Rechtsdienstleistungen, kommunale Dienste oder internationale Dienstleistungen, Anhang XIV VKR 2014. Nicht ganz einleuchtend ist, weshalb neben den ansonsten eher grob klassifizierten genannten Dienstleistungen auch ganz explizit Schmiedearbeiten und die Runderneuerung von Reifen in die Kategorie der begünstigten Dienstleistungen aufgenommen wurden.

430 Art. 76 Abs. 1 VKR 2014.

431 Erwägungsgründe 2 und 3 SKR 2004; Prieß, Handbuch des europäischen Vergaberechts, S. 86.

432 Richtlinie 2004/17/EG des Europäischen Parlaments und des Rates vom 31. März 2004 zur Koordinierung der Zuschlagserteilung durch Auftraggeber im Bereich der Wasser-, Energie- und Verkehrsversorgung sowie der Postdienste.

gesondertes, insgesamt flexibler ausgestaltetes Vergaberegime. Neben der VKR 2014 wurde auch die Sektorenrichtlinie[433] (SKR 2014) reformiert.

a. *SKR 2004*

Nach Art. 40 Abs. 2 SKR 2004 stehen dem Auftraggeber bei der Vergabe seiner Aufträge das offene, das nichtoffene und das Verhandlungsverfahren zur Verfügung. Grundsätzlich ist der Sektorenauftraggeber in der Wahl der Verfahrensart frei, es sei denn, er will den öffentlichen Teilnahmewettbewerb vermeiden.[434]

Der wettbewerbliche Dialog ist nicht im Kanon der wählbaren Vergabeverfahren enthalten. Die Kommission begründet dies damit, dass das Verhandlungsverfahren nach der SKR 2004 weniger strengen Regelungen als nach der VKR 2004 unterworfen sei und somit wie ein wettbewerblicher Dialog ausgestaltet werden könne.[435] Tatsächlich sieht die SKR 2004 im Gegensatz zur VKR 2004 nicht vor, dass die Verhandlungen im Verhandlungsverfahren auf Grundlage von Angeboten der Bieter erfolgen müssen. Im Gegensatz zu Art. 40 Abs. 5 VKR 2004, der auch für die Aufforderung zur Verhandlung die Angabe der Frist, bis zu der die *„Angebote"* einzureichen sind, vorsieht, fehlt beim entsprechenden Artikel 47 Abs. 4 SKR 2004 ein solcher ausdrücklicher Bezug zum Verhandlungsverfahren.

Dennoch kann das Verhandlungsverfahren nach der SKR 2004 den wettbewerblichen Dialog nach der VKR 2004 nicht vollumfänglich ersetzen. Denn auch nach der SKR 2004 ist der Auftraggeber im Verhandlungsverfahren ohne Einschränkung verpflichtet, technische Spezifikationen, die denen nach Art. 23 Abs. 3 VKR 2004[436] entsprechen, aufzustellen, vgl. Art. 34 Abs. 3 SKR 2004.

Der wettbewerbliche Dialog aufgrund technischer Komplexität steht den Auftraggebern im Bereich der Sektoren somit nicht zur Verfügung. So mögen die Auftraggeber nach der SKR 2004 zwar freier sein, was die Ausgestaltung des Verhandlungsverfahrens angeht, die letztlich favorisierten Angebote müssen sich jedoch im Rahmen zumindest funktional aufgestellter technischer Spezifikationen halten, die nun einmal noch die Mindestbedingung erfüllen müssen, dass den Bietern ein klares Bild vom Auftragsgegenstand vermittelt und dem Auftraggeber die Erteilung des Zuschlags ermöglicht wird, Art. 34 Abs. 3 lit. b) SKR 2004. Die Verhandlungen müssen nicht auf Basis eines konkreten Angebots erfolgen, die

433 Richtlinie 2014/25/EU des Europäischen Parlaments und des Rates vom 26. Februar 2014 über die Vergabe von Aufträgen durch Auftraggeber im Bereich der Wasser-, Energie- und Verkehrsversorgung sowie der Postdienste und zur Aufhebung der Richtlinie 2004/17/EG.

434 Art. 40 Abs. 3 SKR 2004.

435 Erläuterungen der Europäischen Kommission „Wettbewerblicher Dialog - Klassische Richtlinie", deutsche Version des Dokuments CC/2005/04_rev 1 vom 5. Oktober 2005, Fn. 2.

436 Hierzu siehe oben unter D.III.1.a.bb.(1).

letztlich abgegebenen Angebote aber wohl im Rahmen der (zumindest funktionalen) Leistungsbeschreibung liegen.

Gesondert zu betrachten ist die Frage, ob Sektorenauftraggeber, die gleichzeitig öffentliche Auftraggeber im Sinn der VKR 2004 sind, dennoch bei Aufträgen, die (auch) den Sektorenbereich betreffen, im Fall technischer Komplexität den wettbewerblichen Dialog anwenden können.

In diesem Zusammenhang formuliert Erwägungsgrund 10 der SKR 2004:

> *„Um bei der Anwendung der Vergabevorschriften in den Bereichen der Wasser-, Energie- und Verkehrsversorgung sowie der Postdienste eine wirkliche Marktöffnung und ein angemessenes Gleichgewicht zu erreichen, dürfen die von der Richtlinie erfassten Auftraggeber nicht aufgrund ihrer Rechtsstellung definiert werden. Es sollte daher sichergestellt werden, dass die Gleichbehandlung von Auftraggebern im öffentlichen Sektor und Auftraggebern im privaten Sektor gewahrt bleibt."*

Der EuGH hat im Urteil „Fernwärme Wien" entschieden, dass ein Auftraggeber, der sowohl im von der SKR 2004 erfassten Sektorenbereichen als auch in anderen Bereichen, die nach der VKR 2004 zu vergeben sind, tätig ist, je nach Zuordnung des Auftrags zum klassischen bzw. Sektorenbereich die entsprechende Richtlinie anwenden muss.[437] Die SKR 2004 strebt also neben der Herstellung eines Marktes und fairen Wettbewerbs auf der Anbieterseite auch ein Gleichgewicht zwischen den auf den Sektorenmärkten tätigen Auftraggebern hinsichtlich ihrer Aktionsmöglichkeiten an. Ein öffentlicher Auftraggeber, der Aufträge im Bereich der Sektoren vergibt, kann daher nicht die in vielen Punkten strengere VKR 2004 als Grundlage für seine Vergabe wählen, auch wenn er dadurch daran gehindert ist, den wettbewerblichen Dialog zur Vergabe eines technisch besonders komplexen Auftrags zu wählen. Lediglich bei Aufträgen, die sowohl den Sektorenbereich als auch den Bereich der sonstigen öffentlichen Aufträge betreffen und die nach der Wertungsregel des Art. 9 SKR 2004[438] nach der VKR 2004 zu vergeben sind, steht ihm die Wahl des wettbewerblichen Dialogs nach der VKR 2004 offen.

---

437 EuGH, Urteil vom 10. April 2008, Fernwärme Wien, C-393/06, Rn. 49 ff. Eine Ausnahme sieht Art. 4 Abs. 2 SKR 2004 etwa für die Vergabe von Aufträgen im Zusammenhang mit der Ableitung oder Klärung von Abwässern vor, die eigentlich unter die VKR 2004 fallen, durch Trinkwasserversorger vor.

438 Art. 9 SKR 2004: *„(1) Für einen Auftrag zur Durchführung mehrerer Tätigkeiten gelten die Vorschriften für die Tätigkeit, die den Hauptgegenstand darstellt.*
(2) Unterliegt eine der Tätigkeiten, die der Auftrag umfasst, der vorliegenden Richtlinie, die andere Tätigkeit jedoch der genannten Richtlinie 2004/18/EG und ist es objektiv nicht möglich, festzustellen, welche Tätigkeit den Hauptgegenstand des Auftrags darstellt, so ist der Auftrag gemäß den Bestimmungen der genannten Richtlinie 2004/18/EG zu vergeben."

b. SKR 2014

In der Neufassung der SKR 2014[439] ist der wettbewerbliche Dialog nunmehr als weiteres mögliches Verfahren für Sektorenauftraggeber aufgenommen worden, da er sich *„als nützlich erwiesen"* habe, so Erwägungsgrund 60 SKR 2014. Auch die Innovationspartnerschaft ist in die SKR 2014 aufgenommen worden, Art. 49 SKR 2014.

Während das Verfahren des wettbewerblichen Dialogs in Art. 48 SKR 2014 deckungsgleich zum wettbewerblichen Dialog nach der VKR 2014 ausgestaltet ist, müssen Sektorenauftraggeber im Gegensatz zu den öffentlichen Auftraggebern keine besonderen Voraussetzungen beachten, um den wettbewerblichen Dialog (oder das Verhandlungsverfahren mit Bekanntmachung) anzuwenden, Art. 44 Abs. 3 SKR 2014. Der sich aus dem Primärrecht ergebende Grundsatz der Verhältnismäßigkeit schränkt diese Freiheit allerdings im Sinne eines Übermaßverbots ein, so dass bei gänzlich unkomplizierten Beschaffungsgegenständen die Wahl des wettbewerblichen Dialogs nicht angemessen sein dürfte.[440]

4. Aufträge in den Bereichen Verteidigung und Sicherheit

Am 21. August 2009 ist die Koordinierungsrichtlinie für Vergabeverfahren in den Bereichen Verteidigung und Sicherheit in Kraft getreten (VSKR)[441] und seitdem nicht mehr geändert worden. Die VSKR sieht als mögliche Verfahren das nichtoffene Verfahren, das Verhandlungsverfahren und den wettbewerblichen Dialog vor. Das offene Verfahren, bei dem jeder Wirtschaftsteilnehmer auf Wunsch eine Leistungsbeschreibung erhält, wurde mit Rücksicht auf die bei Aufträgen in den Bereich Verteidigung und Sicherheit erforderliche Geheimhaltung und Informationssicherheit für die Aufträge generell als ungeeignet betrachtet und deswegen gar nicht erst eingeführt. Regelverfahren nach der VSKR, für die keine weiteren

---

439 Richtlinie 2014/25/EU des Europäischen Parlaments und des Rates vom 26. Februar 2014 über die Vergabe von Aufträgen durch Auftraggeber im Bereich der Wasser-, Energie- und Verkehrsversorgung sowie der Postdienste und zur Aufhebung der Richtlinie 2004/17/EG.

440 Ein Blick in das Auftraggeberportal TED der EU zeigt allerdings, dass die Sektorenauftraggeber tatsächlich Beschaffungen grundsätzlich im Verhandlungsverfahren ausschreiben, ungeachtet der Komplexität des Beschaffungsgegenstands. Soweit ersichtlich, hat sich der EuGH noch nicht zur Verhältnismäßigkeit der Verfahrenswahl im Bereich der Sektoren geäußert. Zum gänzlichen, unverhältnismäßigen Verzicht auf die Ausschreibung einer Sportwettenkonzession vgl. EuGH, Urteil vom 13. September 2007, C-260/04, Kommission./.Italien.

441 Richtlinie 2009/81/EG des Europäischen Parlaments und des Rates vom 13. Juli 2009 über die Koordinierung der Verfahren zur Vergabe bestimmter Bau-, Liefer- und Dienstleistungsaufträge in den Bereichen Verteidigung und Sicherheit und zur Änderung der Richtlinien 2004/17/EG und 2004/18/EG.

Anwendungsvoraussetzungen gelten, sind das nichtoffene Verfahren und das Verhandlungsverfahren mit Bekanntmachung.[442]

Für die Anwendung des wettbewerblichen Dialogs ist nach Art. 27 Abs. 1 VSKR wie nach der VKR 2004 das Vorliegen eines besonders komplexen Auftrags erforderlich, der die Vergabe des Auftrags im Regelverfahren (hier nichtoffenes Verfahren und Verhandlungsverfahren mit Bekanntmachung) nicht möglich erscheinen lässt.

Damit ist der wettbewerbliche Dialog aufgrund technischer Komplexität ausgeschlossen, soweit der Auftraggeber in der Lage ist, technische Spezifikationen in Form einer funktionalen Leistungsbeschreibung zu erstellen. Im Bereich finanzieller bzw. rechtlicher Komplexität sind damit ebenso wie nach der VKR 2004 Überschneidungen im Anwendungsbereich von Verhandlungsverfahren und wettbewerblichem Dialog denkbar.[443]

Ein Vergleich der Verfahrensabläufe von Verhandlungsverfahren und wettbewerblichem Dialog nach der VSKR führt ebenfalls nicht zu einem anderen Ergebnis als oben im Rahmen der VKR 2004 festgestellt. Insbesondere verhandelt der Auftraggeber nach Art. 26 Abs. 1 VSKR im Gegensatz zum Verhandlungsverfahren nach der SKR 2004 ausdrücklich über *Angebote*, um sie entsprechend den in der Bekanntmachung, den Verdingungsunterlagen und etwaigen unterstützenden Unterlagen angegebenen Anforderungen anzupassen und das beste Angebot zu ermitteln.[444]

Da die VSKR im Rahmen des EU-Vergabereformpakets 2014 nicht geändert wurde, können die Auftraggeber von der erleichterten Anwendung des wettbewerblichen Dialogs für Aufträge in den Bereichen Verteidigung und Sicherheit nicht profitieren.

5. Zusammenfassung: Nicht durch die Vergabekoordinierungsrichtlinien erfasste Vorhaben

Die Mitgliedstaaten haben also bei der Umsetzung des EU-Vergaberegimes über den von den Vergabekoordinierungsrichtlinien hinaus gesetzten Rahmen die Möglichkeit, den wettbewerblichen Dialog als Strukturierungsvariante auch für Auftragsgegenstände, die nicht oder nicht vollständig von der VKR 2004 bzw. 2014 erfasst werden, zu nutzen.

Bau- und Dienstleistungskonzessionen können sowohl unter dem Regime von 2004 als auch unter der neuen KRL angelehnt an die Regeln des wettbewerblichen Dialogs vergeben werden.

---

442 Das Verhandlungsverfahren mit Bekanntmachung soll hier ohne besondere Begründung angewandt werden können, damit bei der Vergabe sensibler öffentlicher Aufträge in den Bereichen Verteidigung und Sicherheit die notwendige Flexibilität gewährleistet ist, Begründung der Kommission im Richtlinienvorschlag, KOM(2007) 766 endgültig, S. 8.

443 Siehe oben unter D.III.1.a.

444 Siehe oben unter D.III.1.b.

Bei der Vergabe nichtprioritärer Dienstleistungen nach der VKR 2004 sowie bei Vergaben im Bereich der Sektoren nach der SKR 2004 sind die Auftraggeber verpflichtet, technische Spezifikationen zu erstellen, können das Verfahren im Übrigen aber frei gestalten. Diese – schon unter dem Regime von 2004 nicht nachvollziehbaren Einschränkungen – hat der EU-Gesetzgeber mit der Reform von 2014 aufgegeben und den wettbewerblichen Dialog in den Verfahrenskanon der SKR 2014 aufgenommen bzw. das Erfordernis, bei der Vergabe besonderer Dienstleistungen technische Spezifikationen zu erstellen, abgeschafft.

Die VSKR kannte von Anfang an den wettbewerblichen Dialog als mögliches Vergabeverfahren und wurde im Rahmen des EU-Vergabereformpakets 2014 nicht geändert. Eine Gleichschaltung der Anwendungsbereiche von wettbewerblichem Dialog und Verhandlungsverfahren ist damit in diesem Bereich nicht erfolgt.

V. Ergebnis: Der wettbewerbliche Dialog auf EU-Ebene

Der europäische Gesetzgeber hat bei der Setzung des europäischen Vergaberechts – im Gegensatz zu den ursprünglich meist streng fiskalisch orientierten Vergaberegelungen der einzelnen Mitgliedstaaten – sein Augenmerk auf die Öffnung der nationalen Vergabemärkte und die Chancengleichheit aller am Vergabeverfahren beteiligten Bewerber/Bieter gelegt.

In den Regelverfahren offenes und nichtoffenes Verfahren soll dies durch möglichst geringe Interaktion zwischen Auftraggeber und Auftragnehmern, aber auch zwischen den Auftragnehmern untereinander erreicht werden. Dies setzt wiederum eine so genaue Vorbereitung des Auftrages durch den öffentlichen Auftraggeber voraus, dass die Bieter lediglich den Auftragsunterlagen korrespondierende Angebote abzugeben brauchen, in denen alle Einzelheiten des fraglichen Auftrages umfasst sind. Dass dieses Vorgehen nicht für alle Aufträge geeignet ist, liegt auf der Hand und hat auch recht schnell nach Erlass der ersten Vergaberichtlinien zur Einführung des Verhandlungsverfahrens geführt. Im Verhandlungsverfahren treten öffentlicher Auftraggeber und Bieter in ein Interaktionsverhältnis, indem nach Abgabe der Angebote über diese verhandelt wird. Auch hier blieb und bleibt es aber bei der Verpflichtung, den Auftragsgegenstand mittels technischer Spezifikationen zumindest funktionaler Natur zu beschreiben.

Der wettbewerbliche Dialog weicht noch stärker als das Verhandlungsverfahren von dem ursprünglichen Gedanken ab, Wettbewerb durch die Minimierung der Interaktionsflächen zwischen öffentlichem Auftraggeber und Wirtschaftsteilnehmern gewährleisten zu wollen, da die Wirtschaftsteilnehmer nun auch auf die genaue Bestimmung des Auftragsgegenstands Einfluss nehmen können.

Hierdurch wird es dem öffentlichen Auftraggeber zum einen ermöglicht, wirtschaftlich nachteilige Effekte, die sich aus der formalisierten Vergabe ergeben können, abzufedern. Zum anderen kann der wettbewerbliche Dialog auch dort zum Einsatz gebracht werden, wo von einem unverfälschten Bieterwettbewerb aufgrund eines unvollkommenen Marktes auf Bieterseite nicht die Rede sein kann. Bevor gar keine Beschaffung stattfindet oder Kosten durch vorgeschaltete Verfahren zur

Ermittlung des genauen Auftragsgegenstands, wie etwa der Beauftragung von Projektanten entstehen, die danach unter Umständen im Verfahren nur unter Schwierigkeiten berücksichtigt werden können, kann der wettbewerbliche Dialog sogar das effizientere Verfahren sein.

Andererseits können die Freiheiten, die das Verfahren den öffentlichen Auftraggebern bei der Beschreibung des Auftragsgegenstands und der Strukturierung des Verfahrens lässt, die Gebote der Gleichbehandlung und Nichtdiskriminierung und damit die Wettbewerblichkeit des Verfahrens gefährden. Auch die vergleichsweise hohen Transaktionskosten für die Beteiligten sprechen gegen eine vorschnelle Anwendung des wettbewerblichen Dialogs.

Die VKR 2004 schränkt deshalb den Anwendungsbereich des wettbewerblichen Dialogs auf besonders komplexe Auftragsgegenstände ein. Ist diese Hürde genommen, ist der Auftraggeber relativ frei, was die nähere Gestaltung des Verfahrens angeht. Es hat sich allerdings gezeigt, dass die Vorgaben der VKR 2004 zwar primärrechtskonform auslegbar aber im Detail alles andere als selbsterklärend sind. Insbesondere die bei Einführung des wettbewerblichen Dialogs gehegte Hoffnung, das Verfahren könne die Entwicklung gemeinsamer Lösungen durch mehrere Auftragnehmer für komplexe Problemstellungen bieten, hat sich als nur schwierig vereinbar mit dem Wettbewerbsgrundsatz erwiesen.

Die VKR 2014 hat den Anwendungsbereich des wettbewerblichen Dialogs erweitert und mit dem des Verhandlungsverfahrens mit Bekanntmachung gleichgezogen. Hier deutet sich eine Verschiebung der primären Stoßrichtung des EU-Vergaberechts an von dem Ziel, dass überhaupt eine Vergabe im Wettbewerb stattfindet, hin zur Effizienz der Vergabe – die VKR 2014 traut den öffentlichen Auftraggebern stärker zu, ihre Aufträge auch ohne strenge Formvorgaben wettbewerbskonform zu vergeben. Im Gegenzug nimmt sie ihren Geltungsanspruch stärker als ihre Vorgängerrichtlinien in Anspruch. Weder ist der wettbewerbliche Dialog (genau so wenig wie die neue Innovationspartnerschaft) ein Verfahren, das die Mitgliedstaaten fakultativ umsetzen könnten, noch nimmt sie sich weiter als „Koordininierungs"-richtlinie zurück, die die Verfahren und Praktiken der Mitgliedstaaten *„möglichst weit berücksichtigen"* will (so noch die VKR 2004).[445]

Der wettbewerbliche Dialog hat sich damit zu einem grundsätzlich breit zur Verfügung stehenden Instrument gewandelt. Allerdings fordern die Grundsätze der Nichtdiskriminierung und Transparenz an sich eine umfassende Bekanntmachung/Beschreibung der bekannten Bedürfnisse und Anforderungen. Die Abwägung zwischen Verhandlungsverfahren und wettbewerblichem Dialog wird also von dem tatsächlichem Detailgrad, den der Auftraggeber mit seiner Beschreibung erreichen kann, abhängen. Denn die Vorteile des wettbewerblichen Dialogs können nur dann sinnvoll ausgenutzt werden, wenn nach Festlegung dieser Details in der

445 Erwägungsgrund 1 VKR 2014 verweist nur noch darauf, dass *„Vorschriften zur Koordinierung der nationalen Vergabeverfahren"* festgelegt werden sollen, um das öffentliche Auftragswesen für den Wettbewerb zu öffnen.

Auftragsbeschreibung noch genügend Freistellen vorhanden sind, die Raum für einen Dialog zur Ermittlung einer Lösung lassen. Die VKR 2014 nimmt zudem verstärkt die Pflicht zur Vergabedokumentation in den Blick.

Während die VKR 2004 noch dem Grundgedanken eines formalisierten Wettbewerbs folgt, der im Zweifel die Gleichbehandlung der Wirtschaftsteilnehmer vor die Erreichung wirtschaftlicher Ergebnisse stellt und Wettbewerb zuweilen verhindert, erlaubt es die VKR 2014, auf unvollkommene Wettbewerbssituationen flexibler zu reagieren und traut dem öffentlichen Auftraggeber stärker zu, auch in solchen Situationen das Verfahren diskriminierungsfrei zu organisieren.

Von einem Paradigmenwechsel im Bereich des Vergaberechts zu sprechen, ist im Hinblick auf das Spannungsverhältnis zwischen Wirtschaftlichkeits- und Wettbewerbsziel jedoch zu hoch gegriffen. Die die wettbewerbsverfasste Marktwirtschaft[446] begründenden Normen des EG-Vertrages gelten weiterhin uneingeschränkt auch für die Vergabekoordinierungsrichtlinie.[447]

---

446 Zu diesem Begriff siehe Müller-Graff, Die wettbewerbsverfaßte Marktwirtschaft als gemeineuropäisches Verfassungsprinzip?, EuR 1997, S. 433 ff.

447 Opitz, Marktmacht und Bieterwettbewerb, S. 62.

E. Der wettbewerbliche Dialog in Deutschland, Polen und Österreich

Im Folgenden sollen die Umsetzungen einiger Mitgliedstaaten genauer darauf hin untersucht werden, inwieweit sie ihren Spielraum bei der Umsetzung des wettbewerblichen Dialogs genutzt haben und welche Auswirkungen diese Umsetzung für die Gewährleistung des freien Wettbewerbs im jeweiligen nationalen System hat. Dazu soll exemplarisch die Umsetzung des wettbewerblichen Dialogs in Deutschland, Polen und Österreich näher untersucht werden:

Das **deutsche Vergaberecht** hat zwar eine lange Tradition, war ursprünglich jedoch streng haushaltsrechtlich ausgeprägt in dem Sinne, dass die Verdingungsordnungen wirtschaftlichen Einkauf gewährleisten sollten, sich aus ihnen aber keine subjektiven Rechte für die beteiligten Bieter ableiten ließen. Erst die europäischen Regelungen haben den deutschen Gesetzgeber veranlasst, das Recht der öffentlichen Auftragsvergabe oberhalb der in den Richtlinien festgelegten Schwellenwerte nicht mehr allein haushaltsrechtlich, sondern auch bieterschützend zu gestalten.[448]

Eine der zentralen Voraussetzungen für die Aufnahme **Polens** in die Europäische Union zum 1. Mai 2004 war die vollständige Umsetzung des *acquis communautaire*, welche nur aufgrund ausdrücklich ausgehandelter Übergangsfristen in Einzelfällen aufgeschoben werden durfte. Polen stand daher ab Beginn der konkreten Beitrittsverhandlungen unter einem enormen Umsetzungsdruck. In der Konsequenz folgte die Umsetzung von Gemeinschaftsrecht häufig entlang der jeweiligen Richtlinie ohne besonders tiefgehende Präzisierung. Auf der anderen Seite bestanden auf polnischer Seite aufgrund des jungen Alters des Rechtssystems noch Entscheidungsspielräume grundsätzlicher Art.

Die Hereinnahme **Österreichs** in den Reigen der zu untersuchenden Nationalstaaten rechtfertigt sich durch den stark systematisierten Ansatz Österreichs bei der Kodifikation des nationalen Vergaberechts.

Dabei ist zu berücksichtigen, dass das EU-Vergaberecht im Wesentlichen nur den Bereich der Suche nach dem Vertragspartner durch den öffentlichen Auftraggeber abdeckt. Das europäische Recht überlässt es hingegen den Mitgliedstaaten, zu bestimmen, wie das Rechtsverhältnis zwischen Auftraggeber und -nehmer einzuordnen ist, ebenso die Durchführung und gegebenenfalls Beendigung des

448 Vgl. nur Prieß, Handbuch des europäischen Vergaberechts, S. 99 ff.

Vertragsverhältnisses.[449] Die VKR 2004 soll damit in erster Linie den europaweiten Zugang zum Vergabemarkt sichern.[450]

Des Weiteren ist der Spielraum der Mitgliedstaaten je nach Regelungsdichte der jeweiligen Richtlinienvorschrift unterschiedlich groß. Soweit eine Richtlinie einen Teilbereich detailliert regelt, dürfen die Mitgliedstaaten hiervon nicht abweichen.[451] Dort, wo die Vergabekoordinierungsrichtlinien Umsetzungsspielräume lassen, sind die nationalen Vorschriften unmittelbar an den Grundfreiheiten zu messen.[452]

Um eine unzulässige Abweichung handelt es sich jedoch nicht, wenn Mindest- oder Höchstvorgaben von Richtlinien übererfüllt werden. Inwiefern es sich bei einer Vorschrift um eine Regelung handelt, die einen Spielraum für eine ggf. strengere Umsetzung enthält, ist unter Berücksichtigung des jeweiligen Regelungszwecks zu ermitteln. Wenn zum Beispiel das deutsche Vergaberecht im Gegensatz zur VKR 2004 das nichtoffene Verfahren als dem offenen gegenüber nachrangig und nicht wie die Richtlinie als stets alternativ zum offenen anwendbar betrachtet,[453] kann dies mit der Begründung gerechtfertigt werden, dass das offene Verfahren den Prinzipien der Marktwirtschaft am ehesten entspreche, weil es den größtmöglichen Wettbewerb gewährleiste und damit auch dem Gebot der Wirtschaftlichkeit am besten Rechnung trage.[454]

---

449 Trotzdem können die europäischen Regelungen auch für diesen Bereich die nationale Gesetzgebung beeinflussen. So war zum Beispiel der deutsche Gesetzgeber gezwungen, seinen Umgang mit Verträgen, auf die ein rechtswidriger Zuschlag erfolgt war, zu ändern, was letztlich zur Einführung des § 13 VgV (jetzt § 101a GWB) führte. Auch die Regelungen über die Leistungsbeschreibung schlagen sich im späteren Auftrag nieder, so zum Beispiel die über die Zulässigkeit bestimmter Bedingungen an die Auftragsausführung, vgl. Art. 26 VKR 2004.

450 Erwägungsgrund 2 VKR 2004, Erwägungsgrund 1 VKR 2014.

451 EuGH, Urteil vom 9. Juli 1987, 27/86 bis 29/86, CEI und Bellini, Rn. 15, EuGH, Schlussanträge des Generalanwalts Maduro vom 8. Oktober 2008, C-213/07, Michaniki AE, Rn. 20 m.w.N. Zum Vergaberecht hat der EuGH etwa entschieden, dass der in der VKR 2004 aufgezählte Kanon der Vergabeverfahren abschließend ist und nicht durch die Mitgliedstaaten erweitert werden darf, EuGH, Urteil vom 10. Dezember 2009, C-299/08, Kommission./.Frankreich, Rn. 29.

452 Hjelmborg et al., Public Procurement Law - the EU directive on public contracts, S. 36. Dies ist zum Beispiel bei der Beurteilung von technischen Spezifikationen der Fall, die zwar nicht direkt der Richtlinie widersprechen, aber deren Anwendung dennoch direkt oder indirekt zu einer Bevorzugung einheimischer Bieter führen würde, wenn sie so kompliziert dargestellt sind, dass sie nur für einheimischen Bieter verständlich sind, EuGH, Urteil vom 26. September 2000, C-225/98, Kommission./.Frankreich, Rn. 81.

453 § 101 Abs. 6 GWB, Art. 28 VKR 2004.

454 Gesetzesbegründung BT-Drucks. 13/9340 S. 15; es ist allerdings auch darauf hingewiesen worden, dass das nichtoffene Verfahren ebenso gut wie das offene Verfahren die Gleichbehandlung der Bieter und ein transparentes wettbewerbliches

Am 17. April 2014 ist die VKR 2014 in Kraft getreten. Sie schaltet insbesondere den Anwendungsbereich von wettbewerblichem Dialog und Verhandlungsverfahren gleich, nimmt aber auch einige Anpassungen bei den Vorgaben für die Durchführung des Verfahrens vor. Als geltendes Recht ist die VKR 2014 grundsätzlich geeignet, als Maßstab für schon bestehendes nationales Recht und damit auch für die Regeln zum wettbewerblichen Dialog in den untersuchten Ländern zu dienen.[455] Dabei ist allerdings zu beachten, dass die Vorgaben für den Anwendungsbereich und der Verfahrensdurchführung des wettbewerblichen Dialogs[456] miteinander korrespondieren. Soweit eine Auslegung der VKR 2014 zum Beispiel neue Perspektiven für den Anwendungsbereich des wettbewerblichen Dialogs in einer nationalen Umsetzung bietet, kann diese Perspektive nur Geltung beanspruchen, wenn die nationalen Regeln auch im Bereich der Verfahrensdurchführung im Einklang mit der VKR 2014 ausgelegt werden können und umgekehrt. Inwieweit dies der Fall ist, hängt vom Einzelfall ab.[457]

I. Bereich der Umsetzung – Anwendungsbereich im „weiteren“ Sinn

Die VKR 2004 sucht den europäischen Vergabebinnenmarkt unter möglichst weitgehender Beibehaltung der nationalen Vergabesysteme zu verwirklichen.[458] Es bleibt den Mitgliedstaaten überlassen, wie sie die in den Vergaberichtlinien festgelegten Anforderungen an die öffentliche Auftragsvergabe in ihr nationales Recht umsetzen, solange sie sich dabei Rahmen der Richtlinie und des Primärrechts bewegen.

Bei einem Vergleich der Anwendungsbereiche genügt es daher nicht, nur die Definition des besonders komplexen Auftrags in den jeweiligen Rechtsordnungen zu vergleichen. Vorangestellt wird eine kurze Untersuchung der Regelungsbereiche, die bereits aufgrund anderer Strukturentscheidungen des Gesetzgebers den Regelungen zum wettbewerblichen Dialog unterfallen bzw. nicht unterfallen. In

---

Verfahren gewährleisten könne, Kulartz in: Kus/Kulartz/Portz, Kommentar zum GWB-Vergaberecht, § 101 Rn. 64.

455 Für Deutschland vgl. OLG Düsseldorf, Beschluss vom 19. November 2014, Verg 30/14.

456 Bzw. der weiteren untersuchten Vergabeverfahren, insbesondere also des Verhandlungsverfahrens.

457 Zu den Vorwirkungen der VKR 2014 auf das bestehende nationale Recht vgl. Müller/Klostermann, Die neuen Vergaberichtlinien - Besteht eine rechtliche oder faktische Vorwirkung der Richtlinien vor Ablauf der Frist zur Umsetzung durch die Mitgliedsstaaten?, ZfBR 2014, S. 347 ff.

458 Vgl. Erwägungsgrund 3 VKR 2004: *„Die Koordinierungsbestimmungen sollten die in den einzelnen Mitgliedstaaten geltenden Verfahren und Verwaltungspraktiken so weit wie möglich berücksichtigen.“* Die VKR 2014 schränkt sich in dieser Hinsicht nicht mehr ein. Sie trägt auch das Wort *„Koordinierung“* nicht mehr in ihrem Titel, sondern erwähnt diese nur noch in Erwägungsgrund 1 VKR 2014.

dem Fall, dass die nationalen Regelungen Spielräume lassen, wird auch untersucht, inwieweit diese es zulassen, dass der Auftraggeber das Verfahren an den Vorgaben für den wettbewerblichen Dialog ausrichtet.

1. Deutschland

Das europäische Richtlinienrecht ist in Deutschland im 4. Abschnitt des Gesetzes gegen Wettbewerbsbeschränkungen (GWB) umgesetzt worden. Über eine Verordnung der Bundesregierung, die Verordnung über die Vergabe öffentlicher Aufträge (VgV), werden die Regelungen des jeweils 2. Abschnitts der Vergabe- und Vertragsordnungen für Bauleistungen (VOB/A) bzw. für Leistungen (VOL/A) sowie die nur Vergaben oberhalb der Schwellenwerte betreffende Vergabeordnung für freiberufliche Dienstleistungen (VOF) für anwendbar erklärt.[459]

Dieses sogenannte „Kaskadenprinzip" wurde im deutschen Vergaberecht erstmals 2009 mit der Einführung der Verordnung über die Vergabe von Aufträgen im Bereich des Verkehrs, der Trinkwasserversorgung und der Energieversorgung (SektVO) durchbrochen. Die SektVO ist, ebenso wie die VgV, eine unter Federführung des BMWi[460] erlassene Verordnung der Bundesregierung. Anstelle der bisher üblichen Kaskade gelten im Sektorenbereich jetzt nur noch das GWB sowie die SektVO. Die bislang die Vergabe von Aufträgen im Bereich der Sektoren Energie-, Trinkwasserversorgung und Verkehr betreffenden 3. und 4. Abschnitte der VOB/A und der VOL/A wurden in den Vergabeordnungen von 2009 abgeschafft. Auch freiberufliche Leistungen sind vom Anwendungsbereich der SektVO umfasst.[461]

Der wettbewerbliche Dialog wurde im Rahmen des sogenannten ÖPP-Beschleunigungsgesetzes[462] vom 1. September 2005 zunächst als § 6a in die VgV eingefügt,

---

459 Diese Vergabe- und Vertragsordnungen werden von unterschiedlich zusammengesetzten Gremien aus Wirtschaft und Verwaltung erarbeitet. Dies sind für die VOB der Deutsche Vergabe- und Vertragsausschuss für Bauleistungen (DVA), für die VOL der Deutsche Vergabe- und Vertragsausschuss für Lieferungen und Leistungen (DVAL) sowie für die VOF der Hauptausschuss zur Erarbeitung der Verdingungsordnung für freiberufliche Leistungen.

460 Derzeit: Bundesministerium für Wirtschaft und Energie.

461 Damit gilt die SektVO für alle Sektorenauftraggeber bis auf wenige Detailregelungen gleichermaßen. Die frühere Ungleichbehandlung von staatsnahen Sektorenauftraggebern nach § 98 Nr. 1 bis 3 GWB und privaten Sektorenauftraggebern nach § 98 Nr. 4 GWB wurde weitgehend aufgegeben.
Diese Regelungssystematik entspricht den europäischen Vorgaben aus der SKR 2004 sowie der Rechtsprechung des EuGH, wonach der Anwendungsbereich der Richtlinien sich nach der Art der Tätigkeit des Auftraggebers und nicht nach seiner Rechtsform bemisst, vgl. EuGH, Urteil vom 10. April 2008, Fernwärme Wien, C-393/06, Rn. 49 ff.

462 Gesetz zur Beschleunigung der Umsetzung von Öffentlich Privaten Partnerschaften und zur Verbesserung gesetzlicher Rahmenbedingungen für Öffentlich Private Partnerschaften, BGBl. I 2005 Nr. 56, S. 2676 ff.

nachdem eine umfassendere Strukturreform des Vergaberechts im Jahre 2005 an den vorgezogenen Bundestagswahlen gescheitert war. Der damalige sogenannte „Clement-Entwurf" sah eine umfassende Vereinheitlichung des Vergaberechts oberhalb und unterhalb der Schwellenwerte vor. Der wettbewerbliche Dialog sollte oberhalb der Schwellenwerte den sogenannten *„staatlichen Auftraggebern"*[463] zur Verfügung stehen, im Bereich der nationalen Vergaben dagegen zum frei wählbaren Kanon der Vergabeverfahren gehören. Die große Koalition aus CDU/CSU und SPD beschloss im Jahr 2006, die Reform des Vergaberechts im *„bestehenden System"*,[464] so dass es bei der Verortung des wettbewerblichen Dialogs in der VgV sowie zusätzlich in VOL/A und VOB/A verblieb.

Im Zuge der Vergaberechtsreform 2009/2010 wurde der wettbewerbliche Dialog wie gehabt im GWB als mögliches Vergabeverfahren benannt, wurde jedoch aus der VgV, welche jetzt als Bindeglied zu den Verdingungsordnungen ohne substantiellen Regelungsgehalt fungieren soll, herausgenommen und im Weiteren direkt im jeweils 2. Abschnitt der VOL/A 2009 sowie der VOB/A 2009 geregelt. Unterhalb der europäischen Schwellenwerte ist die Anwendung des wettbewerblichen Dialogs in Deutschland nicht vorgesehen.

Mittlerweile haben beide Verdingungsausschüsse die Kombination der für alle Verfahren geltenden „Basisparagraphen" sowie der für Oberschwellenvergaben zusätzlich geltenden „a-Paragraphen" aufgegeben, so dass für europaweite Vergaben nunmehr allein die Vorschriften des 2. Abschnitts der VOB/A bzw. VOL/A gelten („EG-Paragraphen"). Auch wenn für den wettbewerblichen Dialog häufig noch fraglich bleibt, inwieweit allgemein geltende Vorschriften auch auf den wettbewerblichen Dialog Anwendung finden, entfällt seitdem zumindest die zweite Interpretationsebene, auf der geklärt werden musste, inwiefern die Regelungen für den Unterschwellenbereich neben denen spezielleren für den Oberschwellenbereich ebenfalls Anwendung finden können bzw. müssen.

Nachfolgend sollen die Bereiche des deutschen Vergaberechts, für die besondere Regelungen vorgesehen sind, dahingehend untersucht werden, ob sie den wettbewerblichen Dialog kennen bzw. ob eine Vergabe angelehnt an das Verfahren des wettbewerblichen Dialogs möglich ist. Hierbei handelt es sich um freiberufliche und nichtprioritäre Dienstleistungen, Konzessionen sowie Beschaffungen im Bereich bestimmter Sektoren.

---

463 Eine Formulierung, die der bei letztlich erfolgten Umsetzung im „bestehenden System" bis zur Einführung der VOB/A und VOL/A 2009 bestehen blieb und für Verwirrung sorgte, vgl. etwa Schröder, Voraussetzungen, Strukturen und Verfahrensabläufe des Wettbewerblichen Dialogs in der Vergabepraxis, NZBau 2007, S. 217 f.

464 Beschluss der Bundesregierung über Schwerpunkte zur Vereinfachung des Vergaberechts im bestehenden System vom 28. Juni 2006.

a. *Freiberufliche Dienstleistungen*

Für den Dienstleistungsbereich gelten in Deutschland zwei verschiedene Rechtsakte, die VOL/A und die VOF.

Auf die Vergabe von Leistungen, die im Rahmen einer freiberuflichen Tätigkeit erbracht oder im Wettbewerb mit freiberuflich Tätigen angeboten werden, findet die VOF Anwendung, § 1 VOF. Da freiberufliche Leistungen nach der VOF stets im Verhandlungsverfahren vergeben werden können, ist zur Erfüllung der europarechtlichen Vorgaben erforderlich, dass die Voraussetzungen für die Wahl des Verhandlungsverfahrens auch nach der VKR 2004 bzw. 2014 vorliegen. Mit der Einschränkung des Anwendungsbereichs auf die nicht eindeutig und erschöpfend mögliche Beschreibung der Dienstleistung greift die VOF den Ausnahmetatbestand des Art. 30 Abs. 1 lit. c VKR 2004 auf (*„dass vertragliche Spezifikationen nicht hinreichend genau festgelegt werden können“*).[465] Auf freiberufliche Leistungen, die eindeutig und erschöpfend beschreibbar sind, ist dementsprechend die VOL/A anzuwenden, § 2 Abs. 2 S. 2 VOF.

Während der wettbewerbliche Dialog im 2. Abschnitt der VOL/A vorgesehen ist, sieht § 5 VOF stets die Anwendung des Verhandlungsverfahrens vor. Sind reine Planungsaufträge zu vergeben, kann der öffentliche Auftraggeber einen Wettbewerb nach §§ 20 ff. VOF ausloben.

Diese Systematik hat zur Folge, dass freiberufliche Leistungen nur eingeschränkt im Wege des wettbewerblichen Dialogs vergeben werden können. Fallen sie unter die VOF, steht der wettbewerbliche Dialog als Vergabeverfahren nicht zur Verfügung, fallen sie unter die VOL/A, sind sie per definitionem eindeutig und erschöpfend beschreibbar und können damit keinen technisch besonders komplexen Auftrag darstellen. Nach dem deutschen Recht können freiberufliche Dienstleistungen also nur dann über einen wettbewerblichen Dialog nach der VOL/A vergeben werden, wenn sie *lediglich* rechtlich/finanziell komplex sind.

Die VOF sieht für das Verhandlungsverfahren vor, dass die Auftraggeber die ausgewählten Bewerber zu Verhandlungen auffordern, die sowohl über *„den Gegenstand der Leistung“* als auch über die im Rahmen der Verhandlung abgeforderten Angebote geführt werden können, § 11 Abs. 1 VOF, sieht aber nicht ausdrücklich vor, dass die Verhandlungen über *„Angebote“* geführt werden müssen.[466] Damit könnte das

---

465 Vgl. auch OLG Saarbrücken, Beschluss vom 20. September 2006, 1 Verg 3/06; VK Südbayern, Beschluss vom 31. Oktober 2002, 42-10/02.

466 Die Rechtsprechung ist hier uneinheitlich, vgl. etwa die Ausführungen des OLG Frankfurt, Beschluss vom 09. August 2007, 11 Verg 6/07 zur VOF 2006: *„Die Antragstellerin scheint nach wie vor zu verkennen, dass es nicht Aufgabe und Zweck des Verhandlungsgesprächs ist, Verhandlungen (nur) über bereits zuvor schriftlich unterbreitete Lösungsvorschläge zu führen, sondern Lösungsansätze erst vorzutragen. Die VOF kennt den Begriff des Angebots nicht. Entscheidend für den Zuschlag ist nicht ein schriftlich fixiertes Angebot, sondern erst das Ergebnis der Auftragsverhandlungen. Dabei sind Verhandlungen inhaltlicher sowie preislicher Art zulässig*

Verhandlungsverfahren nach der VOF durchaus wie ein wettbewerblicher Dialog ausgestaltet werden. Während nach der VKR 2004 noch erforderlich gewesen ist, dass es sich in einem solchen Fall um einen besonders komplexen Auftrag handeln muss, ist dies nach der bereits in Kraft getretenen VKR 2014 nicht mehr der Fall. In diesem Fall ist allerdings zu beachten, dass die VKR 2014 an einigen Punkten auch die Verfahrensvorschriften des wettbewerblichen Dialogs anpasst. Diese wären vom öffentlichen Auftraggeber in direkter Anwendung der VKR 2014 zu beachten. Dann steht höherrangiges Recht einer Anlehnung des Verhandlungsverfahrens nach der VOF an den wettbewerblichen Dialog nicht mehr entgegen.

b. Baukonzessionen

Bei der Vergabe von Baukonzessionen muss der deutsche Auftraggeber sowohl unter- als auch oberhalb der Schwellenwerte den für Vergaben unterhalb der Schwellenwerte geltenden 1. Abschnitt der VOB/A entsprechend anwenden, verbunden mit den eingeschränkten Publizitätsregeln, die sich aus der VKR 2004 ergeben, vgl. § 22 EG VOB/A. Damit ist auch eine europaweit auszuschreibende Baukonzession nach den für nationale Vergaben zur Verfügung stehenden Verfahren Öffentliche Ausschreibung, Beschränkte Ausschreibung mit öffentlichem Teilnahmewettbewerb und Freihändige Vergabe mit öffentlichem Teilnahmewettbewerb zu vergeben.[467]

Grundsätzlich gilt damit der in der VOB/A verankerte Grundsatz des Vorrangs der Öffentlichen Ausschreibung auch für die Vergabe von Baukonzessionen. Diese setzt zwingend die Erstellung einer Leistungsbeschreibung voraus und eröffnet keine Möglichkeit, mit den Bietern zu verhandeln. Entsprechendes gilt für den vergleichsweise häufig verwirklichten Ausnahmetatbestand der Beschränkten Ausschreibung.[468] In den Fällen, in denen die Öffentliche oder Beschränkte Ausschreibung

> *„unzweckmäßig ist, besonders [...]*
>
> *3. wenn die Leistung nach Art und Umfang vor der Vergabe nicht so eindeutig beschrieben werden kann, dass hinreichend vergleichbare Angebote erwartet werden können, [...]"*

ist nach § 3 Abs. 5 VOB/A die Freihändige Vergabe zulässig.

---

und können wertungsrelevante Angaben jederzeit nachgeholt werden. Es gilt insoweit der Grundsatz der weitgehend freien Verhandelbarkeit von Angeboten freiberuflicher Leistungen (Senat, VergabeR 2006, 382, 385 mit Anm. Voppel S. 390 f). Grundsätzlich liegt nämlich erst mit Abschluss der Verhandlungen ein zuschlagsfähiges ‚Angebot' vor." A. A. OLG Düsseldorf, Beschluss vom 21. Oktober 2009, VII-Verg 28/09; 2. VK Bund, Beschluss vom 27. Juli 2009, VK 2-99/09.

467 Aufgrund der Bekanntmachungspflichten des § 22 EG VOB/A ist bei Beschränkter Ausschreibung und Freihändiger Vergabe bei Auftragswerten, die die EU-Schwellenwerte überschreiten, jedenfalls eine Bekanntmachung im Supplement zum EU-Amtsblatt erforderlich.

468 Vgl. § 3 Abs. 3 und 4 VOB/A.

Es stellt sich damit für diese Fälle die Fragen, ob eine Ausgestaltung der dem Verhandlungsverfahren ähnlichen Freihändigen Vergabe analog dem wettbewerblichen Dialog[469] möglich ist.

Die grundsätzliche Betrachtung des § 3 Abs. 1 S. 2 VOB/A –

> *„Bei freihändiger Vergabe werden Bauleistungen ohne ein förmliches Verfahren vergeben."*

– spricht dafür, dass der öffentliche Auftraggeber das Verfahren zur Vergabe einer Baukonzession weitgehend frei gestalten kann, sodass er wie beim wettbewerblichen Dialog sowohl eine detaillierte Leistungsbeschreibung durch eine Beschreibung seiner Bedürfnisse und Anforderungen ersetzen, als auch im Verfahren auf förmliche Angebote als Dialoggrundlage verzichten könnte. Dabei hätte der öffentliche Auftraggeber lediglich sicherzustellen, dass er die vergaberechtlichen Grundsätze beachtet und allen Interessenten die gleichen Informationen zur Verfügung stellt.[470]

Nach anderer Auffassung finden alle Bestimmungen, die nicht ausdrücklich auf die Öffentliche oder Beschränkte Ausschreibung abstellen, auch auf die Freihändige Vergabe Anwendung.[471] Damit wären auch die Vorschriften über die Erstellung der Leistungsbeschreibung nach § 7 VOB/A auf die Freihändige Vergabe anwendbar.[472] In diesem Fall wäre zwar eine Annäherung an den wettbewerblichen Dialog insofern denkbar, dass zunächst nur über unverbindliche Angebote/Lösungsvorschläge verhandelt wird, eine gemeinsame Erarbeitung des Leistungsgegenstands könnte jedoch nur in den (dann doch vergleichsweise) engen Grenzen einer funktionalen Leistungsbeschreibung erfolgen.[473]

Bereits für eine mit der VKR 2004 konforme Vergabe von Baukonzessionen ist es nicht zwingend erforderlich, technische Spezifikationen zu erstellen.[474] Solange der öffentliche Auftraggeber die Anwendung der Freihändigen Vergabe überdies im Sinne des § 3 Abs. 5 VOB/A damit rechtfertigen kann, dass der Auftragsgegenstand

---

469 Dagegen Reidt/Stickler in: Dreher/ Motzke, Beck'scher Vergaberechtskommentar, VOB Teil A, § 22 a Rn. 5. Düsterdiek vertritt hingegen die Auffassung, dass der Verfahrenskanon einschließlich des wettbewerblichen Dialogs nach § 101 GWB auch für Baukonzessionen gelte, in: Ingenstau et al., VOB Teile A und B Kommentar, § 22 EG Rn. 9, § 22 a Rn. 43. Für die Rechtslage vor 2009 siehe auch Schwabe, Wettbewerblicher Dialog, Verhandlungsverfahren, Interessenbekundungsverfahren, S. 94 f.

470 Stickler in: Kapellmann und Messerschmidt, VOB Teile A und B, § 3 Rn. 26 ff.

471 Müller-Wrede in: Ingenstau et al., VOB Teile A und B Kommentar, § 3 Rn. 38. Dazu gehört auch, dass die Zuschlagskriterien nach dem entsprechenden Bekanntmachungsformular bereits in der Bekanntmachung bekannt zu geben sind, auch wenn dies in der VOB/A nicht ausdrücklich erwähnt ist, vgl. Zeiss, Christopher, Sichere Vergabe unterhalb der Schwellenwerte, S. 260, BGH, Urteil vom 8. September 1998, X ZR 109/96.

472 Einschränkend Kulartz in: Kulartz et al., Kommentar zur VOB/A, § 22 Rn. 14.

473 Das OLG Brandenburg bejaht in seinem Beschluss vom 3. August 1999, 6 Verg 1/99, die Pflicht, die Leistung eindeutig und erschöpfend zu beschreiben.

474 Siehe hierzu oben unter D.IV.1.a.

nicht so eindeutig beschrieben werden kann, dass hinreichend vergleichbare Angebote erwartet werden können, ist auch sichergestellt, dass der öffentliche Auftraggeber bei der Vergabe einer Baukonzession nicht auf eine detaillierte Beschreibung des Auftragsgegenstands verzichtet, obschon er dazu in der Lage wäre. Da auch die neue KRL 2014 die Vergabe von Baukonzessionen erforderlichen Gestaltungsspielräume für die Auftraggeber vorsieht,[475] sprechen jedenfalls keine europarechtlichen Vorgaben gegen die Ausgestaltung der Vergabe einer Baukonzession in Anlehnung an den wettbewerblichen Dialog.

c. *Dienstleistungskonzessionen*

Der deutsche Gesetzgeber hat die Vergabe von Dienstleistungskonzessionen getreu dem europäischen Vorbild von dem Regime öffentlicher Aufträge ausgenommen. Damit haben die Auftraggeber bei der Vergabe von Dienstleistungskonzessionen von grenzüberschreitendem Interesse das europäische Primärrecht und insbesondere die Grundfreiheiten und das Nichtdiskriminierungsverbot zu beachten sowie die aus den Grundfreiheiten abgeleiteten Gebote der Gleichbehandlung und Transparenz.[476] Die in diesem Zusammenhang ergangene Mitteilung der Kommission[477] hat die Bundesregierung vergeblich vor dem EuG angegriffen.[478]

Es steht dem deutschen öffentlichen Auftraggeber damit frei, die Vorschriften des wettbewerblichen Dialogs als Strukturierungshilfe für die Vergabe von Dienstleistungskonzessionen zugrunde zu legen. Die neue KRL 2014, die den wettbewerblichen Dialog auch für die Vergabe von Konzessionen kennt, ändert hieran nichts.[479]

d. *Nichtprioritäre Dienstleistungen*

Bei der Vergabe nichtprioritärer Dienstleistungen macht die VOL/A entsprechend den niedrigen Anforderungen aus der VKR 2004 kaum Vorgaben für die Durchführung des Vergabeverfahrens. Weder ist der Auftraggeber nach der VOL/A verpflichtet, seine Vergabeabsicht vorab bekannt zu machen, noch hat er ein bestimmtes Verfahren zu beachten. Soweit es sich um einen Auftrag von grenzüberschreitendem

475 Siehe oben unter D.IV.1.c.

476 Siehe oben unter D.IV.1.b.

477 Mitteilung der Kommission zu Auslegungsfragen in Bezug auf das Gemeinschaftsrecht, das für die Vergabe öffentlicher Aufträge gilt, die nicht oder nur teilweise unter die Vergaberichtlinien fallen vom 1. August 2006, ABl. C 179/02.

478 Das EuG hat die Klage zwar schon als unzulässig abgewiesen, hat aber die von Deutschland gerügten inhaltlichen Punkte jeweils als mit dem Gemeinschaftsrecht im Einklang stehend erachtet, EuG, Urteil vom 20. Mai 2010, T-258/06, Deutschland./.Kommission.

479 Siehe oben unter D.IV.1.c.

Interesse handelt, kann aber durchaus eine Bekanntmachung sowie die Beachtung weiterer aus dem Primärrecht ableitbarer Verfahrensregeln erforderlich sein.[480]

Damit steht es dem Auftraggeber frei, die Vergabe eines nichtprioritären Dienstleistungsauftrags angelehnt an das Verfahren des wettbewerblichen Dialogs zu formulieren. So kann er einen Dialog auf Grundlage unverbindlicher Lösungsvorschläge eröffnen und führen.

Allerdings muss der deutsche Auftraggeber den Auftrag – wie im offenen, nicht offenen und Verhandlungsverfahren auch – eindeutig und erschöpfend beschreiben, so dass alle Bewerber die Beschreibung im gleichen Sinne verstehen müssen und dass miteinander vergleichbare Angebote zu erwarten sind.[481] Der besondere Vorteil des wettbewerblichen Dialogs, aus einer größeren Bandbreite möglicher Lösungsvorschläge die für die Auftraggeber bestmögliche Variante zu entwickeln, kann bei der Vergabe nichtprioritärer Dienstleistungen somit nicht zum Tragen kommen. Entsprechendes gilt für die Vergabe nichtprioritärer Dienstleistungen auf dem Gebiet der Sektoren, vgl. § 4 Abs. 2 SektVO.

Nach der EU-Vergaberechtsreform 2014 wurde auf EU-Ebene die Unterscheidung zwischen prioritären A- und nichtprioritären B-Dienstleistungen aufgehoben. Im Rahmen der Umsetzung der VKR 2014 steht es dem Gesetzgeber frei, die Freiräume für *„soziale und andere besondere Dienstleistungen“*, die eine Ausgestaltung der Vergabeverfahren in Anlehnung an den wettbewerblichen Dialog erlauben, auszunutzen.[482]

e. Aufträge im Sektorenbereich

Der wettbewerbliche Dialog wird im Bereich der Wasser-, Energie- und Verkehrsversorgung und der Postdienste in der einschlägigen SektVO – wie in der SKR 2004 – nicht ausdrücklich geregelt. Zwischen den zur Verfügung stehenden Verfahrensarten können seit 2009 alle Sektorenauftraggeber frei wählen; die freie Wahl zwischen offenem Verfahren, nichtoffenem Verfahren und Verhandlungsverfahren mit vorherigem Teilnahmewettbewerb ist danach nicht mehr nur privaten Sektorenauftraggebern nach § 98 Nr. 4 GWB vorbehalten.[483]

§ 25 Abs. 1 SektVO sieht ausdrücklich vor, dass der Auftraggeber die ausgewählten Unternehmen *vor* der Angebotsabgabe zunächst zu Verhandlungen auffordern kann. Damit kann hier der Auftraggeber unproblematisch das Verhandlungsverfahren ähnlich dem wettbewerblichen Dialog ausgestalten, in dem ohne ein konkret vorliegendes Angebot die notwendigen Angebotsbestandteile besprochen werden.

---

480 Für die Vergabe nichtprioritärer Dienstleistungen nach Anhang II Teil B VKR 2004 gilt die VKR 2004 nach Art. 21 VKR 2004 nur hinsichtlich der Regeln für die Erstellung technischer Spezifikationen sowie der Verpflichtung, eine Bekanntmachung über vergebene Aufträge zu veröffentlichen. Siehe oben unter D.IV.2.a.

481 § 1 EG Abs. 3 VOL/A i. V. m. § 4 Abs. 4 VgV i. V. m. § 8 EG VOL/A.

482 Hierzu siehe oben unter D.IV.2.b.

483 Vgl. § 101 Abs. 7 S. 2 GWB, § 6 Abs. 1 SektVO.

Diese Möglichkeit kann jedoch nicht darüber hinweghelfen, dass auch nach § 7 Abs. 3 Nr. 2 SektVO zumindest das Niveau einer funktionalen Leistungsbeschreibung gefordert ist. Dem Sektorenauftraggeber nützt die in der Verhandlungsphase gewonnene Freiheit letztlich also nur bedingt, da er sie nicht bei der Erstellung der Leistungsbeschreibung selbst nutzen kann.

Im Rahmen der Umsetzung der SKR 2014 ist der deutsche Gesetzgeber verpflichtet, auch für Vergaben auf dem Gebiet der Sektoren den wettbewerblichen Dialog einzuführen.

f. Aufträge in den Bereichen Verteidigung und Sicherheit

Ein knappes Jahr nach Ablauf der Umsetzungsfrist der VSKR sind am 19. Juli 2012 die Vergabeverordnung für die Bereiche Verteidigung und Sicherheit (VSVgV) sowie der dritte Abschnitt der VOB/A (VOB/A-VS) in Kraft getreten.

Während die VSVgV auf die Vergabe aller verteidigungs- und sicherheitsrelevanten Liefer- und Dienstleistungsaufträge Anwendung findet, gilt für die Vergabe von Bauaufträgen zusätzlich der neue dritte Abschnitt der Vergabe- und Vertragsordnung für Bauleistungen, Teil A (VOB/A-VS).[484]

Nach § 11 Abs. 1 VSVgV, § 3 Abs. 2 VOB/A-VS erfolgt die Vergabe von Aufträgen regelhaft im nichtoffenen Verfahren oder dem Verhandlungsverfahren mit Bekanntmachung. Daneben steht dem Auftraggeber auch der wettbewerbliche Dialog zur Verfügung, auch hier eng angelehnt an die Vergabe nicht sicherheitsrelevanter Aufträge.[485] Durch die EU-Vergaberechtsreform 2014 haben sich im Bereich der Vergabe von Aufträgen in den Bereichen Verteidigung und Sicherheit keine Änderungen ergeben, so dass hier kein Anpassungsbedarf entsteht.

2. Polen

Das polnische Vergaberecht ist hauptsächlich im Vergabegesetz (Prawo zamówień publicznych – UstPZP)[486] geregelt. Das UstPZP erfasst öffentliche Aufträge ab einem Gegenstandswert von 30.000 Euro[487] sowie den von der SKR 2004 geregelten

484 § 2 Abs. 2 VSVgV: *„Für die Vergabe von sicherheits- und verteidigungsrelevanten Bauaufträgen sind die §§ 1 bis 4, §§ 6 bis 9 und §§ 38 bis 42 sowie §§ 44 bis 46 anzuwenden. Im Übrigen ist der dritte Abschnitt der Vergabe- und Vertragsordnung für Bauleistungen (VOB/A) in der Fassung der Bekanntmachung vom 24. Oktober 2011 (BAnz. Nr. 182a vom 02.12.2011; BAnz AT 07.05.2012 B1) anzuwenden.“*

485 Die Regelungen zum wettbewerblichen Dialog nach § 3 Abs. 5 VOB/A-VS entsprechen wortwörtlich denen des § 3 Abs. 7 VOB/A-EG. Die Formulierungen des § 13 Abs. 5 VOB/A-VS orientieren sich stärker am Wortlaut der VSKR.

486 Ustawa z dnia 29 stycznia 2004 r. Prawo zamówień publicznych, Dz. U. z 2004 r. Nr 19, poz. 177.

487 Art. 4 Abs. 8 UstPZP.

Sektorenbereich. Der wettbewerbliche Dialog wurde 2006 in Polen als weiteres Vergabeverfahren durch Einfügen der Artikel 60a bis 60e UstPZP eingeführt.[488]

Das UstPZP kennt als einheitliches Gesetz keine grundsätzliche systematische Unterscheidung zwischen Oberschwellen- und Unterschwellenbereich,[489] so dass auch der wettbewerbliche Dialog unabhängig vom Auftragswert Anwendung finden kann.[490]

Nicht vom Anwendungsbereich des UstPZP umfasst ist die Vergabe von Bau- sowie Dienstleistungskonzessionen. Diese werden – ungeachtet der Tatsache, dass die VKR 2004 für die Vergabe von Baukonzessionen eingeschränkt, für die Vergabe von Dienstleistungskonzessionen hingegen gar nicht anwendbar ist[491] – nach eigenen Verfahrensvorschriften nach dem Gesetz über Bau- und Dienstleistungskonzessionen, dem Ustawa o koncesji na roboty budowlane lub usługi (UstKBU) vergeben.[492]

Außerdem hat Polen ein eigenes Gesetz über öffentlich-private Partnerschaften erlassen, das Ustawa o partnerstwie publiczno-prywatnym (UstPPP).[493]

Nachfolgend sollen die Sonderregeln, die das polnische Recht für Konzessionen, nichtprioritäre Dienstleistungen, für die Vergabe im Bereich bestimmter Sektoren sowie für öffentlich-private Partnerschaften vorsieht, unter dem Blickwinkel untersucht werden, inwieweit sie sich als dem wettbewerblichen Dialog angenähert ausgestalten lassen.

a. Bau- und Dienstleistungskonzessionen

Im Rahmen der Prüfung der europäischen Vorgaben wurde festgestellt, dass der Auftraggeber bei der Vergabe von Bau- bzw. Dienstleistungskonzessionen durchaus ermächtigt ist, sich am Verfahrensgerüst des wettbewerblichen Dialogs zu orientieren.[494]

---

488 Ustawa z dnia 7 kwietnia 2006 r. o zmianie ustawy – Prawo zamówień publicznych oraz ustawy o odpowiedzialności za naruszenie dyscypliny finansów publicznych, Dz.U. 2006 r. Nr. 79, poz. 551.

489 Nach Art. 11 Abs. 8 UstPZP legt der Ministerratspräsident im Verordnungswege Schwellenwerte fest, bei deren Überschreiten ein öffentlicher Auftrag europaweit bekannt zu machen ist, vgl. Rozporządzenie Prezesa Rady Ministrów z dnia 16 grudnia 2011 r. w sprawie kwot wartości zamówień oraz konkursów, od których jest uzależniony obowiązek przekazywania ogłoszeń Urzędowi Publikacji Unii Europejskiej, Dz. U. 2011 r. Nr. 282, poz. 1649.

490 Gleichwohl gelten für die Vergabe von Aufträgen, deren Wert die europäischen Schwellenwerte unterschreitet, zum Teil Erleichterungen, zum Beispiel im Rahmen der Eignungsprüfung, Art. 26 UstPZP.

491 Vgl. Art. 56 ff. und 17 VKR 2004.

492 Ustawa z dnia 9 stycznia 2009 r. o koncesji na roboty budowlane lub usługi, Dz.U. z 2009 r. Nr 19.

493 Ustawa z dnia 19 grudnia 2008 r. o partnerstwie publiczno-prywatnym, Dz.U. z 2009 r. Nr 19, poz. 100.

494 Siehe oben unter D.IV.1.b und c.

Das nach dem UstKBU vorgesehene Verfahren zur Vergabe einer Konzession ähnelt im Grundsatz dem des wettbewerblichen Dialogs: Der Auftraggeber veröffentlicht eine Beschreibung seiner Bedürfnisse und Anforderungen und verhandelt mit den ausgewählten Bewerbern über alle Aspekte des Auftrags, Art. 14 Abs. 2 UstKBU. Es ist nicht vorgeschrieben, dass die Verhandlungen auf Grundlage eines Angebots geführt werden. Der Auftraggeber teilt das Ende der Verhandlungen allen Teilnehmern mit und übergibt eine Leistungsbeschreibung, in der die veröffentlichten Anforderungen geändert sein können, Art. 14 Abs. 4 UstKBU. Nach der Legung der Angebote kann der Auftraggeber von den Bietern Erklärungen, Präzisierungen und Ergänzungen verlangen, die nicht zu unlautererem Wettbewerb oder Diskriminierungen führen könnten, Art. 16 UstKBU.

Der polnische Gesetzgeber hat den Auftraggebern ein wesentlich detaillierteres Verfahren vorgegeben, als nach den europäischen Vorgaben erforderlich gewesen wäre. Einige dieser Vorgaben sind allerdings im Hinblick auf die jederzeit zu beachtenden Primärrechtsgrundsätze bedenklich und bedürfen einer einschränkenden Auslegung. So soll das Protokoll der Verhandlungen öffentlich sein, Art. 14 Abs. 3 UstKBU. Dies ist allenfalls nach Abschluss der Verhandlungen und unter Schwärzung vertraulicher Informationen möglich, wenn nicht der Wettbewerb gefährdet werden soll.[495] Das Gleichbehandlungs- und Nichtdiskriminierungsverbot erfordert des Weiteren, dass die Änderungen an den bekanntgemachten Anforderungen nicht so weit gehen, dass sich ein anderer Interessentenkreis für die Erteilung der Konzession ergeben hätte.[496] Schließlich ist fraglich, wie die Vorgabe des Art. 17 Abs. 4 UstKBU,[497] dass in den Verdingungsunterlagen genannten Zuschlagskriterien für Baukonzessionen ausdrücklich auch im Zusammenhang mit *„Eigenschaften“* der Interessenten stehen dürfen, mit der vom EuGH im Rahmen der VKR 2004 postulierten grundsätzlichen Trennung von Eignungs- und Zuschlagskriterien in Einklang zu bringen ist.[498] Für eine solche Möglichkeit im Bereich der Konzessionen spricht, dass der EuGH sich in diesem Zusammenhang bislang stets auf die in der VKR 2004 getroffene Unterscheidung zwischen Eignungs- und Zuschlagskriterien bezogen

495 Skubiszak-Kalinowska in: Olkoski, Prawo budowlane i nieruchomości, Ustawa o koncesji na roboty budowlane lub usługi, Art. 14 Punkt IV.

496 Bejm, Ustawa o koncesji na roboty budowlane lub usługi, Art. 14 Rn. 22 ff. weist darüber hinaus darauf hin, dass die Änderungen aus den Verhandlungen zwischen Auftraggeber und Bewerber resultieren müssen.

497 *„Kryteria oceny ofert w postępowaniu o zawarcie umowy koncesji na roboty budowlane mogą dotyczyć również właściwości zainteresowanego podmiotu.“*

498 Hierzu vgl. EuGH, Urteil vom 12. November 2009, C-199/07, Kommission./. Griechenland. Im Fall eines Auftrags über Dienstleistung im Bereich der Fortbildung und Beratung hat der EuGH allerdings jüngst klargestellt, dass dann, wenn beim Zuschlag die Qualität des für die Auftragsausführung konkret vorgesehenen Teams bewertet werden solle, dies insbesondere bei intellektuellen Dienstleistungen auch nach der VKR 2004 zulässig sein könne, EuGH, Urteil vom 25. März 2015, C-601/13, Ambisig.

hat, aber nicht dargelegt hat, dass ein Verstoß gegen Primärrechtsgrundsätze vorliege.[499] Auch die Kommission fordert in ihrer „Mitteilung zu öffentlichen Aufträgen, die nicht oder nur teilweise unter die Vergaberichtlinien fallen“, hinsichtlich der Entscheidung über die Auftragsvergabe lediglich allgemein, *„dass den Grundsätzen der Nichtdiskriminierung und der Gleichbehandlung voll und ganz Rechnung getragen wird.“*[500]

Nach der EU-Vergabereform 2014 sieht die VKR 2014 (wie auch die SKR 2014) ausdrücklich die Möglichkeit vor, im Rahmen der Zuschlagserteilung die Qualität des eingesetzten Personals zu berücksichtigen, vgl. Erwägungsgrund 94 und Art. 67 Abs. 2 VKR 2014. Art. 41 KRL 2014 verknüpft allerdings – wie die VKR 2004 – die Zuschlagskriterien mit dem Auftragsgegenstand und verzichtet auf die jetzt in der VKR 2014 vorgesehene Anbindungsmöglichkeit an die Qualität der Auftragsausführung. Damit läuft die polnische Regelung auch nach der EU-Vergaberechtsform Gefahr, im Rahmen der Konzessionsvergabe Eignungs- und Zuschlagskriterien nicht ausreichend zu trennen.[501]

b. Nichtprioritäre Dienstleistungen

Der polnische Gesetzgeber hat sich dazu entschieden, nichtprioritäre Dienstleistungen grundsätzlich dem Regime des UstPZP zu unterwerfen und dabei einige Erleichterungen vorzusehen. Damit geht er strenger vor als der europäische Gesetzgeber, welcher den öffentlichen Auftraggeber bei der Vergabe nichtprioritärer Dienstleistungen von der Anwendung der Richtlinienvorschriften ausdrücklich freistellt und ihn lediglich verpflichtet, technische Spezifikationen zu erstellen und die erfolgte Vergabe des Auftrags europaweit bekannt zu machen, Art. 21 VKR 2004.

Der polnische Auftraggeber kann nach Art. 5 Abs. 1 UstPZP zur Vergabe nichtprioritärer Dienstleistungen[502] ohne Beachtung besonderer Voraussetzungen das

---

499 EuGH, Urteil vom 12. November 2009, C-199/07, Kommission ./. Griechenland, Rn. 51 ff., in seinem Urteil vom 17. März 2011, C-95/10, Strong Segurança SA, Rn. 36 ff. stellte der EuGH für die Vergabe von nichtprioritären Dienstleistungsaufträgen, hinsichtlich derer die VKR 2004 ebenfalls nicht auf ihr Regime der Eignungs- und Zuschlagskriterien verweist, fest, dass keine Pflicht der Mitgliedsstaaten besteht, die Vorschriften für Eignungskriterien anzuwenden.

500 Siehe Mitteilung der Kommission zu Auslegungsfragen in Bezug auf das Gemeinschaftsrecht, das für die Vergabe öffentlicher Aufträge gilt, die nicht oder nur teilweise unter die Vergaberichtlinien fallen vom 1. August 2006, ABl. C 179/02.

501 So schlägt Bejm auch vor, lieber auf die Möglichkeit die Eignung beim Zuschlag zu berücksichtigen zu verzichten, um einer Diskriminierung vorzubeugen, Bejm, Ustawa o koncesji na roboty budowlane lub usługi, Art. 17 Rn. 18.

502 Die entsprechenden Dienstleistungsarten werden im Verordnungsweg unter Berücksichtigung der Vorgaben der VKR 2004 und SKR 2004 festgelegt, Art. 2a UstPZP. Dies ist erfolgt durch die Verordnung zu prioritären und nichtpriotären Dienstleistungen – Rozporządzenie Prezesa Rady Ministrów w sprawie wykazu

Verhandlungsverfahren mit Bekanntmachung, den wettbewerblichen Dialog oder das elektronische Verfahren wählen.[503]

Sofern sich der Auftraggeber für den wettbewerblichen Dialog entscheidet, muss er allerdings die höherrangigen Vorgaben des Art. 21 VKR 2004 beachten und seine Bedürfnisse und Anforderungen mittels technischer Spezifikationen mindestens funktionaler Art nach Art. 23 VKR 2004 beschreiben.[504] Dementsprechend eingeschränkt ist der mögliche Verhandlungsspielraum im Laufe des Verfahrens: Der Auftraggeber kann damit zwar einen Dialog auf der Grundlage von Lösungsvorschlägen führen, hierbei jedoch nicht über die Grenzen der vorab festzulegenden technischen Spezifikationen hinausgehen. Seit Inkrafttreten der VKR 2014 kann bei solchen Dienstleistungen, die als soziale oder andere besondere Dienstleistung nach Art. 74 VKR 2014 eingestuft werden, aber argumentiert werden, dass bei diesen wegen der bereits in Kraft getretenen Neuregelung die Erstellung technischer Spezifikationen nicht mehr erforderlich ist.

Auch soweit Art. 5 Abs. 1 UstPZP den Auftraggeber ausdrücklich von der Verpflichtung, bestimmte Bewerbungs- bzw. Angebotsfristen einzuhalten,[505] Eignungsnachweise zu fordern[506] oder von dem Verbot, Zuschlagskriterien an die Eignung eines Unternehmens zu koppeln,[507] freistellt, bleibt zu beachten, dass der Auftraggeber bei der Vergabe nichtprioritärer Dienstleistungen mit grenzüberschreitendem Interesse dennoch dem Gleichbehandlungs- und Transparenzgebot wie dem Diskriminierungsverbot verpflichtet ist.[508] Das bedeutet auch, dass er trotz Freistellung von den zwingenden Fristen im UstPZP für alle Bieter gleich lautende, angemessene

usług o charakterze priorytetowym i niepriorytetowym z dnia 28 stycznia 2010 r., Dz.U. Nr 12, poz. 68.

503 Nach Art. 5 Abs. 1a UstPZP ist der Auftraggeber darüber hinaus berechtigt, das Verhandlungsverfahren ohne Bekanntmachung oder die freihändige Vergabe zu wählen, wenn die Wahl eines anderen Vergabeverfahrens insbesondere die Prinzipien gezielter, wirtschaftlichen Haushaltens oder das Prinzip der Einhaltung von zuvor eingegangenen zeitlichen und finanziellen Verpflichtungen verletzten könnte, zu einem Verlust öffentlicher Mittel oder der Nichteinhaltung von Ausführungsfristen führen könnte. Ohne weitere Voraussetzungen können das Verhandlungsverfahren ohne Bekanntmachung sowie die freihändige Vergabe gewählt werden, soweit Rechtsberatungsleistungen zur Vertretung vor Gerichten, Tribunalen oder der Verwaltung nachgesucht werden, Art. 5 Abs. 1b UstPZP.

504 Zu den Vorgaben der VKR für die Vergabe nichtprioritärer Dienstleistungen siehe oben unter D.IV.2.a.

505 Vgl. Artt. 49, 43 UstPZP.

506 Nach Art. 26 Abs. 2 UstPZP sind bei Auftragswerten oberhalb der Schwellenwerte zwingend Eignungsnachweise zu verlangen.

507 Vgl. Art. 91 Abs. 3 UstPZP.

508 Vgl. EuGH, Urteil vom 18. November 2010 (Kommission./.Irland), C-226/09, Rn. 31 m.w.N.

Fristen setzen muss und sich alle Teilnehmer im Voraus über die für alle gleichermaßen geltenden Verfahrensregeln informieren können müssen.[509]

c. Aufträge im Sektorenbereich

Für Auftraggeber, die Aufträge im Bereich der Sektoren Wasser-, Energie- und Verkehrsversorgung oder der Postdienste vergeben, und die nicht öffentliche Auftraggeber im Sinne von Art. 3 Abs. 1 Nr. 1 und 2 UstPZP sind, sieht das UstPZP in den Artt. 132 ff. UstPZP Sonderregelungen vor. Öffentliche Auftraggeber müssen hingegen die regulären Vergabevorschriften auch dann anwenden, wenn sie im Bereich der Sektoren tätig werden. Damit hält sich die polnische Umsetzung nicht an die Kriterien der SKR 2004 und die Auffassung des EuGH, nach denen das anwendbare Vergaberegime für öffentliche Auftraggeber auf dem Gebiet der Sektoren nach der Zugehörigkeit des konkreten Auftrags zum jeweiligen Tätigkeitsgebiet zu bestimmen ist.[510]

Nach Art. 134 Abs. 1 UstPZP steht den privaten Auftraggebern im Bereich der Sektoren das offene, das nichtoffene und das Verhandlungsverfahren mit Bekanntmachung nach ihrer Wahl zur Verfügung, sowie unter besonderen Voraussetzungen das Verhandlungsverfahren ohne Bekanntmachung bzw. die freihändige Vergabe (Art. 134 Abs. 5 und 6 UstPZP). Der wettbewerbliche Dialog findet hier keine Erwähnung. Die Durchführung der genannten Verfahren richtet sich grundsätzlich nach den allgemeinen Vorschriften. Es bestehen keine Erleichterungen hinsichtlich der Abfassung der Verdingungsunterlagen oder des Inhalts der Bekanntmachung.

Dies führt dazu, dass den öffentlichen Auftraggebern der wettbewerbliche Dialog grundsätzlich über die allgemeinen Vorschriften als mögliches Vergabeverfahren zur Verfügung steht, nicht aber den privaten, zu denen im Übrigen auch ausgegründete Gesellschaften der öffentlichen Auftraggeber gehören, Art. 3 Abs. 1 Nr. 3 UstPZP.

Soweit der polnische Gesetzgeber auf die Aussage der Kommission[511] vertraut haben sollte, im Sektorenbereich könne das Verhandlungsverfahren im Sinne eines wettbewerblichen Dialogs ausgestaltet werden, hat er versäumt, die Definition des Verhandlungsverfahrens im Sektorenbereich dementsprechend anzupassen. Denn nur, wenn auf das Erfordernis der Erstellung von konkreten Verdingungsunterlagen verzichtet werden kann, ist dort die Ausgestaltung des Verhandlungsverfahrens als wettbewerblicher Dialog überhaupt denkbar.

---

509 Siehe Mitteilung der Kommission zu Auslegungsfragen in Bezug auf das Gemeinschaftsrecht, das für die Vergabe öffentlicher Aufträge gilt, die nicht oder nur teilweise unter die Vergaberichtlinien fallen vom 1. August 2006, ABl. C 179/02. Hierauf weist auch Granecki hin, Granecki, Prawo zamówień publicznych, Art. 5 Rn. 15.

510 Hierzu näher oben unter D.IV.3.a.

511 Erläuterungen der Europäischen Kommission „Wettbewerblicher Dialog - Klassische Richtlinie“, deutsche Version des Dokuments CC/2005/04_rev 1 vom 5. Oktober 2005, Fn. 2.

Im Rahmen der Umsetzung der SKR 2014 wird auch in Polen der wettbewerbliche Dialog für (Sektorenauftraggeber in Zukunft zur Verfügung stehen müssen.

d. Das Gesetz über öffentlich-private Partnerschaften (UstPPP)

Polen hat ein eigenes Gesetz über öffentlich-private Partnerschaften erlassen, das Ustawa o partnerstwie publiczno-prywatnym (UstPPP).[512]

Als Gegenstand einer öffentlich-privaten Partnerschaft definiert Art. 1 Abs. 2 UstPPP die gemeinsame Realisierung einer Unternehmung, bei der Aufgaben und Risiken zwischen der öffentlichen Hand und dem privaten Partner geteilt werden.

Das UstPPP enthält vornehmlich Regelungen zur Vertragsgestaltung bzw. -durchführung und nur eingeschränkt zur Auswahl des privaten Vertragspartners.[513] Im Wesentlichen verweist das Gesetz je nach angestrebter Vertragsgestaltung entweder auf die Regeln des Vergabegesetzes (UstPZP) oder die des Gesetzes über Bau- und Dienstleistungskonzessionen (UstKBU).[514] Eigene Regelungen trifft das UstPPP nur insoweit, als es als Zuschlagskriterien zwingend die Verteilung der Aufgaben und Risiken zwischen öffentlicher Hand und privatem Partner sowie den Zeitpunkt und die Höhe etwaig vorgesehener Zahlungen oder Leistungen der öffentlichen Hand vorsieht, Art. 6 Abs. 2 UstPPP.[515]

Das Gesetz sieht jedoch keine Regelungen für den Fall vor, dass der Auftraggeber vorab noch nicht bestimmen kann, ob sein Bedarf idealerweise mittels eines öffentlichen Auftrags oder einer Konzession gedeckt werden kann. Er wird daher vorsichtshalber das strengere Vergaberegime des UstPZP wählen, angereichert um die zwingenden Vorschriften des UstPPP, um tatsächlich einen ergebnisoffenen Dialog führen zu können.[516]

In diesem Fall kann er den wettbewerblichen Dialog auch nur dann wählen, wenn er darlegen kann, dass die Unsicherheit, ob ein Auftrag oder eine Konzession vergeben werden soll, eine besondere Komplexität des Auftrags nach Art. 60b Abs. 1 UstPZP begründet.[517]

---

512 Ustawa z dnia 19 grudnia 2008 r. o partnerstwie publiczno-prywatnym, Dz.U. z 2009 r. Nr 19, poz. 100.

513 Bei seinem Erlass sah das UstPPP noch ein eigenständiges Vergaberegime vor, das allerdings nicht mit den Anforderungen der Vergaberichtlinien im Einklang stand.

514 Vgl. Art. 4 UstPPP.

515 Des Weiteren nennt Art. 4 Abs. 3 UstPPP verschiedene optionale Zuschlagskriterien, vornehmlich finanzieller Art.

516 Bejm kritisiert, dass das Gesetz an diesem Punkt nicht durchdacht sei. Seiner Ansicht nach muss der Auftraggeber sich bereits bis zur Bekanntmachung zwischen öffentlichem Auftrag und Konzession entscheiden, Bejm/Bogdanowicz/Piotrowski, Ustawa o partnerstwie publiczno-prywatnym, Art. 4 Punkt II.

517 Hierzu siehe nachfolgend unter E.II.2.

e. *Aufträge in den Bereichen Verteidigung und Sicherheit*

Polen hat die Umsetzung der VSKR erst nach Einleitung eines Vertragsverletzungsverfahrens nach Art. 258 AEUV durch die Europäische Kommission in Angriff genommen.[518] Nach den seit dem 20. Januar 2013 geltenden Artt. 131a bis w UstPZP[519] kann der Auftraggeber im Fall rechtlicher oder finanzieller Komplexität auch hier den wettbewerblichen Dialog wählen.

3. Österreich

Österreich regelt das gesamte nationale wie europaweite Vergaberecht im Wesentlichen in einem zusammenhängenden Regelwerk, dem Bundesvergabegesetz (BVergG).[520] Es gilt umfassend für Aufträge, die in Form privatrechtlicher, entgeltlicher Verträge vergeben werden.[521]

Der wettbewerbliche Dialog kann in Österreich sowohl im Ober- als auch im Unterschwellenbereich angewendet werden, § 25 Abs. 1 BVergG. Auch sonst behandelt das BVergG Vergaben ober- und unterhalb der Schwellenwerte bis auf einige Erleichterungen im Unterschwellenbereich, insbesondere in Hinblick auf den Rechtschutz, weitgehend gleich.[522]

a. *Vergabe von Baukonzessionen*

In Österreich können Baukonzessionen ausdrücklich im wettbewerblichen Dialog vergeben werden, sofern es sich um einen besonders komplexen Konzessionsgegenstand handelt, § 142 Abs. 2 BVergG. Damit stellen die österreichischen Vorschriften sicher, dass der Auftraggeber bei der Vergabe einer Baukonzession nur dann in den Genuss kommt, den Konzessionsgegenstand allein anhand seiner Bedürfnisse

518 Siehe Pressemitteilung der Europäischen Kommission IP/12/533 vom 31. Mai 2012.

519 Eingeführt durch das Ustawa z dnia 12 października 2012 r. o zmianie ustawy – Prawo zamówień publicznych oraz ustawy o koncesji na roboty budowlane lub usługi (Dz.U. 2012 poz. 1271).

520 Im Bereich des Vergaberechtsschutzes gilt das BVergG allerdings nur für Vergaben von „Auftraggebern, die in den Vollziehungsbereich des Bundes fallen", im Übrigen ist der Rechtsschutz auf Länderebene geregelt.

521 Holoubek/Fuchs/Holzinger, Vergaberecht, S. 70 f. Allgemein zur Evolution des Vergaberechts von einer ÖNORM über nur für den Oberschwellenbereich geltende Vergabegesetze des Bundes und der Länder bis zu den einheitlich für alle Auftraggeber geltenden BVergG 2002 und 2006, vgl. Holoubek/Fuchs/Holzinger, Vergaberecht, S. 37 ff.

522 Dies geht auf eine Entscheidung des Verfassungsgerichtshofes zurück, welcher keine wesentlichen Unterschiede zwischen Vergaben ober- und unterhalb der Schwellenwerte erkennen konnte, die eine Ungleichbehandlung bei der Zuerkennung von Rechtsschutz rechtfertigen würden, VfGH, Erkenntnis vom 30.11.2000, G110/99.

und Anforderungen bestimmen zu können, wenn er nachvollziehbar belegen kann, dass die Komplexität der Konzession dazu führt, dass eine Vergabe im offenen oder nichtoffenen Verfahren nicht möglich ist.

b. Dienstleistungskonzessionen

Für die Vergabe von Dienstleistungskonzessionen fordert § 11 BVergG lediglich allgemein, dass diese

> *„unter Beachtung der unionsrechtlichen Grundfreiheiten sowie des Diskriminierungsverbotes und, soweit dies auf Grund des Wertes und des Gegenstandes des Vertrages erforderlich erscheint, grundsätzlich in einem Verfahren mit mehreren Unternehmern, durch das ein angemessener Grad von Öffentlichkeit gewährleistet ist und das den Grundsätzen des freien und lauteren Wettbewerbes entspricht, zu vergeben“*

sind. Unterhalb einer Schwelle von 100 000 Euro ist eine formfreie Direktvergabe möglich.

Auch die Vergabestellen in Österreich haben damit die Möglichkeit, sich bei der Vergabe von Dienstleistungskonzessionen am Verfahren des wettbewerblichen Dialogs zu orientieren.

c. Nichtprioritäre Dienstleistungen

Auf die Vergabe von nichtprioritären Dienstleistungen finden die Vorschriften des BVergG nach § 141 Abs. 1 BVergG nur eingeschränkt Anwendung.[523] Zu den ausdrücklich von § 141 Abs. 1 BVergG in Bezug genommenen Normen gehört § 98 BVergG, welcher – entsprechend den Vorgaben durch die VKR 2004 – die Erstellung technischer Spezifikationen betrifft. Dies schränkt den Spielraum des Auftraggebers bei der Vergabe nichtprioritärer Dienstleistungen ein. Damit gleicht die Vergabe nichtprioritärer Dienstleistungen in Österreich im Wesentlichen der Vergabe nach den deutschen Vorschriften.[524]

d. Aufträge im Sektorenbereich

Nach § 194 BVergG können Sektorenauftraggeber im Oberschwellenbereich bei der Vergabe von Aufträgen frei zwischen dem offenen Verfahren, dem nicht offenen Verfahren nach vorherigem Aufruf zum Wettbewerb und dem Verhandlungsverfahren nach vorherigem Aufruf zum Wettbewerb wählen. Im Unterschwellenbereich steht darüber hinaus noch die Möglichkeit der Nutzung

523 *„Für die Vergabe von nicht prioritären Dienstleistungsaufträgen durch Auftraggeber gelten ausschließlich die Bestimmungen dieses Abschnittes, der 1. Teil mit Ausnahme des § 2 Z 16, die §§ 3 Abs. 1, 6, 9, 10, 12 Abs. 1 und 3, 13, 16, 20 Abs. 2, 3 und 5, 21, 44, 49, 51, 98 und 140 Abs. 9 sowie der 4. bis 6. Teil dieses Bundesgesetzes.“*

524 Siehe oben unter E.I.1.c.

eines dynamischen Beschaffungssystems, einer Rahmenvereinbarung sowie unter besonderen Voraussetzungen, einer Direktvergabe offen, §§ 200, 198 BVergG.

Der wettbewerbliche Dialog wurde für den Sektorenbereich mit der Begründung nicht vorgesehen, dass ein Auftraggeber auf dem Gebiet der Sektoren stets in der Lage sei, das Verhandlungsverfahren mit Bekanntmachung zu wählen.[525] Fraglich ist, ob es nach dem BVergG möglich ist, das Verhandlungsverfahren im Sektorenbereich wie einen wettbewerblichen Dialog auszugestalten.

Dafür spricht, dass nach § 258 Abs. 2 BVergG *„in jenen Phasen, für die der Sektorenauftraggeber noch kein vollständig ausgearbeitetes Angebot verlangt"*, § 258 Abs. 1 BVergG nicht gilt, welcher bestimmt:

> *„Bei einer funktionalen Leistungsbeschreibung sind die Angebote so zu stellen, dass Art und Umfang der Leistung eindeutig bestimmt, die Erfüllung der Anforderungen der Aufgabenstellung nachgewiesen, die Angemessenheit der geforderten Preise beurteilt und nach Abschluss der Leistung die vertragsgemäße Erfüllung zweifelsfrei geprüft werden kann."*

Hieraus folgt zwar, dass es im Verhandlungsverfahren möglich ist, dass Sektorenauftraggeber und Bieter gemeinsam ein zuschlagsfähiges Angebot entwickeln. Auch hier muss sich dieses Angebot jedoch im Rahmen der dennoch ausgegebenen funktionalen Leistungsbeschreibung halten, die grundsätzlich bereits so bestimmt zu sein hat, dass die Bieter ein zuschlagsfähiges Angebot abgeben könnten, § 246 Abs. 2 BVergG. Damit gilt auch in Österreich, dass der Vorteile des wettbewerblichen Dialogs, über einen im Vergleich zu den übrigen Vergabeverfahren sehr weiten Auftragsgegenstand verhandeln zu können, im Sektorenbereich vor Umsetzung der SKR 2014 nicht eröffnet ist.

e. *Aufträge in den Bereichen Verteidigung und Sicherheit*

In dem seit April 2012 geltenden Bundesvergabegesetz Verteidigung und Sicherheit 2012 (BVergGVS) sind Anwendbarkeit (§ 28 BVergGVS) und Verfahren (§§ 131 ff. BVergGVS) des wettbewerblichen Dialogs mit den entsprechenden Regelungen des BVergG deckungsgleich formuliert.

4. Vergleichende Zusammenfassung: Anwendungsbereich im „weiteren" Sinn

Vergleicht man den Umgang Deutschlands, Polens und Österreichs mit Auftragsarten, die nicht bzw. nicht vollständig der VKR 2004 unterliegen, so unterscheiden sich weniger die Endergebnisse, als die zugrundliegende Strukturierung.

Dies gilt allerdings nicht für die Auftragsvergabe in den Bereichen Verteidigung und Sicherheit, die die VSKR ausführlich regelt. Alle drei Länder haben den

525 Steiner/Röblreiter/Windisch, Bundesvergabegesetz 2006 idF der BVGgG-Novelle 2007, S. 615.

wettbewerblichen Dialog überdies wortgleich oder nahezu wortgleich aus ihren allgemeinen Regeln zur öffentlichen Auftragsvergabe übernommen. Da die VSKR bei der Reform des EU-Vergaberechts 2014 nicht geändert wurde, wird es auch in den nationalen Rechtsordnungen in Zukunft dabei bleiben, dass der wettbewerbliche Dialog bei Vergaben im Verteidigungssektor nur genutzt werden kann, wenn ein besonders komplexer Auftrag vorliegt.

Auch in den Bereichen der Sektoren Wasser, Energie, Verkehr und Post (Sektorenbereich) folgen die Länder den Vorgaben der SKR 2004 und ermöglichen es den öffentlichen Auftraggebern, das für Vergaben im Sektorenbereich vorgesehene Verhandlungsverfahren frei zu gestalten. Wie auch in der SKR 2004 ist in allen Ländern die Erstellung technischer Spezifikationen erforderlich, so dass besonders komplexe Aufträge der Sektorenbereich nicht als solche vergeben werden können. Nur in Polen können öffentliche Sektorenauftraggeber den wettbewerblichen Dialog anwenden, da für sie die allgemeinen Vergaberegeln und nicht die speziellen Regeln für den Sektorenbereich gelten. Diese Unterscheidung steht allerdings nicht mit der Rechtsprechung des EuGH in Einklang, nach dem das anwendbare Vergaberegime von der Art des Auftrags und nicht von der des Auftraggebers abhängt.[526]

Im Bereich der von der VKR 2004 ausgenommenen Dienstleistungskonzessionen lassen Deutschland und Österreich den Auftraggebern entsprechend den EU-Vorgaben weitgehend freie Hand in der Gestaltung der Vergabe und können demgemäß sowohl auf eine Beschreibung der Bedürfnisse und Anforderungen aufbauen als auch das Verfahren wie einen wettbewerblichen Dialog führen. Polen hat ein eigenes Gesetz für Konzessionsvergaben (UstKBU), das für die Vergabe von Konzessionen ein dem wettbewerblichen Dialog ähnelndes Verfahren vorsieht und hat insofern der europaweiten Regelungen von Konzessionen in der KRL 2014 vorgegriffen.

Im Bereich der Baukonzessionen, die nach der VKR 2014 einem erleichterten Vergaberegime unterliegen, unterscheiden sich in den verschiedenen Ländern weniger die faktischen Ergebnisse als die Struktur der Umsetzung. Nach dem für alle Konzessionen geltendem polnischen UstKBU kann eine Baukonzessionen *wie* ein wettbewerblicher Dialog beschrieben und vergeben werden, in Österreich gar regulär *im* wettbewerblichen Dialog und das deutsche Recht, das für Baukonzessionen auf Regeln für die Unterschwellenvergabe verweist, kann eine Ausgestaltung von Beschreibung und Verfahren *wie* im wettbewerblichen Dialog stattfinden, wobei Uneinigkeit besteht, ob die Erstellung von technischen Spezifikationen erforderlich ist oder nicht.

Für die Vergabe nichtprioritärer Dienstleistungen verlangen Deutschland und Österreich entsprechend der VKR 2004 die Erstellung technischer Spezifikationen, machen aber keine Vorgaben zum Verfahren, so dass sich die Auftraggeber hier am wettbewerblichen Dialog orientierten können. Das polnische UstPZP gestattet ohne Weiteres die Vergabe nichtprioritärer Dienstleistungen im wettbewerblichen Dialog,

526 EuGH, Urteil vom 10. April 2008, Fernwärme Wien, C-393/06, Rn. 49 ff.

jedoch ohne die Anforderung der VKR 2004 ausdrücklich aufzunehmen, dass der Auftrag mittels technischer Spezifikationen beschrieben werden muss.

Eine Besonderheit ergibt sich für Deutschland aus den Regeln für freiberufliche Dienstleistungen, die je nach dem, wie gut sie beschreibbar sind, nach der VOF bzw. der VOL/A zu vergeben sind. Seit der Einführung der VKR 2014 entfällt bei Vergaben nach der VOF allerdings die unter der VKR 2004 noch erforderliche zusätzliche Auslegung, ob der Auftrag besonders komplex im Sinne der Richtlinie ist, wenn der Auftraggeber sich an das Verfahren des wettbewerblichen Dialogs anlehnen wollte.

In Polen ist es schwierig, ein Vergabeverfahren zu strukturieren, wenn sich der Auftraggeber vorab nicht festlegen kann oder möchte, ob er eine öffentlich-private Partnerschaft (ÖPP) durch einen Auftrag oder eine Konzession bilden soll, da das Spezialgesetz für ÖPP je nach Vertragsart entweder auf das UstPZP oder das UstKBU verweist, ohne Abwägungsregelungen für den Konfliktfall vorzusehen.

Insgesamt erweist sich die österreichische Umsetzung als die am klarsten strukturierte und formulierte, während die deutsche Umsetzung schon aufgrund der verschiedenen Vergabeordnungen und der teilweisen Anwendbarkeit der Vergaberegeln für den Unterschwellenbereich in der Auslegung unnötig kompliziert, wenn auch richtlinienkonform ausgestaltet ist. Die polnischen Regelungen sind zwar in sich schlüssig ausgestaltet, aber in ihrer Anwendung teilweise problematisch, da sie zum Teil mit europäischen Vorgaben in Konflikt geraten, etwa bei der Vergabe von Sektorenaufträgen durch öffentliche Auftraggeber oder von nichtprioritären Dienstleistungen im wettbewerblichen Dialog.

Letztlich zeigt sich, dass die europarechtskonforme Auslegung umso anspruchsvoller wird, je weiter sich die nationale Umsetzung von der Strukturentscheidung der EU-Vorgabe entfernt.

II. Die Zulässigkeitsvoraussetzungen – Anwendungsbereich im „engeren“ Sinn

Nach der VKR 2004 ist der wettbewerbliche Dialog zulässig, wenn bei einem besonders komplexen Auftrag nach Erachten des öffentlichen Auftraggebers die Vergabe im Wege eines offenen oder nichtoffenen Verfahrens nicht möglich ist, Art. 29 Abs. 1 VKR 2004. Besonders komplex ist ein Auftrag nach Art. 1 Abs. 11 lit. c VKR 2004 dann, wenn der öffentliche Auftraggeber objektiv nicht in der Lage ist, die technischen Mittel nach der für technische Spezifikationen geltenden Regeln anzugeben, mit denen seine Bedürfnisse und seine Ziele erfüllt werden können und/oder die rechtlichen und/oder finanziellen Konditionen eines Vorhabens anzugeben.

Bei der Untersuchung der europäischen Regelungen hat sich ergeben, dass der öffentliche Auftraggeber zwar gehalten ist, einen Auftrag vorrangig im offenen oder nichtoffenen Verfahren auszuschreiben, jedoch nicht „um jeden Preis“. Der öffentliche Auftraggeber muss die Möglichkeiten berücksichtigen, die sich ihm bieten, um einen Auftrag ausschreibungsreif zu machen. Dabei kann er neben der Wahrscheinlichkeit einer erfolgreichen Regelausschreibung auch zeitliche und wirtschaftliche Aspekte berücksichtigen, muss diese allerdings objektiv nachvollziehbar im Vergabevermerk niederlegen.[527]

1. Deutschland

In Deutschland bestimmt sich die Zulässigkeit des wettbewerblichen Dialogs nach § 3a Abs. 4 Nr. VOB/A bzw. § 3 Abs. 7 EG VOL/A. Beide Regelungen haben den diesbezüglichen Wortlaut des bis zum 10. Juni 2010 geltenden § 6a VgV weitgehend[528] wortgleich übernommen, wonach der wettbewerbliche Dialog zulässig ist,

> *„wenn der Auftraggeber objektiv nicht in der Lage ist,*
> *a) die technischen Mittel anzugeben, mit denen seine Bedürfnisse und Ziele erfüllt werden können oder*
> *b) die rechtlichen oder finanziellen Bedingungen des Vorhabens anzugeben."*

Vergleicht man diese Formulierung mit Art. 1 Abs. 11 lit. c VKR 2004 (Definition des besonders komplexen Auftrags) sowie Art. 29 Abs. 1 VKR 2004 (Zulässigkeit des wettbewerblichen Dialogs) so fallen folgende Punkte ins Auge:

a. Keine Bezugnahme auf technische Spezifikationen

Im Rahmen der technischen Komplexität nimmt Art. 1 Abs. 11 lit. c 1. Spiegelstrich VKR 2004 ausdrücklich Bezug auf die Definition der technischen Spezifikationen nach Art. 23 Abs. 3 VKR 2004. Eine solche Bezugnahme fehlt in der deutschen Umsetzung.

Für beide Vergabeordnungen gilt damit, dass sie in dem Fall, dass ein öffentlicher Auftrag vor allem deshalb besonders komplex ist, weil Art und Weise der Auftragsausführung schwierig zu bestimmen sind – was primär für Dienstleistungsaufträge gelten wird, jedoch auch bei Bauaufträgen nicht von vorneherein ausgeschlossen werden kann – diesen Umstand unter den Begriff *„technische Mittel"* subsumieren können müssen, um den maximalen Anwendungsbereich, den die VKR 2004 Auftraggebern für die Anwendung des wettbewerblichen Dialogs grundsätzlich eröffnet, nutzen zu können.

Der Bezug auf die technischen Spezifikationen in Art. 1 Abs. 11 lit. c VKR 2004 stellt klar, dass unter *„technischen Mitteln"* im Falle von Dienstleistungen auch die Art und Weise zu verstehen ist, wie die Dienstleistung ausgeführt werden soll.

Dort, wo Anhang VI Nr. 1 lit. b VKR 2004 als

> *„b) „technische Spezifikationen" bei öffentlichen Liefer- und Dienstleistungsaufträgen Spezifikationen, die in einem Schriftstück enthalten sind, das Merkmale für ein Erzeugnis oder eine Dienstleistung vorschreibt [...]."*

---

527 Siehe oben unter D.I.1.

528 In der VOL/A ist bei im Übrigen identischem Wortlaut statt von *„dem Auftraggeber"* von *„den Auftraggebern"* die Rede.

bestimmt, definiert Anhang TS der VOL/A diese ausdrücklich nur in Bezug auf *Liefer*leistungen als

> *„sämtliche [...] technische Anforderungen an ein Material, ein Erzeugnis oder eine Lieferung, mit deren Hilfe das Material, das Erzeugnis oder die Lieferung so bezeichnet werden können, dass sie ihren durch den Auftraggeber festgelegten Verwendungszweck erfüllen."*

Und während Art. 23 Abs. 3 lit. b VKR 2004 vorsieht, dass technische Spezifikationen auch funktional formuliert werden können, kann nach § 8 EG VOL/A der Auftraggeber entscheiden, die technischen *„Anforderungen"* statt in Form technischer Spezifikationen in Form von Leistungs- oder Funktionsanforderungen zu beschreiben (§ 8 Abs. 2 Nr. 2 EG VOL/A).

Während es nach der VKR 2004 also auf die Beschreibbarkeit einer Dienstleistung ankommt, könnten man nach dem reinen Wortlaut der deutschen Umsetzung annehmen, dass ein Dienstleistungsauftrag nur dann besonders komplex sein könnte, wenn zu seiner Erbringung technische Hilfsmittel erforderlich sind, die überdies nicht beschreibbar sind. Eine Umsetzung näher am Richtlinienwortlaut hätte diese Unklarheit vermeiden können.[529]

b. Keine Bezugnahme auf Einschätzung des Auftraggebers, dass eine Vergabe im offenen oder nichtoffenen Verfahren nicht möglich ist

Art. 29 Abs. 1 VKR 2004 enthält im Gegensatz zur deutschen Umsetzung mit der Formulierung

> *„falls seines [des öffentlichen Auftraggebers] Erachtens die Vergabe im offenen oder nichtoffenen Verfahren nicht möglich ist"*

ein subjektivierendes Element in Bezug auf den Anwendungsbereich des wettbewerblichen Dialogs.[530] Dieses ist in der deutschen Fassung, wonach der Auftraggeber *„objektiv nicht in der Lage"* zur Erstellung der Leistungsbeschreibung sein darf, allenfalls verkürzt wiedergegeben.

Auch in der deutschen Literatur wird jedoch in Anlehnung an die Mitteilung der Europäischen Kommission davon ausgegangen, dass die objektive Unmöglichkeit nach § 3a Abs. 4 Nr. VOB/A bzw. § 3 Abs. 7 EG VOL/A nicht im Sinne der deutschen Unmöglichkeitsdoktrin gelesen werden kann, da dies dazu führen würde, dass allein durch den Umstand, dass letztlich eine Lösung gefunden wurde, belegt wäre, dass

---

529 Die VOB/A vollzieht hingegen die europäische Begrifflichkeit nach und behandelt die funktionale Leistungsbeschreibung als einen Unterfall technischer Spezifikationen, § 7 EG Abs. 4 Nr. 2 VOB/A.

530 Siehe hierzu oben unter D.I.2.c.

der Auftrag grundsätzlich spezifizierbar war. Diese enge Sicht hätte zur Folge, dass der Anwendungsbereich des wettbewerblichen Dialogs nie eröffnet wäre.[531]

Es wäre jedoch einfacher gewesen, wenn die Regelungsgeber bei der Regelung des wettbewerblichen Dialogs unabhängig von einer etwaigen Einschätzungsprärogative des öffentlichen Auftraggebers die europäische Formulierung, dass eine Vergabe im offenen oder nichtoffenen Verfahren nicht möglich sein soll, übernommen hätten.

Dies gilt umso mehr, als es sich nach der Logik des nationalen Rechts beim nichtoffenen Verfahren ebenfalls um ein Ausnahmeverfahren handelt, während es dem öffentlichen Auftraggeber auf europäischer Ebene frei zur Verfügung steht.

So muss die Anforderung, dass eine Vergabe auch durch die Zulassung von Varianten oder unter Nutzung alternativer Leistungsbeschreibungen[532] nicht erfolgversprechend ist, mühsam in die Anwendungsvoraussetzungen des wettbewerblichen Dialogs hineininterpretiert werden.

Bei der Festlegung des Beschaffungsgegenstands wird dem öffentlichen Auftraggeber allgemein ein weitreichender Beurteilungsspielraum zugestanden. Es muss lediglich erkennbar sein, dass die Festlegung des Auftraggebers sach- und auftragsbezogenen Erwägungen folgt.[533] Die Rechtsprechung hatte sich allerdings bislang in der Regel mit Rügen der Bieter gegen einen vermeintlich zu eng formulierten Beschaffungsgegenstand auseinandersetzen, während es beim wettbewerblichen Dialog vornehmlich um die Frage gehen dürfte, ob der Auftraggeber bevorzugt durch eine engere Fassung des Auftragsgegenstands eine Vergabe im offenen bzw. nichtoffenen Verfahren anstreben muss.[534] Eine Grenze dürfte dann erreicht sein, wenn der öffentliche Auftraggeber keine nachvollziehbaren sach- und auftragsbezogenen Erwägungen für die weite Fassung des Beschaffungsgegenstands anführen kann.

Soweit sich die Frage stellt, inwieweit der deutsche Auftraggeber vor Anwendung des wettbewerblichen Dialogs verpflichtet ist, den genauen Auftragsgegenstand zu ermitteln (vorherige Durchführung eines Wettbewerbs, Hinzuziehung von externem Sachverstand) folgt die Diskussion ist Deutschland im Wesentlichen im Rahmen

---

531 Kus, Die richtige Verfahrensart bei PPP-Modellen, insbesondere Verhandlungsverfahren und Wettbewerblicher Dialog, VergabeR 2006, S. 858.

532 Hierzu BGH, Beschluss vom 10. November 2009, X ZB 8/09.

533 VK Bund, Beschluss vom 10. Mai 2010, VK 3-42/10.

534 Auch wenn nach hier vertretener Auffassung für das Verhandlungsverfahren die Erstellung einer Leistungsbeschreibung unter Verwendung technischer Spezifikationen erforderlich ist (siehe oben unter D.III.b sowie für das deutsche Recht unten unter IV.1.b), so spricht schon aufgrund der Verhandlungsmöglichkeit nach Angebotsabgabe und den damit verbundenen relativen Einbußen an Transparenz nicht viel für die Bevorzugung des Verhandlungsverfahrens vor dem wettbewerblichen Dialog. Auch geht die VKR 2004 lediglich von einem Vorrang des offenen bzw. nichtoffenen Verfahrens aus.

der VKR 2004 untersuchten,[535] ohne dass sich bislang eine herrschende Meinung in die eine oder andere Richtung herausgebildet hätte.

2. Polen

In Polen wird der sachliche Anwendungsbereich des wettbewerblichen Dialogs maßgeblich von Art. 60b Abs. 1 UstPZP bestimmt:

> *„1. Der Auftraggeber kann den Auftrag im Wege des wettbewerblichen Dialogs vergeben, wenn gleichzeitig folgende Umstände vorliegen:*
> *1) es ist nicht möglich, den Auftrag im Wege des offenen oder nichtoffenen Verfahrens zu vergeben, da unter Berücksichtigung des besonders komplexen Charakters des Auftrags der Auftragsgegenstand nicht gemäß Art. 30 und 31 beschrieben werden kann oder die rechtlichen oder finanziellen Konditionen der Auftragsdurchführung nicht bestimmt werden können;*
> *2) der Preis ist nicht das einzige Kriterium für die Wahl des günstigsten Angebots.“*

Der polnische Gesetzgeber hat sich damit zwar nah an den Voraussetzungen der VKR 2004 orientiert, aber doch einige Abweichungen formuliert: So hat der polnische Gesetzgeber wie der deutsche die subjektivierende Formulierung der VKR 2004, dass es dem öffentlichen Auftraggeber *„seines Erachtens nicht möglich“* sein darf, den Auftrag im offenen oder nichtoffenen Verfahren zu vergeben, nicht übernommen, sondern objektiv *„es ist nicht möglich“* formuliert.[536]

Hiermit umgeht der polnische Gesetzgeber die Deutungsschwierigkeiten, die sich aus objektiv festzustellender Komplexität einerseits und subjektivierter Unmöglichkeit der Vergabe im offenen oder nicht offenen Verfahren andererseits ergeben können.[537] Gleichzeitig versperrt er durch diese Wortwahl allerdings auch die Ausnutzung des im Wortlaut der Richtlinie angedeuteten Einflusses der Vergabestelle auf die Auslegung des Vorliegens der besonderen Komplexität im Sinne einer Einschätzungsprärogative. Rechtlich ist gegen dieses Vorgehen indes nichts

---

535 Siehe oben unter D.I.1 sowie die zusammenfassende Darstellung von Schwabe, Wettbewerblicher Dialog, Verhandlungsverfahren, Interessenbekundungsverfahren, S. 115 ff.

536 Vgl. auch das Urteil der Landeswiderspruchskammer (Krajowa Izba Odwoławcza – KIO), die nach Art. 172 Abs. 1 UstPZP für die Erörterung der im Zuge des Vergabeverfahrens eingelegten Widersprüche zuständig ist, vom 6. September 2011, KIO 1798/11, wonach die Komplexität nicht nur aus der subjektiven Einschätzung des Auftraggebers folgen darf. Dies betraf einen Fall, in dem Auftraggeber grundsätzlich in der Lage war, eine Leistungsbeschreibung zu erstellen, durch die Wahl des wettbewerblichen Dialogs aber sichergehen wollte, die neuesten Marktentwicklungen einkaufen zu können. Dagegen hatte die Kammer am 25. Mai 2001 entschieden (KIO/KD 45/11), dass den Auftraggebern bei der Entscheidung, ob ein Auftrag sinnvoll im Regelverfahren vergeben werden kann oder nicht, grundsätzlich ein weiter Entscheidungsspielraum zukommt.

537 Siehe oben unter D.I.1.

einzuwenden, da es dem nationalen Gesetzgeber unbenommen ist, die Anwendungsvoraussetzungen eines Ausnahmetatbestands strenger zu fassen, als von der Richtlinie vorgegeben. Wicik vertritt dann auch die Auffassung, dass aus der Anforderung der objektiven Unmöglichkeit zu schließen ist, dass der wettbewerbliche Dialog nur dann Anwendung finden kann, wenn auch mit der Hilfe von Ingenieuren, Finanz-, Rechts- oder anderen Experten weder der Leistungsgegenstand noch die rechtlich/finanziellen Ausführungsbedingungen bestimmt werden können.[538] Er sieht den häufigeren Anwendungsfall des wettbewerblichen Dialogs dort, wo der Auftraggeber aus mehreren, grundsätzlich beschreibbaren Lösungen nicht die für ihn optimale ermitteln kann.[539] Dies ist insofern nachvollziehbar, als auch durch Einsatz von externem Sachverstand nicht festgestellt werden kann, zu welchen Konditionen die Bieter letztlich bereit sein werden, den Auftrag auszuführen. Gorzynska weist allerdings darauf hin, dass polnische Auftraggeber in der Praxis zugunsten des wettbewerblichen Dialogs die Komplexität eines Auftrags häufig schon dann annehmen, wenn sie selbst nicht die ausreichenden Erfahrungen oder Ressourcen vorweisen können, um eine reguläre Leistungsbeschreibung zu erstellen.[540]

Ebenso findet sich im polnischen Vergabegesetz keine nähere Erläuterung bzw. beispielhafte Aufzählung, wann ein Auftrag als besonders komplex gelten kann, die dem des Erwägungsgrundes 31 VKR 2004 entsprechen würde. Der Auftraggeber muss sich somit allein an Art. 60b Abs. 1 UstPZP halten, um den Anwendungsbereich des wettbewerblichen Dialogs zu bestimmen.

Häufig wird bei rechtlich/finanziell komplexen Aufträgen eine öffentlich-private Partnerschaft im Sinne des UstPPP vorliegen,[541] so dass die Vorschriften dieses Gesetzes ergänzend zu beachten sind.

---

538 Polen hat die in Erwägungsgrund 8 VKR 2004 beschriebene Möglichkeit, einen *„technischen Dialog"* durchzuführen, ausdrücklich in den Artt. 31a bis c UstPZP vorgesehen. Vgl. hierzu Bajda, Wioleta, Dialog techniczny jako instrument służący identyfikacji potrzeb zamawiającego, in: Sadowy, Jacek / Brankom, Brygida, Nowelizacja ustawy Prawo zamówień publicznych z dnia 12 października 2012 r., S. 45 ff.

539 Wicik in: Wicik/Wiśniewski, Prawo zamówień publicznych. Komentarz, Art. 60b Rn. 3.

540 Gorczynska in: Arrowsmith/Treumer, Competitive dialogue in EU procurement, S. 433.

541 Art. 7 UstPPP definiert als Vertrag über eine öffentlich-private Partnerschaft die Verpflichtung des privaten Partners zur Realisierung einer Unternehmung gegen Bezahlung sowie zur vollständigen bzw. teilweise Übernahme der Ausgabe für die Umsetzung durch ihn oder eine dritte Person sowie die Verpflichtung der öffentlichen Hand zur Mitwirkung bei der Erreichung des Ziels der Unternehmung, insbesondere durch die Erbringung einer eigenen Einlage, siehe auch oben unter E.I.2.d.

3. Österreich

Österreich hat den wettbewerblichen Dialog mit Wirkung vom 1. Februar 2006 in den §§ 159 ff. BVergG als Verfahren sui generis eingeführt, *„um ein für den Auftraggeber möglichst formfreies Verfahren zur Verfügung zu stellen“.*[542]

§ 159 Abs. 1 BVergG stellt klar, dass für die Durchführung eines wettbewerblichen Dialogs *„ausschließlich“* die dort genannten weiteren Normen gelten. Soweit sich Lücken in der Auslegung ergeben, müssen diese also über die auch für den wettbewerblichen Dialog ausdrücklich anwendbaren allgemeinen Grundsätze nach § 19 Abs. 1 S. 1 BVergG[543] geschlossen werden.

Den Anwendungsbereich des wettbewerblichen Dialogs bestimmt § 34 BVergG wie folgt:

> *„(1) Aufträge können im Wege des wettbewerblichen Dialoges vergeben werden, wenn*
> *1. es sich um besonders komplexe Aufträge handelt und*
> *2. die Vergabe im Wege eines offenen oder nicht offenen Verfahrens nach Ansicht des Auftraggebers nicht möglich ist.*
> *(2) Ein Auftrag gilt als besonders komplex im Sinne des Abs. 1, wenn der Auftraggeber objektiv nicht in der Lage ist,*
> *1. die technischen Spezifikationen gemäß § 98 Abs. 2, mit denen seine Bedürfnisse und Anforderungen erfüllt werden können, oder*
> *2. die rechtlichen oder finanziellen Konditionen des Vorhabens anzugeben.“*

Der österreichische Gesetzgeber hat sich damit nah an der Formulierung der Artt. 29 Abs. 1 und 1 Abs. 11 lit. c) VKR 2004 gehalten. Insbesondere bezieht sich die Norm ausdrücklich auf die Nichterstellbarkeit technischer Spezifikationen,[544] (die auch Bestandteil funktionaler Leistungsbeschreibungen sind, § 98 Abs. 2 Nr. 2 BVergG) und berücksichtigt auch das subjektivierende Element des Art. 29 Abs. 1 VKR 2004, wonach *„nach Ansicht“* des Auftraggebers eine Vergabe im offenen oder nicht offenen Verfahren nicht möglich sein darf, mit ein.

Dementsprechend wird in den Materialien zum BVergG die Auffassung vertreten, dass es sich um ein *„„objektives Unvermögen“* des Auftraggebers handeln müsse, welches dadurch gekennzeichnet sei, dass der mit der Festlegung der rechtlichen, finanziellen oder technischen Konditionen verbundene Aufwand für den Auftraggeber bei seinen konkreten Fähigkeiten und Kapazitäten (wirtschaftlich) nicht vertretbar sei. Außerdem komme es nicht darauf an, ob der Auftraggeber Spezifikationen angeben könne, die zur Erfüllung seiner Bedürfnisse in irgendeiner

542 BVergG, Materialien zu den §§ 159 bis 162.

543 *„Vergabeverfahren sind nach einem in diesem Bundesgesetz vorgesehenen Verfahren, unter Beachtung der gemeinschaftsrechtlichen Grundfreiheiten sowie des Diskriminierungsverbotes entsprechend den Grundsätzen des freien und lauteren Wettbewerbes und der Gleichbehandlung aller Bewerber und Bieter durchzuführen.“*

544 Technische Spezifikationen beziehen sich anders als in Deutschland eindeutig auch auf Dienstleistungsaufträge, vgl. § 2 Nr. 35 b BVergG.

Weise geeignet seien, sondern ob diese die für seine Zwecke bestgeeignete Lösung ermitteln könnten:[545]

> *„Der Auftraggeber darf die Aufgabe der Ausarbeitung der Ausschreibungsunterlagen nicht willkürlich dadurch auf die Unternehmer überwälzen, dass er – ohne das Vorliegen der Voraussetzungen zu prüfen – den wettbewerblichen Dialog wählt; anderseits muss der mit der Festlegung der rechtlichen, finanziellen oder technischen Konditionen verbundene Aufwand für den Auftraggeber (wirtschaftlich) vertretbar sein. Ist dies nicht der Fall, dann kann es sich um einen Fall des „objektiven" Unvermögens im Sinne des Abs. 2 handeln. Zur Voraussetzung des Abs. 2 Z 1 ist anzumerken, dass es nicht darauf ankommt, ob der Auftraggeber Spezifikationen angeben kann, die zur Erfüllung seiner Bedürfnisse in irgendeiner Weise geeignet sind, sondern darauf, ob er die Spezifikationen angeben kann, die zur Ermittlung der für ihn bestgeeigneten Lösung führen […]. Die Entscheidung, einen Auftrag im Wege des wettbewerblichen Dialogs zu vergeben, muss aber jedenfalls objektiv nachprüfbar sein."*[546]

Auch in Österreich besteht die Möglichkeit, Varianten zuzulassen (Alternativangebote, vgl. § 81 BVergG) oder eine Parallelausschreibung durchzuführen (Abfrage von Variantenangeboten, vgl. § 2 Nr. 39 BVergG). Der Auftraggeber wird diese Möglichkeiten bei der Entscheidung über die Möglichkeit der Vergabe im offenen oder nicht offenen Verfahren berücksichtigen müssen. Außerdem kann sich auch der österreichische Auftraggeber externen Sachverstands bedienen.[547]

4. Vergleichende Zusammenfassung: Anwendungsbereich im „engeren" Sinn

Während sich der österreichische Gesetzgeber nah an der Regelung der VKR 2004 orientiert hat, verzichten die deutsche und die polnische Regelung auf das in der VKR 2004 anklingende subjektive Element, was den Anwendungsbereich des wettbewerblichen Dialogs vom Wortlaut her verengt. Die Praxis scheint dem polnischen Auftraggeber aber durchaus eine gewisse Einschätzungsprärogative einzuräumen.

Eine weitere argumentative Hürde muss der deutsche Auftraggeber nehmen, möchte er Dienstleistungen im wettbewerblichen Dialog vergeben – anders als nach der VKR 2004 wird in der Formulierung der VOL/A nicht deutlich, dass der Anwendungsbereich auch bei Dienstleistungen eröffnet ist, wenn der Auftragsgegenstand nicht hinreichend beschreibbar ist.

Die weiter gefassten Anwendungsvoraussetzungen der VKR 2014 lassen sich von den nationalen Auftraggebern hier nicht nutzbar machen, da die nationalen

545 Steiner/Röblreiter/Windisch, Bundesvergabegesetz 2006 idF der BVGgG-Novelle 2007, S. 192.

546 BVergG, Materialien zu § 34.

547 Nach § 78 Abs. 8 BVergG ist die Vorbereitung einer Ausschreibung nur solchen Personen zu übertragen, welche die fachlichen Voraussetzungen erfüllen, erforderlichenfalls unbefangenen Sachverständigen.

Umsetzungen durch den jeweils (entsprechend der VKR 2004) eng formulierten Anwendungsbereich keine interpretativen Spielräume lassen.

III. Die Ausgestaltung der nationalen Verfahren

Auch wenn in Polen und Österreich der wettbewerbliche Dialog auch unterhalb der europäischen Schwellenwerte anwendbar ist, beziehen sich die folgenden Ausführungen jeweils nur auf das Verfahren des wettbewerblichen Dialogs im Rahmen europaweit auszuschreibender öffentlicher Aufträge, namentlich nach der VOL/A bzw. VOB/A in Deutschland, dem UstPZP in Polen sowie dem BVergG in Österreich. Der Gang der Untersuchung folgt – entsprechend der Untersuchung der EU-Vorgaben – dem zeitlichen Ablauf des Vergabeverfahrens.

1. Bekanntmachung

Die Bekanntmachungspflichten, zu denen die VKR 2004 den öffentlichen Auftraggeber verpflichtet, der einen Auftrag im Wege des wettbewerblichen Dialogs vergeben möchte, entsprechen im Wesentlichen denen, die für alle Vergabeverfahren gelten, denen eine öffentliche Bekanntmachung vorhergeht.

Besonderheiten für den wettbewerblichen Dialog ergeben sich nach der VKR 2004 aufgrund des noch nicht feststehenden Leistungsgegenstands insbesondere bei seiner Beschreibung, welche eine Definition der Bedürfnisse und Anforderungen des öffentlichen Auftraggebers erfordert. Bei der Festlegung der Eignungskriterien und -nachweise sowie der Zuschlagskriterien ist besonderes Augenmerk darauf zu richten, dass diese die gesamte Bandbreite der möglichen Auftragsgegenstände abdecken können müssen. Als bereits den möglichen Auftragsumfang festlegend wurde die zwingende Angabe der Referenznummer der CPV-Nomenklatur erachtet.[548]

a. Umfang der Bekanntmachungspflichten

Die Verwendung der EU-Bekanntmachungsformulare ist mittlerweile durch EU-Verordnung[549] geregeltes direkt geltendes Recht. Nationale Anwendungsbefehle haben damit allenfalls klarstellenden Charakter.

b. Beschreibung des Auftragsgegenstands

Für die Beschreibung des Auftragsgegenstands im wettbewerblichen Dialog genügt es nach der VKR 2004, wenn der öffentliche Auftraggeber in der Bekanntmachung

548 Zur Bekanntmachung nach der VKR 2004 siehe oben unter D.II.1.

549 Durchführungsverordnung (EU) Nr. 842/2011 der Kommission vom 19. August 2011 zur Einführung von Standardformularen für die Veröffentlichung von Vergabebekanntmachungen auf dem Gebiet der öffentlichen Aufträge und zur Aufhebung der Verordnung (EG) Nr. 1564/2005.

seine Bedürfnisse und Anforderungen formuliert und diese in einer mit der Aufforderung zum Dialog zu versendenden Beschreibung näher erläutert, Artt. 29 Abs. 2, 40 Abs. 2 VKR 2004.

aa. Deutschland

In Deutschland setzen VOL/A und VOB/A die Anforderungen an die Bekanntmachung des Auftragsgegenstands nicht deckungsgleich um. So hat der Auftraggeber nach § 3 EG Abs. 7 Nr. 2 VOB/A

> *„seine Bedürfnisse und Anforderungen bekannt zu machen; die Erläuterung dieser Anforderungen erfolgt in der Bekanntmachung oder in einer Beschreibung.“*[550]

Hier fällt auf, dass nach der VOB/A lediglich die Anforderungen des Auftraggebers, nicht jedoch seine Bedürfnisse in einer Beschreibung näher erläutert werden sollen. Dies bedeutet entweder, dass, wörtlich genommen, in der Bekanntmachung bereits alle Informationen zu den Bedürfnissen des Auftraggebers enthalten sein müssen. Oder die Formulierung erfordert, dass *„diese Anforderungen“* des 2. Teilsatzes als die Bedürfnisse und Anforderungen des 1. Teilsatzes zu lesen sind und es sich also um eine sprachliche Ungenauigkeit handelt.

Für letztere Auslegung spricht, dass in der deutschen Literatur und Rechtsprechung, soweit ersichtlich, bislang keine klare begriffliche Trennung von Bedürfnissen und Anforderungen, wie oben bei der Untersuchung der VKR vorgeschlagen,[551] vorgenommen wurde.

Nach § 3 Abs. 7 a) EG VOL/A

> *„beschreiben und erläutern [die Auftraggeber] ihre Bedürfnisse und Anforderungen in der Bekanntmachung oder in einer Leistungsbeschreibung.“*

Auch diese Formulierung ist nicht ganz glücklich, da sie auch so gelesen werden kann, als könne der Auftraggeber auch auf eine Erwähnung seiner Bedürfnisse und Anforderungen in der Bekanntmachung verzichten. Es ist jedoch Aufgabe einer Bekanntmachung, es potentiellen Interessenten zu ermöglichen, zu entscheiden, ob eine Bewerbung um die Teilnahme am Verfahren für sie vielversprechend ist, oder nicht.[552] Europarechtskonform ist § 3 Abs. 7 lit. a EG VOL/A zwingend in dem weiteren Sinn zu lesen, dass bereits in der Bekanntmachung Bedürfnisse und Anforderungen zu formulieren sind.

Zum Teil wird vertreten, dass die Zurückhaltung von Informationen in der Bekanntmachung, die zur zuverlässigen Darstellung des Leistungsgegenstands erforderlich sind, nicht zulässig ist, weil eine Entscheidung über eine Verfahrensteilnahme besser getroffen werden könne, wenn möglichst umfangreiche Informationen über den Auftrag vorliegen. Insbesondere kleine und mittlere Unternehmen

---

550 Wortgleich zum alten § 6a VgV sowie zu § 3a Nr. 4 Abs. 2 VOB/A 2006.

551 Siehe oben unter D.II.1.a.cc.

552 OLG Düsseldorf, Beschluss vom 9. März 2007, VII - Verg 5/07, Rn. 12.

könnten bei nicht ganz sicher auf sie passenden Aufträgen von einer Bewerbung absehen.[553] Diesen Ausführungen ist grundsätzlich zuzustimmen – es ist allerdings ebenso zu berücksichtigen, dass detaillierte Beschreibungen häufig sehr umfangreich sind und somit auch den Rahmen einer online eingestellten Bekanntmachung schnell sprengen würden. Für die Entscheidung potentieller Bieter über die Bewerbung auf die Teilnahme am Vergabeverfahren bedarf es nicht so vieler Informationen wie später für die Erstellung eines Lösungsvorschlags.

Diese Unsicherheit wird sich durch die Umsetzung der VKR 2014 entschärfen, die vorgibt, dass mit der Vergabebekanntmachung auch schon die Vergabeunterlagen mit allen weiteren Angaben zugänglich zu machen sind.[554]

bb. Polen

Der polnische Art. 60c Abs. 1 Nr. 1 UstPZP fordert für die Bekanntmachung

> *„eine Beschreibung der Bedürfnisse und Anforderungen des Auftraggebers, welche in der Weise bestimmt sind, dass sie es den Auftragnehmern erlaubt, sich auf die Teilnahme am Dialog vorzubereiten oder die Information, wie diese Beschreibung erhalten werden kann;"*

Eine weitere Präzisierung, etwa eine begriffliche Klärung von Anforderungen und Bedürfnissen, erfolgt nicht.[555]

Auch diese Vorschrift impliziert durch den Hinweis darauf, wo die Beschreibung an anderer Stelle als in der Bekanntmachung enthalten sein kann, fälschlicherweise, dass der Auftraggeber darauf verzichten könne, auch direkt in der Bekanntmachung seine Bedürfnisse und Anforderungen zu beschreiben.

cc. Österreich

Unzweideutig und entsprechend der VKR 2004 formuliert der österreichische § 160 Abs. 1, 2 S. 2 BVergG, dass der Auftraggeber seine Bedürfnisse und Anforderungen in der Bekanntmachung angibt und in der Beschreibung näher erläutert.

Holoubek/Holzinger weisen darauf hin, dass eine zu detaillierte Darstellung der Bedürfnisse und Anforderungen bereits in der Bekanntmachung es dem Auftraggeber unnötig erschwert, diese während des Dialogs *„laufend zu modifizieren und anzupassen"*, da dieses Vorgehen dann schneller eine Berichtigung der

553 Schneider, Der Wettbewerbliche Dialog im Spannungsfeld der Grundsätze des Vergaberechts, S. 126 f.; siehe auch Pünder/Franzius, Auftragsvergabe im Wettbewerblichen Dialog, ZfBR 2006, S. 22.

554 Hierzu siehe oben unter D.II.3.

555 Diese Aussage gilt im Übrigen auch für die Kommentarliteratur vgl. Granecki, Prawo zamówień publicznych Art. 60 c, Rn. 1 und Pieròg, Prawo zamówień publicznych, Art. 60 c, Rn. 2, die hierzu nur den Normtext wiederholen. Nach Wicik/Wiśniewski, Prawo zamówień publicznych. Komentarz Art. 60 c, Rn. 2 handelt es sich bei der Beschreibung der Bedürfnisse und Anforderungen um eine vereinfachte Form der funktionalen Leistungsbeschreibung.

Bekanntmachung erfordern könne.[556] Der ausdrückliche Gesetzeswortlaut lasse dem öffentlichen Auftraggeber die Wahl, ob die für das Verfahren maßgeblichen Informationen in der Bekanntmachung einem unbeschränkten Kreis von Unternehmern bekannt gegeben würden oder nicht.[557] Diese, dem Auftraggeber einen recht weiten Spielraum gewährende Ansicht wird gestützt durch das Verständnis des österreichischen Gesetzgebers von Bedürfnissen:

> *„Da dem Auftraggeber während der Dialogphase ein maximaler Spielraum eingeräumt werden soll, sind an die Formulierung der Bedürfnisse keine übertriebenen Anforderungen zu stellen. Da es dem Auftraggeber offen stehen soll, auf Änderungen in der Problemstellung, die sich auf Grund der Dialogphase ergeben, zu reagieren, ohne dafür eine Berichtigung vorzunehmen, ist es ausreichend, wenn die Bedürfnisse lediglich in allgemeiner Art und Weise formuliert werden.“*[558]

Während die deutsche Diskussion sich also darum dreht, inwiefern potentiellen Interessenten so viele Informationen wie möglich gestellt werden müssen, konzentriert sich die österreichische Diskussion auf die andere Seite der Medaille und fragt, inwiefern so wenig wie möglich verfügbar gemacht werden kann.

dd. Losweise Vergabe

Die Kommission nennt in ihrem Leitfaden zur mittelstandsfreundlichen Vergabe[559] die Aufteilung eines Auftrags in Lose als eine der Maßnahmen zur Förderung von kleinen und mittleren Unternehmen. In Deutschland bestimmt § 97 Abs. 3 GWB eine grundsätzliche Pflicht zur Teilung eines Auftrags in Teil- oder Fachlose, wenn wirtschaftliche und technische Gründe nicht anderes erfordern. Da im wettbewerblichen Dialog der Auftragsgegenstand noch nicht feststeht, wird eine Gesamtvergabe jedoch regelmäßig als (einzig) möglich erachtet bzw. die notwendige Begründung, warum eine Losvergabe nicht erfolgen soll als unproblematisch angesehen.[560]

Polen gestattet die Teilung eines Auftrags in Lose, wenn der Auftragsgegenstand teilbar ist, Art. 83 Abs. 2 UstPZP. Das österreichische BVergG erwähnt die losweise Vergabe nur indirekt im Zusammenhang mit der Ermittlung des Auftragswerts.

---

556 Holoubek/Holzinger in: Schramm/Aicher/Fruhmann, Bundesvergabegesetz 2006, § 160 Rn. 14.

557 Holoubek/Holzinger in: Schramm/Aicher/Fruhmann, Bundesvergabegesetz 2006, § 160 Rn. 28.

558 BVergG, Materialien zu § 160 Abs. 1. Zur Rechtmäßigkeit dieses Ansatzes siehe unten unter E.III.5.

559 Arbeitsdokument der Kommissionsdienststellen: Europäischer Leitfaden für bewährte Verfahren (Code of Best Practice) zur Erleichterung des Zugangs Kleiner und Mittlerer Unternehmen (KMU) zu öffentlichen Aufträgen SEC(2008) 2193, S. 2.

560 Stickler in: Kapellmann und Messerschmidt, VOB Teile A und B, § 5 Rn. 32; Schwabe, Wettbewerblicher Dialog, Verhandlungsverfahren, Interessenbekundungsverfahren, S. 164 f. m.w.N.

In Fällen, in denen wenige Spezialanbieter einen Teilaspekt des Auftrags bedienen müssen, könnte der öffentliche Auftraggeber allerdings durch eine Losteilung versuchen, die Bietersphären zu trennen, um in der Dialogphase gemeinsame Gespräche zwischen einzelnen Bewerbern auf die verschiedenen (nicht dieselben) Lose organisieren zu können. Inwieweit ein solches Vorhaben gelingen kann, hängt allerdings sehr vom Einzelfall ab und erscheint in allen drei Ländern grundsätzlich möglich.

c. Eignungskriterien und -nachweise, Mindestanforderungen

Die VKR 2004 stellt keine spezifischen Anforderungen an die Aufstellung von Eignungskriterien und -nachweisen sowie an etwaige Mindestanforderungen an die Eignung der Dialogteilnehmer.

Bei der Untersuchung des wettbewerblichen Dialogs nach der VKR 2004 wurde der Ansicht der Vorzug gegeben, wonach der öffentliche Auftraggeber im Interesse der Gleichbehandlung und dem daraus folgenden Transparenzgrundsatz gehalten ist, die Anforderungen an die Leistungsfähigkeit der Bewerber so genau bekanntzumachen, wie es ihm aufgrund seiner bereits feststehenden Anforderungen an die zu beschaffende Leistung möglich ist.[561]

aa. Deutschland

Auch nach den deutschen Vergabeordnungen ist der Auftraggeber bei der Bestimmung des Eignungsprofils und der Festlegung der Eignungsnachweise weitgehend frei, solange dies nicht ohne jeden sachlichen Grund ausgrenzend und damit wettbewerbsbeschränkend wirkt.[562] Eine grundsätzliche Pflicht, Eignungsnachweise zu fordern oder Mindestkriterien aufzustellen besteht dabei nicht.[563] Sie kann allenfalls über die grundsätzliche Pflicht, das EU-Bekanntmachungsformular vollständig auszufüllen, konstruiert werden.[564] Bei den komplexen Auftragsgegenständen des wettbewerblichen Dialogs ist allerdings kaum ein Fall denkbar, in dem der Verzicht auf die Aufstellung von Eignungskriterien angemessen wäre. Nur die VOB/A, nicht aber die VOL/A hat die Forderung von Art. 44 Abs. 2 UAbs. 2 VKR 2004 aufgenommen, dass Eignungskriterien und Mindestanforderungen dem Auftragsgegenstand angemessen sein müssen.[565]

---

561 Siehe oben unter D.II.1.b.

562 OLG Koblenz, Beschluss vom 4. Oktober 2010, 1 Verg 8/10. Eine umfassende Übersicht über die bestehende Rechtsprechung gibt Weyand, Praxiskommentar Vergaberecht, § 97 GWB, Rn. 688 ff.

563 OLG Koblenz, Beschluss vom 10. Juni 2010, 1 Verg 3/10.

564 1. VK Bund, Beschluss vom 31. Juli 2007, VK 1 - 65/07; Beschluss vom 14. Juni 2007; VK 1 - 50/07.

565 § 6 EG Abs. 5 Nr. 1 VOB/A.

bb. Polen

Oberhalb der europäischen Schwellenwerte ist der polnische Auftraggeber verpflichtet (unterhalb berechtigt), von den Wirtschaftsteilnehmern Dokumente zu verlangen, die belegen, dass sie die Teilnahmebedingungen erfüllen, Art. 26 Abs. 1 UstPZP.[566] Eine generelle Verpflichtung, Mindestbedingungen zu formulieren besteht nicht. Für die Erfüllung komplexer Aufträge, die im wettbewerblichen Dialog vergeben werden, werden aber in aller Regel nur bestimmte Unternehmen geeignet sein.

cc. Österreich

Nach §§ 159 Abs. 1, 46 Abs. 3 BVergG besteht für den österreichischen Auftraggeber die Pflicht bekanntzumachen, welche Nachweise für die Eignung vorzulegen bzw. auf Aufforderung nachzureichen sind. Weiter hat der österreichische Gesetzgeber in Anhang VIII BVergG betreffend die Angaben, die im Oberschwellenbereich in Bekanntmachungen enthalten sein müssen, die entsprechende Formulierung aus der VKR 2004[567] zu Eignungskriterien übernommen. Im Gegensatz zur VKR 2004 definiert § 2 Nr. 20 lit. c BVergG „*Eignungskriterien*" aber als Mindestanforderungen an die Eignung:

> *„Eignungskriterien sind die vom Auftraggeber festgelegten, nicht diskriminierenden, auf den Leistungsinhalt abgestimmten Mindestanforderungen an den Bewerber oder Bieter, die gemäß den Bestimmungen dieses Bundesgesetzes nachzuweisen sind."*[568]

In Österreich ist der Auftraggeber damit nach dem Gesetzeswortlaut gezwungen, stets Mindestanforderungen an die Eignung aufzustellen. Allerdings gelten nach § 69 Nr. 8 BVergG Erleichterungen für den wettbewerblichen Dialog, bei dem

> *„die Befugnis, Leistungsfähigkeit und Zuverlässigkeit spätestens [...] zum Zeitpunkt der Aufforderung zur Angebotsabgabe vorliegen, muss."*

Hierzu führen die entsprechenden Materialien aus:

---

566 Der Präses des Ministerrats hat hierzu nach Art. 25 Abs. 2 UstPZP die entsprechende Verordnung erlassen (Rozporządzenie Prezesa Rady Ministrów z dnia 30 grudnia 2009 r. w sprawie rodzajów dokumentów, jakich może żądać zamawiający od wykonawcy, oraz form, w jakich te dokumenty mogą być składane, Dz.U. 2009 nr 226 poz. 1817).

567 *„Eignungskriterien hinsichtlich der persönlichen Situation des Unternehmers, die zu seinem Ausschluss führen können, und erforderliche Angaben als Beleg dafür, dass er nicht unter die Fälle fällt, die einen Ausschluss rechtfertigen. Eignungskriterien und Angaben zur persönlichen Situation des Wirtschaftsteilnehmers sowie Angaben und Formalitäten, die zur Beurteilung der Frage erforderlich sind, ob dieser die wirtschaftlichen und technischen Mindestanforderungen erfüllt. Etwaige Mindestanforderung(en)."*

568 § 2 Nr. 20 lit. c BVergG.

„Die Wahl des relativ späten Zeitpunkts (Aufforderung zur Angebotsabgabe) resultiert daraus, dass der Auftraggeber davor im Regelfall nur vage Vorstellungen über den Leistungsgegenstand hat und daher die Kriterien für die verlangte Eignung nur grob darlegen kann. Der Teilnehmerkreis in der Dialogphase soll aber nicht durch eine strenge Eignungsprüfung begrenzt werden (vgl. PPP, bei denen sich Konsortien erst während des Dialoges bilden usw.). Die Regelung hindert den Auftraggeber aber nicht daran, gewisse rudimentäre Eignungsanforderungen bereits bei der Einladung zur Teilnahme am Dialog zu verlangen."[569]

Diese Möglichkeit der späten Feststellung der Eignung kann jedoch nicht als ein Freibrief einer zu oberflächlichen Festsetzung der Eignungskriterien im Rahmen des Teilnahmewettbewerbs betrachtet werden. Die Grundsätze der Nichtdiskriminierung und der Transparenz gebieten es vielmehr, einen nachträglichen Beleg für die Leistungsfähigkeit eines Dialogteilnehmers nur dann zu fordern, wenn sich eine solche Notwendigkeit im Laufe des Dialogs aufgrund des konkret diskutierten Lösungsvorschlags ergibt. Die generelle Forderung neuer, in der Bekanntmachung nicht genannter Eignungsnachweise etwa im Rahmen der Angebotsaufforderung gegenüber allen Dialogteilnehmern birgt hingegen stets die Gefahr, dass bestimmte Dialogteilnehmer durch die nachträgliche Festsetzung von Eignungskriterien und beizubringenden -nachweisen bestimmte Unternehmer bevorteilt bzw. benachteiligt würden. Dieser Gefahr kann in Grenzen nur durch eine besonders gewissenhafte Begründung und Dokumentation begegnet werden.

d. Ggf. Beschränkung der Anzahl der einzuladenden Bewerber, Auswahlkriterien

Nach Art. 44 Abs. 3 VKR 2004 kann der öffentliche Auftraggeber die Anzahl der Bewerber, mit denen er einen Dialog führen möchte, begrenzen. In diesem Fall muss er neben der Mindestzahl der einzuladenden Bewerber in der Bekanntmachung objektive und nichtdiskriminierende *„Kriterien oder Vorschriften"* für die Auswahl der Dialogteilnehmer angeben. Des Weiteren kann er auch eine Höchstzahl angeben.[570]

aa. Beschränkung der Anzahl der Teilnehmer

Alle untersuchten Länder gestatten dem öffentlichen Auftraggeber die Beschränkung der Anzahl der einzuladenden Bewerber. Während Deutschland und Österreich die Vorgabe der VKR 2004 übernehmen, dass in jedem Fall mindestens drei

---

569 Damit wird auch die Kritik von Holoubek/Holzinger entschärft, die bedauern, dass es im wettbewerblichen Dialog nicht möglich ist, die Entscheidung im Teilnahmewettbewerb, welche Bewerber zur Teilnahme am Dialog aufzufordern sind, nicht anhand erster Lösungsvorschläge vorgenommen werden kann, Holoubek/Holzinger in: Schramm/Aicher/Fruhmann, Bundesvergabegesetz 2006, § 160 Rn. 7.

570 Siehe oben unter D.II.1.d.

Bewerber zu Dialoggesprächen aufzufordern sind,[571] darf der polnische Auftraggeber bei Auftragswerten oberhalb der europäischen Schwellenwerte die Untergrenze erst bei fünf Bewerbern ansetzen.[572]

Der deutsche öffentliche Auftraggeber wird durch § 6 EG Abs. 2 Nr. 3 VOB/A bzw. § 3 EG Abs. 6 lit. c VOL/A nicht verpflichtet, neben dem „ob" der Beschränkung und der Mindestzahl auch die Höchstzahl von Teilnehmern anzugeben.[573]

Der österreichische Auftraggeber gibt nach § 160 Abs. 2 Nr. 1 BVergG in der Bekanntmachung jedenfalls die Mindestzahl und gegebenenfalls auch die Höchstzahl der Teilnehmer an, die er gedenkt, einzuladen. Dabei soll sich der Auftraggeber an der Art der zu erbringenden Leistung orientieren, § 160 Abs. 6 S. 1 BVergG. Es ist allerdings zu bezweifeln, ob dies – wie von Trieb vertreten – bedeutet, dass sich mit steigender Größe und Komplexität des Vorhabens auch die Zahl der Teilnehmer erhöhen soll.[574] Bei hoher Komplexität des Auftragsgegenstands steigt sowohl auf Bewerber- als auch auf Auftraggeberseite der Aufwand, was auch für eine Reduzierung der Teilnehmerzahl sprechen kann, insbesondere, wenn der Kreis der potentiellen Bieter mit der erforderlichen Expertise klein ist.

Nach Art. 60d Abs. 2 UstPZP lädt der polnische Auftraggeber die Anzahl als geeignet befundener Bewerber ein, wie in der Bekanntmachung angegeben. In der Literatur wird hieraus geschlossen, dass der öffentliche Auftraggeber in der Bekanntmachung die genaue Anzahl der Unternehmen angeben muss, die er zum Dialog zulassen will; die Angabe lediglich der Mindestteilnehmerzahl genüge nicht.[575] Diese Auslegung erscheint allerdings nicht zwingend, da die Wendung *„wie in der Bekanntmachung angegeben"* nicht ausschließt, dass in der Bekanntmachung eine Spanne angegeben wurde.

bb. Auswahlkriterien

Art. 44 Abs. 3 VKR 2004 fordert, dass ein Auftraggeber, wenn er die Zahl der Teilnehmer begrenzen will, in der Bekanntmachung die von ihm vorgesehenen *„objektiven und nicht diskriminierenden Kriterien"* angibt. Wie und ob sich diese Auswahlkriterien zu den Eignungskriterien verhalten, geht aus der VKR 2004 nicht hervor.[576] In

---

571 § 6 EG Abs. 2 Nr. 3, 4 VOB/A, § 3 EG Abs. 7 lit. a S. 2 VOL/A, § 160 Abs. 6 S. 1 BVergG.

572 Art. 60d Abs. 2 UstPZP; bei Auftragsvergaben im Unterschwellenbereich beträgt die Mindestteilnehmerzahl drei.

573 Wenn eine Höchstzahl festgesetzt wird, darf der öffentliche Auftraggeber danach auch nicht mehr von dieser abweichen, so die VK Südbayern, Beschluss vom 08. Oktober 2013, Z3-3-3194-1-26-08/13 zur hier gleichlautenden VOF.

574 Trieb, Wettbewerblicher Dialog und Verhandlungsverfahren, S. 74.

575 Płużański, Prawo zamówień publicznych, Art. 60d Rn. 1; Pieròg, Prawo zamówień publicznych, Art. 60d Rn. 3.

576 Hierzu siehe oben unter D.II.1.d.

der Konkretisierung der europäischen Vorgabe unterscheiden sich die untersuchten Normen:

In Polen sind nach Art. 48 Abs. 2 Nr. 6 UstPZP in der Bekanntmachung neben den Bedingungen für die Teilnahme am Verfahren in jedem Fall die Beschreibung der Bewertung dieser Bedingungen sowie deren Gewichtung anzugeben, auch wenn Art. 44 Abs. 3 VKR 2004 nur vorgibt, dass überhaupt Kriterien anzugeben sind. Die Auswahl der Dialogteilnehmer erfolgte bis Anfang 2013 allein anhand eines im Rahmen der Eignungsprüfung erstellten Rankings, Art. 60d Abs. 3 UstPZP a.F. Nunmehr tritt neben die Pflicht, eine Gewichtung der Eignungskriterien bekannt zu machen, noch die Pflicht zu beschreiben, auf welche *„objektive und nichtdiskriminierende Art und Weise"* die Teilnehmer für die Dialogphase ausgewählt werden sollen, Art. 48 Abs. 8a UstPZP. Mit dieser Änderung sollte vor allem dem Effekt entgegengewirkt werden, dass kleinere und mittlere Unternehmen und Newcomer beim bloßen Eignungsranking in der Regel das Nachsehen hatten.[577] Die weiter bestehende Pflicht zur Gewichtung der Eignungskriterien erscheint damit an sich überflüssig. Pieròg fordert, dass auch hier genaue Kriterien und Gewichtungen angegeben werden, die die Stärken und Schwächen der Bewerber berücksichtigen.[578]

Auch der österreichische Gesetzgeber scheint die Aufstellung gesonderter Auswahlkriterien vorauszusetzen. Allerdings schließt die Definition von Auswahlkriterien in § 2 Nr. 20 lit. a BVergG –

> *„Auswahlkriterien sind die vom Auftraggeber in der Reihenfolge ihrer Bedeutung festgelegten, nicht diskriminierenden, auf den Leistungsinhalt abgestimmten, unternehmerbezogenen Kriterien, nach welchen die Qualität der Bewerber beurteilt wird und die Auswahl im [...] wettbewerblichen Dialog erfolgt."*

– nicht aus, dass Auswahlkriterien aus den Eignungskriterien rekrutiert werden. Die Gesetzesmaterialien scheinen allerdings von einer Trennung auszugehen, wenn sie betonen, dass die Auswahlkriterien *„anders als"* die Eignungskriterien einer quantitativen Wertung zugänglich sind.[579] Öhler/Malin schlagen vor, dass sich die Auswahlkriterien auf die Eignungskriterien beziehen können. Sie sollen dann aber nicht das Mindestmaß festlegen, *„sondern eine oder mehrere Stufen über die jeweilige Mindestanforderung der Eignungskriterien hinaus"* gehen.[580] Auch dies scheint allerdings nicht zwingend, da ein Kriterium sehr wohl in verschiedenen Prüfungsschritten unterschiedlich angelegt werden könnte – ein Diskriminierungspotential erschließt sich hier nicht.

§ 6 EG Abs. 2 Nr. 4 VOB/A setzt Art. 44 Abs. 3 VKR 2004 für Bauaufträge in Deutschland wortgetreu um und fordert darüber hinaus, dass die aufgestellten

577 Granecki, Prawo zamówień publicznych, Art. 48, Rn. 3.
578 Pieròg, Prawo zamówień publicznych, Art. 48, Rn. 5.
579 BVergG, Materialien zu § 2 Nr. 20.
580 Öhler/Malin in: Schramm/Aicher/Fruhmann, Bundesvergabegesetz 2006, § 2 Nr. 20 lit. c Rn. 7 ff.

Auswahlkriterien *„auftragsbezogen"* sein sollen. In Deutschland hat sich noch keine einheitliche Auslegung durchgesetzt, welche Regeln für die Auswahlkriterien gelten. Entgegen dem ausdrücklichen Wortlaut geht Schneider davon aus, dass die Auswahlkriterien nicht unbedingt auftragsbezogen sein müssen und betonen die Notwendigkeit ihrer Objektivität.[581] Dem öffentlichen Auftraggeber wird allgemein ein großes Ermessen eingeräumt,[582] die VK Bund betont allerdings, dass die Auswahlkriterien dazu dienen, diejenigen Bewerber zu identifizieren, die die bestmögliche Leistung erwarten lassen und diese Funktion auch erfüllen können müssen.[583]

Dabei besteht weitgehend Einigkeit darüber, dass es sich bei den *„Kriterien"* mangels eingereichter Lösungsvorschläge nicht um die ebenfalls auftragsbezogenen Zuschlagskriterien handeln kann.[584] Meines Erachtens bezieht sich die Anforderung der *„auftragsbezogenen"* Auswahlkriterien darauf, dass auch bei der Auswahl zwischen mehreren an sich geeigneten Bewerbern der Auftraggeber nicht denjenigen bevorzugt wählen können soll, der ihm unabhängig vom zu vergebenden Auftrag besonders zusagt, zum Beispiel weil er im Betrieb besonders viele Ausbildungsplätze vorhält oder sein Verwaltungsgebäude energieeffizient betreibt. Hauptsächlich sollen die Bewerber durch die Bekanntmachung der Auswahlkriterien sicher sein können, dass keine willkürliche Auswahl der an sich geeigneten Bewerber erfolgt. Ob dies wie in Polen über eine Gewichtung der allgemeinen Eignungskriterien erfolgt – was sowohl der Wortlaut der VKR 2004 als auch der VOB/A hergibt – oder über gesondert aufgestellte Auswahlkriterien erfolgt, ist letztlich irrelevant, solange diese nicht diskriminierend sind.

Die VOL/A hat die Pflicht zur Angabe der objektiven und nicht diskriminierenden Kriterien für die Bewerberauswahl im wettbewerblichen Dialog nicht umgesetzt.[585] Nur über den Hinweis in § 15 EG Abs. 1 VOL/A auf die allgemeine Pflicht, die EU-Standardformulare für die Bekanntmachung[586] zu verwenden, wird der gewissenhafte Auftraggeber (in der Bekanntmachung) auf die Notwendigkeit dieser Angaben gestoßen.[587] Entsprechend dem weiten Wortlaut der VKR 2004 ist

581 Schneider in: Kapellmann und Messerschmidt, VOB Teile A und B, § 3 EG, Rn. 28.

582 Weyand, Praxiskommentar Vergaberecht 2015, § 101 GWB, Rn. 29.

583 1. VK Bund, Beschluss vom 25. Januar 2012, VK 1 - 174/11.

584 Vgl. Schneider, Der Wettbewerbliche Dialog im Spannungsfeld der Grundsätze des Vergaberechts, S. 139; Schwabe, Wettbewerblicher Dialog, Verhandlungsverfahren, Interessenbekundungsverfahren, S. 189, jeweils m.w.N.

585 Ebenso wenig fordert die VOL/A die Angabe von Auswahlkriterien im nichtoffenen und im Verhandlungsverfahren, wohl aber beim Wettbewerb, § 3 Abs. 8 lit. b EG VOL/A.

586 Verpflichtend anzuwenden nach der Durchführungsverordnung (EU) Nr. 842/2011 der Kommission vom 19. August 2011 zur Einführung von Standardformularen für die Veröffentlichung von Vergabebekanntmachungen auf dem Gebiet der öffentlichen Aufträge und zur Aufhebung der Verordnung (EG) Nr. 1564/2005.

587 Schwabe, Wettbewerblicher Dialog, Verhandlungsverfahren, Interessenbekundungsverfahren, S. 188 m.w.N.

auch hier eine Gewichtung der Eignungskriterien als auch die Aufstellung eigener Auswahlkriterien denkbar.

e. *Zuschlagskriterien*

Beim wettbewerblichen Dialog ist der Zuschlag zwingend auf das wirtschaftlich günstigste Angebot zu erteilen, welches anhand mehrerer Zuschlagskriterien ermittelt wird, Art. 29 Abs. 1 UAbs. 2 VKR 2004 – bei anderen Verfahren ist grundsätzlich auch ein Zuschlag auf das Angebot mit dem niedrigsten Preis möglich.

Die einzelnen Zuschlagskriterien und ihre Gewichtung, ggf. als Marge dargestellt, sind nach Art. 29 Abs. 7 VKR 2004 in der Bekanntmachung, spätestens aber in der Beschreibung aufzuführen. Soweit eine Gewichtung nach Ansicht des öffentlichen Auftraggebers aus nachvollziehbaren Gründen nicht vorgenommen werden kann, können die Zuschlagskriterien auch in der absteigenden Reihenfolge ihrer Bedeutung angegeben werden, Art. 53 Abs. 2 VKR 2004.

aa. Österreich

Der europäischen Regelung am nächsten ist die österreichische Umsetzung. Die Zuschlagskriterien sind nach § 160 Abs. 2 S. 1 Nr. 5, S. 2 BVergG entweder in der Bekanntmachung oder in der Beschreibung anzugeben. Die Gewichtung der Zuschlagskriterien muss spätestens mit der Aufforderung zum Dialog erfolgen, § 160 Abs. 9 Nr. 5 BVergG.

§ 160 Abs. 9 Nr. 5 BVergG eröffnet auch die Möglichkeit, statt der Gewichtung lediglich die Reihenfolge der Bedeutung der Zuschlagskriterien anzugeben. Es fehlt allerdings der entsprechende Verweis, dass *„nach Ansicht des öffentlichen Auftraggebers die Gewichtung aus nachvollziehbaren Gründen nicht angegeben werden“* kann, wie er durch Art. 53 Abs. 2 UAbs. 2 VKR 2004 vorausgesetzt wird. Diese Anforderung ist in richtlinienkonformer Auslegung hinzuzudenken.[588]

bb. Polen

Strenger ist die polnische Umsetzung. Nach Artt. 60c Abs. 1, 48 Abs. 2 Nr. 10 UstPZP sind Zuschlagskriterien und ihre Gewichtung bereits in der Bekanntmachung anzugeben. Erst seit Februar 2013 sieht das UstPZP die Möglichkeit vor, die Zuschlagskriterien in absteigender Reihenfolge ihrer Bedeutung zu benennen, wenn es aufgrund der Komplexität des Vertrags *„an diesem Punkt des Verfahrens“* nicht möglich ist, die Gewichtung der Zuschlagskriterien zu bestimmen, Art. 60c Abs. 1a UstPZP.

Für öffentliche Aufträge, die als öffentlich-private Partnerschaften nach dem UstPPP einzuordnen sind, müssen nach Art. 6 Abs. 2 UstPZP zwingend die

---

588 Holoubek/Holzinger plädieren für eine entsprechende Anwendung der Art. 53 Abs. 2 UAbs. 2 VKR 2004 abbildenden Regelung des §79 Abs. 3 BVergG, Holoubek/Holzinger in: Schramm/Aicher/Fruhmann, Bundesvergabegesetz 2006, § 160 Rn. 33.

Risiko- und Aufgabenteilung zwischen Auftraggeber und privatem Partner sowie Höhe und Termine etwaig vorgesehener Zahlungen an den privaten Partner als Zuschlagskriterien vorgesehen werden. Als fakultative Zuschlagskriterien schlägt Art. 6 Abs. 3 UstPPP die Gewinnverteilung zwischen den Partnern, das Verhältnis von Beiträgen zur Partnerschaft, die Effektivität der Umsetzung des Projekts einschließlich des Mitteleinsatzes sowie Kriterien, die sich direkt auf das Projekt selbst beziehen wie Qualität, Funktionalität, technische Parameter, Niveau der technischen Lösungen, Betriebskosten oder Service vor.

cc. Deutschland

Das deutsche Recht erwähnt die Möglichkeit, als Zuschlagskriterium nur den Preis anzugeben, im Gegensatz zur VKR 2004 und den österreichischen und polnischen Regelungen nicht ausdrücklich.[589] In § 97 Abs. 5 GWB ist nur vom *„wirtschaftlichsten"* Angebot, dem der Zuschlag erteilt werden soll, die Rede. Dennoch ist überwiegend anerkannt, dass der Preis als einziges Zuschlagskriterium ausgewählt werden kann.[590] Dies ist wegen Art. 29 Abs. 1 S. 2 VKR 2004 beim wettbewerblichen Dialog aber nicht möglich, der für dieses Verfahren stets einen Zuschlag auf das über mehrere Zuschlagskriterien ermittelte wirtschaftlichste Angebot vorsieht.[591]

§ 9 EG Abs. 2 VOL/A sieht in Anlehnung an Art. 53 Abs. 2 VKR 2004 vor, dass der Auftraggeber die Zuschlagskriterien auch mittels einer Marge gewichten bzw. bei nachvollziehbaren Gründen auch in absteigender Reihenfolge angeben kann. Eine entsprechende Regelung fehlt in der VOB/A. Allenfalls aus der nach § 12 EG Abs. 2 Nr. 2, Abs. 3 Nr. 1 VOB/A verpflichtenden Anwendung des EU-Standardbekanntmachungsformulars ergibt sich die Möglichkeit der Angabe der Zuschlagskriterien in absteigender Reihenfolge – nicht allerdings die Möglichkeit der Angabe mittels einer Marge.[592]

An sich übernehmen die Vergabeordnungen über die Möglichkeit, dass die Angebote im wettbewerblichen Dialog *„aufgrund der in der Bekanntmachung oder in den Vergabeunterlagen festgelegten Zuschlagskriterien"* zu bewerten sind,[593] die Vorgabe aus der VKR 2004, dass es in der Bekanntmachung genügt anzugeben, ob der Zuschlag auf das wirtschaftlichste Angebot oder das Angebot mit dem niedrigsten Preis erfolgen soll. Dennoch wird – wie im Rahmen der Prüfung der VKR 2004 bereits erwähnt – in der deutschen Literatur zum Teil vertreten, dass die

---

589 Art. 53 Abs. 1 VKR, §2 Nr. 20 lit. d) bb) BVergG, Art. 2 Nr. 5 UstPZP.

590 Weyand, Praxiskommentar Vergaberecht 2015, § 97 GWB, Rn. 1257 f. m.w.N., Dreher in: Immenga/Mestmäcker/Körber, Wettbewerbsrecht, Band 2, § 97 GWB, Rn. 322.

591 Hierzu siehe auch oben unter D.II.1.e.

592 Siehe Punkt IV.2.1) des Bekanntmachungsformulars; für die Möglichkeit auch bei Bauaufträgen eine Marge angeben zu können sowie Kraus, Die Gewichtung von Zuschlagskriterien mittels Margen, VergabeR 2011, S. 173.

593 § 3EG Abs. 7 Nr. 8 S. 1 VOB/A, § 3 EG Abs. 7 lit. e VOL/A.

Zuschlagskriterien einschließlich ihrer Gewichtung zwingend schon in der Bekanntmachung anzugeben sind, wenn sie bereits bekannt sind.[594] Es sollte hier nicht außer acht gelassen werden, dass jede *Pflicht* des Auftraggebers die Fehleranfälligkeit und damit die Gefahr des Scheiterns des Vergabeverfahrens erhöht. Durch die Regeln zur Vergabe öffentlicher Aufträge soll die wirtschaftliche Vergabe öffentlicher Aufträge im Wettbewerb gewährleistet werden. Dieses Ziel ist nicht in Gefahr, wenn die Bewerber erst über die Beschreibung die genauen Zuschlagskriterien sowie deren Gewichtung erfahren.

f. Zulassung von Varianten

Die Zulassung von Varianten[595] kann auch im wettbewerblichen Dialog sinnvoll sein, um Abweichungen von in der Beschreibung gestellten detaillierten Anforderungen zulassen zu können.[596] Weder die VKR 2004 noch die nationalen Regelungen enthalten eigenständige Regelungen hinsichtlich der Zulassung von Varianten im wettbewerblichen Dialog.

Nach Art. 83 Abs. 1 UstPZP kann der polnische Auftraggeber die Einreichung von Variantenangeboten zulassen, wenn der Preis nicht das einzige Zuschlagskriterium ist; eine Voraussetzung, die das Verfahren des wettbewerblichen Dialogs ohnehin erfüllt. Dabei Polen im Gegensatz zu europäischem[597], deutschem[598] und österreichischem Verständnis[599] in Art. 2 Nr. 7 UstPZP eine Variante als ein Angebot, welches im Einklang mit der Leistungsbeschreibung die vom Auftraggeber bestimmte Art der *„Ausführung"* des Auftrags abändert.[600] Dem Wortlaut nach ist die Legung von

594 Scheider, Der Wettbewerbliche Dialog im Spannungsfeld der Grundsätze des Vergaberechts, S. 147, siehe auch oben unter D.II.1.e und D.II.1.a.cc.

595 Nach der deutschen Terminologie: *„Nebenangebote"*, nach der österreichischen: *„Alternativangebote"*.

596 Hierzu vgl. oben unter D.II.1.f.

597 Siehe oben unter D.II.1.f.

598 Nach den Erläuterungen des DVAL zu § 8 Abs. 4 VOL/A umfasst der Begriff Nebenangebot *„jede Abweichung vom geforderten Angebot"*. Damit sind nicht nur Änderungen am Auftragsgegenstand selbst, sondern auch solche an der vorgegebenen Vertragsabwicklung, wie etwa Finanzierungsmodalitäten, als Nebenangebote einzuordnen. Zur VOB/A siehe auch VK Schleswig-Holstein, Beschluss vom 1. April 2004, VK-SH 05/04.

599 Nach § 2 Nr. 2 BVergG ist ein Alternativangebot ein Angebot über einen alternativen Leistungsvorschlag des Bieters. Hierzu zählt ausweislich der Gesetzesmaterialien jede Abweichung vom ausgeschriebenen Vertragsinhalt, einschließlich Zahlungsmodalitäten oder sonstiger Konditionen wie Leistungs- oder Gewährleistungsfristen, vgl. Materialien zu § 2 Z 1 BVergG.

600 *„Ofercie wariantowej – należy przez to rozumieć ofertę przewidującą, zgodnie z warunkami określonymi w specyfikacji istotnych warunków zamówienia, odmienny niż określony przez zamawiającego sposób wykonania zamówienia publicznego"*.

Abweichungen, die nicht die Ausführung des Auftrags, sondern etwa seine Finanzierung betreffen, somit nicht vom Begriff der Variante erfasst.[601]

Da in Polen nach Abschluss der Dialogphase die Erstellung einer Leistungsbeschreibung durch den Auftraggeber vorgesehen ist, soll die Zulassung von Varianten dazu dienen können, bei der Erstellung der abschließenden Leistungsbeschreibung Unterschiede zwischen den Lösungsvorschlägen der verschiedenen Dialogteilnehmer zu berücksichtigen.[602] Diese müssen sich allerdings ebenfalls im Rahmen der ursprünglichen Beschreibung der Bedürfnisse und Anforderungen halten. Will der polnische Auftraggeber dann Varianten zulassen, die über diese hinausgehen, muss er bereits in der Bekanntmachung entsprechende Mindestanforderungen veröffentlicht haben. Dass Varianten zugelassen sind, ist gemäß Art. 48 Abs. 2 Nr. 4 UstPZP bekannt zu machen.

Der das Regime des wettbewerblichen Dialogs abschließend umreißende österreichische § 159 Abs. 1 BVergG enthält keinen Verweis auf § 81 BVergG, welcher die Zulassung Varianten im Sinne der VKR entsprechenden *„Alternativangeboten"*[603] regelt. Es ist fraglich, ob der Auftraggeber über Anhang VIII Teil A BVergG, welcher – ohne den wettbewerblichen Dialog auszuschließen – vorsieht, dass in der Bekanntmachung Angaben zu Alternativ- und Abänderungsangeboten zu machen sind, solche auch für den wettbewerblichen Dialog gestatten kann. Soweit ersichtlich, wurde diese Frage in Rechtsprechung und Literatur noch nicht behandelt.[604] In diesem Punkt wäre eine gesetzliche Klarstellung im Rahmen der Umsetzung der VKR 2014 sicherlich wünschenswert.

Nach Art. 24 Abs. 2 VKR 2004 ist für die Zulassung von Varianten unbedingte Voraussetzung, dass ihre Zulässigkeit ausdrücklich in der Vergabebekanntmachung angegeben wurde. Diese europäische Anforderung erfüllt allerdings nur der polnische Art. 48 Abs. 2 Nr. 4 UstPZP eindeutig. Die Formulierungen der deutschen VOL/A sowie des österreichischen BVergG sind hingegen missverständlich. Sie erwecken den Eindruck, als genüge die Zulassung von Varianten entweder in der Bekanntmachung oder in den Vergabeunterlagen. Varianten bei Auftragswerten

601 Auch aus Rechtsprechung und Literatur ergibt sich, soweit ersichtlich, keine andere Beurteilung.

602 Łempicka/Bogacz 2006, Dialog konkurencyjny, monitor zamówień publicznych 2006, S. 11.

603 § 2 Nr. 2 BVergG. Bei *„Abänderungsangeboten"* soll es sich hingegen um reguläre Angebote handeln, die trotz geringfügiger Abweichungen von der Ausschreibung als gleichwertig eingeordnet werden können, § 2 Nr. 1 BVergG, während es sich bei *„Variantenangeboten"* um die Bedienung vom Auftraggeber abgefragter Ausschreibungsvarianten handelt, § 2 Nr. 39 BVergG.

604 Holoubek/Holzinger erwähnen lediglich am Rande, dass das, was *„in anderen Verfahren über Alternativangebote an Innovationsmöglichkeit erreicht wird, [...] in der Dialogphase einfach in die Erörterung u Veränderung des Lösungsvorschlags eingebracht werden [kann]"*, in: Schramm/Aicher/Fruhmann, Bundesvergabegesetz 2006 § 160, Rn. 2.

oberhalb der Schwellenwerte sind aber nur dann zulässig, wenn dies bereits in der Bekanntmachung angekündigt wurde.[605] Auch aus § 8 EG Abs. 2 Nr. 3 VOB/A ergibt sich nur indirekt, dass die Zulässigkeit von Nebenangeboten bekannt zu machen ist.[606]

g. *Sukzessive Reduktion der Lösungsvorschläge*

Nach Art. 29 Abs. 4 VKR 2004 kann der öffentliche Auftraggeber bereits in der Bekanntmachung mitteilen, ob er beabsichtigt, den Dialog in Phasen abzuschichten.

Im Gegensatz zur VKR 2004 und den deutschen Vergabeordnungen[607] überlässt es das österreichische BVergG nicht dem Auftraggeber, wann er kommuniziert, dass er im Laufe der Dialogphase von der Möglichkeit einer sukzessiven Reduktion der Lösungsvorschläge Gebrauch machen möchte. Nach § 160 Abs. 2 Nr. 3 BVergG ist diese Angabe zwingend bereits in der Bekanntmachung zu machen. An diese Bekanntmachung soll der Auftraggeber in der Dialogphase jedoch nicht gebunden sein, wenn sich beispielsweise herausstellt, dass keiner der vorgestellten Lösungsvorschläge bei Anlegung der Zuschlagskriterien eindeutig hintenan liegt.[608]

In Polen ist die sukzessive Reduktion der Lösungsvorschläge im Laufe des Dialogs überhaupt nicht vorgesehen, eine entsprechende Bekanntmachung erübrigt sich daher.

---

605 So bestimmt § 9 EG Abs. 5 S. 2 VOL/A: *„Fehlt eine entsprechende Angabe in der Bekanntmachung oder den Vergabeunterlagen, sind keine Nebenangebote zugelassen."* Nach § 81 BVergG ist die Zulässigkeit von Alternativangeboten in der *„Ausschreibung"* anzugeben, wobei *„Ausschreibung"* nach § 2 Nr. 10 BVergG ein Oberbegriff ist, welcher sowohl die Bekanntmachung als auch die Ausschreibungsunterlagen umfasst.

606 Dies stellt jedoch schon einen Fortschritt gegenüber der VOB/A 2009 dar, da diese für Bauaufträge im Oberschwellenbereich keine eigenen Vorgaben machte. Aus dem Wortlaut der früheren §§ 8 Abs. 2 Nr. 3 a), 16 Abs. 1 Nr. 1 e) sowie § 16 Abs. 8 VOB/A 2009 ergab sich vielmehr, dass Nebenangebote nur dann nicht zu werten waren, wenn der öffentliche Auftraggeber ihre Nichtzulässigkeit bekannt gemacht hatte. Dass diese Regelung im Oberschwellenbereich nicht galt, folgte nicht aus den a-Paragraphen, sondern nur aus dem in diesem Fall direkt wirkenden Art. 24 Abs. 2 VKR 2004. Lediglich dem Gebot folgend, zu jedem Punkt des Bekanntmachungsformulars Angaben zu machen, hätte der gewissenhafte öffentliche Auftraggeber bei der Frage nach der Zulässigkeit von Varianten *„ja"* oder *„nein"* angekreuzt.

607 Vgl. § 3 EG Abs. 6 Nr. 5 VOB/A, § 3 EG Abs. 7 lit. c VOL/A.

608 Holoubek/Holzinger in: Schramm/Aicher/Fruhmann, Bundesvergabegesetz 2006, § 160 Rn. 12 f.

h. *Angaben zu Losen*

Im Gegensatz zu Polen und Österreich kennt das deutsche Recht eine grundsätzliche Pflicht des öffentlichen Auftraggebers, einen Auftrag, soweit möglich, losweise auszuschreiben.

Nach § 97 Abs. 3 GWB sind bei allen Vergaben[609]

> *„Mittelständische Interessen [...] bei der Vergabe öffentlicher Aufträge vornehmlich zu berücksichtigen. Leistungen sind in der Menge aufgeteilt (Teillose) und getrennt nach Art oder Fachgebiet (Fachlose) zu vergeben. Mehrere Teil- und Fachlose dürfen zusammen vergeben werden, wenn wirtschaftliche oder technische Gründe dies erfordern."*

Die Formulierung des Satzes 2 eröffnet dem Auftraggeber zwar die Möglichkeit, auf eine Aufteilung in Lose zu verzichten, jedoch nur unter der Voraussetzung, dass dies aus wirtschaftlichen oder technischen Gründen erforderlich wird. Der Auftraggeber ist also gezwungen, den Verzicht auf eine Losvergabe zu begründen. Dies ist entsprechend im Vergabevermerk zu dokumentieren.[610] Dass eine solche Begründung im wettbewerblichen Dialog stets möglich ist, kann nicht pauschal vorausgesetzt werden.[611] Je nach Art des Auftragsgegenstands kann die Aufteilung eines Auftrags in mehrere Lose verbunden mit der Möglichkeit, diese zu kombinieren, sogar erfolgversprechender sein. Nur in dem Fall, dass die besondere Komplexität tatsächlich nur fachlosübergreifend gelöst werden kann, wird sich eine vorherige Losteilung des Auftrags verbieten.[612]

i. *Angabe der Referenznummern der CPV-Nomenklatur*

Nach der VKR 2004 ist die Angabe von dem Auftragsgegenstand entsprechenden CPV-Referenznummern beim wettbewerblichen Dialog wie bei allen anderen Vergabearten verpflichtend, auch wenn sich hierdurch eine Einengung der möglichen Lösungsansätze ergeben kann.[613]

In allen untersuchten Ländern besteht eine allgemeine Pflicht bei der Bekanntmachung, die Nummern der CPV-Nomenklatur zur Beschreibung des Auftragsgegenstandes zu verwenden. Dies ergibt sich in Deutschland aus § 14 Abs. 2 VgV und in Polen aus der allgemeinen Vorschrift, für die Bekanntmachung die

---

609 § 5 EG Abs. 2 VOB/A, § 2 EG Abs. 2 VOL/A wiederholen den Wortlaut von § 97 Abs. 3 GWB.

610 OLG Celle, Beschluss vom 26. April 2010, 13 Verg 4/10.

611 So aber tendenziell Stickler in: Kapellmann und Messerschmidt, VOB Teile A und B, § 5 Rn. 33.

612 Bei der Abwägung der Interessen an einer bedarfsgerechten Auftragsdurchführung und den Interessen des Mittelstands steht dem Auftraggeber ein Beurteilungsspielraum zu, OLG Düsseldorf, Beschluss vom 23. März 2011, VII Verg 63/10; OLG Karlsruhe, Beschluss vom 6. April 2011, 15 Verg 3/11.

613 Siehe oben unter D.II.1.a.dd. Im Formular für die Online-Bekanntmachung ist es zudem nicht möglich, auf die Angabe der CPV-Nummern zu verzichten.

EU-Standardformulare zu verwenden, Artt. 11 Abs. 7, 12 Abs. 2 UstPZP sowie ausdrücklich aus Art. 30 Abs. 7 UstPZP, welcher allgemein die Beschreibung des Auftragsgegenstands betrifft.

Der österreichische öffentliche Auftraggeber ist zwar nach § 51 Abs. 1 BVergG ausdrücklich verpflichtet, den Auftragsgegenstand in der Bekanntmachung mittels der Codes des CPV zu beschreiben. Allerdings ist diese Norm in der Aufzählung des § 159 Abs. 1 BVergG, welcher abschließend die für den wettbewerblichen Dialog geltenden Vorschriften aufzählt, nicht benannt. Damit ergibt sich die Bekanntmachungspflicht streng genommen nur aus Anhang VIII Teil A des BVergG, welcher unter dem Punkt *„BEKANNTMACHUNG Offene Verfahren, nichtoffene Verfahren, wettbewerblicher Dialog, Verhandlungsverfahren"* unter Nr. 6 jeweils auch die *„Referenznummer(n) der Nomenklatur"* als verpflichtenden Bekanntmachungsbestandteil nennt.

j. Prämien oder Zahlungen an die Dialogteilnehmer

Nach Art. 29 Abs. 8 VKR 2004 können Prämien oder Zahlungen an die Dialogteilnehmer geleistet werden; eine Pflicht, dies bereits in der Bekanntmachung anzukündigen, begründet die Richtlinie jedoch nicht.

Auch die deutsche Umsetzung fordert keine besondere Bekanntmachung. Sie sieht allerdings eine Pflicht für den Auftraggeber vor, einheitlich für alle Unternehmen eine angemessene Kostenerstattung gewähren, wenn diese auf Verlangen des Auftraggebers Entwürfe, Pläne, Zeichnungen, Berechnungen oder andere Unterlagen ausarbeiten.[614]

Umgekehrt verhält es sich in Österreich und Polen: Dort besteht keine Pflicht, den Dialogteilnehmern Prämien oder Zahlungen zu gewähren. Wenn dies vorgesehen ist, ist es aber auch bekannt zu machen. In Österreich genügt dabei die Bekanntgabe des „ob" von Zahlungen.[615] In Polen muss der öffentliche Auftraggeber in der Bekanntmachung auch Informationen über die Höhe der Preise für die Auftragnehmer angeben.[616]

k. Bedingung der Zustimmung zur Weitergabe von Lösungsvorschlägen

Bereits im Rahmen der Untersuchung der VKR 2004 wurde der Vorschlag der EU-Kommission, dass eine vorherige Zustimmung zu einer gemeinsamen Dialogphase zur Bedingung für die Zulassung zur Dialogphase gemacht werden kann, diskutiert und abgelehnt.[617]

Auch in Deutschland wurde durchaus kontrovers diskutiert, ob es zulässig ist, die Bereitschaft zur Weitergabe der eigenen Lösungsvorschläge zur Bedingung der

---

614 § 3EG Abs. 7 Nr. 9 VOB/A, § 3 EG Abs. 7 lit. f VOL/A.

615 §§ 159 Abs. 1, 46 Abs. 1 Nr. 6 BVergG.

616 Art. 60c Abs. 1 Nr. 2 UstPZP.

617 Siehe oben unter D.II.1.c.

Teilnahme am wettbewerblichen Dialog zu machen. Einen interessanten, aber nicht haltbaren Ansatz verfolgt Schneider, wenn er argumentiert, dass die Zustimmung zur Informationsweitergabe keine Eignungsvoraussetzung, sondern die Gestaltung der Dialogphase betreffe. Da die Durchführung gemeinsamer Gespräche in die zulässige Gestaltungshoheit des öffentlichen Auftraggebers fiele, beinhalte die Bewerbung in der Kenntnis dieser beabsichtigten Verfahrensgestaltung die konkludente Zustimmung zur Weitergabe der eigenen Lösungsvorschläge.[618] Dieser Auffassung kann nicht gefolgt werden. Es ist kein Unterschied, ob ein Unternehmen nicht am Vergabeverfahren teilnimmt, weil es nicht bereit ist, von vornherein in die Weitergabe seiner Lösungsvorschläge einzuwilligen oder weil es nicht bereit, ist seine Lösungsvorschläge im Rahmen gemeinsamer Dialoggespräche offenzulegen.[619] Die Gestaltungsfreiheit des öffentlichen Auftraggebers findet vielmehr ihre Grenze in den Vergabegrundsätzen und dem ausdrücklich für den wettbewerblichen Dialog niedergelegten Vertrauensschutz. Zudem bestehen gegenüber gemeinsamen Gesprächen mit Dialogteilnehmern, die für sich genommen in der Lage wären, den Auftrag allein auszuführen, auch wettbewerbsrechtliche Bedenken.[620]

Für Österreich schließen Holoubek/Holzinger nicht aus, dass der Auftraggeber im Rahmen der Darlegung seiner Bedürfnisse und Anforderungen bestimmen kann, dass der Wirtschaftsteilnehmer mit der Einreichung eines Lösungsvorschlags die Zustimmung zu einer *„Zusammenfassung mehrerer Lösungsvorschläge unterschiedlicher Bieter in einen gemeinsamen Dialogprozess“* erteilt, begründen dies aber leider nicht weiter.[621]

In Polen wird diese Frage, soweit ersichtlich, nicht diskutiert. Lediglich Bubnowski deutet an, dass die Vorschriften zur Geheimhaltung in Art. 60d Abs. 1 UstPZP zum Teil abdingbar seien, zieht aber keine Schlüsse aus dieser Aussage.[622] Im Übrigen

618 Schneider, Der Wettbewerbliche Dialog im Spannungsfeld der Grundsätze des Vergaberechts, S. 181 f. nach einer ausführlichen Darstellung aller Argumente, die gegen die Bedingung einer vorherigen Zustimmung sprechen.

619 Eckardt spricht hier sogar von *„Erpressung“*, vgl. mit ausführlichen weiteren Nachweisen Eckardt, Der wettbewerbliche Dialog und das “competitive negotiation”-Verfahren im Vergleich, S. 124 f.

620 Vgl. hierzu die ähnlich gelagerte Problematik zur Bietergemeinschaft aus Unternehmen, die einen Auftrag auch jeweils allein ausführen könnten, zuletzt zur Bietergemeinschaft aus Konkurrenzunternehmen OLG Brandenburg, Beschluss vom 16. Februar 2012, Verg W 1/12; OLG Düsseldorf, Beschluss vom 9. November 2011, Verg 35/11, ausführlich m.w.N. Weyand, Praxiskommentar Vergaberecht 2015, § 97 GWB Rn. 114 ff.

621 Holoubek/Holzinger in: Schramm/Aicher/Fruhmann, Bundesvergabegesetz 2006, § 159, Rn. 14. Im Rahmen der Untersuchung der Dialogphase sind sie dann jedoch kritisch gegenüber der vorherigen generellen Zustimmung, vgl. ebenda § 161, Rn. 13 ff.

622 Bubnowski, Prawo zamówień publicznych, Art. 60d Rn. 6.

wird von einer Führung der Dialogphase in Einzelgesprächen ausgegangen, was wiederum gegen die Verpflichtung zu einer gemeinsamen Dialogphase spricht.[623]

l. Vergleichende Zusammenfassung: Bekanntmachung

Die Bekanntmachung des wettbewerblichen Dialogs folgt auf EU-Ebene ganz überwiegend dem für alle Vergabeverfahren vorgesehenen Schema. Lediglich die Beschreibung der Bedürfnisse und Anforderungen ist spezifisch für den wettbewerblichen Dialog. Eine Auseinandersetzung mit diesen Begrifflichkeiten, um Nutzen aus einer sauberen Definition insbesondere für die Entwicklung der (mit den Bedürfnissen korrespondierenden) Zuschlagskriterien ziehen zu können, hat in keinem der untersuchten Länder stattgefunden. Die deutschen Regelungen erschweren darüber hinaus durch eine nicht deckungsgleiche Formulierung die richtlinienkonforme Anwendung.

Die deutlichsten inhaltlichen Abweichungen zwischen den untersuchten Ländern zeigen sich bei der Angabe der Kriterien, die für die Bestimmung und Auswahl der geeigneten Bewerber bekannt zu machen sind. Am wenigsten Flexibilität gestattet die polnische Umsetzung. Nicht nur muss der polnische Auftraggeber eine Mindestzahl von fünf Bewerbern (EU, Deutschland, Österreich: drei) vorsehen; er muss auch die genaue Anzahl der einzuladenden Bewerber angeben, von der er nur abweichen darf, wenn sich zu wenig geeignete Bewerber finden. Dagegen muss in Deutschland nur die Mindestzahl der einzuladenden Bewerber angeben werden, in Österreich auch die Höchstzahl.

Auch bei der Festlegung der Zuschlagskriterien stellt Polen die strengsten Anforderungen an seine öffentlichen Auftraggeber, da diese in jedem Fall bereits in der Bekanntmachung zu nennen sind.

In allen Ländern ist für die Auswahl der Bewerber dem Wortlaut nach sowohl die Angabe gesonderter Auswahlkriterien als auch ein Ranking über die Eignungskriterien möglich, wobei in Österreich, soweit ersichtlich, ein Ranking der Eignungskriterien nicht ausdrücklich in Betracht gezogen wird. In Polen muss das Ranking nun zumindest einer Kontrolle hinsichtlich eines etwaigen diskriminierenden Potentials unterzogen werden.

Insbesondere in Österreich deutet sich bei Berücksichtigung der Gebote von Nichtdiskriminierung und Transparenz ein etwas zu liberaler Umgang mit der Aufstellung und Prüfung der Eignungskriterien an, der durch eine richtlinienkonforme Auslegung auf das zulässige Maß (keine Änderung des potentiellen Bieterkreises als äußere Grenze) einzuschränken ist.

Keines der untersuchten Länder bezieht ausdrücklich zur Möglichkeit, im wettbewerblichen Dialog Varianten zuzulassen, Stellung. Mangels ausdrücklichen Verweises sind sie in Österreich allerdings von der Gesetzessystematik her nicht zulässig.

623 Vgl. Wicik/Wiśniewski, Prawo zamówień publicznych. Komentarz, Art. 60d Rn. 8 und unten unter E.III.4.f.bb.

Mit der Umsetzung der VKR 2014 werden sich einige im Rahmen der Bekanntmachung diskutierten Punkte erledigen: So wird es nicht mehr möglich sein, die Zustimmung zu einer gemeinsamen Dialogphase zur Bedingung für die Teilnahme am wettbewerblichen Dialog zu machen.[624] Durch die Pflicht, die Vergabeunterlagen zum Zeitpunkt der Bekanntmachung bereit zu stellen,[625] verlieren die Diskussionen um deren Ausführlichkeit (etwa im Hinblick auf die Benennung der Zuschlagskriterien) an Bedeutung.

2. Auswahl der Bewerber

Nach Art. 44 Abs. 3 VKR 2004 werden die Bewerber anhand der aufgestellten Eignungskriterien und der abgefragten Eignungsnachweise sowie ggf. aufgestellter Mindestanforderungen auf ihre Eignung überprüft. Soweit der öffentliche Auftraggeber vorgesehen hat, dass nur eine beschränkte Anzahl von Bewerbern zum Dialog zugelassen werden soll, sind geeignete Bewerber mindestens in der bekannt gemachten Anzahl (mindestens drei) zum Dialog aufzufordern, bzw. alle geeigneten Bewerber, wenn die vorab festgelegte Bewerberzahl nicht erreicht wird.[626]

a. Deutschland

In Deutschland bestehen keine besonderen Regelungen für die Auswahl der Bewerber für die Dialogphase. Die Vergabeordnungen formulieren lediglich, dass der Auftraggeber *„mit den im Anschluss an die Bekanntmachung ausgewählten Unternehmen"* in den Dialog tritt, § 3 EG Abs. 7 Nr. 3 VOB/A, § 3 EG Abs. 7 lit. b S. 1 VOL/A. Somit ist für den wettbewerblichen Dialog auf die allgemeine Regelung des § 97 Abs. 4 S. 1 GWB, wonach Aufträge an fachkundige, leistungsfähige sowie gesetzestreue und zuverlässige Unternehmen vergeben werden, sowie auf die entsprechenden allgemeinen Regelungen der Vergabeordnungen zurückzugreifen.

Durch die europarechtlich begründete Pflicht, bei Einschränkung der Teilnehmerzahl objektive und nichtdiskriminierende Auswahlkriterien bekannt zu machen, ist die vor 2006 bestehende Rechtsprechung in Deutschland überholt, wonach der vorgeschaltete öffentliche Teilnahmewettbewerb vorrangig der Information des Auftraggebers über die Marktsituation dienen und nicht Bestandteil des förmlichen Vergabeverfahrens sein sollte, was zur Folge hatte, dass Bewerbern kein subjektiver Anspruch auf Beteiligung an einem dem Teilnahmewettbewerb folgenden Verfahren zugestanden wurde.[627]

Der deutsche öffentliche Auftraggeber ist nach § 6 EG Abs. 2 Nr. 3 lit. b VOB/A bzw. § 3 EG Abs. 6 lit. c VOL/A nicht verpflichtet, die Höchstzahl von Teilnehmern

---

624 Art. 30 Nr. 3 UAbs. 3 VKR 2014. Hierzu siehe oben unter D.II.1.c.

625 Art. 53 Abs. 1 S. 1 VKR 2014.

626 Hierzu siehe oben unter D.II.2.

627 Vgl. zum Beispiel VK Südbayern, Beschluss vom 28. Dezember 2004, 75-11/04 oder OLG Naumburg, Beschluss vom 28. August 2000, 1 Verg 5/00.

anzugeben. Nur wenn er es unterlassen hat, die beabsichtigte *Mindest*zahl bekanntzumachen, sind alle geeigneten Bewerber einzuladen.[628] Entscheidet sich der öffentliche Auftraggeber mehr geeignete Bewerber zum Dialog zu bitten, als in der Bekanntmachung vorgesehen, soll dies jedoch möglich sein – schließlich erhöhe sich mit der Anzahl der Teilnehmer auch die Intensität des Wettbewerbs.[629]

b. Polen

In Polen richtet sich die Auswahl der Dialogteilnehmer nach Art. 60d Abs. 1–4 UstPZP. Das UstPZP schreibt hierfür kein besonderes Prozedere vor, sondern spricht lediglich von *„Bewerbern, die die Teilnahmebedingungen erfüllen"*, Art. 60d Abs. 2 UstPZP.

Wenn die Anzahl der geeigneten Bewerber höher ist als in der Bekanntmachung angegeben, wählt der öffentliche Auftraggeber die Dialogteilnehmer in einer *„objektiven nicht diskriminierenden Weise"* aus. Diese Formulierung ersetzt seit Februar 2013 die Regelung, dass der öffentliche Auftraggeber die geeigneten Bewerber zum Dialog bitten soll, die bei der Prüfung der Auswahlkriterien die höchste Bewertung erhalten haben. Erreicht die Zahl der geeigneten Bewerber nicht die in der Bekanntmachung genannte Mindestzahl, sind alle geeigneten Bewerber zur Teilnahme am Dialog aufzufordern, Art. 60d Abs. 4 UstPZP. Auch wenn nur ein Bewerber die Eignungsprüfung besteht, ist daher mit ihm der Dialog zu eröffnen.[630]

c. Österreich

Die Prüfung der Eignung erfolgt in Österreich gem. § 160 Abs. 4 BVergG nach den allgemeinen Vorschriften der §§ 68 bis 77 BVergG.

Holoubek/Holzinger vertreten die Auffassung, dass es in diesem Stadium genüge, nur eine erste Prüfung der Eignung der Bewerber vorzunehmen, ohne dass sämtliche Nachweise über die Eignungsvoraussetzungen schon vorliegen müssten. In Anbetracht dessen, dass auch die genauen Anforderungen an die Bieter mangels Kenntnis der Lösungsvorschläge noch nicht bekannt sein könnten, sei eine abschließende Eignungsprüfung in diesem Stadium des Verfahrens weder zweckmäßig noch erforderlich.[631] Diese Auffassung kann nur sinnvoll sein, wenn es trotz des Zwangs, Eignungskriterien in Form von Mindestanforderungen[632] aufzustellen, möglich wäre, später eine weitergehende, dem letztlich konkretisierten

---

628 Weyand, Praxiskommentar Vergaberecht, § 101 GWB, Rn. 41.

629 Weyand, Praxiskommentar Vergaberecht, § 101 GWB, Rn. 47 f.; a.A. OLG München, Beschluss vom 19. Dezember 2013, Verg 12/13.

630 Stachowiak in: Stachowiak/Jerzykowski/Dzierżanowski, Prawo zamówień publicznych. Komentarz, Art. 60 d, Rn. 2.

631 Holoubek/Holzinger in: Schramm/Aicher/Fruhmann, Bundesvergabegesetz 2006, § 160 Rn. 21 f. Siehe hierzu bereits oben unter E.III.1.c.cc.

632 Siehe oben unter E.III.1.c.cc.

Auftragsgegenstand angepasste Eignungsprüfung vorzunehmen. Wie dies allerdings dadurch erreicht werden soll, dass mit der Bekanntmachung aufgestellte Mindestkriterien möglichst spät durch Nachweise belegt werden, ist nicht nachvollziehbar. Darüber hinaus drohen die am Dialog teilnehmenden Unternehmen diskriminiert zu werden, wenn die Anforderungen an die Eignung im Verlauf des Dialogs höhergeschraubt oder anderweitig verändert werden können.

Bei Überschreiten der Höchstzahl sind die geeigneten Teilnehmer einzuladen, die die Auswahlkriterien am besten erfüllen, § 160 Abs. 7 S. 1 BVergG. Erreicht die Zahl der geeigneten Teilnehmer die bekanntgemachte Mindestzahl nicht, so *kann* der Auftraggeber das Verfahren fortführen, § 160 Abs. 8 BVergG.[633]

Eine österreichische Besonderheit stellt die eingeschränkte Zulässigkeit einer Weitergabe des gesamten Auftrags an Subunternehmer (Generalübernahme) dar. Nach § 83 Abs. 1 BVergG ist diese unzulässig, mit Ausnahme von Kaufverträgen oder der Weitergabe an verbundene Unternehmen. Es ist zu bezweifeln, dass dieses Verbot der Generalübernahme mit der EuGH-Rechtsprechung in den Rechtssachen Holst Italia, Ordine degli Architetti und Siemens AG Österreich[634] zur Subvergabe in Einklang gebracht werden kann. Der EuGH stellt hier fest, dass die Erlaubnis in der klassischen Bau- bzw. Dienstleistungsrichtlinie, welche es gestatteten, sich zum Nachweis der Eignung Kapazitäten Dritter zu bedienen, einer Regelung entgegenstünden, welche die Übernahme wesentlicher Teile der Leistung pauschal verbietet. Es läge nur im berechtigten Interesse des Auftraggebers, die Weitergabe wesentlicher Teile der Leistung an Dritte zu verhindern, deren Eignung der öffentliche Auftraggeber nicht prüfen konnte. Demnach kann man schließen, dass es auch bei der Generalübernahme lediglich auf die vorherige Prüfmöglichkeit der Eignung des oder der Nachunternehmer ankommt. Anscheinend stellt sich der österreichische Gesetzgeber aber auf den Standpunkt, dass der EuGH nur über die Weitergabe wesentlicher Teile der Leistung, nicht aber über die Weitergabe der gesamten Leistung ausdrücklich entschieden habe; vgl. die Materialien zu § 83 BVergG.

---

633 Dem Wortlaut nach hat der Auftraggeber an dieser Stelle also auch die Möglichkeit, das Verfahren nach § 162 Abs. 6 i.V.m. § 138 Abs. 2 BVergG widerrufen, sofern ein sachlicher Grund hierfür besteht. Ob als sachlicher Grund ausreicht, dass allein die geforderte Mindestzahl geeigneter Teilnehmer nicht erreicht wurde, darf indes bezweifelt werden. Diese war zwar unter dem Gebot der Schaffung eines echten Wettbewerbs festgesetzt worden (§ 160 Abs. 6 S. 2 BVergG), dies bedeutet jedoch nicht automatisch, dass ein solcher nicht auch mit weniger Dialogteilnehmern als avisiert entstehen kann. Ein Widerruf des Verfahrens ist daher ohne das Hinzutreten weiterer Gründe sicher nur dann möglich, wenn sich lediglich ein Bewerber als geeignet qualifiziert hat. Dieses Vorgehen entspräche auch § 139 BVergG, der den Widerruf bei Einlangen nur eines wertbaren Angebots zulässt.

634 EuGH, Urteil vom 2. Dezember 1999, C-176/98, Holst Italia; Urteil vom 12. Juli 2001, C-399/98, Ordine degli Architetti; Urteil vom 18. März 2004, C-314/01, Siemens AG Österreich.

Dem Wortlaut nach ist das Verbot der Generalübernahme allerdings gar nicht auf den wettbewerblichen Dialog anwendbar, da § 159 BVergG zwar auf § 76 BVergG verweist, welcher bestimmt, dass sich ein Unternehmer zum Nachweis einer bestimmten Eignung oder Befugnis auf die Kapazitäten anderer Unternehmer berufen kann, nicht aber auf das Verbot der Generalübernahme in § 83 Abs. 1 BVergG.

d. *Vergleichende Zusammenfassung: Auswahl der Bewerber*

In keinem der untersuchten Länder bestehen bei der Überprüfung der Eignung Besonderheiten. Wie sich bei der Darstellung der Angaben, die zur Eignung in der Bekanntmachung enthalten müssen, schon angedeutet hat, unterscheiden sich die Länder bei den Folgen, wenn weniger oder mehr Bewerber geeignet sind, als bekannt gemacht. Hier ist die polnische Auslegung die im formalen Sinne strengste – es werden möglichst exakt so viele Bewerber eingeladen, wie bekannt gemacht, und wenn nur ein Bewerber als geeignet befunden wird, ist mit diesem ein Dialog zu eröffnen – eine Situation, in der es in Deutschland und Österreich mangels Wettbewerb gestattet wäre, das Vergabeverfahren aufzuheben. Bei einer hohen Zahl geeigneter Bewerber zeigt sich die deutsche Umsetzung am flexibelsten, da sie es dem öffentlichen Auftraggeber gestattet, auf die Angabe einer Höchstzahl der einzuladenden Bewerber zu verzichten.

Auch wenn durch europäische Vorgaben letztlich in Österreich keine oberflächlichere Eignungsprüfung gestattet ist als in anderen Mitgliedsstaaten, setzt die vergleichsweise flexible Formulierung Anreize für die öffentlichen Auftraggeber, bestehende Spielräume tatsächlich ausnutzen, setzt sich aber gleichzeitig der Gefahr aus, diese zu überschreiten und den Wettbewerb zu verfälschen.

3. Einladung zum Dialog und Beschreibung

Nach dem Abschluss der Eignungsprüfung übergibt der öffentliche Auftraggeber mit der Einladung zum Dialog eine Beschreibung an die ausgewählten Teilnehmer, in der er – soweit noch nicht in der Bekanntmachung geschehen – seine Bedürfnisse und Anforderungen näher erläutert, die einzelnen Zuschlagskriterien sowie deren Gewichtung oder Bedeutung in absteigender Reihenfolge benennt (Art. 40 Abs. 5 VKR 2004) sowie die Mindestanforderungen angibt, die etwaig zugelassene Varianten erfüllen müssen (Art. 24 Abs. 3 VKR 2004).

a. *Einladung zum Dialog*

Die nationalen Umsetzungen zum Informationsgehalt der Einladung zum Dialog decken die Anforderung der VKR 2004 ab, mit einer Ausnahme: In der deutschen VOB/A fehlt eine entsprechende ausdrückliche Regelung. Der deutsche Auftraggeber eines Bauauftrags muss somit Art. 40 Abs. 5 VKR 2004 direkt anwenden.

Nach § 160 Abs. 9 Nr. 6 BVergG gibt der österreichische Auftraggeber in der Aufforderung zur Teilnahme am Dialog den Termin an, *bis zu dem die Bewerber ihren Lösungsvorschlag oder ihre Lösungsvorschläge vorzulegen haben, wobei dieser Termin zeitlich vor dem Beginn der Dialogphase liegen muss.*

In Österreich ist damit die Einreichung von Lösungsvorschlägen vor den ersten Dialoggesprächen Pflicht, nicht aber in Deutschland und Polen, wo es mangels entgegenstehender Regelungen aber durchaus eine Option sein kann.

b. Bedürfnisse und Anforderungen

Hinsichtlich der genaueren Beschreibung der bereits in der Bekanntmachung skizzierten Bedürfnisse und Anforderungen stellen die nationalen Umsetzungen keine über Art. 29 VKR 2004 hinausgehenden Anforderungen an die Vergabeunterlagen.

Lediglich für Polen präzisiert Art. 60d Abs. 5 Nr. 2 UstPZP, dass es die Beschreibung der Bedürfnisse und Anforderungen im Rahmen der Aufforderung zur Teilnahme am Dialog den Bewerbern ermöglichen muss, sich auf die Teilnahme am Dialog vorzubereiten.

Für Österreich stellt § 160 Abs. 2 S. 1 Nr. 4, S. 2 BVergG die nähere Erläuterung der Anforderungen und Bedürfnisse unter einen gewissen Vorbehalt, da diese im Laufe des Verfahrens noch modifiziert und angepasst werden können. Da sich die Anpassungen im Rahmen der Ausschreibung[635] bewegen müssen,[636] ist diese Möglichkeit allerdings kein Freibrief für den österreichischen Auftraggeber, seine Bedürfnisse und Anforderungen nachlässig zu beschreiben. Holoubek/Holzinger folgern aus der besonderen Komplexität des Auftrags, dass die Beschreibung der Bedürfnisse und Anforderungen jedenfalls nicht so detailliert sein müsse, wie eine funktionale Leistungsbeschreibung. Wesentlich sei, dass die Beschreibung es den Dialogteilnehmern ermöglichen müsse, sinnvolle Lösungsvorschläge zu machen.[637]

Bemerkenswert an der deutschen Umsetzung ist, dass nach § 3 EG Abs. 7 lit. a VOL/A die Auftraggeber ihre Bedürfnisse und Anforderungen in der Bekanntmachung oder in einer *„Leistungsbeschreibung"* erläutern und beschreiben. Für diese bestimmt § 8 EG Abs. 1 VOL/A aber, dass die

„Leistung eindeutig und erschöpfend zu beschreiben [ist], so dass alle Bewerber die Beschreibung im gleichen Sinne verstehen müssen und miteinander vergleichbare Angebote zu erwarten sind (Leistungsbeschreibung)".

Eine solche Leistungsbeschreibung kann der öffentliche Auftraggeber jedoch nur bei rein finanziell/rechtlicher Komplexität des Auftrags erstellen, nicht jedoch, wenn der Auftragsgegenstand technisch besonders komplex ist. Es ist somit davon

---

635 *„Ausschreibung"* ist nach § 2 Nr. 10 BVergG ein Oberbegriff, welcher sowohl die Bekanntmachung als auch die Ausschreibungsunterlagen umfasst.

636 Holoubek/Holzinger in: Schramm/Aicher/Fruhmann, Bundesvergabegesetz 2006, § 160 Rn. 13 f. sowie unten unter E.III.4.d.cc.

637 Holoubek/Holzinger in: Schramm/Aicher/Fruhmann, Bundesvergabegesetz 2006, §160, Rn. 30.

auszugehen, dass unter *„Leistungsbeschreibung"* in § 3 EG Abs. 7 lit. a VOL/A eine Beschreibung der Bedürfnisse und Anforderungen[638] zu verstehen ist, die eben nicht miteinander vergleichbare Angebote erwarten lassen muss.

Das deutsche Recht kennt für die klassischen Verfahren den Grundsatz der eindeutigen und erschöpfenden Leistungsbeschreibung.[639] Dieser Grundsatz soll nach Schneider als Konkretisierung der allgemeinen Vergabegrundsätze auf die Teile des Auftrags anwendbar sein, deren Inhalt bereits weitgehend feststeht. Dabei solle der Auftraggeber aber gleichzeitig sicherstellen, dass genug Flexibilität bleibe, damit er bei späteren Konkretisierungen des Auftragsgegenstand nicht Gefahr laufe, unzulässig grundlegende Elemente der Ausschreibung zu ändern.[640] Dieser Auffassung ist im Ergebnis zuzustimmen, auch wenn die Berufung auf den Grundsatz der eindeutigen und erschöpfenden Leistungsbeschreibung entbehrlich erscheint, da dieser einen Detailgrad verlangt, der im wettbewerblichen Dialog eben nicht erforderlich ist. Die allgemeinen Vergabegrundsätze genügen hier als Maßstab.[641]

c. Zuschlagskriterien und ihre Gewichtung

Der polnische Auftraggeber muss in der Beschreibung keine weiteren Angaben zu den Zuschlagskriterien machen, da diese bereits in der Bekanntmachung zu nennen waren, Art. 60 c Abs. 1a, 48 Abs. 2 Nr. 10 UstPZP.

In Deutschland bzw. Österreich sind spätestens in der Beschreibung die Zuschlagskriterien und ihre Gewichtung gegenüber den Interessenten zu kommunizieren, wenn dies nicht bereits in der Bekanntmachung geschehen ist.[642] Dabei muss der deutsche Auftraggeber bereits die Implikationen berücksichtigen, die sich aus den erweiterten Möglichkeiten zur Aufstellung der Zuschlagskriterien nach der VKR 2014 ergeben.[643]

In Deutschland hat das OLG Celle das Zuschlagskriterium *„Bestmögliche Erfüllung der Bedürfnisse und Anforderungen"* in diesem Stadium als zulässiges Zuschlagskriterium anerkannt und es ausreichen lassen, dass der Auftraggeber die verschiedenen Bedürfnisse und Anforderungen vor Beginn der zweiten Dialogphase aufreihte und mit Prozentzahlen versah.[644] Dieser Ansatz dürfte allerdings zu

---

638 So § 3 EG Abs. 7 Nr. 2 VOB/A.

639 § 7 EG Abs. 1 Nr. 1 VOB/A, § 8 EG Abs. 1 VOL/A.

640 Schneider in: Kapellmann und Messerschmidt, VOB Teile A und B, § 3 EG, Rn. 35 f.

641 Mehr oben unter D.II.3.a.

642 § 3 EG Abs. 7 Nr. 8 VOB/A, § 10 EG Abs. 2 S. 1 lit. c, S. 2 VOL/A, § 160 Abs. 2 S. 1 Nr 5, S. 2 BVergG. Hierzu siehe bereits oben unter E.III.1.e.

643 So zumindest das OLG Düsseldorf, Beschluss vom 19. November 2014, VII-Verg 30/14, wonach sich Qualitätskriterien nicht (mehr) unmittelbar aus dem Auftragsgegenstand ergeben müssen, sondern ein Bezug zum Auftragsgegenstand unter Hinblick auf die Vorwirkungen der VKR 2014 genügt.

644 OLG Celle, Beschluss vom 16. Mai 2013, 13 Verg 13/12.

großzügig bemessen sein. So ist bereits das Ziel der Dialogphase die Ermittlung der Mittel, die die Bedürfnisse des Auftraggebers am besten erfüllen. Eine identische Formulierung der Zuschlagskriterien erlaubt es den Dialogteilnehmern in keiner Weise, zu beurteilen, welche Aspekte dem Auftraggeber vergleichsweise wichtig sind. Durch die Zusammenfassung der einzelnen Aspekte in einem Zuschlagskriterium umgeht der Auftraggeber zudem das Gebot der Reihung der Zuschlagskriterien. Zwar ist richtig, dass die Dialogteilnehmer noch Gelegenheit haben, sich auf die Konkretisierungen des Auftraggebers einzustellen. Wenn der Auftraggeber jedoch Gelegenheit hat, in Ansehung der ersten Lösungsvorschläge die von ihm aufgestellten Kriterien überhaupt erst in eine Reihung zu bringen, so birgt dies ein Diskriminierungspotential, das die Vergabekoordinierungsrichtlinien durch das Gebot der Reihung eben zu mindern suchen. Nach der hier vertretenen Auffassung wäre der Auftraggeber in dem vom OLG Celle behandelten Fall daher verpflichtet gewesen, die einzelnen Bedürfnisse, die es zu erfüllen gilt, schon in der Beschreibung wenigstens in absteigender Reihung ihrer Bedeutung zu nennen.[645]

d. Mindestanforderungen bei zugelassenen Nebenangeboten (Varianten)

Hat der öffentliche Auftraggeber Varianten zugelassen,[646] ist er nach Art. 24 Abs. 3 VKR 2004 verpflichtet, in den Vergabeunterlagen die Mindestanforderungen zu nennen, die etwaige Varianten erfüllen müssen, um als Angebote in die Wertung genommen werden zu können.

Dabei sind rein formale Anforderungen an die Art der Einreichung von Varianten nicht ausreichend, da die Kenntnis von Mindestanforderungen es den Bietern ermöglichen muss, Angebote abzugeben, die vom Auftraggeber auch berücksichtigt werden.[647] Soweit allerdings formale Anforderungen an Varianten gestellt werden, können sie sich im wettbewerblichen Dialog erst auf die in der Angebotsphase zu legenden Angebote, nicht jedoch auf die in der Dialogphase zu unterbreitenden Lösungsvorschläge beziehen. Formale Anforderungen, die sich aus Gesetzen

---

645 So auch unter Berufung auf die Vorinstanz (VK Niedersachsen, Beschluss vom 26. November 2012, VgK-40/2012) Weyand, Praxiskommentar Vergaberecht 2015, § 101 GWB, Rn. 109/2. Im wettbewerblichen Dialog soll aufgrund der besonderen Komplexität des Auftrags die Angabe der Zuschlagskriterien in absteigender Reihenfolge ihrer Bedeutung regelmäßig gerechtfertigt sein, Opitz in: Dreher/Motzke, Beck'scher Vergaberechtskommentar, § 97 Abs. 5 GWB, Rn. 30.

646 Hierzu bereits oben unter E.III.1.f; insbesondere ist im österreichischen Recht fraglich, inwiefern der Auftraggeber im wettbewerblichen Dialog mangels ausdrücklichen Verweises in § 159 BVergG im wettbewerblichen Dialog überhaupt mit Alternativangeboten (also Varianten im Sinne der VKR) arbeiten kann.

647 EuGH, Urteil vom 16. Oktober 2003, Traunfellner, C-421/01, Rn. 29. Zur in Deutschland gleichwohl geführten Diskussion zusammenfassend Weyand, Praxiskommentar Vergaberecht, § 16 VOB/A, Rn. 851/1 ff.

ergeben,[648] sind außerdem in die Beschreibung der Mindestanforderungen aufzunehmen, da es insbesondere ausländischen Bietern nicht zugemutet werden kann, sich in den Gesetzestexten über derartige Anforderungen an die Angebote zu informieren.

Die gesetzlichen Vorgaben der untersuchten Länder setzen die europäische Anforderung, Mindestanforderungen in den Verdingungsunterlagen anzugeben, um, geben aber weder weitergehende Hinweise dazu, wie inhaltliche Mindestanforderungen an Varianten auszugestalten sind, noch beziehen sie sich auf den wettbewerblichen Dialog.[649]

Eine sehr strenge Auslegung der Mindestanforderungen an Varianten vertritt Wicik für Polen. In Analogie zu den Anforderungen an eine funktionale Leistungsbeschreibung (Art. 30 Abs. 6 UstPZP) müssten danach die Mindestanforderungen eine genaue Beschreibung des Auftragsgegenstands ergeben, gleichwertig gegenüber der regulär geforderten Ausführung.[650] Die Legung von Varianten nähert sich nach dieser Auffassung der Abfrage von Parallelangeboten (Österreich: Variantenangeboten), also von mehreren Hauptangeboten an. Auch erschwert sie die Legung von Varianten, die auf die Kreativität und dem Auftraggeber unbekanntes Knowhow der Bieter setzen.

In Österreich ist seit dem *Traunfellner*-Urteil[651] unumstritten, dass Mindestanforderungen eindeutig festzulegen sind. Sie gelten dann als korrekt aufgestellt, wenn sie eine Vergleichbarkeit von Haupt- und Nebenangeboten sicherstellen können.[652] Die bloße Bezugnahme auf Ziel und Zweck der ausgeschriebenen Leistung soll als Mindestanforderung nicht genügen,[653] ebenso wenig, dass der Auftraggeber lediglich auf alle Festschreibungen der Leistungsbeschreibung Bezug nimmt.[654] Es kann aber genügen, wenn die Auftraggeber unter den Bedingungen der Leistungsbeschreibung eine inhaltliche Auswahl treffen.[655]

---

648 Zum Beispiel § 13 EG Abs. 3 VOB/A: *„Die Anzahl von Nebenangeboten ist an einer vom Auftraggeber in den Vergabeunterlagen bezeichneten Stelle aufzuführen. Etwaige Nebenangebote müssen auf besonderer Anlage gemacht und als solche deutlich gekennzeichnet sein."*

649 Vgl. § 8 EG Abs. 2 Nr. 3 lit. b VOB/A, § 9 Abs. 5 EG VOL/A, Art. 36 Abs. 2 Nr. 4 UstPZP, § 81 BVergG.

650 Wicik in: Wicik/Wiśniewski, Prawo zamówień publicznych. Komentarz, Art. 36, Rn. 26.

651 EuGH, Urteil vom 16. Oktober 2003, C-421/ 01, Traunfellner.

652 Schramm/Feuchtmüller in: Schramm/Aicher/Fruhmann, Bundesvergabegesetz 2006, § 81 Rn. 69, 60.

653 BVA, Bescheid vom 20. Juli 2009, N/0060-BVA/03/2009-35.

654 Nach dem österreichischen Bundesvergabeamt (BVA) ist die Forderung, dass *„Alternativangebote das in den technischen Teilen (B.3, B.5) beschriebene Bau-Soll und den dort beschriebenen Leistungsumfang jedenfalls abdecken"* und *„sämtliche Funktionsanforderungen in der ausgeschriebenen Qualität erhalten bleiben müssen"* zu pauschal, BVA, Bescheid vom 6. Februar 2012, N/0010-BVA/03/2012-6.

655 BVA, Bescheid vom 23. Februar 2011, N/0003-BVA/02/2011-19.

Auch für Deutschland ist die Aufstellung eines „Schattenleistungsverzeichnisses“ für Varianten nicht zwingend.[656] Wie in Österreich kann es genügen, wenn die Auftraggeber unter den Bedingungen der Leistungsbeschreibung eine inhaltliche Auswahl treffen,[657] bzw. die inhaltlichen Mindestanforderungen negativ umschreiben.[658]

Für die Aufstellung der Mindestkriterien selbst hat der BGH festgehalten, dass es

> *„erforderlich, aber im Interesse des Transparenzgebots auch ausreichend ist, dass den Bietern – neben technische Diversität zulassenden technischen Spezifikationen – als Mindestanforderungen in allgemeinerer Form der Standard und die wesentlichen Merkmale deutlich gemacht werden, die eine Alternativausführung aus Sicht der Vergabestelle aufweisen muss.“*[659]

Darüber hinaus wird in Deutschland zum Teil noch vertreten, dass Nebenangebote über die Erfüllung der europarechtlich aufzustellenden Mindestanforderungen hinaus mit den Hauptangeboten *„gleichwertig“* sein müssten – eine Anforderung, die noch aus der Zeit rührt, als die Aufstellung von Mindestkriterien an Nebenangebote noch nicht verpflichtend war.[660] Der BGH hat ungeschriebene Gleichwertigkeitsprüfungen zwar als *„im Einzelfall durchaus geeignet* [angesehen], *den Wert von Nebenangeboten“* zu beurteilen, des Weiteren aber darauf hingewiesen, dass die Bieter in der Lage sein müssten, zu erkennen, *„welche Varianten die Vergabestelle bei der Wertung noch als gleichwertig anerkennen wird und welche nicht mehr“*. Es genüge deshalb nicht, dass die Vergabestelle die Gleichwertigkeit selbst als Mindestanforderung definiere.[661] Im wettbewerblichen Dialog erscheint die Durchführung einer abstrakten Gleichwertigkeitsprüfung besonders schwierig, da der Auftragsgegenstand bereits so weit gefasst sein kann, dass die Beurteilung, ob ein Angebot gleichwertig mit einem regulären ist, das nicht von der Beschreibung der Bedürfnisse und Anforderungen abweicht, ohne eine vorherige Festsetzung von Mindestanforderungen kaum nachvollziehbar möglich scheint. Die Öffnung der Beschreibung für Nebenangebote ist ferner auch nur für Anforderungen in der Beschreibung sinnvoll, die das Niveau einer Leistungsbeschreibung erreichen, soll nicht der ohnehin vage beschriebene Auftragsgegenstand ganz konturlos und damit eine diskriminierungsfreie Vergabe unmöglich werden. Dies kann etwa der Fall sein, wenn der Auftraggeber sich nicht sicher ist, ob die von ihm gestellten Anforderungen bis ins Detail mit seinen Bedürfnissen korrespondieren.

---

656 Gnittke/Hattig in Müller-Wrede, VOL/A Kommentar, § 9 EG, Rn. 82; OLG Celle, Beschluss vom 21. August 2003, 13 Verg 13/03.

657 OLG Düsseldorf, Beschluss vom 22. August 2007, Verg 20/07.

658 OLG Düsseldorf, Beschluss vom 10. Dezember 2008, VII-Verg 51/08; vgl. auch VK Münster, Beschluss vom 25. Januar 2006, VK 23/05.

659 BGH, Beschluss vom 7. Januar 2014 X ZB 15/13, Rn. 23.

660 Zur Diskussion siehe Weyand, Praxiskommentar Vergaberecht, § 16 VOL/A, Rn. 847 f. m.w.N.

661 BGH, Beschluss vom 7. Januar 2014 X ZB 15/13, Rn. 18.

e. *Vergleichende Zusammenfassung: Beschreibung*

Die Aufgabe der Beschreibung ist es, den Dialogteilnehmern weitere Informationen über den Auftrag an die Hand zu geben. Neben genaueren Sachinformationen über den Auftrag (etwa zum Ort der Auftragsausführung, zu bestehenden Vertragsverhältnissen, Behördenauflagen, o.ä.), gehören hierzu vor allem die nähere Erläuterung des Auftragsgegenstands über die Bedürfnisse und Anforderungen des Auftraggebers, die Zuschlagskriterien sowie die Mindestanforderungen an Varianten.

Die untersuchten Länder haben den Inhalt der Beschreibung der Bedürfnisse und Anforderungen nicht weiter präzisiert. Es lassen sich allenfalls unterschiedliche Tendenzen in der Literatur Deutschlands und Österreichs feststellen. Während in Deutschland eher thematisiert wird, dass der Auftragsgegenstand so präzise wie möglich beschrieben werden sollte, liegt das Augenmerk in Österreich eher darauf, den Auftraggeber so wenig wie möglich einzuschränken.

Ebenso wenig enthalten die nationalen Umsetzungen nähere Angaben zu den Zuschlagskriterien, die spätestens in der Beschreibung anzugeben sind.[662] Hier scheint sich auch noch keine gefestigte Meinung herausgebildet zu haben, wie der Rahmen für die Zuschlagskriterien bei besonders komplexen Aufträgen gesteckt werden sollte, sodass den Anforderungen an Gleichbehandlung, Transparenz und Wettbewerblichkeit Genüge getan ist. Einigkeit besteht in allen drei Ländern darüber, dass bei besonders komplexen Aufträgen die Angabe der Zuschlagskriterien in absteigender Reihenfolge möglich ist.[663] Nicht einhellig (außer in Polen) sind die Meinungen darüber, ob und wieweit die in der Beschreibung angegebenen Kriterien später noch geändert werden können,[664] was Auswirkungen auf die Sorgfalt haben kann, die der Auftraggeber bei ihrer Aufstellung walten lässt.

Es deutet sich an dieser Stelle an, dass vom wettbewerblichen Dialog zum Teil eine größere Flexibilität erwartet wird, als unter Beachtung insbesondere des Nichtdiskriminierungsgrundsatzes erfüllt werden kann.[665] Auch die Zuschlagskriterien definieren den Auftragsgegenstand mit. Werden sie beliebig, lässt sich das wirtschaftlich günstigste Angebot nicht mehr ermitteln, sogar wenn der Auftrag selbst präzise beschrieben wurde.

Im Hinblick auf die Beschreibung der Mindestanforderungen für Varianten sticht vor allem das enge Verständnis der Variante im polnischen Recht hervor, das abweichende Angebote auf die Auftragsausführung beschränkt. Da der polnische Auftraggeber aber verpflichtet ist, eine präzise Leistungsbeschreibung für

662 In Polen allerdings schon in der Bekanntmachung.

663 Siehe oben unter E.III.1.e.

664 Hierzu schon oben unter D.II.3.b.bb. unter Berücksichtigung deutscher Quellen.

665 Als Beispiel kann die oben erwähnte Auffassung des OLG Celle im Beschluss 13 Verg 13/12 vom 16. Mai 2013 dienen, das das Zuschlagskriterium *„bestmögliche Erfüllung der Bedürfnisse und Anforderungen"* und erst die nachträgliche Reihung der Wichtigkeit der Bedürfnisse akzeptierte.

Varianten zu liefern, besteht zumindest keine Gefahr, dass ausländische Wettbewerber diskriminiert werden, weil sie in Unkenntnis der engen Grenzen mit von diesen abweichenden Variantenangeboten ausgeschlossen werden. Der polnische Gesetzgeber nimmt den Auftraggebern damit aber weitgehend die Möglichkeit, eigenes kreatives Potential durch Varianten einfließen zu lassen.

Die österreichischen und deutschen Anforderungen an Mindestanforderungen unterscheiden sich kaum. Allenfalls kann eine Tendenz zu einer leicht strengeren Betrachtungsweise in Österreich ausgemacht werden, wo sich aus den Anforderungen an die Variante selbst die Vergleichbarkeit der Nebenangebote mit den Hauptangeboten ergeben muss, während in Deutschland die Idee, der Auftraggeber könne trotz Erfüllung der Mindestanforderungen mit seiner Variante wegen fehlender Gleichwertigkeit mit dem Hauptangebot nicht zugelassen werden, noch nicht ganz aufgegeben wurde.

4. Dialogphase

Die VKR 2004 enthält nur wenige ausdrückliche Vorgaben zur Dialogphase. Sie gibt vor, dass im Rahmen des Dialogs alle Aspekte des Auftrags erörtert werden können. Dabei liegt eine Grenze möglicher Dialogergebnisse neben den bekannt gemachten Bedürfnissen und Anforderungen in den CPV-Nummern, mittels derer der Auftragsgegenstand in der Bekanntmachung anzugeben ist. Abweichungen sind grundsätzlich im Rahmen zulässiger Varianten denkbar.

Im Übrigen sind die Mitgliedstaaten frei, dem öffentlichen Auftraggeber eine genauere Strukturierung der Dialogphase vorzugeben, soweit diese Regelungen nicht mit anderen Vorschriften der VKR 2004, insbesondere den Vergabegrundsätzen oder dem Primärrecht in Konflikt geraten. Dasselbe gilt auch für den öffentlichen Auftraggeber, soweit ihm die nationale Umsetzung Spielräume für eine eigene Gestaltung der Dialogphase lässt.[666]

a. Vertraulichkeit

Auch in der Dialogphase gilt Art. 29 Abs. 3 VKR 2004, wonach die öffentlichen Auftraggeber dafür Sorge tragen, dass alle Dialogteilnehmer gleichbehandelt werden und sich insbesondere jeder diskriminierenden Weitergabe von Informationen enthalten, durch die bestimmte Bieter gegenüber anderen begünstigt werden können. Lösungsvorschläge oder vertrauliche Informationen eines teilnehmenden Bewerbers dürfen sie nicht ohne dessen Zustimmung an die anderen Teilnehmer weitergeben.[667]

Deutschland hat das Vertraulichkeitsgebot in § 3 EG Abs. 7 Nr. 4 VOB/A, § 3 EG Abs. 7 lit. b S. 3 VOL/A umgesetzt und um das Gebot erweitert, *„Lösungsvorschläge oder vertrauliche Informationen eines Unternehmens […] nur im Rahmen*

666 Siehe oben unter D.II.4.i.
667 Hierzu siehe oben unter D.II.4.a.

des Vergabeverfahrens" zu verwenden. Dieser Zusatz soll gewährleisten, dass ein Auftraggeber bei Scheitern des wettbewerblichen Dialogs die ihm unterbreiteten Lösungsvorschläge nicht im Rahmen eines nachfolgenden Vergabeverfahrens und insbesondere nicht zur Erstellung einer Leistungsbeschreibung verwendet.[668]

Art. 60d Abs. 7 UstPZP erweitert den Grundsatz der Vertraulichkeit, der nach Art. 29 Abs. 3 VKR 2004 nur die vertrauliche Behandlung des Dialoginhalts durch den öffentlichen Auftraggeber betrifft, dahingehend, dass keiner der Dialogpartner – also auch nicht die Bewerber – ohne das Einverständnis der anderen Partei technische oder wirtschaftliche Informationen herausgeben darf.[669] Eine entsprechende allgemeine Regelung im österreichischen Recht findet mangels Verweisung auf den wettbewerblichen Dialog keine direkte Anwendung.[670] Der Umgang des österreichischen Auftraggebers mit den Dialogteilnehmern und ihren Lösungsvorschlägen ist gesondert in § 161 Abs. 2 bis 4 BVergG geregelt. Das BVergG greift ausdrücklich das Verbot einer diskriminierenden Weitergabe von Informationen auf und bezieht sich auch auf das Verbot der Weitergabe von Lösungsvorschlägen und vertraulicher Informationen, allerdings erweitert um das ausdrückliche Verbot, „*Teile von Lösungen*" an die anderen Teilnehmer weiterzugeben. Die ausdrückliche Vorgabe der VKR 2004, die Dialogteilnehmer gleich zu behandeln, greift § 161 BVergG hingegen nicht auf. Hier ist dennoch das allgemeine Gleichbehandlungsgebot aller Bewerber und Bieter gem. § 159 Abs. 1, § 19 Abs. 1 S. 1 BVergG einschlägig.

b. Beginn des Dialogs

Nach Art. 40 Abs. 5 VKR 2004 gibt der öffentliche Auftraggeber in der Einladung zum Dialog Zeit und Ort des Beginns der Konsultationsphase an. Mit dieser Anforderung ist klargestellt, dass alle Dialogteilnehmer einen Anspruch auf die Teilnahme

---

668 Allerdings verzichtet nur die VOB/A für Bauaufträge anders als § 3 EG Abs. 3 lit. a VOL/A für Liefer- und Dienstleistungsaufträge darauf, den Anwendungsbereichs des Verhandlungsverfahrens nach einem zuvor in der Angebotsphase gescheiterten wettbewerblichen Dialog zu eröffnen. Das Verhandlungsverfahren setzt aber die Erstellung einer Leistungsbeschreibung voraus, so dass fraglich ist, wie dies nach der VOL/A geschehen soll, ohne die Vertraulichkeitsgarantie zu verletzen. Skeptisch auch Eckardt, Der wettbewerbliche Dialog und das "competitive negotiation"-Verfahren im Vergleich, S. 117 f. m.w.N.

669 Art. 60d Abs. 7 UstPZP: „*Die Durchführung des Dialogs ist vertraulich und kann sich auf alle Aspekte des Auftrags beziehen. Keine der Parteien darf ohne Zustimmung der anderen mit dem Dialog zusammenhängende technische und geschäftliche Informationen bekanntmachen.*"

670 § 23 Abs. 1 BVergG: „*Auftraggeber, Bewerber und Bieter haben den vertraulichen Charakter aller den Auftraggeber als auch die Bewerber und Bieter und deren Unterlagen betreffenden Angaben zu wahren.*" Dieses allgemeine Vertraulichkeitsgebot bezieht sich auf Auftraggeber und Bieter und wirkt zeitlich über das Vergabeverfahren hinaus, VwGH, Erkenntnis vom 22. Mai 2012, 2009/04/0187 unter Bezug auf die Materialien zu § 23 BVergG.

an einer ersten Gesprächsrunde haben, unabhängig davon, ob zuvor Lösungsvorschläge einzureichen waren oder nicht. Dies gilt aufgrund der Direktwirkung der Richtlinie auch für den deutschen Auftraggeber von Bauleistungen, auch wenn die VOB/A diese Regelung im Gegensatz zu den übrigen untersuchten Gesetzen[671] nicht umgesetzt hat.

c. *Die Lösungsvorschläge der Dialogteilnehmer*

In Österreich sind die Dialogteilnehmer verpflichtend aufzufordern, ihre Lösungsvorschläge bereits vor den ersten Dialoggesprächen einzureichen, § 160 Abs. 9 Nr. 6 BVergG. Deutschland und Polen kennen keine entsprechende Regelung. Die Möglichkeit, die Dialogteilnehmer aufzufordern, erste Lösungsvorschläge schon zur Vorbereitung der ersten Dialoggespräche einzureichen, folgt hier aus der allgemeinen Gestaltungsfreiheit der Auftraggeber.

aa. Formvorgaben an die Lösungsvorschläge

Die nationalen Regelungen geben nicht ausdrücklich vor, in welcher Form die Lösungsvorschläge der Dialogteilnehmer einzureichen sind. Lediglich das österreichische Recht kennt überhaupt eine Definition des Lösungsvorschlags:

> *„Lösung ist die im Zuge eines wettbewerblichen Dialogs von einem Teilnehmer am Dialog eingebrachte, nicht verbindliche Darlegung der Mittel zur Erfüllung der Bedürfnisse und Anforderungen des Auftraggebers, die Gegenstand der Erörterungen zwischen dem Teilnehmer und dem Auftraggeber ist."*[672]

Soweit die Dialogteilnehmer allerdings verpflichtet werden, schon vor den ersten Dialoggesprächen einen ersten Lösungsvorschlag einzureichen, muss dies zwangsläufig in physikalisch oder elektronisch fixierter Form, in der Regel also schriftlich geschehen. Dies gilt auch, soweit der Auftraggeber vorgesehen hat, eine sukzessive Abschichtung der Lösungsvorschläge durchzuführen. Eine ordnungsgemäße und nachvollziehbare Dokumentation des Verfahrens ist sonst nur schwer durchführbar.

bb. Anzahl der verfolgten Lösungsvorschläge

In keinem der untersuchten Länder beschränken die gesetzlichen Vorschriften die Anzahl der Lösungsvorschläge, die die Dialogteilnehmer in den Dialog einbringen können. Es bestehen allerdings Unterschiede dahingehend, welcher Stellenwert dieser Frage in der Literatur eingeräumt wird.

So wird in Gegensatz zu Deutschland und Polen in Österreich diskutiert, ob es dem Auftraggeber gestattet ist, die Zahl der eingereichten Lösungsvorschläge je Dialogteilnehmer von Anfang an zu begrenzen. Holoubek/Holzinger vertreten

671 § 10 EG Abs. 2 lit. b VOL/A, Art. 60d Abs. 5 Nr. 1 UstPZP, § 160 Abs. 9 Nr. 8 BVergG.
672 § 2 Nr. 21 BVergG.

hierzu die Auffassung, dass dies möglich sei, solange dies für alle Dialogteilnehmer gleichermaßen gälte. Was in anderen Verfahren über Alternativangebote an Innovationsmöglichkeit erreicht werde, könne in der Dialogphase *„einfach in die Erörterung und Veränderung des Lösungsvorschlags eingebracht werden"*.[673] Auch wenn eine solche Einschränkung rechtlich zulässig sein mag, ist dieser Argumentation entgegenzuhalten, dass es widersinnig erscheint, die gewollte große Bandbreite möglicher Lösungen zunächst auf einen Lösungsvorschlag einzuengen, diesen dann jedoch wieder in einem Kontext zu diskutieren, der die Abweichungen von üblichen Nebenangeboten weit überschreiten kann. Dieses Vorgehen birgt zum einen Dokumentationsschwierigkeiten und erhöht zum anderen die Missbrauchsgefahr der Übertragung eines Lösungsvorschlags von einem auf den anderen Bieter. Zielführender scheint es, mehrere Lösungsvorschläge zuzulassen und schließlich den vielversprechendsten weiterzuentwickeln. So ist auch die Nachvollziehbarkeit des Verfahrens in der Rückschau besser gewährleistet.

d. Reichweite der Dialoggespräche

Ziel des Dialogs nach Art. 29 Abs. 3 UAbs. 1 VKR 2004 ist, *„die Mittel, mit denen [die] Bedürfnisse [der Auftraggeber] am besten erfüllt werden können, zu ermitteln und festzulegen."* Ganz wortgetreu setzt keine der untersuchten Regelungen diese Vorgabe um. Es ergeben sich allerdings auch keine Abweichungen, die auf einen besonderen Gestaltungswillen des jeweiligen Gesetzgebers schließen lassen.[674] Der polnische Gesetzgeber ist auf jeden Fall verpflichtet, nach Abschluss der Dialogphase eine reguläre Leistungsbeschreibung zu erstellen, so dass hier Ziel der Dialogphase sein muss, dem Auftraggeber all die Informationen an die Hand zu geben, die ihm zur Erstellung einer solchen regulären Leistungsbeschreibung noch fehlen.[675]

In allen Ländern können alle Aspekte des Auftrags diskutiert werden, so dass auch Gespräche über den Preis in allen Ländern möglich sind.[676]

---

673 Holoubek/Holzinger in: Schramm/Aicher/Fruhmann, Bundesvergabegesetz 2006, § 160 Rn. 2.

674 Vgl. § 3EG Abs. 7 Nr. 3 VOB/A: *"In dem Dialog legt der Auftraggeber fest, wie seine Bedürfnisse am besten erfüllt werden können."*; § 3EG Abs. 7 lit. b VOL/A: *„[...] Dialog, in dem sie ermitteln und festlegen, wie ihre Bedürfnisse am besten erfüllt werden können."*; § 161 Abs. 1 S. 1 BVergG: *„Der Auftraggeber führt mit den Teilnehmern einen Dialog mit dem Ziel, die Lösung oder die Lösungen zu ermitteln, mit der oder mit denen seine Bedürfnisse und Anforderungen am besten erfüllt werden können."* Der polnische Gesetzgeber hat keinen gesonderten Arbeitsauftrag für die Dialogphase formuliert. Dieser ergibt sich indirekt aus Art. 60e Abs. 1 UstPZP, wonach der Auftraggeber den Dialog führt, *„bis er in der Lage ist, [...] die Lösung(en) zu bestimmen, die seine Bedürfnisse am besten erfüllt bzw. erfüllen"*.

675 Stachowiak in: Stachowiak/Jerzykowski/Dzierżanowski, Prawo zamówień publicznych. Komentarz, Art. 60e, Rn. 1.

676 Vgl. § 3 EG Abs. 7 Nr. 3 VOB/A, § 3 EG Abs. 7 lit. b S. 2 VOL/A, Art. 60d Abs. 7 S. 1 UstPZP, § 161 Abs. 1 S. 2 BVergG.

Während weder die deutsche VOB/A noch die VOL/A etwaige Anpassungen der Beschreibung der Bedürfnisse und Anforderungen im Laufe der Dialogphase ansprechen, erkennen die polnische sowie die österreichische Regelung ausdrücklich an, dass in Folge des Dialogs Änderungsbedarf an der Beschreibung entstehen kann:

aa. Deutschland

In Deutschland hatte die Rechtsprechung bereits Gelegenheit, sich mit der Zulässigkeit von Anpassungsverlangen des Auftraggebers in der Dialogphase auseinanderzusetzen. So folgt nach der VK Brandenburg aus dem Transparenzgebot, dass eine grundlegende Änderung der ursprünglich ausgeschriebenen zu vergebenden Leistung im wettbewerblichen Dialog nicht zulässig sei; die Identität des Beschaffungsvorhabens müsse gewahrt bleiben. Es liege jedoch in der Natur des Verfahrens, umfangreichere Änderungen zuzulassen als in Vergabeverfahren, denen eine Leistungsbeschreibung zugrunde liegt.[677] Die Vergabekammer sah es deshalb als rechtmäßig an, dass sich der Auftraggeber das Recht vorbehalten hatte, die Anforderungen an die Lösungsvorschläge im Laufe des Verfahrens zu präzisieren und den Dialogteilnehmern dann Gelegenheit zur Überarbeitung ihrer Lösungsvorschläge zu geben. Dabei war im konkreten Fall der Gegenstand der Ausschreibung nicht soweit verändert worden, dass die Bewerberzusammensetzung eine andere hätte sein können bzw. sich der Gegenstand der Ausschreibung wesentlich geändert hatte.[678] Maßstab der erlaubten Änderungen ist nach der VK Brandenburg daneben die Frage, ob die Überarbeitung der Lösungsvorschläge für die Dialogteilnehmer durch das geänderte Anforderungsprofil *„unzumutbar"* geworden ist.

Dass im wettbewerblichen Dialog dieselben Grundsätze für die Anpassbarkeit der Vergabeunterlagen gelten sollen wie für andere Verfahren, spricht auch aus dem Ansatz des OLG Brandenburg:

> *„Unzweifelhaft entspricht der Sondervorschlag nicht allen Vorgaben in der Ausschreibung und den Verdingungsunterlagen. Ob er berücksichtigt werden kann, kann sich – auch wenn der Auftrag vorliegend im wettbewerblichen Dialog vergeben werden soll und bis zum Abschluss der Dialogphase noch keine Angebote vorliegen – nur nach den für die Berücksichtigungs- und Wertungsfähigkeit von Nebenangeboten entwickelten Grundsätzen richten."*[679]

---

677 VK Brandenburg, Beschluss vom 22. August 2008, VK 19/08.

678 VK Brandenburg, Beschluss vom 22. August 2008, VK 19/08. Nur unter dieser Einschränkung kann den weiteren Ausführungen der Kammer gefolgt werden, in denen es heißt: *„Im Sinne der Privatautonomie muss es dem öffentlichen Auftraggeber möglich sein, neue und bessere Erkenntnisse aus dem Verlauf des Dialoges zu verwerten; ansonsten würde man den Auftraggeber dazu verpflichten, ein Bauwerk zu errichten, von dem er bereits im Zeitpunkt der Zuschlagserteilung weiß, dass es seine Bedürfnisse nicht optimal erfüllt."*

679 OLG Brandenburg, Beschluss vom 13. November 2008, Verg W 14/08.

Wie bereits ausgeführt, können festgeschriebene Anforderungen nur dann Änderungen (jetzt eher von Seiten der Dialogteilnehmer) unterliegen, wenn der Auftraggeber Varianten zugelassen und entsprechende Mindestbedingungen an Varianten formuliert hat.[680] Dies ist auch im wettbewerblichen Dialog machbar und wünschenswert, da der Auftraggeber so den Auftragsgegenstand so genau wie möglich beschreiben kann, ohne sich der Möglichkeit begeben zu müssen, flexibel auf neue Aspekte reagieren zu können.

In Deutschland gelten also auch im Rahmen des wettbewerblichen Dialogs die allgemeinen Grundsätze der Veränderbarkeit des Ausschreibungsgegenstands – Änderungen sind möglich, solange der Wettbewerbs- und der Nichtdiskriminierungsgrundsatz beachtet werden. Eine Diskriminierung läge beispielsweise vor, wenn der Auftraggeber nachträglich von einmal geforderten *Mindest*bedingungen abrücken wollte. Dies gilt nach der VK Düsseldorf auch bei Änderungen im Laufe des Verfahrens des wettbewerblichen Dialogs.[681]

bb. Polen

Der polnische Art. 60e Abs. 2 UstPZP gestattet es dem Auftraggeber vor der Aufforderung zur Abgabe der Angebote ausdrücklich, Änderungen an Anforderungen vorzunehmen, die Gegenstand des Dialogs waren.[682] Aus der systematischen Stellung im Gesetz – Art. 60e Abs. 1 UstPZP behandelt die Dialogphase und deren Abschluss, Abs. 3 die Aufforderung zur Angebotsabgabe – könnte man schließen, dass der Auftraggeber seine Änderungen erst nach Abschluss der Dialogphase vornehmen können soll. Gegen diese Auslegung spricht jedoch, dass der Auftraggeber ohnehin verpflichtet ist, mit der Aufforderung zur Angebotsabgabe eine reguläre Leistungsbeschreibung auf Grundlage der vorgelegten Lösungen zu erstellen. Die Anpassung der Beschreibung zum gleichen Zeitpunkt wäre schlicht überflüssig. Hervorzuheben ist, dass nach vorliegender Vorschrift eine Änderung der Beschreibung nur dann möglich ist, wenn die betroffenen Anforderungen *„Gegenstand des Dialogs"* waren. Einer einseitigen, nachträglichen Abänderung von Anforderungen durch den Auftraggeber wird mit dieser Formulierung eine Absage erteilt.

---

680 Siehe oben unter D.II.4.e für die Vorgaben der Vergabekoordinierungsrichtlinien, sowie oben unter E.III.3.d für die nationalen Vorgaben.

681 VK Düsseldorf, Beschluss vom 11. August 2006, VK-30/2006-L.

682 Die vom Amt für öffentlichen Auftragswesen (Urząd Zamówień Publicznych), einer unabhängigen Behörde innerhalb der polnischen Regierung, welche unter anderem für Gesetzesentwürfe und die Kontrolle von Vergabeverfahren zuständig ist, erstellte englische Übersetzung des UstPZP (abrufbar unter www.uzp.gov.pl) spricht von *‚technical and qualitative requirements'*, das polnische Original aber nur von *„Anforderungen"* (*„wymagania"*) die Gegenstand des Dialogs sind. Da der Dialog jedoch auch über rechtliche und finanzielle Aspekte geführt werden kann, scheint hier eine Überinterpretation des Übersetzers vorzuliegen.

Auch wenn die polnischen Regelungen keine entsprechende Eingrenzung nennen, muss sich eine Anpassung der Beschreibung auch hier innerhalb der durch den Wettbewerbsgrundsatz sowie das Gleichbehandlungsgebot gesetzten Grenzen bewegen. Insbesondere dürfen die Änderungen auch hier nicht dazu führen, dass andere Bewerber Interesse an dem Auftrag gehabt hätten oder sich die Reihung der Bewerber im Verfahren ändert.[683]

cc. Österreich

Für Österreich sieht § 161 Abs. 1 S. 2, 3 BVergG vor, dass

> *„der Auftraggeber [...] gegebenenfalls auf Grund der Erörterungen die Beschreibung seiner Bedürfnisse und Anforderungen anpassen [kann]. Sofern die Beschreibung der Bedürfnisse und Anforderungen angepasst wird, ist dies allen Teilnehmern am Dialog bekannt zu geben."*

Das österreichische Recht formuliert in § 162 Abs. 1 BVergG auch eine Grenze für die Anpassbarkeit der Beschreibung. Dort heißt es:

> *„In dieser Aufforderung [zur Legung der Angebote, Anm. der Verfasserin] hat der Auftraggeber die Beschreibung gegebenenfalls entsprechend den Ergebnissen der Erörterungen zu vervollständigen und anzupassen, sofern dies nicht zu einer Änderung der grundlegenden Elemente der Bekanntmachung sowie der Beschreibung führt, die den Wettbewerb verfälschen oder sich diskriminierend auswirken könnte."*

Da sich die Vorschrift auch auf die grundlegenden Elemente der Bekanntmachung bezieht, muss diese Einschränkung zwangsläufig auch für im Laufe des Dialogs erfolgte Anpassungen gelten, da ansonsten bei der Aufforderung zur Angebotsabgabe eine mit der Bekanntmachung inkongruente Beschreibung vorliegen könnte. Dies deckt sich auch mit der auch für den wettbewerblichen Dialog geltenden Vorschrift über den Widerruf von Vergabeverfahren, welcher nach § 138 Abs. 1 BVergG zwingend erfolgen muss,

> *„wenn Umstände bekannt werden, die, wären sie schon vor Einleitung des Vergabeverfahrens bekannt gewesen, eine Ausschreibung ausgeschlossen oder zu einer inhaltlich wesentlich anderen Ausschreibung geführt hätten."*[684]

---

683 Soweit ersichtlich, erkennt dies nur Wicik in: Wicik/Wiśniewski, Prawo zamówień publicznych. Komentarz, Art. 60e Rn. 3. Granecki ist im Gegenteil sogar der Auffassung, dass im Gegensatz zum Verhandlungsverfahren der öffentliche Auftraggeber zu wesentlichen Änderungen des bekanntgemachten Auftragsgegenstands berechtigt ist, Granecki, Prawo zamówień publicznych, Art. 60e Rn. 2.

684 Das BVA hat es in einem Verhandlungsverfahren zur Beschaffung von Atemschutzgeräten als *„unfair, unlauter wettbewerbswidrig, intransparent und gleichbehandlungswidrig"* angesehen, dass von der Forderung einer ausschließlich umgebungsluftunabhängiger Funktionsweise von Atemschutzgeräten in der Ausschreibung zugunsten einer Kombination von umgebungsluftabhängiger

Damit beschränken sich die mögliche Vervollständigung und Anpassung der Beschreibung der Bedürfnisse und Anforderungen auf eine Präzisierung innerhalb des durch die Bekanntmachung gesteckten Rahmens.[685]

Ausweislich der Materialien war der österreichische Gesetzgeber der Auffassung, dass eine Lösung zwar auf Grund der Ergebnisse des Dialogs abgeändert werden könne, allerdings nicht so weit gehen dürfe, dass eine gänzlich andere Lösung vorgelegt wird.[686] Aus der VKR 2004 lässt sich eine solche Einschränkung allerdings nicht entnehmen. Solange sich eine Lösung innerhalb der bekannt gegebenen Bedürfnisse und Anforderungen hält, spricht grundsätzlich nichts dagegen, wenn ein Dialogteilnehmer seinen Lösungsvorschlag umfassend neu konzipiert, solange der Auftraggeber sich nicht dagegen ausspricht.[687]

e. Angleichen von Lösungsvorschlägen

Ein Angleichen der Lösungsvorschläge zur besseren Vergleichbarkeit der späteren Angebote mag vom öffentlichen Auftraggeber angestrebt werden, wird jedoch weder von den europäischen noch von den nationalen Regelungen ausdrücklich vorgesehen. Auf jeden Fall hat der öffentliche Auftraggeber das Diskriminierungsverbot zu beachten, wie auch den Genehmigungsvorbehalt hinsichtlich der Weitergabe von Lösungsvorschlägen nach Art. 29 Abs. 3 UAbs. 2 VKR 2004.

Bislang ist die Übermittlung von Informationen aus Lösungsvorschlägen an andere Dialogteilnehmer nicht gerichtlich relevant geworden.[688]

---

und -unabhängiger Funktionsweise in Ansehung der Konkurrenz im Rahmen der Verhandlungen abzuweichen, BVA, Bescheid vom 15. März 2012, N/0012-BVA/08/2012-43. Nach § 105 Abs. 1 S. BVergG erstrecken sich die Verhandlungen im Verhandlungsverfahren über den *„gesamten Leistungsinhalt"*.

685 Da die Beschreibung als einheitliches Dokument allen zur Abgabe eines Angebots aufzufordernden Bewerbern zur Verfügung gestellt wird, kann eine Anpassung der Beschreibung allerdings nur insoweit erfolgen, als sie von allen verhandelten Lösungsvorschlägen erfasst wird, Holoubek/Holzinger in: Schramm/Aicher/Fruhmann, Bundesvergabegesetz 2006, § 162 Rn. 6.

686 BVergG, Materialien zu den §§ 159 bis 162.

687 So im Ergebnis auch das deutsche OLG Brandenburg, Beschluss vom 13. November 2008, Verg W 14/08: *„Es kommt [...] nicht darauf an, ob die Änderung der Verdingungsunterlagen dazu führt, dass völlig neue Angebote erstellt werden müssen, sondern darauf, ob die geänderte Aufgabenstellung nicht mehr im Rahmen der ursprünglichen Ausschreibung liegt und deshalb eine neue Ausschreibung erforderlich ist."*

688 Lediglich die VK Brandenburg hatte im Beschluss vom 22. August 2008, VK 19/08, über eine diesbezügliche Rüge zu befinden: *„Zwar wurde die Machbarkeitsstudie den anderen ausgewählten Unternehmen zur Verfügung gestellt, sie spielt aber im Rahmen der Fortführung des wettbewerblichen Dialoges keine Rolle, weil sie nicht Bestandteil der präzisierten Aufgabenstellung geworden ist. Nach dem Schutzzweck des § 6 a Abs. 3 S. 5 VgV soll verhindert werden, dass durch den Auftraggeber bewusst*

f. Strukturierung der Dialogphase

Weder die VKR 2004 noch die nationalen Regelungen geben dem öffentlichen Auftraggeber detaillierte Regelungen zur Strukturierung der Dialogphase vor. Es kann somit auf die diesbezüglichen Ausführungen zur VKR 2004 verwiesen werden.[689] Nachfolgend sollen lediglich die Aspekte herausgegriffen werden, die bei der Betrachtung der Dialogphase in den untersuchten Ländern besonders hervortreten:

aa. Deutschland

Entsprechend der in Deutschland kaum bestehenden Regelungen hat die VK Brandenburg festgestellt:

> *„Aufgrund der fragmentarischen Normierung ist der staatliche Auftraggeber grundsätzlich befugt, den Dialog aus Gründen der Praktikabilität und Effizienz nach eigenem Ermessen zu strukturieren, er ist weitgehend frei darin, wie er den Dialog gestaltet."*[690]

Ein prominenter Auftrag, der als wettbewerblicher Dialog ausgeschrieben wurde, ist der Landtagsneubau des brandenburgischen Landesparlaments in Potsdam.[691] In der Dialogphase wurden die Lösungsvorschläge nicht nur vom zuständigen Auftraggeber, sondern zusätzlich von einem externen Gremium unter architektonischen und stadtplanerischen Gesichtspunkten beurteilt. Der Auftraggeber entschied sich, sich dem Urteil des Bewertungsgremiums anzuschließen und nur noch Lösungsvorschläge auf Grundlage des favorisierten historisch erscheinenden Bilds der Fassade zu fordern. Hier wurden also Elemente des Wettbewerbs in die Strukturierung der Dialogphase miteinbezogen, richtigerweise, ohne dem öffentlichen Auftraggeber die Entscheidungshoheit über die Erteilung des Auftrags abzunehmen.[692]

bb. Polen

In Polen wird aus dem vertraulichen Charakter des Dialogs geschlossen, dass der Auftraggeber jeweils nur einzeln mit den verschiedenen Bewerbern Gespräche führen darf.[693] Piercòg ist der Auffassung, dass der Auftraggeber zwar mit allen Dialogteilnehmern sprechen muss, er die Anzahl der Gespräche, die er darüber hinaus

und zielgerichtet Lösungsvorschläge Mitbewerbern zu- oder in andere Verhandlungen einfließen, um auf diese Weise Wissens-, Kompetenz-, Lösungsvorsprünge abschöpfen zu können."

689 Siehe oben unter D.II.4.f.

690 VK Brandenburg, Beschluss vom 22. August 2008, VK 19/08.

691 TED 2006/S 127-135443, Bekanntmachung vom 7. Juli 2006.

692 Siehe hierzu VK Brandenburg, Beschluss vom 8. April 2009, VK 17/09 und OLG Brandenburg, Beschluss vom 7. Mai 2009, Verg W 6/09 sowie oben unter D.II.4.f.dd.

693 Pieròg, Prawo zamówień publicznych, Art. 60e, Rn. 3, Wicik in: Wicik/Wiśniewski, Prawo zamówień publicznych. Komentarz, Art. 60d, Rn. 8, m.w.N.

mit jedem führt, aber individuell bestimmen kann.[694] Hierfür mag aufgrund der fehlenden Abschichtungsmöglichkeit im polnischen Recht durchaus Bedarf bestehen. Allerdings ist der Auftraggeber auch hier verpflichtet, keinen der Dialogteilnehmer zu diskriminieren. Die bevorzugte Dialogführung mit einem oder wenigen Teilnehmern darf aber nicht zu einer faktischen Abschichtung[695] (ohne die dafür vorgeschriebene Anlegung der Zuschlagskriterien) führen.

cc. Österreich

Auch nach den Materialien zum österreichischen BVergG obliegt

> *„die nähere Gestaltung der Dialogphase [...] allein dem Auftraggeber, zu beachten sind [...] allein die Bestimmungen des § 161 [BVergG] und die allgemeinen Grundsätze."*[696]

In den Materialien zu den §§ 159 bis 162 BVergG kommt mehrfach die Besorgnis zum Ausdruck, die Dialogteilnehmer könnten – vom öffentlichen Auftraggeber unkontrollierbar – ihre Lösungsvorschläge grundlegend ändern oder immer wieder neue Lösungsvorschläge nachschieben und sich so einer strukturierten Dialogführung, wenn nicht gar ihrem Ausschluss aus dem Verfahren bei Abschichtung der Lösungsvorschläge entziehen. So heißt es dort:

> *„[Es erscheint] notwendig, einen Endzeitpunkt für die Vorlage von (neuen) Lösungsvorschlägen zu normieren, da es ansonsten einem Bewerber, dessen Lösung nicht weiter berücksichtigt wird, möglich wäre, zu jedem Zeitpunkt mit einer neuen Lösung wieder an den Auftraggeber heranzutreten (die dieser wiederum prüfen müsste usw.) – es ist daher erforderlich, hier eine gewisse Schranke einzuziehen."*

Des Weiteren soll ausweislich der Gesetzesmaterialien die Vorschrift des § 161 Abs. 3 S. 1 BVergG, wonach der Auftraggeber mit jedem Teilnehmer nur die von diesem vorgelegte Lösung bzw. die von ihm vorgelegten Lösungen erörtert, nicht nur der Klarstellung dienen, dass der Dialog grundsätzlich mit den Bietern getrennt zu führen ist, solange diese der Weitergabe ihrer Lösungsvorschläge nicht zustimmen (Satz 2 derselben Vorschrift), sondern auch der Beschränkung des Dialoggegenstands dahingehend, als dieser nach Einreichung der ersten Lösungsvorschläge nicht mehr beliebig ausgetauscht werden können soll.[697] Diese Einschränkung erscheint möglich, aber nicht zwingend. So ist es durchaus mit der Gestaltungsfreiheit des öffentlichen Auftraggebers vereinbar, dass dieser bei Bedarf individuell bestimmt, dass nachfolgende Lösungsvorschläge auf der Basis der vorherigen erfolgen sollen. Andersherum besteht auch kein Anlass, dem Auftraggeber zu verwehren, völlig neue Lösungsvorschläge zuzulassen, wenn die vorherigen nicht zielführend waren. Solange diese sich innerhalb der durch Bekanntmachung und Beschreibung

---

694 Pieròg, Prawo zamówień publicznych, Art. 60e, Rn. 3.
695 Eine solche ist in Polen nicht vorgesehen.
696 BVergG, Materialien zu den §§ 159 bis 162.
697 BVergG, Materialien zu § 2 Nr. 21.

gezogenen Grenzen halten, besteht auch keine Gefahr, dass sich der potentielle Bewerberkreis ändern könnte.

Daraus, dass Art. 161 Abs. 9 Nr. 6 BVergG bestimmt, dass vor dem ersten Dialoggespräch bereits Lösungsvorschläge vorliegen müssen, wird zudem gefolgert, dass die Lösungsvorschläge den weiteren Weg der Gespräche vorgeben. Sie könnten zwar ergänzt und angepasst werden, gänzlich neue Lösungsvorschläge dürften auf diese Weise allerdings nicht entstehen.[698] Diese Argumentation folgt allerdings nicht zwingend aus dem Gesetz und wird von Holoubek/Holzinger auch selbst untergraben, wenn sie ausführen, dass das, was in anderen Verfahren über Alternativangebote an Innovationsmöglichkeit erreicht werden kann, im wettbewerblichen Dialog über die Erörterung und Veränderung des Lösungsvorschlags eingebracht werden könne.[699]

g. *Sukzessive Verringerung der Lösungsvorschläge*

Die VKR 2004 gestattet es den Auftraggebern, die Anzahl der Lösungen im Dialog phasenweise anhand der Zuschlagskriterien zu verringern. Der polnische Gesetzgeber hat diese Gestaltungsmöglichkeit der Dialogphase nicht umgesetzt, muss also mit allen zugelassenen Dialogteilnehmern den Dialog bis zu Ende führen.

Die deutschen und die österreichischen Regelungen bestimmen richtlinienkonform, dass die sukzessive Verringerung der Lösungen anhand der Zuschlagskriterien erfolgen soll, präzisieren die Richtlinienvorgaben aber nicht weiter.[700] Auf die entsprechenden Ausführungen zur Dialogphase nach der VKR 2004 kann daher in weiten Teilen verwiesen werden.[701]

In Deutschland und Österreich besonders diskutierte Punkte werden nachfolgend dargestellt:

aa. *Ausscheiden von Lösungsvorschlägen, die gesetzten Anforderungen nicht entsprechen*

In Deutschland war der wettbewerbliche Dialog bereits Gegenstand von (wenigen) Gerichtsverfahren. Da die im Rahmen des Landtagsneubaus Brandenburg lautende Passage der Beschreibung

> *„[Es] werden nur Lösungsvorschläge erörtert, die den Allgemeinen Bedingungen für die Auftragsvergabe entsprechen und bei Ablauf der Abgabefrist vorlagen."*

---

698 Holoubek/Holzinger in: Schramm/Aicher/Fruhmann, Bundesvergabegesetz 2006, § 160 Rn. 38.

699 Holoubek/Holzinger, in: Schramm/Aicher/Fruhmann, Bundesvergabegesetz 2006, § 160 Rn. 2 bezogen auf die Überlegung, die Dialogteilnehmer von Anfang an auf die Abgabe nur eines Lösungsvorschlags festzulegen.

700 § 3 EG Abs. 7 Nr. 5 S. 2 VOB/A, § 3 Abs. 7 lit. b VOL/A, § 161 Abs. 5 BVergG.

701 Siehe oben unter D.II.4.g.

sowohl von der VK Brandenburg als auch dem OLG Brandenburg unbeanstandet blieb,[702] ist für Deutschland klargestellt, dass auch im Rahmen der Abschichtung nach Zuschlagskriterien der Auftraggeber nicht verpflichtet ist, jeden Lösungsvorschlag unabhängig von seiner Elaboriertheit in die Bewertung mit einzubeziehen. Dem entsprechen auch die Ausführungen der VK Düsseldorf:

> *„Wenn der Auftraggeber im Verfahren erkennt, dass die von ihm gesetzten Zuschlagskriterien nicht geeignet sind, wesentliche Umstände der nachgefragten Leistung überhaupt zu erfassen, kann er nicht dahin ausweichen, Lösungen aufgrund von „Anforderungen" auszuscheiden, die sich erst während des Dialoges herausbilden oder konkretisieren. [...] Denn die hierdurch gegebene umfassende Erörterungsmöglichkeit beseitigt keineswegs die allgemeinen vergaberechtlichen Grundsätze."*[703]

Denn auch bei dem diesen Ausführungen zugrundeliegenden Sachverhalt erkannte die Kammer die Entscheidung des Auftraggebers an, nur solche Lösungsvorschläge in die Abschichtung einzubeziehen, die bestimmte vorab in der Beschreibung festgelegte Anforderungen erfüllten.[704]

bb. Anpassung von Zuschlagskriterien in der Dialogphase

Für Österreich favorisieren Holoubek/Holzinger trotz ausführlicher Darstellung der von der Kommission vertretenen Auffassung, dass die Zuschlagskriterien auch im wettbewerblichen Dialog nicht nachträglich geändert werden dürften,[705] die Möglichkeit der Änderung der Gewichtung bzw. der Reihenfolge der Zuschlagskriterien durch den österreichischen Auftraggeber sowie die Präzisierung durch Unterkriterien auch während der Dialogphase. Voraussetzung sei allerdings, dass der Auftraggeber diese bekannt gebe, bevor die Teilnehmer weitere Lösungsvorschläge bzw. ihre Angebote legten. Ausgeschlossen seien hingegen die Streichung oder das Hinzufügen gänzlich neuer Zuschlagskriterien. Dies ergebe sich aus der nach § 162 Abs. 4 BVergG ausdrücklich gegebenen Möglichkeit, die Zuschlagskriterien zu Beginn der Angebotsphase zu vervollständigen oder anzupassen.[706] Diese

---

702 VK Brandenburg, Beschluss vom 8. April 2009, VK 17/09; OLG Brandenburg, Beschluss vom 7. Mai 2009, Verg W 6/09.

703 VK Düsseldorf, Beschluss vom 11. August 2006, VK - 30/2006-L.

704 VK Düsseldorf, ebenda.

705 Erläuterungen der Europäischen Kommission „Wettbewerblicher Dialog - Klassische Richtlinie", deutsche Version des Dokuments CC/2005/04 rev1 vom 5.10.2005.

706 Holoubek/Holzinger in: Schramm/Aicher/Fruhmann, Bundesvergabegesetz 2006, § 160 Rn. 36. Vgl. auch Vergabekontrollsenat Wien, Bescheid vom 16. Oktober 2008, VKS-6968/08: *„Nach der Judikatur der Vergabekontrollbehörden sind diese Zuschlagskriterien so zu konkretisieren, dass alle durchschnittlich fachkundigen Bieter sie bei der üblichen Sorgfalt in gleicher Weise auslegen können (BVA 12.5.2003, 02N-19/03-31). Diese Verpflichtung erstreckt sich auch auf allfällige Subzuschlagskriterien, die einschließlich ihrer Reihung und Gewichtung in gleicher Weise wie die Oberkriterien bekannt zu geben sind."*

Darstellung erweckt den Anschein, als ob eine Anpassung der Zuschlagskriterien in größerem Umfang möglich sei, als es bei Berücksichtigung der Rechtsprechung des EuGH in den Rechtsachen *Lianakis* und *ATI La Linea* der Fall ist.[707]

Eine Übervorteilung der Dialogteilnehmer kann aber nur ausgeschlossen werden, wenn die fortschreitende Präzisierung geradlinig in dem Sinne erfolgt, dass die hypothetische Anlegung der angepassten Zuschlagskriterien an bereits ausgeschiedene Lösungsvorschläge nicht dazu führt, dass diese gegenüber den verbliebenen vorzuziehen wären. Auch die Bekanntgabe neuer Unterkriterien kann zur Bevorzugung eines heimlichen preferred bidders führen. Die von Schneider in Anlehnung an Arrowsmith für den deutschen Auftraggeber vorgeschlagene Strategie, zu Beginn des Dialogs die Zuschlagskriterien anders zu gewichten als zu späteren Zeitpunkten, ist bereits bei der Prüfung der VKR 2004 abgelehnt worden.[708]

Die Materialien zum österreichischen § 161 Abs. 5 BVergG begründen das Bedürfnis der Anpassung der Zuschlagskriterien des Weiteren mit der Annahme, dass bei Anlegung der Zuschlagskriterien automatisch gleichartige technische Lösungen ausscheiden:

> *„Die Nichtberücksichtigung von Lösungen gemäß § 161 Abs. 5 erfolgt gemäß Art. 44 Abs. 4 der RL 2004/128/EG auf Grund der Zuschlagskriterien. Da Zuschlagskriterien keine Ausschlusskriterien sind, kann eine derartige Entscheidung des Auftraggebers nur auf einer Einschätzung dahingehend basieren, welche Lösung(en) zur Erfüllung seiner Bedürfnisse seiner Ansicht nach nicht am besten geeignet sind. [...] Aus Abs. 5 folgt, dass falls der Auftraggeber eine Lösung in der Dialogphase ausscheidet (weil sie etwa im Vergleich zu anderen Lösungsansätzen zu teuer ist), alle Unternehmer, die derartige Lösungen angeboten haben (z.B. Tunnellösung im Vergleich zu einer Brückenlösung), mit diesen Lösungen nicht weiter am Dialog teilnehmen können.“*[709]

Diese Annahme wird oft zutreffend sein. Es erscheint jedoch nicht von vornherein ausgeschlossen, dass die Anlegung der Zuschlagskriterien dazu führt, dass verschiedene technische Lösungen im Verfahren verbleiben, während den verbleibenden Lösungen gleichartige ausscheiden. Da es sich im wettbewerblichen Dialog immer um eine Kombination mehrerer Kriterien und ein Preis-Leistungs-*Verhältnis* handelt, können auch unterschiedliche Lösungen über zum Beispiel verschiedene Preise bzw. ähnliche Lösungen über unterschiedliche Preise ähnliche Verhältniswerte erzielen. Eine andere inhaltliche Wertung lässt sich § 161 Abs. 5 BVergG auch nicht entnehmen.

Auch in der deutschen Literatur gibt es verschiedene Überlegungen zur Anpassung der Zuschlagskriterien. Diese wurden bereits im Rahmend der Untersuchung der VKR 2004 behandelt. Für Deutschland wie für Österreich gilt, dass es keine

---

707 Siehe oben unter D.II.4.g.cc.
708 Siehe oben unter D.II.4.g.cc.
709 BVergG, Materialien zu §§ 159–162.

weitergehenden Möglichkeiten gibt, die Zuschlagskriterien im wettbewerblichen Dialog zu präzisieren, als in dem durch den EuGH vorgesehen Rahmen.[710]

cc. Pflicht, vor Ausscheiden zu warnen

Scheidet ein Lösungsvorschlag nach Anlegung der Zuschlagskriterien aus, ist der betroffene Dialogteilnehmer hiervon zu unterrichten.[711] Eine Pflicht des Auftraggebers vor der Ausschlussentscheidung vor einem schlechten Abschneiden zu warnen, lässt sich hieraus nach Auffassung des OLG Koblenz aber nicht ableiten:

> *„Der Senat neigt zu der Auffassung, dass weder das Transparenzgebot noch sonstige vergaberechtliche Grundsätze die Vergabestelle zwingen, einem Bieter im Voraus mitzuteilen, dass und warum er bei diesem oder jenem Zuschlagskriterium schlecht abschneidet und deshalb Gefahr läuft, die nächste Dialogrunde nicht zu erreichen. Die §§ 6a Abs. 4 VgV, 3a Nr. 4 Abs. 4 VOB/A [jetzt § 19 EG Abs. 2 VOB/A, Anm. d. Verfasserin] sehen lediglich eine nachträgliche Information über die Gründe für das „Aus" vor."*[712]

dd. Grenze der Reduktion der Lösungsvorschläge

Art. 44 Abs. 4 VKR 2004 schreibt vor, dass bei phasenweiser Reduktion der Lösungsvorschläge in der Schlussphase

> *„noch so viele Angebote vorliegen [müssen], dass ein echter Wettbewerb gewährleistet ist, sofern eine ausreichende Anzahl von Lösungen oder geeigneten Bewerbern vorliegt".*

Damit muss der Auftraggeber, soweit mehrere Lösungen die Bedürfnisse und Anforderungen des öffentlichen Auftraggebers überhaupt erfüllen, mindestens zwei Teilnehmer mit ihren Lösungen bzw. Angeboten im Verfahren belassen.[713]

Dem österreichischen Gesetzgeber schwebt hier allerdings ein anderer Weg vor. Nach § 161 Abs. 6 BVergG führt der Auftraggeber

> *„mit den Teilnehmern einen Dialog mit dem Ziel, die Lösung oder die Lösung zu ermitteln, mit der oder mit denen seine Bedürfnisse und Anforderungen am besten erfüllt werden. Sofern eine ausreichende Anzahl von Lösungen gemäß dem ersten Satz vorliegt, müssen zum Abschluss der Dialogphase noch so viele Lösungen vorliegen, dass ein echter Wettbewerb gewährleistet ist."*

und schließt daraus in den Materialien, dass es

> *„auf Grund des Wortlautes des Art. 29 Abs. 5 („die Lösung bzw. die Lösungen") auch möglich ist, die Zahl der zu erörternden Lösungen auf eine zu verringern, wenn zwar*

---

710 Siehe oben unter D.II.4.g.cc.

711 § 3 EG Abs. 7 S. 2 lit. c S. 2 VOL/A; § 3 EG Abs. 7 Nr. 5 S. 3 VOB/A; § 161 Abs. 5 S. 2, 3 BVergG.

712 OLG Koblenz, Beschluss vom 21. April 2009, 1 Verg 2/09.

713 Siehe oben unter D.II.4.g.ee.

mehrere Lösungen prinzipiell geeignet sind, aber bereits zum Zeitpunkt des Abschlusses der Dialogphase klar ist, dass nur eine Lösung als bestgeeignete Lösung in Frage kommt.“[714]

Dieser Annahme kann nicht zugestimmt werden. Wie schon soeben im Rahmen der Anlegung der Zuschlagskriterien dargelegt, ist nie ausgeschlossen, dass sich im Rahmen der Legung der Angebote noch herausstellt, dass die favorisierte Lösung Schwächen hat. Ein vermeintlich unterlegener Lösungsvorschlag, der die Bedürfnisse und Anforderungen des öffentlichen Auftraggebers erfüllt, kann sich immer noch als der beste herausstellen oder als der Vorschlag, der sich tatsächlich umsetzen lässt. Im Übrigen erhält der öffentliche Auftraggeber im Laufe der Dialogphase noch keine bindenden Angebote – er kann die Bieter nicht zwingen, ihre Angebote genau so zu legen, wie in den Lösungsvorschlägen avisiert.[715] Der Verbleib eines weiteren Bieters stellt somit auch eine Motivation für den bevorzugten Bieter dar, sich an die Absprachen zu halten.

In Deutschland hat nur die VOB/A das Gebot, dass in der Schlussphase noch so viele Angebote vorliegen müssen, dass ein echter Wettbewerb gewährleistet ist, auch ausdrücklich für den wettbewerblichen Dialog umgesetzt, die VOL/A regelt dies nur für das Verhandlungsverfahren, nicht aber für den wettbewerblichen Dialog.[716] In richtlinienkonformer Auslegung ist daher der deutsche Auftraggeber gehalten, auch bei der Vergabe von Liefer- und Dienstleistungen möglichst mindestens zwei Dialogteilnehmer nach Abschluss der Dialogphase zur Abgabe von Angeboten aufzufordern.

h. Beendigung der Dialogphase

Den Zeitpunkt für die Beendigung der Dialogphase bestimmt Art. 29 Abs. 5 VKR 2004 wie folgt:

„Der öffentliche Auftraggeber setzt den Dialog fort, bis er – erforderlichenfalls nach einem Vergleich – die Lösung bzw. die Lösungen ermitteln kann, mit denen seine Bedürfnisse erfüllt werden können.“

Die untersuchten Länder haben diese Regelung mit geringfügigen Abweichungen übernommen.[717]

So bezieht sich österreichische Regelung klarstellend nicht nur auf die Bedürfnisse, sondern auch auf die Anforderungen, die von den Lösungen zu erfüllen sind.

---

714 BVergG, Materialien zu §§ 159 bis 162.

715 Er kann sie in diesem Fall allenfalls von der Wertung ausschließen.

716 § 3 EG Abs. 6 S. 3 VOL/A. Bis zur Reform 2012 galt dies auch für die VOB/A, jetzt sieht § 3 EG Abs. 7 Nr. 5 S. VOB/A uneingeschränkt vor, dass in der Schlussphase noch so viele Angebote vorliegen müssen, dass ein echter Wettbewerb gewährleistet ist, verzichtet allerdings auf den einschränkenden Halbsatz, dass dies unter dem Vorbehalt geeigneter Lösungen steht.

717 § 3 EG Abs. 7 lit. d S. 1 VOL/A; § 3 EG Abs. 7 Nr. 6 VOB/A; Art. 60e Abs. 1 UstPZP; § 161 Abs. 6 S. 1 BVergG.

Des Weiteren soll die Dialogphase nach der österreichischen und der polnischen Regelung erst dann beendet werden, wenn die *„am besten geeigneten"* Lösungen identifiziert sind, wohingegen in der VKR 2004 an dieser Stelle nur von Lösungen die Rede ist, *„mit denen [die] Bedürfnisse erfüllt werden können"*. Dass dies nicht bedeuten kann, dass Lösungen, die die Anforderungen des öffentlichen Auftraggebers grundsätzlich erfüllen, vor Anlegung der Zuschlagskriterien aussortiert werden können, ist bereits festgestellt worden.[718] Eine denkbare Auslegung ist, dass der Auftraggeber nicht gezwungen werden soll, den Dialog bereits zu beenden, wenn sich überhaupt eine Lösungsmöglichkeit herauskristallisiert, sondern diese durch weitere Gespräche optimieren kann.

In der deutschen VOB/A ist nicht formuliert, dass mehrere Lösungen die Bedürfnisse des öffentlichen Auftraggebers erfüllen können.[719] Dies kann allerdings nicht bedeuten, dass der Auftraggeber die Dialogphase beenden muss, sobald auch nur eine grundsätzlich geeignete Lösung vorliegt, da auch der deutsche Auftraggeber einer Bauleistung für Wettbewerb auch in der Schlussphase des Verfahrens sorgen muss.[720]

Die Literatur hält sich in allen Ländern mit näheren Erläuterungen zur Beendigung der Dialogphase zurück. Für Polen weist etwa nur Wicik darauf hin, dass die Möglichkeit, dass die Beendigung des Dialogs auch bei Vorliegen mehrerer geeigneter Lösungen möglich ist, impliziert, dass die in Polen nachfolgend zu erstellende Leistungsbeschreibung funktionaler Art sein bzw. Varianten zulassen kann.[721]

Eine deutsche Auftraggeber betreffende Besonderheit ist das Verbot ungewöhnlicher Wagnisse. Dieses ursprünglich in beiden Vergabeordnungen und jetzt nur noch für Bauaufträge vorgesehene Verbot untersagt es dem Auftraggeber, dem Auftragnehmer ein ungewöhnliches Wagnis für Umstände und Ereignisse aufzubürden, auf die er keinen Einfluss hat und deren Einwirkung auf die Preise und Fristen er nicht im Voraus schätzen kann, vgl. § 7 EG Nr. 1 VOB/A.[722] Das Verbot ungewöhnlicher Wagnisse hat aber zumindest für Vergaben nach der VOB/A die Folge, dass

---

718 Der Auftrag die Lösungen zu ermitteln, die die Bedürfnisse *„am besten"* erfüllen, bezieht sich lediglich auf den Beginn der Dialogphase. Siehe oben unter D.II.4.h.

719 § 3 EG Abs. 7 Nr. 6 VOB/A: *„Der Auftraggeber hat den Dialog für abgeschlossen zu erklären, wenn*
a) eine Lösung gefunden worden ist, die seine Bedürfnisse und Anforderungen erfüllt".

720 Zu der hierzu geführten Diskussion siehe Burgi m.w.N. in: Arrowsmith/Treumer, Competitive dialogue in EU procurement, S. 329.

721 Wicik in Wicik/Wiśniewski, Prawo zamówień publicznych. Komentarz, Art. 60e, Rn. 1.

722 Nach anfänglicher Unsicherheit nach Streichung des Verbots ungewöhnlicher Wagnisse aus der VOL/A tendiert nun auch die Rechtsprechung in die Richtung, dass dieses für die Vergabe von Dienst- und Lieferleistungen auch tatsächlich nicht mehr zu beachten ist, OLG Düsseldorf, Beschluss vom 19. Oktober 2011, VII-Verg 54/11, siehe auch Roggenkamp, OLG Düsseldorf festigt Rechtsprechung i.S. „Kein Verbot ungewöhnlicher Wagnisse".

im wettbewerblichen Dialog die Dialogphase erst dann beendet werden kann, wenn der Vertragsgegenstand im Hinblick auf die Vermeidung ungewöhnlicher Wagnisse hinreichend präzise gefasst werden kann.[723] Die Dialogphase ist allerdings gut geeignet, um eine Risikoverteilung zwischen Auftraggeber und -nehmer zu finden, die die Auftragnehmerseite nicht unangemessen benachteiligt, gegebenenfalls durch eine dem Risiko angemessene Vergütung.[724]

Schließlich legen die deutschen Regelungen ausdrücklich fest, dass der Auftraggeber die Dialogphase auch dann beenden kann, wenn erkennbar ist, dass die Gespräche nicht zum Erfolg führen, § 3a Abs. 4 Nr. 5 lit. b VOB/A, § 3 EG Abs. 7 lit. d S. 1 VOL/A. Aus der Formulierung *„erkennbar ist"*, kann geschlossen werden, dass der Auftraggeber nachvollziehbar begründen können muss, warum er die Dialoggespräche als ergebnislos abbrechen möchte.

i. Vergleichende Zusammenfassung: Dialogphase

Die VKR 2004 lässt den nationalen Gesetzgebern grundsätzlich große Freiräume, die Dialogphase näher auszugestalten. Hiervon haben die untersuchten Länder punktuell Gebrauch gemacht, lassen den öffentlichen Auftraggebern aber noch viel Spielraum, die Dialogphase nach ihren Bedürfnissen zu strukturieren. Insbesondere Deutschland hat keine positiven Regelungen getroffen, die über die der VKR 2004 hinausgehen. Dies gilt abgesehen von dem Umstand, dass die Dialogteilnehmer bereits vor der ersten Dialogrunde zur Einreichung von Lösungsvorschlägen aufgerufen sind, auch für Österreich, wohingegen Polen eine wesentliche Strukturierungsmöglichkeit, die die VKR 2004 bietet, nämlich das sukzessive Ausscheiden der eingegangenen Lösungsvorschläge, nicht umgesetzt hat. In allen drei Ländern besteht Einigkeit darüber, dass die Gespräche mit den Dialogteilnehmern grundsätzlich getrennt zu führen sind, auch wenn es der Gesetzeswortlaut in keinem der Länder ausschließt, dass es unter besonderen Umständen auch zu gemeinsamen Gesprächen kommen kann.[725]

Bedenklich erscheint, dass Österreich und Polen Änderungen der Beschreibung im Laufe der Dialogphase ausdrücklich ermöglichen. Zwar geschieht dies unter dem Vorbehalt, dass durch die Änderungen der Wettbewerb nicht verzerrt wird, so dass eine richtlinienkonforme Auslegung der Regelungen durchaus möglich ist. Dennoch droht die ausdrückliche Erwähnung dieser Möglichkeit die Auftraggeber dazu zu verleiten, die Beschreibung stärker zu ändern als eigentlich zulässig. Für

---

723 Stickler/Schneider weisen darauf hin, dass das Planungsrisiko im wettbewerblichen Dialog zulässiger Weise auf den Auftragnehmer übertragen werde, Schneider in: Kapellmann und Messerschmidt, VOB Teile A und B, § 3 EG, Rn. 35.

724 Roth, Die Risikoverteilung bei Öffentlich Privaten Partnerschaften (ÖPP) aus vergaberechtlicher Sicht, NZBau 2006, S. 90.

725 Die deutsche Literatur hierzu wurde bereits im Rahmen der Untersuchung der VKR 2004 berücksichtigt, siehe oben unter II.4.f.

die Diskussionen in Deutschland und Österreich hinsichtlich der Anpassbarkeit der Zuschlagskriterien beim Abschichten der Lösungsvorschläge gilt Entsprechendes.

Auch an dieser Stelle deutet sich an, dass an das Verfahren des wettbewerblichen Dialogs tatsächlich höhere Erwartungen gestellt werden könnten, als dieser erfüllen kann. Auch wenn ein Auftragsgegenstand besonders komplex ist, ist dieser in der Dialogphase nur innerhalb der zuvor gesetzten Parameter konkretisierbar. Hat der Auftraggeber diese Parameter zuvor nicht sorgsam gesetzt, kann er dies nicht (bzw. nur sehr eingeschränkt) im laufenden Verfahren vornehmen. Die dann aufkommenden Diskussionen sollten zwar durch eine sorgsame Vorbereitung des Verfahrens bei sauberer Abstimmung der Bedürfnisse, Anforderungen und Zuschlagskriterien weitgehend vermeidbar sein. Aus dieser Position folgt aber eben auch, dass der wettbewerbliche Dialog zwar mehr Flexibilität bietet als andere Verfahren, aber nicht so weitgehend, wie sich ein öffentlicher Auftraggeber in Anbetracht der Möglichkeit, über *„alle Aspekte des Auftrags“* verhandeln zu können, erhoffen mag.

Ungleich bewerten die drei Länder die Frage, wie viele Dialogteilnehmer bei Beendigung der Dialogphase noch im Verfahren sein müssen. Wegen der fehlenden Möglichkeit der Abschichtung sind dies in Polen alle Dialogteilnehmer, in Deutschland und Österreich soweit möglich, mindestens zwei, wobei der österreichische Gesetzgeber in den Materialien davon auszugehen scheint, dass eine Reduktion auch auf einen Dialogteilnehmer möglich ist – eine Auffassung, die aufgrund des wettbewerbsbeschränkenden Effekts in der Angebotsphase hier nicht geteilt wird. In allen Ländern noch nicht geklärt ist auch, wann genau der Auftraggeber entscheiden kann, dass seine Bedürfnisse erfüllt sind und die Dialogphase beendet werden kann.

5. Aufforderung zur Angebotsabgabe

Nach Art. 29 Abs. 6 VKR 2004 fordern die öffentlichen Auftraggeber die Dialogteilnehmer nach Beendigung des Dialogs auf,

> *„auf der Grundlage der eingereichten und in der Dialogphase näher ausgeführten Lösungen ihr endgültiges Angebot einzureichen. Diese Angebote müssen alle zur Ausführung des Projekts erforderlichen Einzelheiten enthalten.“*

Während die deutschen Vorschriften[726] die europäische Vorgabe fast ganz wörtlich und ohne Ergänzungen übernehmen, sehen die polnischen und österreichischen Regelungen stärkere Gestaltungsrechte für die Auftraggeber vor.

So ist in Österreich geregelt, dass der Auftraggeber die Dialogteilnehmer nicht nur über den Abschluss der Dialogphase,[727] sondern auch über *„die Grundzüge der ausgewählten Lösung oder Lösungen“* unterrichtet. Die Materialien begründen dies wie folgt:

726 § 3 EG Abs. 7 Nr. 7 VOB/A, § 3 EG Abs. 7 lit. d S. 2 VOL/A.
727 So Art. 29 Abs. 6 S. 1 VKR, § 3 EG Abs. 7 Nr. 5–7 VOB/A, § 3 EG Abs. 7 S. 2 lit. d VOL/A, Art. 60e Abs. 2 UstPZP.

„Der Grund für die Bekanntgabe der ausgewählten Lösung oder der Lösungen an alle (daher auch an die in früheren Phasen des Dialoges bereits nicht weiter berücksichtigten) Teilnehmer des Dialoges liegt darin, dass diesen bekannt gegeben werden soll, welche Lösung ausgewählt wurde. Falls nämlich der Auftraggeber nach Nichtberücksichtigung einer Lösung aufgrund des Dialoges sich in weiterer Folge doch der (zuvor noch) nicht berücksichtigten Lösung annähert, sollen die davon betroffenen Unternehmer die Möglichkeit haben, diese Entscheidung zu bekämpfen."[728]

Damit verlagert der österreichische Gesetzgeber einen möglichen Angriffspunkt für unterlegene Bewerber/Bieter zeitlich nach vorne. Denn zuvor ausgeschiedene Bieter/Bewerber dürften mit dem Einwand, sie hätten die bezuschlagte Lösung auch anbieten können, bei der regulären Mitteilung innerhalb der Stillhaltefrist nach Mitteilung über die beabsichtigte Zuschlagserteilung präkludiert sein.

Nach Holoubek ist es wesentlich für den wettbewerblichen Dialog, dass die Angebote nur aufgrund der vom Bieter in der Dialogphase selbst vorgelegten und erarbeiteten Lösungen gelegt werden. Den vom Auftraggeber ausgewählten Dialogteilnehmern dürfen deshalb die Lösungen der anderen Teilnehmer bei Abschluss der Dialogphase *„nur in Grundzügen bekannt gegeben werden"*[729].

a. Anpassung der Beschreibung / Verdingungsunterlagen

Bei der Untersuchung der VKR 2004 wurde festgestellt, dass der öffentliche Auftraggeber in der Aufforderung zur Angebotsabgabe seine Anforderungen präzisieren und verschärfen kann, solange dies diskriminierungsfrei möglich ist. Dieses Vorgehen ist allerdings begrenzt durch die von den Dialogteilnehmern bereits belegte Eignung, die bekanntgemachten Nummern der CPV-Nomenklatur und die Kompatibilität mit der den Dialogteilnehmern mitgeteilten Bewertungsmatrix.[730] Außerdem sieht Art. 29 Abs. 6 S. 1 VKR 2004 vor, dass die Teilnehmer aufzufordern sind, *„auf Grundlage der eingereichten und in der Dialogphase näher aufgeführten Lösungen ihr endgültiges Angebot einzureichen"*. Dies schränkt nach hier vertretener Auffassung auch die Möglichkeit der Auftraggeber ein, die Beschreibung (und ggf. eine reguläre Leistungsbeschreibung) nicht nur an die Dialogergebnisse anzupassen, sondern neue Elemente, die nicht Gegenstand des Dialogs waren, anzufügen.

Auch wenn das deutsche Recht eine solche Regelung nicht ausdrücklich vorsieht, ist eine Anpassung der Beschreibung zum Ende der Dialogphase in den von den Vergabekoordinierungsrichtlinien gesetzten Grenzen auch in Deutschland gleichwohl nicht ausgeschlossen. Während in Deutschland zur Anpassbarkeit der Beschreibung jedoch keine besonderen Regeln – und damit die europäischen Grundsätze – gelten, sehen die österreichischen und die polnischen Vorschriften ausdrücklich vor, dass

728 BVergG, Materialien zu den §§ 159 bis 162.

729 Holoubek/Fuchs/Holzinger, Vergaberecht, S. 130 f.

730 Vgl. auch oben unter D.II.5.

der Auftraggeber vor der Legung der Angebote die Beschreibung der Bedürfnisse und Anforderungen anpasst.

Das österreichische Recht sieht eine Anpassung der Beschreibung *„gegebenenfalls entsprechend den Ergebnissen der Erörterung"* vor, § 162 Abs. 1 S. 2 BVergG.[731] Da die Beschreibung als einheitliches Dokument allen zur Abgabe eines Angebots aufzufordernden Bewerbern zur Verfügung gestellt wird, soll eine Anpassung der Beschreibung allerdings nur insoweit erfolgen können, als sie von allen verhandelten Lösungsvorschlägen erfasst wird.[732]

Der polnische Art. 60e UstPZP bestimmt zweierlei: Zum einen kann der Auftraggeber *„vor der Aufforderung, Angebote zu legen, Änderungen an den Bedingungen vornehmen, die Gegenstand des Dialogs waren"* (Abs. 2). Des Weiteren ist in Abs. 3 geregelt, dass der Auftraggeber *„zusammen mit der Aufforderung zur Angebotsabgabe auf Grundlage der im Dialog gemachten Lösungsvorschläge eine Leistungsbeschreibung übergibt."*[733] Aus der Formulierung des Gesetzes lässt sich nicht entnehmen, ob der polnische Auftraggeber eine Leistungsbeschreibung – die nach Art. 36 Abs. 1 Nr. 3 UstPZP technische Spezifikationen enthalten muss – einheitlich für alle Dialogteilnehmer erstellen muss, oder ob verschiedene Lösungsvorschläge auch in entsprechend verschiedenen Leistungsbeschreibungen abgebildet werden können. Bemerkenswerter Weise scheint die polnische Literatur überwiegend davon

---

731 Hierzu wird in den Materialien zu den §§ 159 bis 162 BVergG ausgeführt: *„Um das Instrument des wettbewerblichen Dialogs handhabbar zu machen, ist es jedenfalls erforderlich, dass der Auftraggeber im Zuge der Aufforderung zur Angebotsabgabe die Möglichkeit hat, die Beschreibung entsprechend den Ergebnissen der Erörterungen während der Dialogphase anzupassen. Diese Möglichkeit soll aber nicht unbegrenzt eingeräumt werden, daher sollen die Schranken für die Angebotsänderung nach Angebotsabgabe (keine Änderung grundlegender Elemente gemäß Art. 29 Abs. 6 zweiter UAbs. der RL 2004/18/EG) auch für dieses Stadium vorgesehen werden. [...] Die Anpassung muss allerdings auf der Grundlage der Ergebnisse der Erörterungen erfolgen. Unzulässig wäre es demnach, im Zuge der Aufforderung zur Angebotsabgabe in die Beschreibung Aspekte aufzunehmen, die in der Dialogphase nicht erörtert worden sind, oder Abänderungen in Richtung einer Lösung vorzunehmen, die bereits ausgeschieden wurde. Eine Abänderung der Beschreibung ist wohl dann als unzulässig anzusehen, wenn die abgeänderte Beschreibung dazu führen würde, dass einzelne Lösungen, die im Zuge der Dialogphase nicht weiter berücksichtigt worden sind, nunmehr als bestgeeignet anzusehen wären.*
Aus § 162 Abs. 1 letzter Satz ergibt sich, dass für die Beschreibung im Zuge der Aufforderung zur Angebotsabgabe hinsichtlich ihrer Detailliertheit höhere Anforderungen gelten als für die Beschreibung, die im Zuge der Aufforderung zur Teilnahme (§ 160 Abs. 9) zur Verfügung gestellt wird."

732 Holoubek/Holzinger in: Schramm/Aicher/Fruhmann, Bundesvergabegesetz 2006, § 162 Rn. 6.

733 Im Original: *„Wraz z zaproszeniem do składania ofert, na podstawie rozwiązań przedstawionych podczas dialogu, zamawiający przekazuje specyfikację istotnych warunków zamówienia."*

auszugehen, dass eine für alle einheitliche Leistungsbeschreibung zu erstellen ist, die sich dann aber auf eine oder auch mehrere Lösungen beziehen kann.[734] Diese Auffassung legt die Anforderung des Art. 29 Abs. 6 S. 1 VKR 2004, dass die *Angebote „auf Grundlage"* der in der Dialogphase behandelten Lösungsvorschläge einzureichen sind, so aus, dass es genügt, wenn die Leistungsbeschreibung überhaupt auf Lösungen aus der Dialogphase fußt.

Kombiniert mit der Bedingung, dass in Polen die Angebote auf Grundlage der Lösungen der Dialogphase erfolgen müssen,[735] eine Abschichtung innerhalb der Dialogphase nicht vorgesehen ist und alle Dialogteilnehmer auch zur Abgabe eines Angebots aufzufordern sind,[736] erscheinen die Hürden für die Erstellung einer nichtdiskriminierenden Leistungsbeschreibung allerdings sehr hoch. Stachowiak stellt hierzu lapidar fest, dass die Erlaubnis, aus den vorgestellten Lösungen zur Vervollständigung der Leistungsbeschreibung auszuwählen, nicht die Erlaubnis umfasse, dies in einer den Wettbewerb oder die Gleichbehandlung der Dialogteilnehmer einschränkenden Art und Weise zu tun.[737] Bogacz gesteht dem öffentlichen Auftraggeber zu, dass er bei der Erstellung der Verdingungsunterlagen nicht alle im Dialog vorgeschlagenen Lösungen berücksichtigen müsse, die sich durchaus widersprechen könnten. Er müsse aber die Lösungsvorschläge berücksichtigen, die seine Bedürfnisse am vollständigsten erfüllten.[738]

Sofern der Auftraggeber also gehalten ist, eine einheitliche Leistungsbeschreibung für alle Dialogteilnehmer zu erstellen, bedeutet dies, dass wahrhaft innovative Ansätze kaum ihren Niederschlag in der Leistungsbeschreibung finden werden. Zum einen erscheint unwahrscheinlich, dass die vorlegenden Dialogteilnehmer ihre Zustimmung zur Verwendung der innovativen Elemente ihrer Lösungsvorschläge geben werden, zum anderen werden in einem solchen Fall die übrigen Dialogteilnehmer unter Umständen gar nicht in der Lage sein, den Auftrag auszuführen und würden so diskriminiert. Diese Einschränkungen gen Ende des Dialogs sollte der polnische Auftraggeber bereits im Blick haben, wenn er die Beschreibung der Bedürfnisse und Anforderungen vor Beginn der Dialogphase erstellt. Er muss berücksichtigen, dass am Ende der Dialogphase alle vorgeschlagenen Lösungen in

---

734 Pieròg, Prawo zamówień publicznych, Art. 60e, Rn. 5; Płużański, Prawo zamówień publicznych, Art. 60e, Rn. 1.

735 A.A. Płużański, Prawo zamówień publicznych, Art. 60e, Rn. 1.

736 Płużański, Prawo zamówień publicznych, Art. 60e, Rn. 2.

737 Stachowiak in: Stachowiak/Jerzykowski/Dzierżanowski, Prawo zamówień publicznych. Komentarz, Art. 60e, Rn. 1. Granecki und Płużański sind sogar der Auffassung, dass die Leistungsbeschreibung auch von den grundlegenden Elementen der Ausschreibung abweichen kann, was mit den Vergabegrundsätzen kaum zu vereinbaren ist, Granecki, Prawo zamówień publicznych, Art. 60e, Rn. 2; Płużański, Prawo zamówień publicznych, Art. 60e, Rn. 1.

738 Bogacz in Bogacz/Łempicka/Pyliński, Ustawa o partnerstwie publiczno-prywatnym, Art. 60e, Rn. 3.

einer zumindest funktionalen Leistungsbeschreibung ggf. mit Varianten abgebildet werden müssen und die Beschreibung entsprechend eng fassen.[739]

Eine andere Möglichkeit ist, dass der polnische Auftraggeber für jeden Dialogteilnehmer auf Grundlage dessen Lösungsvorschlags eine Leistungsbeschreibung im Rahmen der Ausschreibung erstellt. Der Aufwand hierfür hielte sich für den Auftraggeber zumindest dann in Grenzen, wenn er die Lösungsvorschläge der Dialogteilnehmer zuvor bis in die Form indikativer Angebote zu Ende verhandelt.

b. Anpassung von Zuschlagskriterien

Bereits im Rahmen der Prüfung der sukzessiven Abschichtung der Lösungsvorschläge in der Dialogphase auf EU-Ebene wurde unter Einbeziehung der deutschen Literatur die Auffassung vertreten, dass die Zuschlagskriterien und ihre Gewichtung während des gesamten Verfahrens nicht verändert, sondern allenfalls auf nicht diskriminierende Weise präzisiert werden dürfen.[740] Dies gilt mangels besonderer Regelungen im deutschen Recht auch für den deutschen öffentlichen Auftraggeber.

Das österreichische Recht gestattet es dem Auftraggeber hingegen nach § 162 Abs. 4 BVergG ausdrücklich, auch die Zuschlagskriterien im Zuge der Aufforderung zur Angebotsabgabe anzupassen. Dabei bestimmt § 162 Abs. 1 BVergG einschränkend, dass die Anpassung nicht zu einer Änderung der grundlegenden Elemente der Bekanntmachung sowie der Beschreibung führen darf, die den Wettbewerb verfälschen oder sich diskriminierend auswirken würde.

Holoubek/Holzinger weisen darauf hin, dass der Auftraggeber bei Beendigung der Dialogphase festgestellt habe, dass mehrere Lösungen *„am besten geeignet"* seien, um seine Bedürfnisse und Anforderungen zu erfüllen. Es könne sich somit als notwendig erweisen, die Zuschlagskriterien so anzupassen, dass eine Bestbieterermittlung auf Grundlage der anpassten Zuschlagskriterien möglich werde. Zwar dürften einzelne Zuschlagskriterien nicht gänzlich gestrichen oder hinzugefügt werden. Eine Vervollständigung durch Unterkriterien bzw. eine Verschiebung der Gewichtung zwischen den Kriterien sei hingegen durchaus zulässig.[741] Dieser weiten Auslegung kann nicht zugestimmt werden. Insbesondere die Verschiebung der Gewichtung von bekannt gemachten Kriterien kann zu einer Diskriminierung einzelner Bieter führen. Der Dialog wurde im Hinblick auf einen Lösungsvorschlag vor dem Hintergrund einer bestimmten Bewertungsmatrix geführt. Bei einer Bewertungsmatrix mit einer anderen Gewichtung kann nicht ausgeschlossen werden, dass die Bewerber ihre Lösungsvorschläge bereits im Dialog anders konzipiert und damit eine andere Angebotsgrundlage entwickelt hätten.

---

739 Dabei darf bei technischer Komplexität allerdings nicht der Detailgrad regulärer technischer Spezifikationen erreicht werden, da andernfalls der Anwendungsbereich des wettbewerblichen Dialogs gar nicht erst eröffnet wäre.

740 Siehe oben unter D.II.4.g.cc.

741 Holoubek/Holzinger in: Schramm/Aicher/Fruhmann, Bundesvergabegesetz 2006, § 162 Rn. 11.

Auch das Argument, dass mehrere Lösungsvorschläge vorliegen werden, die die Bedürfnisse und Anforderungen des Auftraggebers *„am besten“* erfüllen können, überzeugt nicht. Das Argument scheint zu implizieren, dass in diesem Fall eine Zuschlagserteilung schlechterdings nicht möglich wäre.

Nach der hier vertretenen Auffassung ist § 161 Abs. 4 BVergG europarechtskonform dahingehend auszulegen, dass eine Änderung der Zuschlagskriterien auch im wettbewerblichen Dialog nur als Präzisierung im Rahmen der vom EuGH aufgestellten Grundsätze erfolgen kann.[742] Unter Verweis auf die Rechtsprechung des EuGH hat auch das österreichische BVA ausgeführt, dass sich der Auftraggeber auch im wettbewerblichen Dialog während des gesamten Vergabeverfahrens an dieselbe Auslegung der Zuschlagskriterien halten muss und diese Zuschlagskriterien nicht ändern darf.[743]

Nach Artt. 60c Abs. 1, 48 Abs. 2 Nr. 10 UstPZP gibt der polnische Auftraggeber die Zuschlagskriterien und ihre Gewichtung bereits in der Bekanntmachung an. Erst seit Februar 2013 sieht das UstPZP die Möglichkeit vor, die Zuschlagskriterien in absteigender Reihenfolge ihrer Bedeutung zu benennen, wenn es aufgrund der Komplexität des Vertrags *„an diesem Punkt des Verfahrens“* nicht möglich ist, die Gewichtung der Zuschlagskriterien zu bestimmen, Art. 60c Abs. 1a UstPZP. In der zu erstellenden Leistungsbeschreibung können die in absteigender Reihenfolge angegebenen Zuschlagskriterien nach Auffassung des polnischen Vergabeamtes präzisiert werden, dürfen jedoch nicht zu einer Verschiebung der eingangs bekannt gemachten Reihung führen.[744]

c. *Anzahl der zu legenden Angebote*

Wenn die Dialogteilnehmer in der Dialogphase mehrere Lösungen verhandelt haben, ist es denkbar, dass der öffentliche Auftraggeber einen Dialogteilnehmer zur Abgabe mehrerer Angebote auf Grundlage seiner unterschiedlichen Lösungsvorschläge auffordert.

Nach Auffassung des OLG Düsseldorf stehen der Legung mehrerer technisch unterschiedlicher Angebote keine vergaberechtlichen Grundsätze entgegen.[745] Auch

742 So auch Trieb, Wettbewerblicher Dialog und Verhandlungsverfahren, S. 104.

743 BVA, Bescheid vom 12. Oktober 2011, N/0074-BVA/11/2011-40.

744 Bajda, Pozostałe zmiany w Prawie zamówień publicznych dotyczące zamówień w dziedzinach obronności i bezpieczeństwa, in: Sadowy/Brankom, Nowelizacja ustawy Prawo zamówień publicznych z dnia 12 października 2012 r., S. 150 ebenso die offizielle Opinia Urzędu Zamówień Publicznych vom 1. Februar 2013, Informator Urzędu Zamówień Publicznych 2013/2, S. 124. Gorczynska berichtet, dass es in der Praxis gleichwohl zu Anpassungen der Zuschlagskriterien gekommen sei, Gorczynska in: Arrowsmith/Treumer, Competitive dialogue in EU procurement, S. 441.

745 OLG Düsseldorf, Beschluss vom 9. März 2011, VII-Verg 52/10.

in Österreich ist die Legung mehrerer Hauptangebote grundsätzlich möglich.[746] In Polen darf allerdings nach der allgemeinen Regel des Art. 82 Abs. 1 UstPZP ein Unternehmen nur ein Angebot für jedes Los abgeben, ggf. unter Beifügung von Varianten, Art. 83 Abs. 1 UstPZP.

d. Vergleichende Zusammenfassung: Aufforderung zur Angebotsabgabe

Bei dem Übergang von der Dialogphase zur Angebotsphase unterscheiden sich die untersuchten nationalen Regeln:

Die deutsche Umsetzung hat sich im Wesentlichen am Wortlaut der VKR 2004 orientiert. Der deutsche öffentliche Auftraggeber erhält damit keine Hilfestellung, erfährt aber auch keine weiteren Einschränkungen. Zwar gilt für Bauaufträge das Verbot der Auferlegung ungewöhnlicher Wagnisse – ein Verstoß gegen dieses kann jedoch durch die ausreichende Behandlung der Risikoverteilung in der Dialogphase vermieden werden.

Als schwieriger im Umgang erweist sich die polnische Regelung. Die Erstellung einer einheitlichen Leistungsbeschreibung für alle Dialogteilnehmer birgt ein erhebliches Diskriminierungspotential. Eine Verfahrensgestaltung, die mit den Vergabegrundsätzen konform ist, wird sich nur in den Fällen realisieren lassen, in denen die Lösungen ohnehin nicht weit voneinander abweichen und sich daher unter eine gemeinsame Leistungsbeschreibung fassen lassen. Damit wird die mögliche Reichweite des Verfahrens eingeschränkt und die Erreichung des angedachten Ziels, den Wettbewerb auch auf nicht beschreibbare Auftragsgegenstände auszuweiten, gefährdet. Insbesondere in Anbetracht dessen, dass eine Abschichtung der Lösungsvorschläge nicht vorgesehen ist, ist den polnischen Auftraggebern daher zu raten, für jeden Dialogteilnehmer eine gesonderte Leistungsbeschreibung zu erstellen.

Die österreichische Umsetzung sieht ausdrücklich vor, die Beschreibung einschließlich der Zuschlagskriterien vor der Aufforderung zur Angebotsabgabe noch einmal anzupassen. Das BVergG stellt dies zwar unter den Vorbehalt, dass die Änderungen nicht diskriminierend wirken oder den Wettbewerb verfälschen dürfen, die Literatur tendiert an dieser Stelle jedoch zu einer größeren Flexibilität als tatsächlich besteht.

6. Bewertung der Angebote und Erteilung des Zuschlags

Soweit mit dem Übergang zur Angebotsphase keine Leistungsbeschreibung erstellt wurde, sind beim wettbewerblichen Dialog einer Prüfung nach den Vorgaben für Angebote in den Regelverfahren nur die Angebotsbestandteile zugänglich, die der öffentliche Auftraggeber in der Beschreibung der Bedürfnisse und Anforderungen oder in der Aufforderung zur Angebotsabgabe detailliert beschrieben hat. Soweit der Auftraggeber auf eine Präzisierung der Beschreibung nach Abschluss Beschreibung nach Abschluss der Dialogphase verzichtet hat, ergibt sich aus der Formulierung,

746 BVA, Bescheid vom 5. März 2012, N/0011-BVA/04/2012-15.

dass die Angebote *„auf Grundlage“* der in der Dialogphase verhandelten Lösungsvorschläge einzureichen sind, eine Einschränkung hinsichtlich des möglichen Umfangs der Angebote.[747]

a. *Die Prüfung der Angebote*

Keines der untersuchten Regime sieht spezifische Regeln für die Prüfung von Angeboten, die im wettbewerblichen Dialog gelegt wurden, vor. Damit können die öffentlichen Auftraggeber jeweils auf die allgemeinen Regeln zur Prüfung von Angeboten zurückgreifen.

Die österreichischen §§ 159 bis 162 BVergG enthalten allerdings keinen Verweis auf die §§ 122 ff. BVergG, welche die Prüfung der Angebote und die Erteilung des Zuschlags regeln. Damit sind sie nach § 159 Abs. 1 BVergG nominell nicht auf den wettbewerblichen Dialog anwendbar. Dem Gesetzeswortlaut nach sind die österreichischen Auftraggeber damit frei in der Gestaltung der Angebotsöffnung und Prüfung, soweit sie nicht gegen Vorgaben aus der VKR 2004 oder die allgemeinen Vergabegrundsätze verstoßen. Es ist allerdings zu erwarten, dass die Auftraggeber sich auch im wettbewerblichen Dialog an den bestehenden Regeln zur Angebotswertung einschließlich der ausführlichen Regeln zur Behandlung mangelhafter Angebote (§§ 126 ff BVergG) orientieren werden.[748]

Entsprechend der Vorgabe von Art. 29 Abs. 6 S. 1, 2 VKR 2004 sehen die deutschen und österreichischen Vorschriften ausdrücklich vor, dass die Angebote alle zur Ausführung des Projekts erforderlichen Einzelheiten enthalten müssen – eine Vorgabe, die sich für den polnischen Gesetzgeber erübrigt, da er vor Angebotsaufforderung ohnehin die Erstellung einer regulären Leistungsbeschreibung vorsieht.[749]

Darüber hinaus hat die KIO aus der Möglichkeit des Art. 87 Abs. 1a UstPZP, die es speziell im wettbewerblichen Dialog noch erlaubt, Präzisierungen, Verbesserungen und Ergänzungen abzufragen, geschlossen, dass im wettbewerblichen Dialog grundsätzlich verschiedene Mängel des Angebots zu tolerieren sind.[750] In Anbetracht dessen, dass in Polen die Angebote auf Grundlage einer vom öffentlichen Auftraggeber erstellten Leistungsbeschreibung abgegeben werden, erscheint es allerdings nicht zwingend, dass für den wettbewerblichen Dialog weitere Anpassungsmöglichkeit bestehen sollen als für die übrigen Verfahren.

---

747 Die VKR 2004 macht hierzu für den wettbewerblichen Dialog keine besonderen Vorschriften, siehe oben unter D.II.7 und D.II.6.b.

748 So zumindest ohne nähere Begründung und unter bloßer Bezugnahme auf deutsche Quellen Trieb, Wettbewerblicher Dialog und Verhandlungsverfahren, S. 109.

749 § 3 EG Abs. 7 Nr. 7 S. 1, 2 VOB/A, § 3 EG Abs. 7 lit. d S. 2 VOL/A, § 161 Abs. 1 S. 1, Abs. 2 BVergG, Art. 60e Abs. 2, 3 UstPZP. Zur deutschen Version der VKR 2004, die von „Einzelheiten“, im Gegensatz zu den „Elementen“ anderer Sprachversionen spricht, siehe oben unter D.II.6.b.

750 KIO, Urteil vom 20. Januar 2012, KIO 2814/11und 2819/11.

Auch in Deutschland, wo die Angebote an sich zuschlagsreif sein müssen, der Auftraggeber also ohne weiteres Zutun des Bieters den Vertragsschluss herbeiführen können muss, dürfen die Angebote in dem Rahmen, in dem noch Feinabstimmungen möglich sind bzw. der Bestbieter noch um die Bestätigung von Zusagen gebeten werden kann, unvollständig sein.[751] Dies wird ebenso für Österreich vertreten.[752]

b. „Feinabstimmungen" der Angebote

Art. 29 Abs. 6 UAbs. 2 VKR 2004, welcher dem öffentlichen Auftraggeber die Möglichkeit eröffnet, *„Klarstellungen, Präzisierungen und Feinabstimmungen"* zu den abgegebenen Angeboten abzufragen[753] findet seine Entsprechung in § 3 EG Abs. 7 Nr. 7 VOB/A bzw. § 3 EG Abs. 7 lit. d S. 3, 4 VOL/A, Art. 87 Abs. 1 und 1a UstPZP, § 162 Abs. 4 S. 1 BVergG.[754]

Dabei hat der österreichische Gesetzgeber die Anforderung der VKR 2004, dass Nachfragen und ggf. Ergänzungen nicht zu Änderungen der grundlegenden Elemente des Angebots oder der Ausschreibung führen dürfen, die den Wettbewerb verfälschen oder sich diskriminierend auswirken könnten, das gemeinschaftsrechtliche Tatbestandsmerkmal der *„Ausschreibung"*, welche sich aus Bekanntmachung und den weiteren Vergabeunterlagen zusammensetzt, auf *„die Beschreibung"* verengt. Dies mag vor dem Hintergrund erfolgt sein, dass der österreichische Auftraggeber die Möglichkeit hat, die Beschreibung auf Grund der Dialogphase anzupassen. Dies darf jedoch keine diskriminierenden Auswirkungen haben, weder auf die Dialogteilnehmer noch auf Wirtschaftsteilnehmer, für die das Verfahren erst nach der Änderung attraktiv geworden wäre. In unionsrechtskonformer Auslegung können die grundlegenden Elemente der Beschreibung daher niemals andere sein, als die der Ausschreibung einschließlich der Bekanntmachung. Trieb stellt dann auch fest, dass im Rahmen der Feinabstimmungen Verhandlungen über die Angebote in Österreich nicht zulässig sind, beschäftigt sich aber nicht näher mit dem möglichen Inhalt der Feinabstimmungen.[755]

Art. 87 Abs. 1a UstPZP erweitert die im polnischen Recht ohnehin vorgesehene Möglichkeit, Klarstellungen zum Angebot einzuholen, um die in Art. 29 Abs. 6 UAbs. 2 VKR 2004 eröffnete Möglichkeit, Präzisierungen und Feinabstimmungen zu fordern. Die KIO hat entschieden, dass der Auftraggeber verpflichtet sein kann,

---

751 Kulartz in: Kulartz et al., Kommentar zur VOB/A § 3 EG, Rn. 129; Schneider in: Kapellmann und Messerschmidt, VOB Teile A und B, § 3 EG, Rn. 63; a.A. Eichler in: Montag/Säcker, Münchener Kommentar zum Europäischen und Deutschen Wettbewerbsrecht (Kartellrecht), Band 3 - Beihilfen- und Vergaberecht, Vorbemerkung zu den §§ 97 ff. GWB, Rn. 318.

752 Holoubek/Holzinger in: Schramm/Aicher/Fruhmann, Bundesvergabegesetz 2006, § 162 Rn. 9.

753 Vgl. oben unter D.II.7.a.

754 Diese Möglichkeit besteht in Polen seit Juni 2007.

755 Trieb, Wettbewerblicher Dialog und Verhandlungsverfahren, S. 105 ff.

Ergänzungen und Erläuterungen abzufragen, wenn ein Angebot dadurch ohne wesentliche Änderungen zuschlagsfähig gemacht werden kann.[756] Eine Verhandlungsmöglichkeit soll jedoch nicht eröffnet sein.[757] Als eine wesentliche und daher unzulässige Änderung hat die polnische nationale Beschwerdekammer KIO die Veränderungen von Fristen für die Auftragsausführung und das Nachreichen fehlender Vertragsteile angesehen,[758] Feinabstimmungen hinsichtlich der Preisgestaltung aber grundsätzlich für möglich erachtet.[759]

Granecki sieht bemerkenswerter Weise eine Änderung mit Sicherheit erst dann als unzulässig an, wenn die Feinabstimmungen zu einem Angebot führen, welches vollkommen vom vorherigen abweicht.[760] Dies mag daran liegen, dass der polnische Gesetzestext auch so gelesen werden kann, dass eine *„wesentliche Änderung des Angebotsinhalts“*[761] nicht zulässig sein soll. Dies geht weiter als die Vorgabe des Art. 29 Abs. 6 VKR 2004, der bereits Änderungen *„grundlegender Elemente des Angebots oder der Ausschreibung“* als unzulässig erachtet und auch für die Feinabstimmungen in Polen Maßstab sein muss.

Vergleichsweise ausführlich diskutiert wird die Möglichkeit der Feinabstimmungen in der deutschen Literatur. So ist Eichler der Auffassung, dass dem Auftraggeber im wettbewerblichen Dialog grundsätzlich kein größerer Spielraum zur Verfügung stehe als im Rahmen des offenen, nichtoffenen oder Verhandlungsverfahrens,[762] gesteht dem Auftraggeber im Verhandlungsverfahren allerdings ebenfalls die Möglichkeit zu, Präzisierungen, Klarstellungen und Ergänzungen zu verlangen, die weder die grundlegenden Elemente des Angebotes noch der Ausschreibung ändern dürfen.[763]

Nach Kulartz können über die Feinabstimmung insbesondere noch Gremien- oder Finanzierungsvorbehalte beseitigt werden und so die kostenintensive Prüfung des Projekts durch die an der Projektfinanzierung beteiligten Banken begrenzt

756 KIO, Urteil vom 31. Mai 2010, KIO/UZP 887/10. A.A. Babiarz et al., Prawo zamówień publicznych, Art. 87, Rn. 3, nach dem die Ergänzungen nicht dazu dienen können sollen, Zweifel an der Zuschlagsfähigkeit der Angebote zu beseitigen.

757 KIO, Urteil vom 25. März 2011, KIO 510/11; Pieròg, Prawo zamówień publicznych, Art. 87, Rn. 14.

758 KIO, Urteil vom 3. August 2010, KIO 1478/10.

759 KIO, Urteil vom 26. Juni 2009, KIO/UZP 737/09.

760 Granecki, Prawo zamówień publicznych, Art. 87, Rn. 2.

761 *„Niedopuszczalne jest dokonywanie istotnych zmian w treści ofert oraz zmian wymagań zawartych w specyfikacji istotnych warunków zamówienia“*. So auch in der Tendenz die KIO mit Urteil vom 5. Oktober 2010, KIO 2781/11.

762 Eichler in: Montag/Säcker, Münchener Kommentar zum Europäischen und Deutschen Wettbewerbsrecht (Kartellrecht), Band 3 - Beihilfen- und Vergaberecht, Vorbemerkung zu den §§ 97 ff. GWB, Rn. 319.

763 Niestedt/Eichler in: Montag/Säcker, Münchener Kommentar zum Europäischen und Deutschen Wettbewerbsrecht (Kartellrecht), Band 3 - Beihilfen- und Vergaberecht, Vorbemerkung zu den §§ 97 ff. GWB, Rn. 254.

werden.[764] Es ist allerdings fraglich, ob gerade bei Großprojekten, bei denen die Finanzierer in der Regel von Beginn an das Verfahren mit verfolgen und bestimmen, sich durch die Möglichkeit der Feinabstimmung substanzielle Kostenersparnisse realisieren lassen. Gleichwohl ist es unbestritten eine Erleichterung, wenn ein Großprojekt nicht scheitern muss, wenn zum Zeitpunkt der Angebotslegung von vielen auf Seiten des Bieters abzuklärenden Punkten einer noch nicht abgeschlossen ist bzw. auf den Zeitpunkt gelegt werden kann, wenn der Bestbieter feststeht. Nicht zuletzt die genauen Finanzierungskonditionen reagieren auf Zeitabläufe sensibel, so dass die finanzierenden Banken unter Umständen erst bereit sind, die Konditionen endgültig festzuschreiben, wenn feststeht, dass der Bieter als Bestbieter ausgewählt wurde.

Am stichhaltigsten dürfte der Hinweis von Schneider sein, dass die Bieter in Deutschland im wettbewerblichen Dialog ihre Angebote eben nicht auf Grundlage einer Leistungsbeschreibung abgegeben haben. Dies erfolgt vielmehr auf Grundlage einer weiter gefassten Beschreibung der Bedürfnisse und Anforderungen und der zuvor eingereichten Lösungen, die maximal das Stadium indikativer Angebote erreicht haben. Damit seien es faktisch die Bieter, die die Leistungsbeschreibung erstellten, was schon deswegen einen erhöhten Klärungsbedarf seitens des Auftraggebers erwarten lasse, der im Wege der Feinabstimmungen erfüllt werden könne.[765]

c. *Anlegung der Zuschlagskriterien*

Bei der Bestimmung des wirtschaftlichsten Angebots sieht die VKR 2004 keine besonderen Regeln für Angebote, die im Rahmen eines wettbewerblichen Dialogs gelegt werden, vor. Faktisch kann der öffentliche Auftraggeber allerdings vor der Aufgabe stehen, sehr unähnliche Angebote miteinander vergleichen zu müssen. Der Grad der Schwierigkeit der Bewertung der Angebote hängt davon ab, inwieweit Varianzen durch den öffentlichen Auftraggeber (in Abhängigkeit von den gesetzlichen Vorgaben, denen er jeweils unterworfen ist) im Laufe des Verfahrens zugelassen worden sind. Als maßgebliche Stellschrauben sind an dieser Stelle die Beschreibung der Bedürfnisse und insbesondere der Anforderungen zu nennen sowie Zulassung von Varianten und die Strukturierung der Dialogphase, in der es nach der VKR 2004 der Auftraggeber in der Hand hat, die Bandbreite der Lösungsvorschläge im Laufe des Verfahrens einzuengen oder nicht.

Die Situation ist jedoch letztlich keine andere, als die, der sich der öffentlichen Auftraggeber gegenübersieht, wenn er von der Möglichkeit Gebrauch gemacht hat, schon im Dialog Lösungsvorschläge abzuschichten.[766]

---

764 Kulartz in: Kulartz et al., Kommentar zur VOB/A § 3 EG, Rn. 129. Nicht recht deutlich wird aus Kulartz' Ausführungen, ob die Vorbehalte im Wege des Finetunings zu beseitigen sind oder ob es möglich ist, dass nur der Bestbieter hierzu aufzufordern ist.

765 Schneider in: Kapellmann und Messerschmidt, VOB Teile A und B, § 3 EG, Rn. 58 f.

766 Hierzu siehe oben unter E.III.4.g.

Soweit in Polen eine einheitliche Leistungsbeschreibung für alle Bieter erstellt wurde, unterscheidet sich hier die Erteilung des Zuschlags nicht von der Zuschlagserteilung in den übrigen Verfahren.

d. Interaktion mit dem Bestbieter

Nach Art. 29 Abs. 7 UAbs. 2 VKR 2004 kann der öffentlichen Auftraggeber den Bieter, dessen Angebot als das wirtschaftlich günstigste ermittelt wurde, ersuchen, bestimmte Aspekte des Angebots näher zu erläutern oder im Angebot enthaltene Zusagen zu bestätigen, sofern dies nicht dazu führt, dass wesentliche Aspekte des Angebots oder der Ausschreibung geändert werden, und sofern dies nicht die Gefahr von Wettbewerbsverzerrungen oder Diskriminierungen mit sich bringt.[767]

Zum Teil wird auch in Deutschland, das die EU-Vorgaben deckungsgleich umgesetzt hat,[768] in Anlehnung an die insbesondere in England geführte Diskussion[769] vertreten, dass auch nach Identifizierung des Bestbieters mit diesem noch Verhandlungen über den Vertragsinhalt geführt werden dürfen und ggf. zu für den Auftraggeber günstigeren Preisen führen dürfen.[770] Dies wurde in Anbetracht des hohen Diskriminierungspotentials bereits im Rahmen der Untersuchung der VKR 2004 abgelehnt.[771] Eine Stärkung erfährt die Position der Befürworter von Verhandlungen auch nicht durch den neuen Art. 30 Abs. 7 UAbs. 2 VKR 2014, welcher ausdrücklich von Verhandlungen mit dem Bestbieter spricht. Denn auch diese Verhandlungen stehen unter dem Vorbehalt, dass weder die Angebote noch die Ausschreibung grundlegend geändert werden noch die Gefahr von Wettbewerbsverzerrungen und Diskriminierungen besteht. Burgi weist schließlich darauf hin, dass die Auftraggeber in der Praxis von einer weiteren Kontaktaufnahme mit dem Bestbieter möglichst absehen, es sei denn, es handelt sich um kleinere Punkte, die keinen Einfluss auf die Reihung der Bieter haben können.[772]

Auch die österreichische Umsetzung in § 162 Abs. 5 BVergG folgt der Formulierung in Art. 29 Abs. 7 VKR 2004, wobei hier wiederum die Beschreibung als äußere Grenze fungiert, deren wesentliche Elemente nicht berührt werden dürfen. Die richtlinienkonforme Auslegung fordert aber auch hier, dass diese Einschränkung auch für die wesentlichen Elemente der Bekanntmachung gilt, vgl. Art. 29 Abs. 7 UAbs. 2 VKR 2004.

Das polnische Gesetz erwähnt eine besondere Interaktionsmöglichkeit mit dem Bestbieter nicht. Es bleibt also bei der allgemeinen Regelung des Art. 87 Abs. 1 UstPZP, wonach der Auftraggeber sich von allen Bietern bestimmte Teile

---

767 Hierzu siehe oben unter D.II.7.c.
768 § 3 EG Abs. 7 Nr. 8 S. 2 VOB/A und § 3 EG Abs. 7 lit. e VOL/A.
769 Hierzu siehe oben unter D.II.7.c.
770 Schneider, Der Wettbewerbliche Dialog im Spannungsfeld der Grundsätze des Vergaberechts, S. 178.
771 Siehe oben unter D.II.7.c.
772 Burgi in: Arrowsmith/Treumer, Competitive dialogue in EU procurement, S. 333.

des Angebots erläutern lassen kann. Damit entfällt allerdings die in der VKR 2004 genannte Möglichkeit, erst jetzt im Angebot enthaltene Zusagen zu bestätigen.[773]

e. *Vergleichende Zusammenfassung: Bewertung der Angebote und Erteilung des Zuschlags*

In allen untersuchten Länder legt die Literatur aufgrund der Möglichkeit, Feinabstimmungen abzufragen, im Vergleich zu den übrigen Verfahren weniger strenge Maßstäbe an die Vollständigkeit der Angebote. Dies ist im Falle Polens durchaus bemerkenswert, da die Bieter hier die Angebote auf Grundlage einer vom Auftraggeber nach Abschluss der Dialogphase erstellten Leistungsbeschreibung erarbeiten.

Im Übrigen gibt es in den Ländern unterschiedliche Tendenzen dahingehend, in welchen Grenzen sich Feinabstimmungen und die Abfrage finaler Zusagen genau bewegen können. So ist in Polen ein Angebot durch Feinabstimmungen erst dann zu sehr verändert, wenn das Angebot vollständig geändert wird, während in Österreich der anzulegende Maßstab von Bekanntmachung und Vergabeunterlagen auf die (geänderte) Beschreibung verengt und die Bekanntmachung nicht berücksichtigt wird. Damit können die Änderungen in beiden Ländern über das durch die VKR 2004 gestattete Maß hinausgehen, so dass es hier einer einschränkenden richtlinienkonformen Auslegung bedarf.

Das gilt auch für die österreichische Umsetzung der Interaktion mit dem Bestbieter, die ebenfalls nur eine Grenze bei der Abänderung wesentlicher Elemente der Beschreibung zieht. Polen hingegen sieht eine weitere Interaktion mit dem Bestbieter nicht mehr vor, während sie in Deutschland zwar zulässig ist, aber in der Praxis eher vermieden wird.

Die untersuchten Länder scheinen es damit nicht geschafft zu haben, die europarechtlichen Vorgaben an die Bewertung der Angebote und die Erteilung des Zuschlags gewinnbringend umzusetzen. Insbesondere geben sie ihren öffentlichen Auftraggebern keine verlässliche Richtschnur an die Hand, wie diese die Angebote rechtssicher bezuschlagen können. Dabei ist allerdings zu berücksichtigen, dass die Vorgaben aus der VKR 2004 ebenfalls Anlass zu Diskussionen geben. Zudem ziehen sich Unsicherheiten aus den vorherigen Verfahrensschritten, insbesondere bei der Erstellung der Leistungsbeschreibung weiter durch das gesamte Verfahren bis zur Zuschlagserteilung. Denn auch an diesem Punkt des Verfahrens gilt: Je sorgsamer der Auftraggeber die Rahmenbedingungen für das Verfahren durch die Bestimmung seiner Bedürfnisse und Anforderungen sowie der Eignungs- und Zuschlagskriterien gesetzt hat, desto leichter fällt ihm am Schluss die Erteilung des Zuschlags innerhalb dieser Parameter.

---

773 A.A. anscheinend Gorczynska, die ohne weitere Begründung ausführt, dass entsprechend Art. 29 Abs. 7 VKR 2004 vom Bestbieter noch Klärungen und Bestätigungen von Zusagen angefordert werden können, Gorczynska in: Arrowsmith/Treumer, Competitive dialogue in EU procurement, S. 442.

7. Zahlung von Prämien

Nach Art. 29 Abs. 8 VKR 2004 können die Mitgliedstaaten Prämien oder Zahlungen an die Teilnehmer am Dialog vorsehen.

Im Gegensatz zu dieser durch die VKR 2004 eingeräumten Option, sehen die deutschen Verdingungsordnungen unter bestimmten Voraussetzungen eine verpflichtende Kostenerstattung an die Dialogteilnehmer vor:

> *„Verlangt der Auftraggeber, dass die am wettbewerblichen Dialog teilnehmenden Unternehmen Entwürfe, Pläne, Zeichnungen, Berechnungen oder andere Unterlagen ausarbeiten, muss er einheitlich für alle Unternehmen, die die geforderte Unterlage rechtzeitig vorgelegt haben, eine angemessene Kostenerstattung hierfür gewähren.“*[774]

Es ist kaum denkbar, dass Art und Umfang eines besonders komplexen Auftrags geklärt werden können, ohne dass von den teilnehmenden Unternehmen Unterlagen ausgearbeitet wurden. Kulartz weist darauf hin, dass es sich bei der Kostenerstattung um eine Aufwandsentschädigung ohne Gewinnanteil handele, die Honorarordnungen im Baubereich also nur Anhaltspunkte liefern könnten.[775] Gleichwohl fordert Reimnitz, dass der Umfang der Bearbeitung über den Aufwand im Rahmen einer Standardausschreibung hinausgeht.[776]

In Österreich gilt für den wettbewerblichen Dialog die fakultative Regelung des § 160 Abs. 2 Nr. 6 BVergG, wonach der österreichische Auftraggeber in der Bekanntmachung oder der Beschreibung angibt, ob *„Prämien oder Zahlungen für die Teilnehmer am Dialog erfolgen sollen“*.[777] Die Verpflichtung des § 111 BVergG, eine Vergütung zu zahlen, wenn die Abgabe des Angebotes besondere Ausarbeitungen verlangt, gilt für den wettbewerblichen Dialog nicht. Damit erhalten die Dialogteilnehmer im wettbewerblichen Dialog u. U. weniger, als die Teilnehmer anderer Verfahren. Denn ausweislich der Materialien greift die Vergütungsregelung des § 111 BVergG häufig schon bei Vergaben im Regelverfahren mit funktionaler Leistungsbeschreibung.

In Polen kann der Auftraggeber seit 2007 eine Aufwandsentschädigung[778] für erbrachte Planungsleistungen vorsehen, welche den Bietern zu zahlen ist, deren Angebot nicht als das wirtschaftlich günstigste ausgewählt wurde und deren Lösung auch tatsächlich in die Erstellung der Leistungsbeschreibung mit eingeflossen ist, Artt. 60c Abs. 1 Nr. 2, 91 Abs. 7 UstPZP. Unter der Prämisse, dass die Erstellung einer diskriminierungsfreien einheitlichen Leistungsbeschreibung kaum möglich

774 § 3 EG Abs. 7 Nr. 9 VOB/A, entsprechend § 3 EG Abs. 7 lit. f VOL/A.

775 Kulartz in: Kulartz et al., Kommentar zur VOB/A, § 3 EG, Rn. 132.

776 Reimnitz, Der neue wettbewerbliche Dialog, S. 173.

777 Die Materialien zu § 160 BVergG betonen, dass Prämien dazu dienen *können*, die Attraktivität einer Ausschreibung zu steigern, da es insbesondere bei komplexeren PPP-Projekten Schwierigkeiten bereitet habe, Interessenten für ein Projekt zu finden.

778 Wörtlich: *„Preis“ („nagroda“)*.

ist, wenn nicht die Beiträge aller Dialogteilnehmer berücksichtigt werden, müsste dies in der Regel der Fall sein. Für Aufträge, die als öffentlich-private Partnerschaften dem UstPPP unterliegen, ermöglicht Art. 17 UStPPP die teilweise Erstattung der Kosten für die Angebotserstellung bei besonders komplizierten oder innovativen Unternehmungen.

8. Vergleichende Zusammenfassung: Die Ausgestaltung der nationalen Verfahren

Bei der Umsetzung des Verfahrensablaufs des wettbewerblichen Dialogs hat sich die deutsche Umsetzung stark an der Formulierung der VKR 2004 orientiert. Damit erhält sie sich einerseits die durch die Richtlinie gewährte Flexibilität des Verfahrens, andererseits gibt sie den Beteiligten keine weitere Richtschnur an die Hand. Die zum Teil weit auseinandergehenden Auffassungen insbesondere in der Literatur belegen die bestehenden Unsicherheiten.

Am stärksten hat der polnische Gesetzgeber regulierend in den vorgegebenen Verfahrensablauf des wettbewerblichen Dialogs eingegriffen. So muss der Auftraggeber u. a. alle Zuschlagskriterien und deren Reihenfolge bereits vollständig in der Bekanntmachung angeben, muss auf die Abschichtung der Lösungsvorschläge in der Dialogphase verzichten und ist verpflichtet, nach Abschluss der Dialogphase eine reguläre Leistungsbeschreibung zu erstellen. Ohne dass dies zwingend aus dem Gesetzestext folgt, scheint die polnische Literatur davon auszugehen, dass die Leistungsbeschreibung nach Abschluss der Dialogphase für alle Dialogteilnehmer identisch sein muss. Dies hat allerdings zur Folge, dass es für den polnischen Auftraggeber sehr schwer sein kann, eine solche Leistungsbeschreibung zu erstellen, ohne einen der Dialogteilnehmer zu diskriminieren – insbesondere da er nicht die Möglichkeit hatte, die Anzahl der Dialogteilnehmer im Laufe des Dialogs zu reduzieren.

Soweit in Polen und Österreich den Auftraggebern vermeintlich eine besondere Flexibilität hinsichtlich der Anpassung der Bedürfnisse und Anforderungen sowie der Zuschlagskriterien (nur Österreich) eingeräumt wird, ist zu beachten, dass diese unter Beachtung der Vergabegrundsätze wesentlich eingeschränkt ist und sich von der deutschen Regelung, die eine solche Flexibilität nicht ausdrücklich gewährt, im Ergebnis nicht unterscheiden kann. Hier besteht die Gefahr, dass die Flexibilität der VKR 2004 überdehnt wird. Dass der ausdrückliche Hinweis auf diese Anpassungsmöglichkeiten in der deutschen Umsetzung fehlt, mag aber einen Erklärungsansatz für die zögerliche Akzeptanz des wettbewerblichen Dialogs in Deutschland liefern.

Schließlich bleibt darauf hinzuweisen, dass in Österreich durch die eingeschränkten Verweise aus den Regelungen für den wettbewerblichen Dialog auf den allgemeinen Teil des BVergG wiederholt Unsicherheiten auftreten, zum Beispiel bei der Zulässigkeit von Varianten und Generalübernahme sowie hinsichtlich der Regeln für die Prüfung der Angebote.

IV. Alternative: Verhandlungsverfahren

Bei der Untersuchung der europäischen Vorgaben hat sich gezeigt, dass nach der VKR 2004 nur bei Aufträgen, für die technische Spezifikationen erstellt werden können, die also rechtlich/finanziell aber nicht technisch besonders komplex sind, neben dem wettbewerbliche Dialog auch das Verhandlungsverfahren Anwendung finden kann.[779] Nennenswerte Schnittmengen zwischen wettbewerblichem Dialog und Wettbewerb mit anschließendem Verhandlungsverfahren ergeben sich im Rahmen der VKR 2004 hingegen nicht. Das in der VKR 2014 neu geschaffene Verfahren der Innovationspartnerschaft ist noch von den Mitgliedstaaten umzusetzen, ebenso die Angleichung der Anwendungsbereiche von Verhandlungsverfahren und wettbewerblichem Dialog.

Die nachfolgende Untersuchung beschränkt sich daher auf das Verhandlungsverfahren als potentielle Alternative zum wettbewerblichen Dialog in Deutschland, Polen und Österreich. Da sich die nationalen Regelungen für weite Teile des Verfahrensablaufs sowohl für den wettbewerblichen Dialog als auch für das Verhandlungsverfahren auf die allgemeinen Vergaberegeln beziehen, sollen nachfolgend nur davon abweichende Besonderheiten in den Blick genommen werden sowie die im Rahmen der Untersuchung der Vergabekoordinierungsrichtlinien zentralen Punkten, die das Verhältnis von Verhandlungsverfahren und wettbewerblichem Dialog bestimmen: Die Anwendungsvoraussetzungen, die Gesprächsgrundlagen und die in den Verfahren angelegte Flexibilität in der Verfahrensgestaltung und bei der Bewertung der Angebote.

1. Anwendungsbereich des Verhandlungsverfahrens

Die Voraussetzungen für die Anwendung des Verhandlungsverfahrens mit Bekanntmachung sind in Deutschland, Polen und Österreich im Wesentlichen deckungsgleich mit dem der VKR 2004.[780]

Insbesondere Art. 30 Abs. 1 lit. c VKR 2004, welcher die Anwendung des Verhandlungsverfahrens mit Bekanntmachung bei Dienstleistungen vorsieht und zwar

> *„insbesondere bei Dienstleistungen der Kategorie 6 von Anhang II Teil A [Anm. der Verfasserin: Finanzdienstleistungen], und bei geistig-schöpferischen Dienstleistungen wie Bauplanungsdienstleistungen, sofern die zu erbringende Dienstleistung so beschaffen ist, dass vertragliche Spezifikationen nicht so genau festgelegt werden können, dass der Auftrag durch die Wahl des besten Angebots in Übereinstimmung mit den Vorschriften über offene und nichtoffene Verfahren vergeben werden kann"*

779 Siehe oben unter D.III.1.d.

780 Allerdings verzichtet die VOB/A für deutsche Bauaufträge auf die Anwendung des Verhandlungsverfahrens nach einem zuvor in der Angebotsphase gescheiterten wettbewerblichen Dialog, anders als § 3 EG Abs. 3 lit. a VOL/A, Art. 55 Abs. 1 Nr. 1 UstPZP, §§ 28 Abs. 1 Nr. 1, 29 Abs. 1 Nr. 1, 30 Abs. 1 Nr. 1 BVergG.

wird in den untersuchten Ländern fast wörtlich übernommen.[781]

Art. 30 Abs. 1 lit. b VKR 2004, wonach ein Verhandlungsverfahren mit Bekanntmachung möglich ist, wenn es sich um *„Leistungen"* handelt,

> *„die ihrer Natur nach oder wegen der damit verbundenen Risiken eine vorherige globale Preisgestaltung nicht zulassen"*,

wird von der österreichischen und polnischen wort-[782] bzw. von der deutschen Umsetzung inhaltsgleich[783] übernommen.

Auch wenn die VKR 2014 die Anwendungsbereiche von wettbewerblichem Dialog und Verhandlungsverfahren gleichschaltet, so lassen sich hieraus keine Rückschlüsse auf die derzeitigen Regelungen der untersuchten Mitgliedstaaten ziehen,

---

781 Art. 30 Abs. 1 lit. c VKR 2004 findet seine Entsprechung in § 3EG Abs. 3 lit. c VOL/A, Art. 55 Abs. 2 Nr. 3 UstPZP sowie § 30 Abs. 1 Nr. 3 BVergG. Die Formulierung in Art. 55 Abs. 1 Nr. 3 UstPZP ist eine verkürzte Form von Art. 30 Abs. 1 lit. c VKR 2004 ohne den Bezug auf geistig-schöpferische Dienstleistungen und die in der Richtlinie genannten Beispiele.

782 In Österreich: § 28 Abs. 1 Nr. 3 BVergG (Bauleistungen), § 29 Abs. 1 Nr. 2 BVergG (Lieferungen), § 30 Abs. 1 Nr. 2 BVergG (Dienstleistungen). Nach dem Bundesvergabeamt ist etwa *„bei der Erbringung von Sicherheitsdienstleistungen auf einem Flughafen [...] eine globale Preisgestaltung nicht möglich, wenn die Bieter keine festen Preise für ihre Leistung angeben können, weil sie Eventualitäten berücksichtigen müssen, die einen direkten Vergleich unmöglich machen. Im konkreten Fall war daher die Wahl des offenen Verfahrens durch den Auftraggeber unzulässig, da ein Verhandlungsverfahren durchzuführen gewesen wäre"*; BVA, Bescheid vom 24. Oktober 2003, 3 N-87/03-20.
Die polnische Regelung modifizierte den Richtlinientext zunächst leicht. Während Art. 30 Abs. 1 lit. b VKR 2004 davon spricht, dass die Natur bzw. die Risiken einer Leistung eine *„vorherige globale Preisgestaltung nicht zulassen"* (*„dokonanie ich wyceny"*) genügte es nach Art. 55 Abs. 1 Nr. 2 UstPZP, dass die Umstände die Festsetzung der *„vollständigen Preise"* (*„całkowitej ceny"*) unmöglich machen. Dies hätte einen polnischen Auftraggeber dazu veranlassen können, bereits dann das Verhandlungsverfahren aufgrund dieser Ausnahmevorschrift zu wählen, sobald er nicht ohne Weiteres den engeren zu erwartenden Kostenrahmen abschätzen kann, und wurde entsprechend angepasst. Zu der früheren Diskrepanz Wicik in: Wicik/Wiśniewski, Prawo zamówień publicznych. Komentarz, Art. 55, Rn. 3 f.

783 Die deutschen Vorschriften formulieren ohne erkennbaren Mehrwert gegenüber dem Richtlinientext in § 3 EG Abs. 3 lit. b VOL/A, dass es sich um *„Aufträge"* handeln muss, die die *„Festlegung eines Gesamtpreises nicht zulassen"*, bzw. *„im Ausnahmefall die Leistung nach Art und Umfang oder der damit verbundenen Wagnisse nicht eindeutig und nicht so erschöpfend beschrieben werden kann, dass eine einwandfreie Preisermittlung zur Vereinbarung einer festen Vergütung möglich ist"*, § 3 EG Abs. 4 Nr. 3 VOB/A.

da deren Umsetzungen der VKR 2004 insoweit keinen interpretatorischen Spielraum bieten.[784]

2. Verhältnis zum Anwendungsbereich des wettbewerblichen Dialogs

Der österreichische Gesetzgeber hat sich sowohl bei der Umsetzung der Anwendungsbereiche des Verhandlungsverfahrens als auch des wettbewerblichen Dialogs eng an den Wortlaut der VKR 2004 gehalten, so dass im Verhältnis der Verfahren zueinander grundsätzlich auf die allgemeinen Ausführungen zur VKR 2004 verwiesen werden kann.[785]

Dies gilt im Ergebnis auch für Deutschland: Zwar hat Deutschland bei der Feststellung des besonders komplexen Auftrags für den wettbewerblichen Dialog die subjektive Komponente des Vorliegens eines besonders komplexen Auftrags strenger formuliert als von der VKR 2004 vorgegeben, allerdings ohne dass ersichtlich wäre, dass der Gesetzgeber den Anwendungsbereich des wettbewerblichen Dialogs gegenüber dem Verhandlungsverfahren tatsächlich beschränken wollte. Im Gegenteil, mit der Reform 2009 änderte der Gesetzgeber die Reihenfolge in § 101 GWB, in der die beiden Verfahren genannt werden. Indem er den wettbewerblichen Dialog vor das Verhandlungsverfahren zog, wollte er deutlich machen, dass kein Rangverhältnis zwischen den beiden Verfahren besteht.[786] Dennoch findet der wettbewerbliche Dialog in Deutschland wesentlich weniger Akzeptanz als das Verhandlungsverfahren:

So ergibt die Archivsuche im Supplement zum EU-Amtsblatt für Deutschland 315 Auftragsbekanntmachungen für den wettbewerblichen Dialog gegenüber rund 12.000 für das Verhandlungsverfahren. Das Verhältnis für Österreich ist ähnlich: hier stehen 9 Auftragsbekanntmachungen für den wettbewerblichen Dialog über 1500 für das Verhandlungsverfahren gegenüber.

Auch in Polen hat der Gesetzgeber den Anwendungsbereich des wettbewerblichen Dialogs tendenziell strenger formuliert als von der VKR 2004 vorgegeben, wenn er unter Verzicht auf die subjektivierende Komponente ausführt, dass eine

---

784 Dies sieht das Landesverwaltungsgericht Niederösterreich anscheinend anders: Der österreichische Vergabeblog berichtet, dass das Gericht in seiner Entscheidung vom 14. April 2014 (LVwG-AV-194/002-2015) aufgrund des klaren Wortlauts der VKR 2014 eine Vorwirkung für den Anwendungsbereich des Verhandlungsverfahrens angenommen habe, ungeachtet des bislang klaren Wortlauts auf Grundlage der VKR 2004. Der Beitrag ist abrufbar unter: http://vergabeblog.manz.at/ 2015/06/ landesverwaltungsgericht-niederosterreich-zur-vorwirkung-der-neuen-vergaberichtlinien/.

785 Siehe oben unter D.III.1.a.

786 Gesetz zur Modernisierung des Vergaberechts (VergabeRModG) vom. 20. April 2009, BGBl. I S. 790, 1795; Gesetzesbegründung Bundesrats-Drucksache 349/08 vom 23. Mai 2008.

Vergabe im Regelverfahren *„nicht möglich"* sein darf, weil der Auftrag *„nicht beschrieben werden kann"*.[787] Dies führt allerdings nicht dazu, dass der wettbewerbliche Dialog in Polen weniger angewendet würde als das Verhandlungsverfahren. Die etwa fünf Jahre zurück reichende Archivsuche im Supplement zum EU-Amtsblatt verzeichnet für den wettbewerblichen Dialog in Polen im Januar 2015 knapp 120 EU-weite Auftragsbekanntmachungen, gegenüber 84 für das Verhandlungsverfahren.[788] Auffällig ist allerdings die gegenüber Deutschland und Polen vergleichsweise hohe Zahl der Vergaben im offenen bzw. nichtoffenen Verfahren – hier gibt TED für Polen rund 63.000 (bzw. je nach Suchmodus knapp 92.000) Auftragsbekanntmachungen im offenen und nichtoffenen Verfahren aus; dies sind ebenso viele Bekanntmachungen wie für Deutschland. Das deutet darauf hin, dass in Polen sowohl Verhandlungsverfahren als auch wettbewerblicher Dialog als wirkliche Ausnahmen begriffen werden und dementsprechend selten zur Anwendung kommen, während dies für Deutschland und Österreich möglicherweise nur für den wettbewerblichen Dialog gilt.

3. Verhältnis der Verfahrensabläufe

Die VKR 2004 beschränkt sich bei der Regulierung des Verhandlungsverfahrens im Wesentlichen auf die Aussage, dass Verhandlungen über Angebote geführt werden. Die Untersuchung des Verhältnisses der Verfahrensabläufe von Verhandlungsverfahren und wettbewerblichem Dialog nach der VKR 2004 hat ergeben, dass zu den entscheidenden Unterschieden zwischen den Verfahren gehört, dass im Verhandlungsverfahren im Gegensatz zum wettbewerblichen Dialog eine Leistungsbeschreibung mit technischen Spezifikationen (in der Regel mit funktionellen Elementen) zu erstellen ist und die Verhandlungen auf der Grundlage von Angeboten (wettbewerblicher Dialog: Lösungsvorschläge) geführt werden. Die Gestaltung des Verfahrens liegt in der Hand des Auftraggebers, wird allerdings durch die Vergabegrundsätze und Grundfreiheiten gelenkt. Erst die VKR 2014 macht weitere Aussagen zur Durchführung des Verfahrens, etwa zu Angebotsbestandteilen, die der Verhandlung entzogen sind (Zuschlagskriterien, Mindestanforderungen) und zur Möglichkeit, auf das erste Angebot den Zuschlag zu erteilen.[789]

Die Vorschriften für die Auswahl der Teilnehmer am Verhandlungsverfahren entsprechen in allen untersuchten Ländern denen für den wettbewerblichen Dialog.[790] Nachfolgend soll das Verhältnis zwischen wettbewerblichem Dialog und Verhandlungsverfahren in Deutschland, Polen und Österreich im Hinblick auf die

---

787 Siehe oben unter E.II.2.

788 Die EU-weiten Vergabebekanntmachungen können nach Registrierung in der Onlineversion des *„Supplements zum Amtsblatt der Europäischen Union"* für das europäische öffentliche Auftragswesen unter www.ted.europa.eu recherchiert werden.

789 Zum Verhältnis von wettbewerblichem Dialog und Verhandlungsverfahren nach den Vergabekoordinierungsrichtlinien siehe oben unter D.III.1.b.

790 Hierzu siehe oben unter E.III.2.

Ausgangspunkte für die Gesprächsphasen, deren Grundstruktur sowie ihre Reichweite näher betrachtet werden.

a. Deutschland

aa. Ausgangspunkte für die Gesprächsphasen

Auch in Deutschland sind im wettbewerblichen Dialog unverbindliche Lösungsvorschläge der Dialogteilnehmer auf Grund einer Beschreibung der Bedürfnisse und Anforderungen des öffentlichen Auftraggebers die Basis der Gespräche, während die Bieter im Verhandlungsverfahren Angebote[791] auf Grundlage einer Leistungsbeschreibung einreichen.

Dabei sehen die deutschen Vorschriften keine Sonderregeln für das Verhandlungsverfahren gegenüber dem offenen oder nichtoffenen Verfahren vor. Dementsprechend wird vertreten, dass dem Auftraggeber im Verhandlungsverfahren bei der Erstellung der Leistungsbeschreibung kein besonderer Spielraum zukomme.[792] Insbesondere gelte das Gebot der der eindeutigen und erschöpfenden Leistungsbeschreibung[793] auch für das Verhandlungsverfahren.[794]

Um dem besonderen Verhandlungsbedarf des öffentlichen Auftraggebers Rechnung zu tragen, vertritt die VK Brandenburg dagegen die Auffassung, dass beim Verhandlungsverfahren die Erstellung der Leistungsbeschreibung zwar nicht eindeutig und erschöpfend aber durchaus möglich sei.[795] In diese Richtung geht auch die Formulierung in § 3 EG Abs. 4 Nr. 3 VOB/A, die als einen Anwendungsfall des Verhandlungsverfahrens vorsieht, dass die Leistung *„nicht eindeutig und nicht* ***so*** *erschöpfend beschrieben werden kann, dass eine [...] Vereinbarung einer festen Vergütung*

791 Diese Differenzierung ist allerdings im GWB gar nicht und in der VOL/A nur indirekt erkennbar. Nur § 3 EG Abs. 1 Nr. 3 VOB/A definiert das Verhandlungsverfahren unter Bezugnahme auf Angebote. § 101 Abs. 4 S. 2 GWB bestimmt dagegen für den wettbewerblichen Dialog: *„In diesem Verfahren erfolgen eine Aufforderung zur Teilnahme und anschließend Verhandlungen mit ausgewählten Unternehmen über alle Einzelheiten des Auftrags."* Ganz ähnlich die Umschreibung des Verhandlungsverfahrens in § 101 Abs. 5 GWB: *„Verhandlungsverfahren sind Verfahren, bei denen sich Auftraggeber [...] an ausgewählte Unternehmen wendet, um mit einem oder mehreren über die Auftragsbedingungen zu verhandeln."* Die VOL/A definiert das Verhandlungsverfahren nicht gesondert. Aus ihr ergibt sich nur indirekt, dass die Verhandlungen auf der Grundlage von Angeboten erfolgen sollen, nämlich aus der Möglichkeit, eine Höchstzahl von Unternehmen zu bestimmen, die zur *„Angebots"* abgabe aufgefordert werden sollen (§ 3 EG Abs. 5 VOL/A) sowie aus der Möglichkeit, die Anzahl der *„Angebote"* phasenweise abzuschichten (§ 3 Abs. 6 VOL/A).

792 Weyand, Praxiskommentar Vergaberecht, § 101 GWB, Rn. 182.

793 § 7 EG Abs. 1 Nr.1 VOB/A, § 8 EG Abs. 1 VOL/A.

794 OLG Düsseldorf, Beschluss vom 2. August 2002, Verg 25/02.

795 VK Brandenburg, Beschluss vom 22. August 2008, VK 19/08.

möglich ist.“[796] Nach Niestedt/Eichler muss der Auftraggeber in der Ausschreibung zwar nicht die gesamte Leistung eindeutig und erschöpfend beschreiben, wohl aber die bekannten Leistungsbestandteile.[797]

§ 3 EG Abs. 3 lit. c VOL/A formuliert neutraler, dass als einen Anwendungsfall des Verhandlungsverfahrens, dass *„vertragliche Spezifikationen* ***nicht hinreichend genau*** *festgelegt werden können.“*[798] Die Frage der eindeutigen und erschöpfenden Beschreibbarkeit dient in der VOL/A vielmehr der Abgrenzung zur VOF.[799]

Hertwig/Slawinski vertreten die Auffassung, dass eine funktionale Leistungsbeschreibung (im Baubereich: *„mit Leistungsprogramm“*) überhaupt nur im Verhandlungsverfahren Anwendung finden könne, da nur dann die Angebote der Bieter durch Verhandlungen auf ein vergleichbares Niveau gebracht werden könnten.[800] In Anbetracht der Varianzen, die beim wettbewerblichen Dialog durch eine Bewertungsmatrix erfasst werden müssen, erscheint diese Auffassung aber nicht zwingend und wird von der Rechtsprechung auch nicht geteilt, die eine gewisse inhaltliche Bandbreite der Angebote auch im Verhandlungsverfahren durchaus anerkennt.[801]

Im Nahbereich von weit gefasster Leistungsbeschreibung im Verhandlungsverfahren und einer eng gestrickten Beschreibung der Bedürfnisse und Anforderungen im wettbewerblichen Dialog könnte eine sinnvolle Abgrenzung zwischen beiden anhand des Empfängerhorizonts wie folgt aussehen: Eine Leistungsbeschreibung muss noch so präzise sein, dass die Bieter in der Lage sind, zu erkennen, wie der Auftragsgegenstand beschaffen sein soll, auch wenn sie Planungsleistungen beizusteuern haben. Bei der Beschreibung der Bedürfnisse und Anforderungen muss dies nicht der Fall sein. Äußere Klammer ist hier die Anlegbarkeit einer Bewertungsmatrix auf unterschiedliche Auslegungen der Beschreibung. Auch bei dieser Abgrenzung erscheinen Schnittmengen zwischen Leistungsbeschreibung im Verhandlungsverfahren und Beschreibung des Auftragsgegenstands im wettbewerblichen Dialog nicht

---

796 Hervorhebung der Verfasserin.

797 Niestedt/Eichler in Montag/Säcker, Münchener Kommentar zum Europäischen und Deutschen Wettbewerbsrecht (Kartellrecht), Band 3 - Beihilfen- und Vergaberecht, Vorbemerkung zu den §§ 97 ff. GWB, Rn. 209.

798 Hervorhebung der Verfasserin.

799 Hierzu und zur Leistungsbeschreibung im Verhandlungsverfahren nach VOL/A bei freiberuflichen Leistungen, OLG Brandenburg, Beschluss vom 27. März 2012, Verg W 13/11. Zur Anwendungsmöglichkeit des wettbewerblichen Dialogs auf freiberufliche Dienstleistungen siehe oben unter E.I.1.

800 Hertwig/Slawinski in Dreher/ Motzke, Beck’scher Vergaberechtskommentar, VOB/A § 7, Rn. 154.

801 Mit dem Hinweis darauf, dass die Zuschlagskriterien im Verhandlungsverfahren den durch die gröbere Leistungsbeschreibung verursachten Unterschieden der Angebote gerecht werden können müssen VK Sachsen, Beschluss vom 28. August 2013, 1/SVK/026-13 unter Verweis auf OLG Celle, Beschluss vom 12. Januar 2012, 13 Verg 8/11, welches u. a. ausführt, dass bei zu erwartenden komplexen und unterschiedlichen Konzepten der Bieter eine zu starre Systematik der Punktevergabe nicht möglich und auch nicht wünschenswert sei.

ausgeschlossen. Diese werden sich nach Umsetzung der VKR 2014, die einheitliche Anwendungsvoraussetzungen an Verhandlungsverfahren und wettbewerblichen Dialog vorsieht, sogar noch vergrößern.

Während klar ist, dass die Lösungsvorschläge im wettbewerblichen Dialog unverbindlichen Charakters sind, wird in Deutschland hinsichtlich des notwendigen Detailgrads der Angebote im Verhandlungsverfahren diskutiert, inwiefern die Abgabe indikativer, also unverbindlicher Angebote im Verhandlungsverfahren zulässig ist.[802] Bedeutung gewinnt diese Frage insbesondere bei öffentlichen Aufträgen, bei denen – weil sie zum Beispiel Grundstücksgeschäfte oder die Übertragung von Gesellschaftsanteilen beinhalten – für die Abgabe eines bindenden Angebots eine notarielle Beurkundung notwendig wäre. Nicht beurkundete Angebote wären damit im Verhandlungsverfahren schon allein deswegen indikativ, weil der öffentliche Auftraggeber den Vertragsschluss nicht allein durch den Zuschlag herbeiführen könnte. Wegen der hohen Beurkundungskosten wird in der Praxis auf die Abforderung verbindlicher Angebote im Verhandlungsverfahren während der Verhandlungsphase und in formbedürftigen Fällen auch bei der Abforderung der finalen Angebote in der Regel verzichtet.[803] Für die, die dies nicht als zulässig erachten, kann in dieser Hinsicht der wettbewerbliche Dialog einen Ausweg bieten, da dieser die Bestätigung von Zusagen durch den Bestbieter ermöglicht, womit die notarielle Beurkundung des Angebots auf einen Zeitpunkt nach Anlegung der Zuschlagskriterien verlagert werden kann. Unter der VKR 2004 kann diese Option allerdings nur für besonders komplexe Aufträge genutzt werden.

Tatsächlich sprechen nicht besonders viele Gründe gegen die Abgabe indikativer Angebote in den Verhandlungsphasen, solange der Auftraggeber diese ausdrücklich akzeptiert. Es steht ihm jedoch frei, zuschlagsreife Angebote zu fordern, etwa um sich die jederzeitige Möglichkeit des Zuschlags offen zu halten. Unter der VKR 2004 kann man noch argumentieren, dass es nur der wettbewerbliche Dialog mit seinen hohen Eingangsvoraussetzungen gestatte, unverbindliche Lösungsvorschläge vorzulegen. Dieses Argument erscheint allerdings eher im Hinblick auf die Möglichkeit sinnvoll, dass im wettbewerblichen Dialog auf die Erstellung einer Leistungsbeschreibung verzichten werden kann, und verliert mit der Umsetzung der VKR 2014 überdies an Wert. Hat der öffentliche Auftraggeber im Verhandlungsverfahren die Bieter jedoch einmal zur Abgabe zuschlagsreifer Angebote aufgefordert, müssen nicht vollständige Angebote zum Ausschluss des Bieters führen, da es, anders als im Verhandlungsverfahren, nicht die Möglichkeit der Ergänzungen und Feinabstimmungen gibt.

---

802 Dagegen Byok, Das Verhandlungsverfahren, Rn. 432 unter Bezug auf VK Bund, Beschluss vom 27. August 2002, VK 2-70/02. Dafür Kaelble/Müller-Wrede in: Müller-Wrede, VOL/A Kommentar, § 3 EG VOL/A.

803 So erkennt etwa die VK Lüneburg in ihrem Beschluss vom 22. November 2013, VgK-37/2013, die Legung indikativer erster Angebote unkommentiert an.

Nach der Umsetzung des weiteren Anwendungsbereichs der VKR 2014 kann der wettbewerbliche Dialog eine Alternative für Vergaben bieten, in denen zur Abgabe eines verbindlichen Angebots eine notarielle Beurkundung erforderlich ist.

bb. Grundstruktur der Gesprächsphasen

Die deutschen Umsetzungen treffen keine über die VKR 2004 hinausgehenden Regelungen zur Strukturierung der Gesprächsphasen. Daher kann in dieser Hinsicht für Deutschland im Grundsatz auf die Ausführungen von Verhandlungsverfahren und wettbewerblichem Dialog nach der VKR 2004[804] verwiesen werden.

Der öffentliche Auftraggeber ist also zum einen sehr flexibel, zum anderen führen die fehlenden gesetzlichen Vorgaben zu Unsicherheiten über die Zulässigkeit verschiedener Vorgehensweise, wie sich so eben schon bei der Frage der Zulässigkeit indikativer Angebote gezeigt hat. Dementsprechend gibt die Strukturierung des Verfahrens nicht selten Anlass zu Diskussionen. Als geklärt kann mittlerweile die Frage betrachtet werden, dass der Auftraggeber entgegen früher üblicher Praxis nicht berechtigt ist, die Verhandlungen in Ansicht der ersten Angebote zunächst nur mit einem preferred bidder führen, da dies den Wettbewerb zwischen den Bietern zu sehr einschränkt.[805] Das bedeutet allerdings nicht, dass die Bieter einen Anspruch auf einen bestimmten Umfang oder Inhalt von Verhandlungen hätten; insbesondere besteht auch keine Verpflichtung des Auftraggebers, Angebote der Bieter durch Verhandlungen zu nivellieren.[806]

Wie im wettbewerblichen Dialog kann der deutsche öffentliche Auftraggeber auch im Verhandlungsverfahren die Anzahl der Teilnehmer über mehrere Gesprächs- bzw. Verhandlungsrunden sukzessive reduzieren.[807] Dabei formuliert die VOB/A die Anforderungen für wettbewerblichen Dialog und Verhandlungsverfahren deckungsgleich (nur, dass im wettbewerblichen Dialog die Anzahl der Lösungsvorschläge statt der Angebote reduziert wird) und analog zu den Vorgaben der VKR 2004. § 3 EG Abs. 6 VOL/A nennt für das Verhandlungsverfahren alternativ zur Möglichkeit, die Anzahl der zu verhandelnden Angebote zu verringern, das Ziel, die Anzahl der zu erörternden *„Lösungen"* zu reduzieren. Bei dieser Formulierung scheint es sich um eine der dem deutschen Kaskadensystem immanenten systemwidrigen Formulierungen zu handeln, die auch, soweit ersichtlich, von Rechtsprechung und Literatur nicht weiter beachtet wird.[808]

---

804 Siehe oben unter D.III.1.b.

805 Jasper/Soudry in: Dreher/ Motzke, Beck'scher Vergaberechtskommentar, § 101 GWB, Rn. 16.

806 VK Sachsen, Beschluss vom 28. August 2013, 1/SVK/026-13.

807 § 3 EG Abs. 6 Nr. 2 VOB/A, § 3 EG Abs. 6 VOL/A.

808 Denkbar wäre etwa, dass hier klargestellt werden soll, dass die Bieter im Verhandlungsverfahren im Rahmen der Leistungsbeschreibung durchaus mehrere (Alternativangebote) abgeben können (vgl. hierzu etwa OLG Naumburg, Beschluss

Mit der Umsetzung der VKR 2014 werden sich weitere diskussionsanfällige Punkte, wie die Frage, ob der Auftraggeber im Verhandlungsverfahren den Zuschlag bereits auf das erste Angebot erteilen kann[809] erledigen.[810]

cc. Reichweite / Umfang der Gespräche

Wie beim wettbewerblichen Dialog ist auch im Verhandlungsverfahren denkbar, dass der öffentliche Auftraggeber die Verdingungsunterlagen an bestimmten Stellen präzisiert,[811] wogegen der Verzicht auf oder Änderungen an in Bekanntmachung oder Verdingungsunterlagen gemachten Anforderungen wesentlich schwerer zu rechtfertigen sind.[812]

Eine vor allem in älteren Quellen zu findende Beschreibung der Verhandlungsphase lautet, dass mit Eintritt in die Verhandlungsphase ein *„wechselseitiger Prozess"* beginne, in dem sich durch die *„Verhandlungen sowohl auf Nachfrage- als auch auf Angebotsseite Veränderungen ergeben können. Diese dürfen nur nicht dazu führen, dass letztlich andere Leistungen beschafft werden, als angekündigt."*[813]

Hertwig/Slawinski vertreten dementsprechend, dass in einem Verhandlungsverfahren die Leistungsbeschreibung geändert werden dürfe, solange der Gegenstand der Beschaffung gewahrt bleibe, es sei denn es, handele sich um Punkte, die in der Bekanntmachung genannt waren.[814] Diese Auffassung verkennt allerdings, dass auch durch Abweichungen von Festlegungen in der Leistungsbeschreibung Bieter sowie potentielle Bieter diskriminiert werden können. Der Fokus ist daher bei Abänderungen nicht nur auf den Vergabegegenstand als äußere Grenze, sondern auch auf die Festlegungen in der Bekanntmachung und der Leistungsbeschreibung zu legen.[815]

---

vom 12. April 2012, 2 Verg 1/12) und die Abschichtung sich auch nur auf eine der Alternativen beziehen kann; zwingend ist das allerdings nicht.

809 Dagegen Byok, Das Verhandlungsverfahren, Rn. 451 ff., dafür m.w.N. Reimnitz, Der neue wettbewerbliche Dialog, S. 239 f. und auch die VK Bund, Beschluss vom 25. November 2014 - VK 2-93/14 mit dem Argument, dass Verhandlungen im Verhandlungsverfahren zwar zulässig seien, dies aber nicht bedeute, dass sie auch zwingend durchführen seien.

810 Nach Art. 29 Abs. 4 VKR 2014 kann der Zuschlag auch auf das Erstangebot erteilt werden, siehe oben unter D.III.1.b.

811 Ebert Möglichkeiten und Grenzen des Verhandlungsverfahrens im Vergaberecht, S. 152.

812 Vgl. VK Bund, Beschluss vom 11. März 2004, VK 1-151/03.

813 OLG Celle, Beschluss vom 16. Januar 2002, 13 Verg 1/02.

814 Hertwig/Slawinski in Dreher/ Motzke, Beck'scher Vergaberechtskommentar, VOB/A § 7, Rn. 16 unter Berufung auf OLG Dresden, Beschluss vom 3. Dezember 2003, W Verg 15/03 und das zuvor zitierte OLG Celle, Beschluss vom 16. Januar 2002, 13 Verg 1/02.

815 So auch die VK Lüneburg, Beschluss vom 24. Januar 2014, VgK-49/13 und das OLG Düsseldorf, Beschluss vom 12. Juni 2013, Verg 7/13, nach dem die Anforderungen

Damit unterscheiden sich die Rahmenbedingungen für die Anpassung der Leistungsbeschreibung im Verhandlungsverfahren nicht von der im wettbewerblichen Dialog: In beiden Verfahren muss sich der Auftraggeber innerhalb der von ihm eingangs gesetzten Parameter bewegen, wobei diese im wettbewerblichen Dialog in der Regel breiter gesetzt sein werden.

b. Polen

aa. Ausgangspunkte für die Gesprächsphasen

In Polen erstellt der Auftraggeber auch für das Verhandlungsverfahren eine reguläre (funktionale) Leistungsbeschreibung, Art. 57 Abs. 5 UstPZP. Des Weiteren stellt Art. 54 UstPZP klar, dass die Verhandlungen auf der Grundlage von Angeboten geführt werden, wobei es sich bei den ersten Angeboten ausdrücklich um vorläufige Angebote ohne Preisangabe handelt.[816] Ein Zuschlag auf ein erstes Angebot im Rahmen eines Verhandlungsverfahrens ist nach dieser Formulierung nicht möglich, da der Preis als wesentlicher Vertragsbestandteil fehlt.

Im wettbewerblichen Dialog sind die Anforderungen an Bekanntmachung und Beschreibung zwar zum Teil strenger als durch die VKR 2004 vorgegeben (etwa bei den verpflichtenden Angaben zu den Zuschlagskriterien), aber immer noch weiter als für das Verhandlungsverfahren. Auch die Lösungsvorschläge müssen im wettbewerblichen Dialog nicht den Detailgrad erreichen wie im Verhandlungsverfahren.

bb. Grundstruktur der Gesprächsphasen

Art. 60 Abs. 1 UstPZP sieht vor, dass alle Bieter, die im Verhandlungsverfahren ein gültiges Angebot abgegeben haben, zu Verhandlungen aufzufordern sind. Nach Abschluss der Verhandlungen sind die Bieter formal zur Abgabe ihres finalen Angebots aufzufordern. Ebenso wenig wie für den wettbewerblichen Dialog sieht das UstPZP für das Verhandlungsverfahren mit Bekanntmachung in Polen die Möglichkeit vor, die Anzahl der Bieter über mehrere Verhandlungsrunden abzuschichten.

Nach Art. 58 Abs. 2 UstPZP führt der Auftraggeber die Verhandlungen im Verhandlungsverfahren mit dem Ziel, die Beschreibung des Auftragsgegenstands oder die Vertragsbedingungen im Zusammenhang mit dem öffentlichen Auftrag zu präzisieren oder zu vervollständigen.[817] Płużański sieht in dieser Formulierung eine

---

der Ausschreibungsunterlagen an die Angebote auf Grund des Transparenz- sowie des Gleichbehandlungsgebots auch im Verhandlungsverfahren verbindlich sind.

816 Art. 54 UstPZP: *„Das Verhandlungsverfahren mit Bekanntmachung ist ein Vergabeverfahren, in dem der Auftraggeber die […]Auftragnehmer auffordert, ein vorläufiges Angebot ohne Preise abzugeben, mit ihnen Verhandlungen führt und anschließend zur Angebotsabgabe auffordert.“*

817 Art. 58 Abs. 2 UstPZP: *„Zamawiający prowadzi negocjacje w celu doprecyzowania lub uzupełnienia opisu przedmiotu zamówienia lub warunków umowy w sprawie zamówienia publicznego.“*

Beschränkung im Vergleich zum Gesprächsmandat im wettbewerblichen Dialog, das sich auf *„alle Aspekte"* des Auftrags beziehe, erläutert diese Aussage allerdings nicht näher.[818] Tatsächlich ist es aber nicht die Formulierung *„präzisieren"* und *„vervollständigen"*, die den Verhandlungsspielraum beschränkt, denn mit Leistungsbeschreibung und Vertragsbestandteilen sind hiervon ebenso *„alle Aspekte des Auftrags"* erfasst wie beim wettbewerblichen Dialog. Vielmehr liegt der weiter gefasste Verhandlungsspielraum im wettbewerblichen Dialog in der weiter gefassten Beschreibung der Bedürfnisse und Anforderungen gegenüber der regulären Leistungsbeschreibung im Verhandlungsverfahren begründet.

Der wesentliche Unterschied zwischen den beiden Verfahren liegt also auch in Polen in der angelegten Differenz bei der Beschreibung des Auftragsgegenstands.

cc. Reichweite / Umfang der Gespräche

Der polnische Art. 60e Abs. 2 UstPZP gestattet dem Auftraggeber im wettbewerblichen Dialog, Änderungen an Anforderungen[819] vorzunehmen, die Gegenstand des Dialogs waren, solange Wettbewerbsgrundsatz und Gleichbehandlungsgebot nicht verletzt werden.

Nach Abschluss der Dialogphase muss der polnische Auftraggeber außerdem eine Leistungsbeschreibung erstellen, Art. 60e Abs. 3 UstPZP. Auch wenn es nicht zwingend aus dem Wortlaut des Gesetzes folgt, geht die Literatur davon aus, dass es sich hier um eine einheitliche Leistungsbeschreibung handelt, die für alle Dialogteilnehmer gleichermaßen gilt.[820]

Für das Verhandlungsverfahren gilt Ähnliches. Hier kann der polnische Auftraggeber nach Abschluss der Verhandlungen die Leistungsbeschreibung präzisieren oder vervollständigen, soweit dies Gegenstand der Verhandlungen war und nicht zu wesentlichen Änderungen des Auftragsgegenstands oder der grundlegenden Auftragsbedingungen führt, Art. 59 Abs. 1 UstPZP. Anders als im wettbewerblichen Dialog können die Änderungen aber nur auf die Vervollständigung und die Präzisierung einer bereits vorliegenden Leistungsbeschreibung zielen. Gleichwohl muss der polnische Auftraggeber auch hier beachten, dass eine Präzisierung, die er auf Grund von Verhandlungen mit einem bestimmten Bieter vornimmt, die übrigen Bieter nicht diskriminiert.

Es ist für den polnischen Auftraggeber vom Wortlaut des UstPZP her somit vergleichsweise schwerer, die Dialogphase zu beenden und eine einheitliche Leistungsbeschreibung zu erstellen, ohne einen der Dialogteilnehmer zu diskriminieren, als die Leistungsbeschreibung im Verhandlungsverfahren anzupassen.

---

818 Płużański, Prawo zamówień publicznych, Art. 60d Rn. 3.
819 Hierzu siehe oben unter E.III.4.d.bb.
820 Siehe hierzu oben unter E.III.5.a.

c. Österreich

Während für den wettbewerblichen Dialog in Österreich grundsätzlich nur die §§ 159 ff. BVergG und die weiteren Vorschriften gelten, deren Anwendung ausdrücklich angeordnet wurde,[821] gilt für das Verhandlungsverfahren kein mit dem wettbewerblichen Dialog vergleichbares Sonderregime, so dass alle Verweise innerhalb des BVergG grundsätzlich auch für das Verhandlungsverfahren gelten.

aa. Ausgangspunkte für die Gesprächsphasen

Gemäß § 103 Abs. 9 BVergG sind in Österreich auch im Verhandlungsverfahren Ausschreibungsunterlagen, die nach § 79 Abs. 5 BVergG technische Spezifikationen enthalten müssen, zu erstellen.[822]

Dabei gestattet § 109 Abs. 5 BVergG dem Auftraggeber ausdrücklich, im Verhandlungsverfahren auf die Einreichung vollständig ausgearbeiteter Angebote zu verzichten. Da die Dialogteilnehmer im wettbewerblichen Dialog nach § 160 Abs. 9 Nr. 6 BVergG verpflichtend aufzufordern sind, ihre Lösungsvorschläge bereits vor den ersten Dialoggesprächen einzureichen, können sich die ersten Angebote und erste Lösungsvorschläge in Österreich in Abhängigkeit vom Bestimmtheitsgrad der Leistungsbeschreibung ähneln.

bb. Grundstruktur der Gesprächsphasen

Auch aus der österreichischen Definition des Verhandlungsverfahrens geht hervor, dass die ausgewählten Bewerber zunächst zur Abgabe von Angeboten aufgefordert werden, bevor über den gesamten Auftragsinhalt verhandelt werden kann, § 25 Abs. 5 BVergG.[823] § 105 Abs. 1 BVergG korrigiert die etwas ungenaue österreichische Formulierung in § 25 Abs. 5 BVergG, dass über den gesamten Auftragsinhalt verhandelt werden *„kann"*, dahingehend, dass der Auftraggeber über den gesamten Leistungsinhalt[824] zu verhandeln *„hat"*. Ein Zuschlag auf das erste Angebot ohne Verhandlungen ist damit nicht möglich. Vielmehr sieht § 105 Abs. 3 BVergG ausdrücklich vor, dass den Bietern der Abschluss der Verhandlungen vorab bekannt zu geben ist.

Die Möglichkeit, die Angebote bzw. Lösungen in mehreren Gesprächsrunden zu verringern, sehen die österreichischen Vorschriften sowohl für das Verhandlungsverfahren als auch für den wettbewerblichen Dialog vor. Beide Verfahren sollen grundsätzlich zur Gewährleistung von Wettbewerb mit mehreren Bietern bzw. Dialogteilnehmern zu Ende geführt werden. Dabei soll allerdings im wettbewerblichen Dialog die Reduktion auf nur einen Lösungsvorschlag möglich sein,

---

821 § 159 Abs. 1 BVergG.
822 § 103 Abs. 9 S. 1 BVergG.
823 Vgl. auch die Materialien zu § 105 BVergG.
824 Für das aktuelle BVergG gilt das ausdrückliche Verbot reiner Preisverhandlungen, wie es das BVergG 2002 noch vorsah, nicht mehr.

wenn *„zwar mehrere Lösungen prinzipiell geeignet sind, aber bereits zum Zeitpunkt des Abschlusses der Dialogphase klar ist, dass nur eine Lösung als bestgeeignete Lösung in Frage kommt“.*[825]

Dagegen sollen im Verhandlungsverfahren Verhandlungen nur mit einem Bieter möglich sein, wenn *„auf Grund der Verringerung der Anzahl der Angebote nur ein geeigneter Bieter verbleibt“.*[826] Diese Situation soll ausweislich der Materialien deswegen eintreten können, weil *„die Eignungsanforderungen [...] sich im Verlauf der Verhandlungen in einem gewissen Ausmaß ändern“* können.[827] Die Änderung von Eignungskriterien im Laufe des Verfahrens ist allerdings mit Vorsicht zu genießen, da neue Anforderungen hinsichtlich der einmal festgestellten Eignung die Gefahr einer Diskriminierung der Wirtschaftsteilnehmer bergen. Wenn Verhandlungspartner im Laufe des Verfahrens wegen verschärfter Eignungsanforderungen ausgeschieden werden können, entsteht ein nicht akzeptables Diskriminierungspotential gegenüber den Wirtschaftsteilnehmern.

cc. *Reichweite / Umfang der Gespräche*

Für den wettbewerblichen Dialog sieht das BVergG die Möglichkeit zur Änderung der Leistungsbeschreibung ausdrücklich vor, nämlich dann, wenn der Auftraggeber nach der Dialogphase die Beschreibung einschließlich der Zuschlagskriterien den Ergebnissen des Dialogs anpasst.[828] Für das Verhandlungsverfahren ist in § 105 Abs. 5 BVergG hingegen nur erwähnt, dass die Zuschlagskriterien angepasst werden können. Diese Möglichkeit wird in den Materialien zu Recht dahingehend eingeschränkt, dass zu den bekannt gegebenen

> *„Zuschlagskriterien [...] weder ein Zuschlagskriterium hinzugefügt noch eines weggelassen werden [darf]. Auch die einmal fixierte Gewichtung muss beibehalten werden.“*

Als Grenze der Anpassungen im wettbewerblichen Dialog sehen die Materialien vor, dass zwischenzeitlich ausgeschiedene Lösungsvorschläge durch die Änderungen als bestgeeignet anzusehen wären. Beide Regeln können als Ausflüsse der Vergabegrundsätze Gleichbehandlung und Nichtdiskriminierung allerdings auch für das jeweils andere Verfahren Geltung beanspruchen.

Dass der Bieter bei der Erstellung seines Angebots im Verhandlungsverfahren von der Leistungsbeschreibung abweichen darf, schließen die Gesetzesmaterialien aus der Formulierung in § 106 Abs. 1 BVergG, wonach sich der Bieter *„bei offenen oder nichtoffenen Verfahren* [nicht aber im Verhandlungsverfahren] *bei der*

---

825 BVergG, Materialien zu § 161 Abs. 6. Dazu, dass dies unter wettbewerblichen Aspekten kritisch zu sehen ist, siehe oben unter E.III.4.g.dd.

826 § 105 Abs. 2 S. 4 BVergG. Bei Verhandlungsverfahren ohne Bekanntmachung sowie im Unterschwellenbereich sieht § 105 Abs. 4 BVergG bei vergleichbaren Angeboten Verhandlungen nur mit dem preferred bidder ausdrücklich vor.

827 BVergG, Materialien zu § 105 Abs. 2.

828 § 162 Abs. 1, 4 BVergG.

Erstellung des Angebots an die Ausschreibungsunterlagen zu halten" hat. Die Gesetzesmaterialien begründen dies damit, dass *„bei dieser Verfahrensart über den gesamten Auftragsinhalt verhandelt werden darf und daher auch die Vorgaben der Ausschreibungsunterlagen verändert werden können*".[829] Der EuGH hat allerdings klar gestellt, dass Änderungen an den Ausschreibungsunterlagen an als verbindlich eingestuften Anforderungen auch im Verhandlungsverfahren nicht möglich sind,[830] so dass der österreichische Auftraggeber solche Abweichungen letztlich nur akzeptieren darf, wenn die Ausschreibungsunterlagen eine solche Flexibilität auch abbilden können, etwa über die entsprechend funktionale Formulierung der Leistungsbeschreibung bzw. die Zulassung von Varianten.

Damit hat der österreichische Gesetzgeber nicht nur den wettbewerblichen Dialog, sondern auch das Verhandlungsverfahren vergleichsweise flexibel ausgestaltet. Dies darf wie im wettbewerblichen Dialog allerdings nicht darüber hinwegtäuschen, dass eine Abweichung von den wesentlichen Festlegungen der Bekanntmachung und der Vergabeunterlagen, die sich diskriminierend auswirken oder den Wettbewerb verfälschen könnten, nicht möglich ist.

4. Bewertung der Angebote

Bei der Bewertung der Angebote ergeben sich für Deutschland mangels abweichender Regelungen im nationalen Recht gegenüber den Vergabekoordinierungsrichtlinien keine Besonderheiten beim Verhältnis zwischen wettbewerblichem Dialog und Verhandlungsverfahren.

Für Österreich sieht das BVergG vor, dass der Auftraggeber nach Abschluss der Dialogphase die Beschreibung an die Ergebnisse der Dialogphase anpasst. Diese vermeintlich größere Flexibilität ändert aber nicht am Verhältnis zwischen wettbewerblichem Dialog und Verhandlungsverfahren

In Österreich sieht das BVergG für den wettbewerblichen Dialog weitergehende Anpassungsmöglichkeiten für die Beschreibung im wettbewerblichen Dialog vor, als von der VKR 2004 vorgesehen. Diese sind aufgrund der Schranken, die der Anpassbarkeit durch die wesentlichen Elemente der Bekanntmachung und der Beschreibung gesetzt sind, jedoch kleiner, als zunächst vermutet werden könnte.[831]

In Polen kann die Bewertung der Angebote im wettbewerblichen Dialog sogar weniger anspruchsvoll sein als im Verhandlungsverfahren. Hier darf der Auftraggeber die Zuschlagskriterien bei der Bekanntmachung des wettbewerblichen Dialogs ohne prozentuale Gewichtung absteigender Reihung ihrer Bedeutung angeben, nicht aber im Verhandlungsverfahren.[832] Folgt man der Auffassung, dass auch im wettbewerblichen Dialog eine einheitliche Leistungsbeschreibung zu erstellen ist, ergibt sich in Polen grundsätzlich kein Unterschied zur Bewertung der

829 BVergG, Materialien zu den §§ 106 bis 111.
830 EuGH, Urteil vom 5. Dezember 2013, C-561/12, Nordecon AS, Rn. 37.
831 Hierzu siehe oben unter E.III.5.b und E.III.4.d.cc.
832 Art. 60c Abs. 1a UstPZP.

Angebote im Verhandlungsverfahren. Da das polnische Recht für den wettbewerblichen Dialog darüber hinaus Feinabstimmungen mit allen Bietern und die Einholung finaler Zusagen vom Bestbieter vorsieht, könnte man dies sogar als ein Plus des wettbewerblichen Dialogs sehen.

5. Vergleichende Zusammenfassung: Alternative Verhandlungsverfahren

Die geringe Regelungsdichte des Verhandlungsverfahrens in der VKR 2004 setzt sich in den untersuchten Jurisdiktionen fort, wenn auch nicht in identischem Maße. Insbesondere Deutschland hat keine weiteren Regeln zur Strukturierung von wettbewerblichem Dialog und Verhandlungsverfahren erlassen.

Während in Deutschland im Verhandlungsverfahren die Möglichkeit, über indikative Angebote zu verhandeln, im Verhandlungsverfahren nicht geregelt aber üblich ist, kennen sowohl die polnische als auch die österreichische Umsetzung entsprechende Regelungen. Ausdrücklich sieht dabei aber nur das BVergG die Möglichkeit vor, im Verhandlungsverfahren von der Leistungsbeschreibung abzuweichen, während das UstPZP lediglich auf eine anfängliche Bepreisung der Angebote verzichtet. Für alle jene, die davon ausgehen, dass im Verhandlungsverfahren nur vollständige Angebote eingereicht werden dürfen bietet der wettbewerbliche Dialog den Vorteil, dass die Gefahr sinkt, dass Teilnehmer aus formalen Gründen aus dem Verfahren ausgeschlossen werden müssen. Allerdings gilt auch im wettbewerblichen Dialog, dass an die Lösungsvorschläge ausdrücklich gestellte Anforderungen von den Dialogteilnehmern erfüllt werden müssen, wenn sie im Verfahren verbleiben sollen.

Ähnliches gilt für die Möglichkeit im Verhandlungsverfahren, den Zuschlag ohne Verhandlungen auf das erste Angebot zu erteilen – dies ist allerdings aufgrund entgegenstehender ausdrücklicher Regelungen in Österreich und Polen nur in Deutschland möglich (wenn auch, wie die meisten anderen Punkte, nicht unumstritten).

Insbesondere für Deutschland und Österreich kann vermutet werden, dass das Verhandlungsverfahren in diesen Ländern bereits so flexibel genutzt wird, dass tatsächlich kein Bedarf an einem weiteren Verfahren wie dem wettbewerblichen Dialog bestand, zumal mit einem derart eingeschränkten Anwendungsbereich. Es wird sich zeigen, ob der wettbewerbliche Dialog nach Umsetzung der VKR 2014 gegenüber dem Verhandlungsverfahren an Boden gewinnen kann.

V. Ergebnis: Der wettbewerbliche Dialog in Deutschland, Polen und Österreich

Der **deutsche** Gesetzgeber hat den wettbewerblichen Dialog im Wesentlichen entlang der Vorgaben der VKR 2004 umgesetzt und ist hierbei kaum eigene Wege gegangen. Durch den Verzicht auf die subjektive Komponente bei der Feststellung der besonderen Komplexität des Auftrags erhöht die deutsche Regelung allerdings den Begründungsaufwand für die Durchführung des wettbewerblichen Dialogs.

Auch wurde der wettbewerbliche Dialog innerhalb des organisch gewachsenen und dadurch sehr komplexen deutschen Kaskadensystems umgesetzt. Dies führt zwar nicht dazu, dass die Ausgestaltung des wettbewerblichen Dialogs gegen die Vergabegrundsätze verstieße. Allein aufgrund der Verweisstrukturen zwischen GWB und Vergabeverordnungen, der nicht konsistenten Wortwahl in den Regelungen und zum Teil auch bestehenden Lücken hat sich aber ein Regelungsregime entwickelt, dass es einem Neuling, der nur anhand der bestehenden Regelungen versucht, ein Vergabeverfahren durchzuführen bzw. an diesem teilzunehmen, es so gut wie unmöglich macht, die relevanten Punkte allein anhand der Normlektüre abzudecken.[833] In dieser Hinsicht sind die integrierten Umsetzungen in einem Gesetz wie in Polen und Österreich geschehen wesentlich handbarer.

Flankiert wird das deutsche Regelungssystem von einer umfassenden und zum Teil dogmatisch recht strengen vergaberechtlichen Literatur. In der Rechtsprechung wurde der wettbewerblichen Dialog entsprechend seiner vergleichsweise geringen Verbreitung allerdings bislang nur sehr eingeschränkt behandelt.

Seit seiner Einführung konnte der wettbewerbliche Dialog in Deutschland nicht richtig Fuß fassen. Die Vermutung liegt nahe, dass dies auch darin begründet liegt, dass die deutschen Auftraggeber über das Verhandlungsverfahren ihren Bedarf an Flexibilität weitgehend abdecken können.

Des Weiteren ist in Deutschland die Zahlung von Prämien im wettbewerblichen Dialog verpflichtend, sobald der Auftraggeber besonders ausgearbeitete Unterlagen von den Dialogteilnehmern verlangt. Auch wenn in der Literatur Wege gesucht werden, diese Pflicht möglichst zu minimieren, mag diese das ihre zu einer gewissen Skepsis der Auftraggeber gegen diese Vergabeart beitragen.

Polen hat ein übersichtliches Normsystem und den wettbewerblichen Dialog voll in dieses integriert.

Wie die deutsche Umsetzung verzichtet die polnische bei der Ermittlung des besonders komplexen Auftrags auf die in der VKR 2004 formulierte subjektive Komponente des Auftraggebers. Daneben hat der polnische Gesetzgeber vergleichsweise viele Einschränkungen und Präzisierungen zu den europäischen Vorgaben gemacht.

So machen die polnischen Regelungen sehr genaue Vorgaben zur Anzahl der Bewerber, die zum Verfahren aufgefordert und eingeladen werden können, zu den anlegbaren Eignungs- und Auswahlkriterien sowie zu den Zuschlagskriterien einschließlich ihrer Reihung.

Eine Herausforderung für die Gebote der Nichtdiskriminierung und Transparenz stellt die vorgesehene Möglichkeit des Auftraggebers dar, die zuvor mitgeteilten Bedürfnisse und Anforderungen während der Dialogphase sowie beim Übergang zur Leistungsbeschreibung anpassen zu können. Dabei birgt insbesondere die – nicht in der VKR 2004 vorgesehene – Pflicht, vor Abfrage der Angebote

833 Byok spricht von einer *„gefährlich gewachsenen strukturellen und inhaltlichen Entfernung zwischen den einzelnen Vergabeverordnungen"*, Byok, Die Entwicklung des Vergaberechts seit 2014, NJW 2015, S. 1494.

eine einheitliche Leistungsbeschreibung für alle Dialogteilnehmer zu erstellen, ein erhebliches Diskriminierungspotential. Eine Verfahrensgestaltung, die mit den Vergabegrundsätzen konform ist, wird sich nur in den Fällen realisieren lassen, in denen die Lösungen ohnehin nicht weit voneinander abweichen und sich daher unter eine gemeinsame Leistungsbeschreibung fassen lassen. Dies schränkt aber die mögliche Reichweite des Verfahrens ein und gefährdet die Erreichung des bei Einführung des wettbewerblichen Dialogs angestrebten Ziels, den Wettbewerb auch auf nicht beschreibbare Auftragsgegenstände ausweiten zu können. Eine Entschärfung dieses Problems durch eine Eingrenzung des Bieterkreises in der Dialogphase steht dem polnischen Auftraggeber auch nicht offen, da im Laufe des Dialogs keine Abschichtung vorgesehen ist. Strenggenommen fallen damit Prämienzahlungen stets an alle Dialogteilnehmer an, da die entsprechende Regelung vorsieht, dass diese verpflichtend zu leisten sind, wenn die Lösung des jeweiligen Teilnehmers in die Leistungsbeschreibung eingeflossen ist.

Trotz der zwingend zu erstellenden Leistungsbeschreibung hat der polnische Gesetzgeber Feinabstimmungen der eingereichten Angebote zugelassen. Dabei hat er die Grenze für die Zulässigkeit von Feinabstimmung gegenüber der VKR 2004 auf den Fall, dass das Angebot durch die Feinabstimmung vollständig verändert wird, ausgeweitet, der auch hier richtlinienkonform auf eine wesentliche Änderung der Bekanntmachung bzw. Beschreibung anzupassen ist. Eine Interaktionsmöglichkeit mit dem Bestbieter ist wiederum nicht mehr vorgesehen.

Wie der wettbewerbliche Dialog in der Praxis gelebt wird, lässt sich nicht abschließend aus Gesetzestext, Literatur und Rechtsprechung entnehmen. Insbesondere Gorczynska deutet mehrfach – allerdings ohne weitere Erläuterung – an, dass in der Vergabepraxis Diskussionen oder Unsicherheiten bestehen, die sich so aus Literatur und Rechtsprechung nicht ableiten lassen.[834] Die Auslegung der Normen wird von der Literatur allerdings nur recht zögerlich in Angriff genommen, über Unklarheiten wird nicht selten einfach hinweggegangen.

Da der wettbewerbliche Dialog im Vergleich zu den Regelverfahren offenes und nichtoffenes Verfahren wenig, jedoch genauso häufig wie das Verhandlungsverfahren durchgeführt wird, kann vermutet werden, dass die Auftraggeber vor den Hürden, die sie für die Durchführung der Verfahren nehmen müssen, zurückweichen, im Fall des wettbewerblichen Dialogs aber nicht unbedingt vor dem Erfordernis, nach Beendigung der Dialogphase eine diskriminierungsfreie Leistungsbeschreibung erstellen zu müssen.

Das **österreichische** Vergaberecht ist grundsätzlich sehr systematisch ausgestaltet und mit dem BVergG in einem wesentlichen Gesetz geregelt. Dabei erfolgt die Umsetzung des wettbewerblichen Dialogs recht nah am Richtlinientext und ist

834 Dies betrifft etwa die Abwicklung des Dialogs in Phasen, die Anpassbarkeit der Zuschlagskriterien oder die Abfrage von Klärungen und Bestätigungen vom Bestbieter, Gorzcynska in: Arrowsmith/Treumer, Competitive dialogue in EU procurement, Kapitel 9.

verständlich. Allerdings hat der Gesetzgeber für den wettbewerblichen Dialog die an sich sehr konsistente Systematik des BVergG durchbrochen und ein Sonderregime für den wettbewerblichen Dialog eingeführt, welches nur punktuell und ausdrücklich abschließend auf die weiteren anwendbaren Vorschriften verweist. Hierdurch treten (vermutlich häufiger als gedacht) Unklarheiten bzw. das Bedürfnis auf, Analogien zu den allgemeinen Regeln zu ziehen, etwa bei der Frage, ob Varianten zulässig sein sollen, bei der Angebotswertung oder auch bei der Gewährung von Prämien, die damit in Regelverfahren mit weniger Einschränkungen zu gewähren sind, als im wettbewerblichen Dialog.

Auch gehen die österreichischen Regelungen bei Berücksichtigung der Gebote von Nichtdiskriminierung und Transparenz zu liberal mit der Aufstellung und Prüfung der Eignungskriterien um, wenn sie davon ausgehen, dass diese im Laufe des Verfahrens abgeändert werden können. Ebenfalls nicht unproblematisch erscheint die österreichische Umsetzung, soweit sie eine Anpassung der Beschreibung und insbesondere auch der Zuschlagskriterien im Laufe des Verfahrens akzeptiert. Zwar lassen sich die gesetzlichen Vorgaben primärrechtskonform auslegen, dies führt jedoch dazu, dass die Anpassungsmöglichkeiten wesentlich eingeschränkter existieren, als man vom bloßen Wortlaut der Vorschriften her vermuten könnte. Dies droht Anreize für die öffentlichen Auftraggeber zu setzen, die bestehenden Spielräume zu überschreiten und setzt sich in den Regelungen zu Feinabstimmungen und der Interaktion mit dem Bestbieter vor, die ihre Grenze nach dem BVergG erst in den Grenzen der (unter Umständen geänderten Beschreibung) finden, tatsächlich auch mit den durch die Bekanntmachung gesetzten Grenzen abzugleichen sind.

Die vergaberechtliche Literatur orientiert sich zum Teil stark an der deutschen, was den österreichischen Besonderheiten nicht immer gerecht wird bzw. deutsche Besonderheiten auf das österreichische System überträgt.

Vergleicht man die Umsetzung des wettbewerblichen Dialogs in den drei untersuchten Ländern fällt insbesondere auf, dass keiner der Mitgliedstaaten sich tiefergehend mit den Begriffen der Bedürfnisse und Anforderungen auseinandergesetzt hat, obwohl deren saubere Definition nach hier vertretener Auffassung das Zusammenspiel von Zuschlagskriterien und Varianten wesentlich erleichtern und das Bedürfnis nach Änderungen dieser Parameter im laufenden Verfahren verringern kann.

Wenn auch nicht auf den ersten Blick erkennbar, da durch das undurchsichtige Kaskadensystem getarnt, ist die deutsche Umsetzung dennoch vergaberechtskonform auslegbar. Das gilt letztlich auch für die österreichische Umsetzung. Dort ist es weniger der Gesetzestext selbst, als die Gesetzesbegründung (die „Materialien") die eine Flexibilität bei der Anpassung von Anforderungen, Eignungs- bzw. Zuschlagskriterien vorsieht, die mit den Vergabegrundsätzen kaum zu vereinbaren ist.

Am schwersten fällt die richtlinienkonforme Auslegung im Hinblick auf die polnische Anforderung, nach Abschluss der Dialogphase (und ohne vorherige Möglichkeit, die Lösungen abzuschichten) eine Leistungsbeschreibung als Grundlage für die Erstellung der Angebote zu erstellen, soweit man der anscheinend einhelligen Meinung der Literatur folgt, hierbei müsse es sich um ein für alle Bieter einheitliches

Dokument handeln. Dennoch wird der wettbewerbliche Dialog in Polen gegenüber dem Verhandlungsverfahren bevorzugt angewandt. Dies lässt vermuten, dass sich Auftraggeber in der Praxis nicht lange fragen, inwieweit bestimmte Regeln richtlinienkonform sind oder nicht, sondern es begrüßen, wenn überhaupt konkrete Regeln getroffen werden.

Demgegenüber sind in keinem der Länder die Anforderungen an die Durchführung des wettbewerblichen Dialogs aufgeweicht worden, was vor allem an den unzweideutigen Vorgaben der VKR 2004 an dieser Stelle liegen mag. Diese restriktive Formulierung des Anwendungsbereichs dürfte allerdings einer der Hauptgründe sein, warum der wettbewerbliche Dialog in Deutschland und Österreich im Vergleich zur Gesamtzahl der vergebenen Aufträge nur eine geringe Rolle einnimmt. Dies bedeutet auch, dass der wettbewerbliche Dialog nicht die erwünschte Funktion wahrnehmen kann, den Auftraggeber bei der Identifikation des genauen Auftragsgegenstands zu unterstützen.

Eine Sonderrolle nimmt Polen ein, wo der wettbewerbliche Dialog zwar häufiger Anwendung findet als das Verhandlungsverfahren, beide Verfahren im Vergleich zum offenen und nichtoffenen Verfahren aber sehr selten ausgeschrieben werden. Aus der gesetzlichen Ausgestaltung lässt sich hierfür keine konkrete Erklärung ableiten. Insbesondere sind die Verfahrensregeln im Verhandlungsverfahren in Polen nicht strenger ausgestaltet als von der VKR 2004 vorgesehen.

Insgesamt lässt sich kein bzw. kaum ein Rückschluss von der textlichen Umsetzung des wettbewerblichen Dialogs auf die Häufigkeit ziehen, die er tatsächlich zur Anwendung gelangt. Es kann nur vermutet werden, dass dies auch darin begründet liegt, inwieweit der jeweilige (prototypische) nationale öffentliche Auftraggeber sich als „Herr" des Verfahrens sieht bzw. ihm eine Auslegungsprärogative hinsichtlich des Vorliegens der besonderen Bedingungen für die Anwendung des wettbewerblichen Dialogs zugestanden wird. Auch die grundsätzliche Klagebereitschaft der unterlegenen Bieter mag eine Rolle spielen.

Allerdings ist festzuhalten, dass die Konsistenz der Gesamtregelung leidet und wahrscheinlicher mit dem Instrument der richtlinienkonformen Auslegung nachgesteuert werden muss, je stärker der nationale Gesetzgeber auf eigene Formulierungen setzt. In diesem Sinne ist es zu begrüßen, dass der europäische Gesetzgeber in der VKR 2014 den Gedanken der „*Koordinierung*" der bestehenden einzelstaatlichen Vergaberegime nicht in den Vordergrund stellt, sondern (wie es zuvor auch schon der Fall war) den Geltungsanspruch der Richtlinien in den von ihnen erfassten Bereichen auch deutlich in Anspruch nimmt.

F. Schluss

Die vorliegende Untersuchung ging von der Frage aus, ob der wettbewerbliche Dialog dem an ihn gestellten Anspruch gerecht werden kann, dem öffentlichen Auftraggeber ein flexibles Verfahren an die Hand zu geben, das gleichzeitig den Wettbewerb sicherstellen kann.

Bei der Untersuchung der Richtlinienvorgaben hat sich gezeigt, dass der wettbewerbliche Dialog zumindest theoretisch die Möglichkeit bietet, in Situationen, in denen der Bietermarkt insgesamt oder in Teilen (nur ein oder zwei Anbieter für bestimmte essentielle Komponenten) unvollkommen ist, einen Wettbewerb zu organisieren. Dies kann in der Regel nur durch jeweils getrennte Gespräche mit den Dialogteilnehmern und ggf. spätere Zusammenführung der Teillösungsansätze erfolgen. Die Vision eines runden Tisches, an dem die Dialogteilnehmer gemeinsam eine Lösung erarbeiten, wird wettbewerbsrechtlichen Anforderungen in der Regel nicht genügen können. Damit wird allerdings ein Aspekt eingeschränkt, der kleine und mittlere Unternehmen (KMU), deren Förderung die Vergabekoordinierungsrichtlinien sich als besonderes Ziel gesetzt haben, gestärkt hätte, da diese bei komplexen Aufträgen häufig nur Teilbereiche bedienen können. Wie bei der möglichen, aber wenig praktikablen Teilung des Auftrags in Lose, ist es aber weniger der wettbewerbliche Dialog als Vergabeverfahren, der wenig mittelstandsfreundlich ist, als der besonders komplexe Auftragsgegenstand, der (zumindest nach der VKR 2004) Voraussetzung für die Wahl des wettbewerblichen Dialogs ist.

Ein Vorteil des wettbewerblichen Dialogs ist, dass er einer Erhöhung der externen Kosten (Dauer der Verfahrensvorbereitung, Verzicht auf Evaluation aller Möglichkeiten, Vergabe von Aufträgen, die den eigenen Bedürfnissen nicht optimal entsprechen, Verzicht oder Scheitern der Auftragsvergabe) auf Auftraggeberseite sowie auf Bieterseite entgegenwirken kann.

Das in der VKR 2004 aufgestellte Erfordernis des besonders komplexen Auftrags hat sich in der Praxis allerdings oft als zu restriktiv für die öffentlichen Auftraggeber erwiesen. Auch ist die Komplexität nicht unbedingt mit dem Vorliegen eines unvollkommenen Bietermarkts verbunden und deckt damit nicht alle Situationen, in denen das Verfahren sinnvoll angewendet werden könnte, ab.

Des Weiteren droht die Gefahr, dass die Auftraggeber, die die Hürde des besonders komplexen Auftrags nehmen, im Anschluss davon ausgehen, von den Pflichten der Gleichbehandlung, Nichtdiskriminierung und Transparenz stärker befreit zu sein, als es bei Beachtung der primärrechtlichen Grundsätze tatsächlich der Fall ist. Insbesondere ist auch bei Durchführung des wettbewerblichen Dialogs das in Bekanntmachung und Beschreibung aufgestellte Gerüst aus Bedürfnissen und Anforderungen, Eignungskriterien und Zuschlagskriterien nur sehr eingeschränkt Anpassungen durch den öffentlichen Auftraggeber zugänglich. Der wettbewerbliche Dialog erfordert damit eine mindestens ebenso präzise Vorbereitung wie andere Vergabeverfahren und bietet Flexibilität tatsächlich nur soweit, wie die nicht näher mit Anforderungen unterlegten Bedürfnisse des öffentlichen Auftraggebers Spielräume für verschiedene Lösungsvorschläge lassen. Dennoch ist der wettbewerbliche Dialog nach der VKR 2004 das Vergabeverfahren, welches seinen Schwerpunkt am deutlichsten auf den Innovationswettbewerb im Vergleich zum bloßen Preiswettbewerb legt.

Das Verfahren des wettbewerblichen Dialogs ist damit zwar grundsätzlich ein flexibles und wettbewerbskonformes Instrument, ist aber durch den restriktiven Anwendungsbereich für den öffentlichen Auftraggeber nur eingeschränkt verfügbar.

Die VKR 2014 hat auf diese Defizite reagiert und den Anwendungsbereich des wettbewerblichen Dialogs deutlich erweitert. Gleichzeitig wurden insbesondere die Anforderungen an die Dokumentation des Verfahrens erhöht sowie einige weitere im Rahmen der VKR 2004 diskutierte Punkte geklärt: So schließt die VKR 2014 jetzt ausdrücklich aus, die Zustimmung zu einer gemeinsamen Dialogphase zur Bedingung für die Teilnahme am wettbewerblichen Dialog zu machen. Durch die Pflicht, die Vergabeunterlagen zum Zeitpunkt der Bekanntmachung bereit zu stellen, verlieren die Diskussionen um deren Ausführlichkeit (etwa im Hinblick auf eine umfassende Bekanntmachung der Zuschlagskriterien) an Bedeutung.

Der erweiterte Anwendungsbereich des wettbewerblichen Dialogs nach der VKR 2014 erlaubt es dem öffentlichen Auftraggeber jetzt eher, selbst zu bestimmen, inwieweit er einen Auftrag für geeignet für eine Vergabe im wettbewerblichen Dialog erachtet. Dabei muss er aber berücksichtigen, dass auch für den wettbewerblichen Dialog nach der VKR 2014 eine eingeschränkte Anpassbarkeit von Eignungskriterien, Bekanntmachung, Beschreibung und Zuschlagskriterien gilt. Je genauer insbesondere der Auftragsgegenstand beschrieben werden kann, desto weniger sinnvoll erscheint damit die Anwendung des wettbewerblichen Dialogs, der gerade durch das Nutzen von Spielräumen seine Berechtigung erfährt.

Der europäische Gesetzgeber traut den Auftraggebern damit stärker zu, auch in komplizierten Situationen das Verfahren diskriminierungsfrei zu organisieren.

Dabei folgt er für die VKR 2014 aber ebenso wie schon für die VKR 2004 dem Grundgedanken eines formalisierten Wettbewerbs, der im Zweifel die Gleichbehandlung der Wirtschaftsteilnehmer vor die Minimierung von Transaktionskosten stellt.

Neben den wettbewerblichen Dialog hat der europäische Gesetzgeber jetzt noch die Innovationspartnerschaft gestellt, in der bereits die Entwicklung der Innovation in einem Vertragsverhältnis zwischen Auftraggeber und Innovationspartner erfolgt und das Vergütungs- und Kündigungsmöglichkeiten in diesem Zeitraum vorsieht. Es wird sich zeigen, inwieweit es den Mitgliedstaaten gelingt, dieses Instrument für die öffentlichen Auftraggeber gut handhabbar in ihr nationales Recht umzusetzen und das Verhältnis von Verhandlungsverfahren, wettbewerblichem Dialog und Innovationspartnerschaft auszutarieren.

Die Eingangsfrage, ob der der wettbewerbliche Dialog dem an ihn gestellten Anspruch gerecht werden kann, dem öffentlichen Auftraggeber ein flexibles Verfahren an die Hand zu geben, das gleichzeitig den Wettbewerb sicherstellen kann, kann also positiv beantwortet werden, mit einer Einschränkung dahingehend, dass der restriktive Anwendungsbereich nach der VKR 2004 die Flexibilität der Auftraggeber eingeschränkt hat. Auch im wettbewerblichen Dialog ist der Wettbewerb durch Einhaltung von Verfahrensgarantien sicherzustellen. Die Auswertung der Diskussion hat hier gezeigt, dass die Grenzen des Verfahrens noch deutlicher im Richtlinientext zur Geltung kommen könnten.

Dieser Basisbefund hat sich bei der Betrachtung des wettbewerblichen Dialogs in Deutschland, Polen und Österreich auch bestätigen lassen. So unterstützt die sich in den Bekanntmachungszahlen niederschlagenden vergleichsweise niedrige Anwendung des wettbewerblichen Dialogs[835] die These, dass der Anwendungsbereich nach der VKR 2004 sehr bzw. zu restriktiv gehalten ist.

Die eingangs im Hinblick auf die nationalen Umsetzungen gestellte Frage, ob diese das Konzept der Richtlinie funktionsgemäß verwirklich können, ist für alle drei untersuchten Länder mit einem „ja, aber" zu beantworten:

Die deutsche Umsetzung hat den wettbewerblichen Dialog gegenüber der VKR 2004 nicht weiter präzisiert und schon damit funktionsgemäß umgesetzt. Das deutsche Regelungssystem ist allerdings schon in sich undurchsichtig, was sich auch auf die Ausgestaltung des wettbewerblichen Dialogs auswirkt. Ausgehend von der Richtlinie können zwar alle notwendigen Elemente in der deutschen Umsetzung verortet werden, allerdings darf bezweifelt werden, dass eine richtlinienkonforme Anwendung ohne Zuhilfenahme der VKR 2004 gelänge. Die deutschen Auftraggeber stehen damit besonders in der Pflicht, die Anforderungen an die Wirtschaftsteilnehmer umfassend in der Bekanntmachung und den Vergabeunterlagen zu kommunizieren.

Die österreichische Umsetzung erfolgt im an sich strukturell sehr klaren BVergG in einem eigenen Abschnitt und verweist – nach hier vertretener Auffassung unnötigerweise – nur punktuell auf die allgemeinen Vorschriften. Dies lässt viele Detailfragen offen bzw. macht ergänzende Auslegungen notwendig. In den Gesetzesmaterialien deutet sich darüber hinaus ein etwas zu weitgehendes Verständnis von der Anpassbarkeit von Auftragsbeschreibung sowie Eignungs- und Zuschlagskriterien an, wobei sich das Gesetz selbst allerdings richtlinienkonform auslegen lässt.

835 Die etwa fünf Jahre zurückreichende Archivsuche im Supplement (TED) verzeichnete im Januar 2015 zum EU-Amtsblatt für Deutschland 315 Auftragsbekanntmachungen für den wettbewerblichen Dialog gegenüber rund 12.000 für das Verhandlungsverfahren. Das Verhältnis für Österreich ist ähnlich: hier stehen 9 Auftragsbekanntmachungen für den wettbewerblichen Dialog über 1500 für das Verhandlungsverfahren gegenüber. Für Polen finden sich knapp 120 EU-weite Auftragsbekanntmachungen den wettbewerblichen Dialog, gegenüber 84 für das Verhandlungsverfahren. Auffällig ist allerdings die gegenüber Deutschland und Polen vergleichsweise hohe Zahl der Vergaben im offenen bzw. nichtoffenen Verfahren – hier gibt TED für Polen rund 63.000 (bzw. je nach Suchmodus knapp 92.000) Auftragsbekanntmachungen im offenen und nichtoffenen Verfahren aus; dies sind ebenso viele Bekanntmachungen wie für Deutschland.

Die meisten Fallstricke im Hinblick auf eine richtlinienkonforme Auslegung enthält die polnische Umsetzung. Der polnische Gesetzgeber hat das Verfahren des wettbewerblichen Dialogs stärker strukturiert, als von der Richtlinie vorgegeben und dabei Flexibilitätsmöglichkeiten, wie die phasenweise Abschichtung der Lösungsvorschläge nicht genutzt. Gepaart mit dem Zwang, nach Abschluss der Dialogphase eine Leistungsbeschreibung zu erstellen, wird die richtlinienkonforme Anwendung des wettbewerblichen Dialogs stark erschwert bzw. der Anwendungsbereich des wettbewerblichen Dialogs stark eingeschränkt. Gemessen an diesen Kritikpunkten sind die Anwendungszahlen des wettbewerblichen Dialogs in Polen nicht niedrig (und liegen insbesondere über denen des Verhandlungsverfahrens). Es kann nur vermutet werden, dass in Polen nach der Abkehr vom kommunistischen Regime nach wie vor eine Abneigung dagegen herrscht, Gesetze „im Lichte" eines bestimmten Zwecks (oder hier höherrangigen Richtlinie) auszulegen und der Wortlaut des Gesetzes in den Vordergrund gestellt wird. Dies wäre zumindest ein Erklärungsansatz dafür, warum die Ausnahmeverfahren wettbewerblicher Dialog und Verhandlungsverfahren gegenüber den Regelverfahren kaum zur Anwendung kommen, dann aber der schwieriger auszulegende wettbewerbliche Dialog dem einfacher zu strukturierenden Verhandlungsverfahren vorgezogen wird. Ebenfalls steht zu befürchten, dass die Regelverfahren offenes und nichtoffenes Verfahren in der Praxis auch dort genutzt werden, wo an sich ein flexibleres Verfahren angebracht wäre.

Schlägt man die Brücke zurück zu den europäischen Vorgaben, ist zunächst die Erweiterung des Anwendungsbereichs des wettbewerblichen Dialogs in der VKR 2014 zu begrüßen, ebenso wie die verschiedenen Klarstellungen zu den Verfahrensabläufen, wie dem Verbot der Vorabzustimmung zur Weitergabe der Lösungsvorschläge oder die erweiterten Dokumentationspflichten.

Ebenfalls sinnvoll erscheint, dass die VKR 2014 sich nicht wie noch die VKR 2004 darauf zurückzieht, eine *„Koordinierungs"* richtlinie zu sein, die die bestehenden Regelungen und Praktiken in den Mitgliedstaaten möglichst weitgehend berücksichtigt. Bereits für die VKR 2004 galt zwar, dass dort, wo die Richtlinie Regelungen traf, kein Spielraum für eine eigene Gestaltung der Mitgliedstaaten blieb. Auch lässt die Ausgestaltung der VKR 2014 noch Raum für eigene Gestaltungen der Mitgliedstaaten. Dennoch erscheint es zweckmäßig, dass die VKR 2014 ihren Geltungsanspruch nicht dadurch klein macht, indem sie sich ausdrücklich auf eine Koordinierung zurückzieht oder die Einführung von Verfahrensarten zur Disposition der Mitgliedstaaten stellt (wie für den wettbewerblichen Dialog unter der VKR 2004).

Die hier durchgeführte Untersuchung kommt aber zu dem Ergebnis, dass die Richtlinienvorgaben noch deutlicher dahingehend sein könnten, inwieweit im wettbewerblichen Dialog im Laufe des Verfahrens noch Anpassungen von Elementen aus Bekanntmachung und Beschreibung möglich sind.

Dabei ist es nicht so wichtig, dass die Regelungen zwischen den jeweiligen Ländern möglichst einheitlich sind, sondern dass die Vergabeverfahren jeweils so gestaltet sind, dass sie es den Teilnehmern gestatten, den Verfahrensablauf zu überblicken und ihre Erfolgschancen richtig einzuschätzen. Soweit die nationale Umsetzung einer ergänzenden richtlinienkonformen Auslegung bedarf, muss diese somit durch den Auftraggeber vorgenommen und im Verfahren umgesetzt werden und darf nicht den Wirtschaftsteilnehmern übertragen werden.

Während eine Änderung der VKR 2014 in den angesprochenen Punkten in absehbarer Zeit kaum zu erwarten ist, haben die Mitgliedstaaten bei der Umsetzung der VKR 2014 Gelegenheit, ihre Ausgestaltung des wettbewerblichen Dialogs auch generell noch einmal zu überprüfen und ihre (wenn auch eher eingeschränkten) Erfahrungen mit diesem Instrument in die Neufassung mit einfließen zu lassen.

In Deutschland wäre insbesondere an eine integrierte Lösung anstelle des tradierten Kaskadensystems zu denken. Der bislang vorliegende Gesetzesentwurf erweitert zwar den Regelungsumfang des GWB, enthält aber keine Regeln zu den Voraussetzungen und dem konkreten Ablauf der einzelnen Vergabeverfahren, die weiterhin in den untergesetzlichen Regelungen festgelegt werden sollen.[836]

Österreich könnte seine Formulierungen zur Anpassbarkeit von Beschreibung, Eignungs- und Zuschlagskriterien noch einmal überprüfen und außerdem evaluieren, ob die vorab befürchtete Mehrfacheinreichung von Lösungsvorschlägen durch denselben Dialogteilnehmer in der Praxis überhaupt relevant wurde.

In Polen stellt sich insbesondere die zwingende Erstellung einer Leistungsbeschreibung nach der Dialogphase, die überwiegend im Sinne einer einheitlichen Leistungsbeschreibung für alle verstanden wird, für eine richtlinienkonforme Auslegung problematisch dar. Darüber hinaus steht der polnische Gesetzgeber insgesamt vor der Aufgabe, die Vergabeverfahren näher an den tatsächlichen Bedürfnissen der Praxis auszurichten. Derzeit ist zumindest in den Ausschreibungszahlen im Supplement zum EU-Amtsblatt ein gewisses Ungleichgewicht zugunsten der Regelverfahren offenes und nichtoffenes Verfahren zu erkennen, die eine nicht sachgerechte Vergabe komplexerer öffentlicher Aufträge befürchten lassen.

836 Kabinettsentwurf vom 8. Oktober 2015, BT-Drs. 18/6281, Begründung zu § 119 Abs. 2 GWB.

Literaturverzeichnis

Andrecka, Marta, Innovation Partnership in the New Public Procurement Regime - a Shift of Focus from Procedural to Contractual Issues?, PPLR 2/2015, S. 48–62.

Arrowsmith, Sue, The Law of Public and Utilities Procurement, 2. Aufl., London 2005.

Arrowsmith, Sue, The Law of Public and Utilities Procurement: Regulation in the EU and the UK, Bd. 1, 3. Aufl., London 2014.

Arrowsmith, Sue / Treumer, Steven, Competitive dialogue in EU procurement, Cambridge, New York u. a. 2012.

Babiarz, Stefan / Czarnik, Zbigniew / Janda, Paweł / Pełczyński Piotr, Prawo zamówień publicznych. Komentarz, Warschau 2013.

Babin, Ludovic / Amblard, Etienne „Fasc. 64–10: Dialogue Compétitif", Contrats et Marchés publics, JurisClasseur (Onlinequelle) 2008 (Stand: Januar 2014).

Bajda, Wioleta, Dialog techniczny jako instrument służący identyfikacji potrzeb zamawiającego, in: *Sadowy, Jacek / Brankom, Brygida,* Nowelizacja ustawy Prawo zamówień publicznych z dnia 12 października 2012 r. - wprowadzenie do przepisów ustawy, Warschau 2012, S. 45–50.

Bajda, Wioleta, Pozostałe zmiany w Prawie zamówień publicznych dotyczące zamówień w dziedzinach obronności i bezpieczeństwa, in: *Sadowy, Jacek / Brankom, Brygida,* Nowelizacja ustawy Prawo zamówień publicznych z dnia 12 października 2012 r. - wprowadzenie do przepisów ustawy, Warschau 2012, S. 143–156.

Bejm, Marcin (Hrsg.), Ustawa o koncesji na roboty budowlane lub usługi. Komentarz, Warschau 2011.

Bejm, Marcin / Bogdanowicz, Piotr / Piotrowski, Paweł, Ustawa o partnerstwie publiczno-prywatnym. Komentarz, 2. Aufl., Warschau 2014.

Bogacz, Ludomir / Łempicka, Magdalena / Pyliński, Grzegorz, Prawo zamówień publicznych: komentarz, Bydgoszcz / Warschau 2006.

Borchardt, Klaus-Dieter, Die rechtlichen Grundlagen der Europäischen Union, 5. Aufl., Wien 2012.

Bovis, Christopher, Public Procurement in the European Union, Hampshire/New York 2005.

Bubnowski, Michał D., Prawo zamówień publicznych. Komentarz do nowelizacji, Warschau 2007.

Burgi, Martin, Die Bedeutung der allgemeinen Vergabegrundsätze Wettbewerb, Transparenz und Gleichbehandlung, NZBau 1/2008, S. 29–34.

Byok, Jan, Das Verhandlungsverfahren, Köln [u. a.] 2006.

Byok, Jan, Die Entwicklung des Vergaberechts seit 2014, NJW 2015, S. 1490–1496.

Dreher, Meinrad / Motzke, Gerd (Hrsg.), Beck'scher Vergaberechtskommentar, 2. Aufl., München 2013.

Ebert, Eva-Dorothee, Möglichkeiten und Grenzen des Verhandlungsverfahrens im Vergaberecht, Köln 2005.

Eckardt, Hilka, Der wettbewerbliche Dialog und das "competitive negotiation"-Verfahren im Vergleich, München 2011.

Fina, Siegfried / Aicher, Josef (Hrsg.), Festschrift Manfred Straube, Wien 2009.

Franzius, Ingo, Verhandlungen im Verfahren der Auftragsvergabe, Köln 2007.

Gabriel, Marc / Voll, Maximilian, Das Ende der Inländerdiskriminierung im Vergabe(primär)recht, NZBau 3/2014: S. 156–158.

Grabitz, Eberhard / Hilf, Meinhard / Nettesheim, Martin (Hrsg.), Das Recht der Europäischen Union, Band I - EUV/AEUV, 53. Ergänzungslieferung, München 2014.

Granecki, Paweł, Prawo zamówień publicznych. Komentarz, 4. Aufl., Warschau 2014.

Hebly, Jan (Hrsg.), European Public Procurement: legislative history of the 'classic' directive 2004/18/EC, Alphen aan den Rijn 2007.

Hjelmborg, Simon / Jakobsen, Evers / Stig, Peter / Troels Poulsen, Sune, Public Procurement Law - the EU directive on public contracts, Kopenhagen 2006.

Holoubek, Michael / Fuchs, Claudia / Holzinger, Kerstin, Vergaberecht, 2. Aufl., Wien/New York 2012.

Huerkamp, Florian, Gleichbehandlung und Transparenz als gemeinschaftsrechtliche Prinzipien der staatlichen Auftragsvergabe, Tübingen 2010.

Immenga, Ulrich / Mestmäcker, Ernst-Joachim / Körber, Torsten, Wettbewerbsrecht, Band 2, 5. Aufl., München 2014.

Ingenstau, Heinz / Korbion, Hermann / von Wietersheim, Mark / Leupertz, Stefan, VOB Teile A und B Kommentar, 19. Aufl., Köln 2015.

Jaeger, Wolfgang, Die neue Basisvergaberichtlinie der EU vom 26.2.2014 - ein Überblick, NZBau 5/2014, S. 259–267.

Kaiser, Christoph, Die Zulässigkeit von Parallelausschreibungen, NZBau 10/2002: 553–555.

Kapellmann, Klaus Dieter / Messerschmidt, Burghard, VOB Teile A und B, 5. Aufl. München 2015.

Kennedy-Loest, Ciara, What can be done at the Preferred Bidder Stage in Competitive Dialogue?, PPLR 2006, S. 316–326.

Kirchner, Maximilian, Contracting nach deutschem und europäischem Auftragsrecht, Frankfurt a.M. 2006.

Klimisch, Annette / Ebrecht, Caspar, Stellung und Rechte der Dialogteilnehmer im wettbewerblichen Dialog, NZBau 4/2011, S. 203–209.

Knauff, Matthias, Neues europäisches Vergabeverfahrensrecht: Der wettbewerbliche Dialog, VergabeR 3/2004, S. 287–302.

Kopaltzik, Christoph, „Berater als Bieter“ vs. „Bieter als Berater“, VergabeR 3/2007, S. 279–297.

Kraus, Philipp, Die Gewichtung von Zuschlagskriterien mittels Margen, VergabeR 2/2011, S. 171–177.

Kulartz, Hans-Peter / Marx, Fridhelm / Portz, Norbert / Prieß, Hans-Joachim (Hrsg.), Kommentar zur VOB/A, 2. Aufl., Köln 2014.

Kus, Alexander, Die richtige Verfahrensart bei PPP-Modellen, insbesondere Verhandlungsverfahren und Wettbewerblicher Dialog, VergabeR 6/2006, S. 851–864.

Kus, Alexander / Kulartz, Hans-Peter / Portz, Norbert (Hrsg.), Kommentar zum GWB-Vergaberecht, 3. Aufl., Neuwied 2014.

Langheid, Theo / Wandt, Manfred, Münchener Kommentar zum Versicherungsvertragsgesetz, München 2010.

Łempicka, Magdalena / Bogacz, Ludomir, Dialog konkurencyjny, monitor zamówień publicznych 2006, S. 8–12.

Montag, Frank / Säcker, Franz Jürgen (Hrsg), Münchener Kommentar zum Europäischen und Deutschen Wettbewerbsrecht (Kartellrecht), Band 3 - Beihilfen- und Vergaberecht, München 2011.

Müller, Christian / Klostermann, Regina, Die neuen Vergaberichtlinien - Besteht eine rechtliche oder faktische Vorwirkung der Richtlinien vor Ablauf der Frist zur Umsetzung durch die Mitgliedsstaaten?, ZfBR 4/2014, S. 347–354.

Müller-Graff, Peter-Christian, Die wettbewerbsverfaßte Marktwirtschaft als gemeineuropäisches Verfassungsprinzip?, EuR 1997, S. 433–457.

Müller-Wrede, Malte (Hrsg.). Kompendium des Vergaberechts - systematische Darstellung unter Berücksichtigung des EU-Vergaberechts, 1. Aufl., Köln 2008.

Müller-Wrede, Malte (Hrsg.), Kompendium des Vergaberechts, 2. Aufl., Köln 2013.

Müller-Wrede, Malte (Hrsg.), Vergabe- und Vertragsordnung für Leistungen: VOL/A Kommentar, 4. Aufl., Köln 2014.

Oberndörfer, Mathias / Lehmann, Axel, Die neuen EU-Vergaberichtlinien: Wesentliche Änderungen und Vorwirkungen, Betriebsberater 18/2015, S. 1027–1033.

Olkoski, Dariusz, Prawo budowlane i nieruchomości. Komentarz, Warschau 2014.

Opitz, Marc, Marktmacht und Bieterwettbewerb, Köln u. a. 2003.

Pieròg, Jerzy, Prawo zamówień publicznych. Komentarz, 13. Aufl., Warschau 2015.

Płużański, Marcin, Prawo zamówień publicznych. Komentarz, 3. Aufl., Warschau 2009.

Prieß, Hans-Joachim, Handbuch des europäischen Vergaberechts: Gesamtdarstellung der EU/EWR-Vergaberegeln mit Textausgabe, 3. Aufl., Köln 2005.

Pünder, Hermann / Franzius, Ingo, Auftragsvergabe im Wettbewerblichen Dialog, ZfBR 1/2006, S. 20–25.

Reimnitz, Mine Elfi, Der neue wettbewerbliche Dialog, Köln 2008.

Richer, Laurent, L'Europe des marchés publics: marchés publics et concessions en droit communautaire, Paris 2009.

Roggenkamp, Jan Dirk, OLG Düsseldorf festigt Rechtsprechung i.S. „Kein Verbot ungewöhnlicher Wagnisse", Vergabeblog.de vom 22. April 2012, Onlinequelle: http://www.vergabeblog.de/2012-04-22/olg-dusseldorf-festigt-rechtsprechung-i-s-kein-verbot-ungewohnlicher-wagnisse/.

Roth, Frank, Die Risikoverteilung bei Öffentlich Privaten Partnerschaften (ÖPP) aus vergaberechtlicher Sicht, NZBau 2/2006, S. 84–90.

Schneider, Tobias Helmut, Der Wettbewerbliche Dialog im Spannungsfeld der Grundsätze des Vergaberechts, Berlin 2009.

Schramm, Johannes / Aicher, Josef / Fruhmann, Michael, Bundesvergabegesetz 2006 Kommentar, 2. Aufl., 4. Ergänzungslieferung 2014, Wien/New York 2009.

Schröder, Holger, Voraussetzungen, Strukturen und Verfahrensabläufe des Wettbewerblichen Dialogs in der Vergabepraxis, NZBau 4/2007, S. 216–224.

Schwabe, Christof, Wettbewerblicher Dialog, Verhandlungsverfahren, Interessenbekundungsverfahren, Baden-Baden 2009.

Sołtysińska, Aleksandra, Europejskie prawo zamówien publicznych: komentarz, Krakau 2006.

Stachowiak, Małgorzata / Jerzykowski, Jarosław / Dzierżanowski, Włodzimierz, Prawo zamówień publicznych. Komentarz, 6. Aufl., Warschau 2014.

Steinberg, Philipp, Vergaberechtliche Steuerung als Verbundaufgabe, Baden-Baden 2005.

Steiner, Doris / Röblreiter, Kurt / Windisch, Martin, Bundesvergabegesetz 2006 idF der BVergG-Novelle 2007, 3. Aufl., Wien 2008.

Trepte, Peter-Armin, Public procurement in the EU: a practitioner's guide, 2. Aufl., Oxford 2007.

Trieb, Gerald, Wettbewerblicher Dialog und Verhandlungsverfahren, Wien 2009.

Verschuur, Steven, Competitive Dialogue and the Scope for Discussion after Tenders and Before Selecting the Preferred Bidder - What is Fine Tuning etc.?, PPLR 2006, S. 327–331.

Weyand, Rudolf, Praxiskommentar Vergaberecht, 17. Aktualisierung, Mannheim 2015.

Wicik, Grzegorz / Wiśniewski, Piotr, Prawo zamówień publicznych. Komentarz, Warschau 2007.

Wiedmann, Ariane, Die Zulässigkeit sozialer Vergabekriterien im Lichte des Gemeinschaftsrechts, Baden-Baden 2007.

Ziekow, Jan, Soziale Aspekte in der Vergabe, DÖV 21/2015, S. 897–904.

Ziekow, Jan, Die vergaberechtlich zulässige Vertragslaufzeit bei komplexen PPP-Modellen, VergR, 5/2006, S. 702–719.

www.ingramcontent.com/pod-product-compliance
Ingram Content Group UK Ltd.
Pitfield, Milton Keynes, MK11 3LW, UK
UKHW021819051026
15588UKWH00010B/110

9 783631 728529